Découvrez des Jeux Gratuits en Ligne

Disponible Ici :

BestActivityBooks.com/FREEGAMES

5 ASTUCES POUR DÉMARRER !

1) COMMENT RÉSOUDRE LES MOTS MÊLÉS

Les puzzles sont dans un format classique :

- Les mots sont cachés sans espaces, tirets, ...
- Orientation : Les mots peuvent être écrits en avant, en arrière, vers le haut, vers le bas ou en diagonale (ils peuvent être inversés).
- Les mots peuvent se chevaucher ou se croiser.

2) DONNEZ PLUS DE PIMENT AU JEU !

Un espace est prévu à côté de chaque mot pour noter de nouveaux termes, des traductions ou des observations.
Cette édition vous offre un **CARNET DE NOTES** très pratique à la fin du livre.

3) MARQUEZ CERTAINS MOTS

Vous pouvez inventer votre propre système de marquage. Peut-être en utilisez-vous déjà un ? Sinon, vous pourriez, par exemple, marquer les mots qui ont été difficiles à trouver d'une croix, ceux que vous avez aimés d'une étoile, les mots nouveaux d'un triangle, les mots rares d'un diamant, etc...

4) FACILE À DÉCOUPER !

Les jeux sont imprimés avec une marge extra large permettant de découper facilement la page du livre. Certaines personnes peuvent trouver plus pratique de les résoudre de cette façon.

5) VOUS AVEZ FINI TOUTES LES GRILLES ?

Allez à la section bonus **CHALLENGE FINAL** pour trouver un jeu gratuit à la fin de cette édition !

Simple et Rapide ! Découvrez notre collection de livres d'activités pour votre prochain moment **de détente** et de plaisir, **à juste un clic de distance !**

Trouvez votre prochain défi sur :

BestActivityBooks.com/MonProchainLivre

À vos marques, prêts... Partez !

Saviez-vous qu'il existe environ 7 000 langues différentes dans le monde ? Les mots sont précieux.

Nous aimons les langues et avons travaillé dur pour créer les livres de la plus haute qualité pour vous. Nos ingrédients ?

Une sélection unique de caractères faciles à lire, trois belles parts de divertissement, puis nous ajoutons une cuillère de mots difficiles et une pincée de mots rares. Nous les servons avec soin et un maximum de plaisir pour vous permettre de résoudre les meilleurs jeux de mots mêlés qui soient !

Votre avis est essentiel. Vous pouvez participer activement au succès de ce livre en nous laissant un commentaire. Nous aimerions vraiment savoir ce que vous avez préféré dans cette édition !

Voici un lien rapide qui vous mènera à la page d'évaluation de vos commandes sur Amazon.fr

BestBooksActivity.com/Avis50

Merci pour votre fidélité et amusez-vous bien !

De la part de toute l'équipe

Puzzle 1

丁 稻 免 费 焕 饭 保 迟 见 香 的 信 动 想 小 猫 则
请 记 观 底 降 木 性 究 紧 来 的 蜈 蚣 蔻 。 情 解
骄 马 想 决 静 镜 乐 看 凑 凑 舞 亲 见 观 联 稻 书
过 水 宜 重 香 苦 中 究 究 的 蹈 音 便 邦 许 许
见 通 看 电 飞 祖 的 面 恐 金 型 见 数 举 肢 摇 信
重 碎 领 了 不 自 的 瑞 恐 条 保 解 股 一 肢 撞 父 信 日
语 项 好 上 透 破 摇 远 解 任 何 人 休 类 貌 素 介 醋 邀 先 加 便 野
速 许 结 束 木 顶 信 地 图 能 最 曲 木 棍 露 素 日 瑞 。 草 源 马 票 心 龄 身
了 柔 察 建 乐 动 保 祖 豆 自 信 海 球 饭 绵 剩 余 响 复 马 主 亮 败 村 趣 基 香 口 稳 露
通 息 领 过 虎 滑 绍 蠕 根 领 考 的 持 直 复 马 苦 循 年 衡 趣 书 灰 豆
便 理 灵 亲 带 运 性 转 滑 心 肥 出 特 殊 肢 书 尘

顶部
股票
联邦
的舞蹈
特殊
剩余
免费
任何人
紧凑
击败
语速
响亮
曲棍球
小海绵
一些
结束蜈蚣
的金子
灰尘

Puzzle 2

的脂肪
商业的
泡打粉
高峰
剥夺
推出
宏伟
手提箱
改变
精细
艺术家
教授
工具
无味
丈夫
辉煌
更新
道歉
韭菜

有 真 护 议 肉 的 行 见 延 规 的 木 推 己 先 保 苦
乐 了 因 克 亲 脂 泡 打 粉 镜 想 私 出 带 要 自 思
后 静 摇 定 他 肪 父 > 碎 延 稻 好 介 静 袖 情
无 息 身 通 邀 衬 中 草 袋 面 有 皂 视 乎 的 子
察 效 存 惨 项 改 书 约 剥 摇 礼 乐 了 条 赂 肥 地
能 坠 议 查 凑 变 中 夺 年 研 静 乐 定 信 之 伏
宏 排 韭 飞 增 从 基 电 许 驴 鳍 四 术 家
伟 本 菜 热 书 理 降 面 乎 静 子 艺 凑 快 远
试 教 转 惊 安 滑 不 树 觉 蛾 过 肥 凑 机 损 行
毁 有 授 快 灵 桥 噪 类 闲 草 凑 理 箱 护 栅
礼 顶 有 ！ 碰 状 也 的 鳍 高 手 提 况 面 选
趣 己 请 规 克 权 约 的 息 峰 了 信 中 心 然
本 衫 邀 乐 性 克 他 商 的 灵 磨 定 乐 旋 看
考 乐 桌 乐 露 车 工 业 新 休 优 破 歉 蔻 衡
近 有 约 他 具 更 碎 父 人 道 衡

Puzzle 3

理 自 摇 心 心 摇 树 的 护 音 摇 篮 损 下 驴 增 趣
貓 乐 雪 上 直 磨 的 周 长 快 解 私 衬 草 行 领 考
想 梁 上 研 倍 的 权 性 增 票 则 地 草 坠 的 报 书
视 休 镜 面 木 光 口 欲 状 欲 图 源 木 间 之 告 口
不 惨 虎 行 星 信 静 障 娱 谈 皂 远 伊 疲 外 绍 乃
醒 规 面 举 趣 欲 理 碍 思 到 的 排 电 骄 伏 之 蛾
电 权 则 研 研 倾 飞 保 怖 看 撞 条 秀 要 底 疲 静
面 自 选 增 驰 斜 邀 套 情 了 了 醒 胶 伊 骄 草 定
查 的 基 落 骋 图 焕 醋 索 父 蠕 瑞 士 理 的 增 增
复 豆 研 视 树 放 定 股 中 音 动 驴 活 最 持 研 转
存 自 究 骋 便 型 亲 差 携 服 遥 乐
自 凝 从 树 木 主 有 手 树 摇 私 从 性 露 欲 车 乐
驱 视 滑 理 要 册 在 这 里 上 乎 根 欲 带 损
幸 虫 的 不 究 源 桌 雪 恢 乐 乃 焕 解 遥 转
下 过 露 心 摇 发 况 然 请 议 情 近 飞 亲 蔻 桥 损

主 要 格 斜 这 里
性 倾 在 册 告 到 视
手 报 谈 驰 骋 索 长
套 增 凝 雪 上 从
摇 障 碍 了 长 外
看 服 周 星
之 行 不 规 则

Puzzle 4

能 素 栗 量 回 娱 通 地 发 而 有 动 摇 貌 雪 源 乐
几 项 的 趣 类 得 了 板 达 到 部 最 泼 他 子 护 情
音 信 便 豆 热 惊 坠 本 位 件 疾 妇 视 伏 地 蠕
部 号 加 秘 瑞 肉 回 好 增 置 情 病 损 士 中 报 纸
源 > 优 错 子 重 的 素 桌 加 考 书 静 恐 恢 树
路 径 最 子 高 晚 上 回 克 心 定 衬 透 倍 灵
喜 平 虑 过 恐 三 充 发 貌 面 袋 保 量 日 野 运
合 安 乃 身 透 野 循 生 从 袋 坠 政 的 升 肉 保
作 恐 恐 的 明 肉 伏 过 愿 迟 府 面 香 条 肥 木
太 噪 排 解 醋 约 的 碎 试 的 直 想 肉 款 家
! 阳 木 信 伏 奇 望 股 紧 观 木 了 祖 增 庭
有 木 遥 因 四 迹 书 牛 信 高 答 携 机 疲
直 量 年 条 思 桌 想 蒡 衡 况 回 肢 中 自
定 股 号 试 眼 信 而 来 远 他 > 领 自 龄 复
有 理 本 恢 摇 许 量 的 了 骄 > 虎 几 面 远 本 乎

Puzzle 4 (side)

增 加
的 愿 望
位 置
牛 奇 蒡
太 迹 阳
报 纸
家 庭
合 作
周 三 妇
泼 路 径
晚 上 病
疾 到
达 明
透 部
件 款
条 地 板
政 府 的

Puzzle 5

孤 绝 光 于 针 重 修 答 幸 胶 状 排 ， 稻 野 滑 耳
独 不 望 衫 对 老 人 眉 栗 貌 摇 迟 但 雨 究 最 朵
衬 量 虎 的 欲 究 亲 损 选 遇 飞 心 身 饭 宜 身 不
型 透 的 菜 护 决 记 项 乐 坠 先 能 肥 乃 高 袋 野
远 主 重 凑 音 定 约 主 研 型 老 木 错 娱 差 觉 远
顶 疲 租 之 毁 记 的 雪 便 请 请 心 从 循 便 出
驴 摇 秘 后 决 约 旋 状 乐 适 汽 车 旅 馆 情 号 礼
肉 量 欲 最 得 议 见 过 人 当 傲 有 观 欲 号 然
人 自 紧 特 欲 柔 带 来 了 票 想 焕 衬 的 介
组 年 亮 磨 心 诺 木 也 马 己 欲 年 心 近 活 察 存
织 他 回 伊 能 视 来 了 乐 存 尽 管 消 观 失 最
本 勺 子 静 老 马 后 驴 秀 野 环 查 袖 书
考 远 条 外 龄 解 音 从 不 行 肥 转 飞 ！
发 典 情 循 老 放 马 村 命 木 亲 礼 肢 衡 ＞
源 数 根 环 滑 发 乃 指 标 中

循环
汽车旅馆
绝望的
，但
决定
带针
指勺
菜肴
孤命
除消
尽适
组织身
亮点
外管当
失织高朵
耳

Puzzle 6

动 肉 碎 排 池 焕 蛾 事 了 释 谷 权 未 许 执 解 性
行 宜 欲 况 塘 眉 蠕 见 ！ 惧 仓 赂 来 怖 行 后 野
答 修 高 部 稳 透 泽 撞 则 程 性 动 充 惨 子
察 遥 运 伊 马 至 增 也 飞 基 有 。 焕 怖 龄
决 ＞ 雨 步 骤 少 伊 间 望 号 环 金 考 回 联 滑
考 迟 热 醒 许 过 基 镜 来 飞 得 许 回 系 欲 的
职 业 机 他 素 心 快 事 号 地 日 父 他 本 音 控 水
摇 香 加 建 几 子 相 拥 坠 欲 落 息 灵 赂 了 制
紧 紧 私 中 息 几 旋 镜 了 信 人 惧 不 亲 光 理
特 灵 瑞 错 区 下 木 量 小 情 保 的 荒 野 因 票
考 主 的 破 底 领 部 剧 父 行 皂 人 便 查
有 疲 类 旋 欲 灵 场 柔 坠 猫 动 木 差
状 约 困 稻 释 能 几 噪 平 幸 灵 野 得 衫
有 趣 几 龄 滑 试 情 默 父 高 碎 桌 转
主 肉 祖 难 升 部 野 环 第 心 心 坠
许 胶 社 沉 理 喜 骄 损
镜 子 坠 欲 况 六 事

联系
野至
心少
困难
基金
第六
谷仓
剧场
的荒野
控制
执行
池塘
小心
步骤
沉默
相拥
职业
期望
未来
能力

Puzzle 7

过 主 不 骨 的 灵 察 鳍 狐 狸 摇 热 而 数 生 排 惧
降 从 干 头 草 发 安 领 芹 不 飞 化 摇 浓 闲 请 露
记 便 马 扰 介 释 记 苦 菜 有 坠 缩 研 然 丁 丁 迟
行 从 礼 底 携 看 磨 况 趣 延 老 高 社 研 中 近 出
落 虑 望 梁 式 木 香 专 家 下 类 优 高 而 乐 落 权
士 动 休 马 衬 特 香 有 先 镜 鹦 行 亲 桌 骄 中 书
决 > 亲 衬 落 情 乃 幸 趣 香 马 灵 好 摇 眼 转 驱 祖
飞 查 秘 热 想 村 规 版 本 女 性 摇 间 状 树 不 祖 权
讲 述 人 从 中 错 木 逐 渐 远 光 绿 望 类 别 欲 面 柜 便
书 本 填 查 况 木 子 查 举 醒 骄 充 色 解 项 书 行 升 马
虫 数 祖 余 > 社 理 心 几 平 自 性 露 信 本 远 虫 保
怖 存 热 有 貓 保 心 况 闲 恐 自 性 露 人 马 环 创 信
虑 先 了 号 人 龄 闲 私 肥 野 研 己 驴 图 环 议 书 造 因
车 平 乐 加 重 力 衬 私 肥 野 研 克 ！ 驴 议 书
栗

词表 (Word List):
骨头 / 女性 / 版本 / 芹菜 / 狐狸 / 类别 / 讲述 / 创造 / 发射 / 浓缩 / 融化 / 河马 / 鹦鹉 / 扰 / 专 / 干 / 便携式 / 逐渐 / 绿色 / 书柜 / 重力

Puzzle 8

词表 (Word List):
平面 / 知识 / 位移 / 健康 / ，虽然 / 如何 / 循规蹈矩 / 母亲 / 英语 / 容忍 / 财政 / 沿着 / 个人 / 不久 / 泰迪熊 / 蛋糕 / 的 / 伤害 / 生物学 / 之旅 / 裙子

网格 (Grid):
之 旅 不 ， 考 平 肉 如 然 事 复 礼 况 遇 蠕 页 幸
豆 諾 肥 久 虽 面 礼 特 何 母 热 秀 恐 生 真 源 的
坠 察 顶 饭 人 然 沿 着 基 亲 页 愈 木 活 量 栅 因
泰 迪 熊 子 幸 活 面 间 四 的 不 皂 ！ 基 栅 碰 释
先 信 坠 生 了 貌 财 政 伤 差 疲 ！ 瑞 复 有 马 滑
请 諾 条 物 也 毁 坠 摇 害 书 健 本 书 填 放 运 蛾
虫 遇 的 学 宜 出 性 英 租 马 康 栏 有 然 之 野
碰 究 个 眉 考 裙 语 看 丁 社 落 平 乎 议 桌 的 容
位 肥 人 降 区 稻 循 蹈 矩 究 水 领 议 出 里 忍
移 票 最 究 项 赂 社 有 心 研 面 重 试 木 不
典 蛋 生 根 身 趣 究 四 过 破 基 直 灵 宜 栅
露 糕 伊 镜 虑 凑 放 身 > 循 护 本 要 然 释 过
木 知 识 伏 保 远 部 顶 蔻 信 衬 肢 过 乃 >
车 不 延 情 保 碎 便 动 貓 乃 柔 怖 栅 乃 不
秘 惧 信 观 龄 看 解 坠 凑 衡 思 本 摇 驱 人 部 延

来 瑞 间 面 复 号 的 丁 数 况 雪 页 柔 惊 研 差 光
驱 稳 灵 寇 衬 下 肢 绅 摇 心 休 坠 便 碰 便 增 乃
迫 使 本 选 安 卖 家 士 主 最 遇 典 类 惨 升 典 年 虫
身 的 行 况 发 规 有 自 灵 的 循 答 典 图 秘 秘 带
心 动 电 况 源 过 股 充 热 生 克 记 恐 夕 水 考 况
他 蛾 亮 见 己 皂 摇 欲 便 菜 光 父 充 肉 衡 貓 面 秘
电 程 私 滑 分 回 便 秀 举 身 而 视 况 不 娱 也 的 父
凑 幸 信 稳 记 活 肥 要 艰 水 破 眼 坠 怒 野 了 虑 没 携 村
幸 紧 任 记 肥 要 艰 难 号 号 特 坠 娱 热 慾 眉 磨 有 漂 存 根
袋 的 看 不 的 马 建 转 安 禁 风 格 恐 词 汇 表 示 祖 建 增 赛 更 亮 携
的 透 喜 况 建 举 安 禁 止 快 分 解 保 保 型 跑 梁 号 地 差 视 图
损 旋 况 定 特 禁 止 快 分 解 保 保 型 跑 肉 电 祖 差 根
旋 定 特 禁 止 快 分 解 保 保 型 跑 梁 号 地 视 图

便士
视图
禁止
程序
更漂亮
的手
词汇
夕阳
艰难
卖家
的生菜
，也没有
赛跑
迫使
愤怒
风格
信任
表示

上述
悲剧
体育
到处
驯鹿
王子
详细
愚蠢的
汽车保有
情感的
政府
匹配
独立性
医院
帮助
唱歌
显著
快乐
新鲜
围栏

社 虫 电 股 惧 栗 自 后 解 乐 的 于 的 本 醋 排 条
汽 车 保 有 特 新 鲜 显 情 优 许 举 飞 苦 赂 焕 循
自 情 热 柔 不 唱 歌 著 最 人 能 慾 匹 配 而 型 而
解 出 下 快 复 环 > 丁 撞 骄 究 领 平 木 介 娱 延
静 休 通 慾 凑 特 后 部 村 人 心 伏 袖 体 育 情 帮
虑 发 填 乎 政 信 稻 医 院 面 研 虑 王 延 书 慾 助
循 查 详 细 府 摇 解 思 保 克 中 过 子 环 香 优 远
独 快 乐 租 里 的 特 乃 好 机 人 带 基 放 人 解 环
素 立 后 木 试 不 远 情 醒 车 热 衬 身 欲 幸 心 地
中 记 性 驯 回 醒 真 股 袖 研 护 摇 的 想 底 机 马
上 围 栏 带 鹿 存 悲 的 乎 举 栗 通 秘 直
述 请 惧 桌 情 剧 信 栏 愚 袋 落 复 年
情 感 的 衫 人 升 的 行 蠢 特 面 己 股
醒 状 ！ 存 通 试 记 究 有 的 木 上 回 通 到
赂 情 电 的 降 保 持 口 虫 高 理 回 动 处

Puzzle 11

觉 几 > 状 建 动 向 不 貓 出 挥 杆 缤 纷 先 信 蠕 自
平 便 动 肥 肉 伊 日 当 前 生 不 壶 茶 的 查 亲 亮 不
觉 循 磨 恐 貓 况 考 几 叫 破 龄 果 结 滑 不
增 村 中 稳 私 雨 然 社 命 声 于 加 木 乐 > 保
旋 数 雨 梁 底 最 龄 幸 研 之 观 试 参 子 > 便
情 答 喜 错 惨 透 欲 特 心 毁 里 倍 心 究 保 袖
眼 磨 亮 不 典 最 差 惨 遥 皂 日 高 电 答 转 心
栏 最 理 摇 据 饭 的 典 息 释 况 视 降 有 不 情
旋 复 貓 疲 飞 部 眉 马 马 皀 秀 后 损 的 为
乐 究 马 极 落 保 凑 释 蠕 笆 转 镜 特 存 噪 增
趣 露 肉 虎 地 梁 来 分 人 生 恐 音 乃 行 转
貌 饭 貌 龄 鳍 梁 状 的 篱 撞 心 发 的
煲 疲 平 下 科 油 容 人 貓 法 情 为
保 温 灵 子 漆 修 型 能 院 试 转
持 保 察 柔 家 热 循 面 复 观 看 望

乐 趣 容
的 内 壶
的 茶 之
生 命 葵
证 据
挥 杆 果
向 日 笆 展
篱 声 家
极 地 叫 柔
油 漆 院
的 的 结 为
科 进 前
温 学 的
法 院 缤
行 为 纷
当 参 加

Puzzle 12

有 项 镜 信 蛾 于 高 稳 栗 宜 胶 建 倍 保 的 书 动
身 远 聪 明 权 破 理 懦 环 草 貓 事 平 号 飞 面 觉
碎 的 驴 错 主 噪 许 夫 迟 看 乃 雪 持 醒 泽 饭 静 士
森 持 惊 柔 日 摇 破 高 子 可 靠 电 损 事 欲 他 露
林 分 本 身 股 研 祖 要 带 养 苦 难 也 错 运 考 票
克 母 热 欲 本 情 量 营 来 重 肥 见 况 绍
特 灵 礼 肉 排 四 面 方 地 的 重 要 公 复 面 心 复
热 损 当 然 拼 高 的 露 破 便 热 飞 事 本
梁 貌 要 愆 试 伏 身 鳍 骄 身 身 要 的 走 根 马
回 疲 亲 素 听 写 人 马 票 惧 根 高 解 廊 趣
股 人 趣 蠕 根 了 雨 部 破 四 得 得 醋 延 > 虫
范 蛾 煲 的 视 旋 暴 不 加 迟 察 四 选 虫
围 栏 电 特 图 涉 地 躁 放 电 怖 手 子 保 定
内 有 重 释 便 及 蠕 心 露 充 过 马 的
的 马 休 保 定 情 心 研 延 约 察 思 排

的 重 要
森 林 夫 养
懦 的 营 听
试 面 写
见 拼 手 柄 难
手 分 苦 母 鸡
公 走 涉 廊 及
范 围 内 靠
可 暴 力 地 方
的 聪 明 然
当 暴 躁

Puzzle 13

买 周 二 号 记 书 保 的 老 股 上 望 自 衫 晚 饭 袋
特 得 稳 基 怖 上 持 眉 落 项 热 有 动 通 素 机 克
大 护 起 人 安 活 面 想 上 诺 私 生 人 斑 点 诺 亮
衣 苦 部 露 活 肥 真 香 然 诸 透 皂 迟 根 英 远 栗
则 复 碎 存 亮 静 乃 品 规 面 己 多 后 寸 虎 衫 露
运 试 傲 貌 交 而 股 了 驱 种 坠 书 次 露 自 桌 得
眼 出 噪 秘 易 木 了 不 信 自 克 自 观 马 回 自 状
雪 读 秘 书 乐 介 源 要 请 发 皂 复 喜 出 乎 摩 底
典 书 因 余 浅 信 深 请 的 自 车 怖 碎 虑 带 之 滑
基 因 答 便 灰 丁 不 错 藏 回 坠 野 衬 苍 稻 士 木
部 研 镜 丁 全 不 骄 毁 的 红 毁 理 略 鹭 休 瑞 机
因 答 不 完 远 有 增 雪 来 环 花 人 宜 乐 飞 > 察 破 衫 遇 秀
不 摇 完 全 有 增 雪 来 环 宜 乐 飞
里 远

保持
藏红花
多次寸书
读书
大衣费全托车
花完摩鹭孕
受二得起
周买得深浅
的灰尘的
品种点易
斑汁
交果
晚饭

Puzzle 14

存 心 议 然 龄 错 社 醒 镜 袋 了 事 身 秀 而 磨 本
驴 观 破 然 也 复 美 完 成 生 发 要 持 主 苦 的 研
不 然 权 遥 复 完 也 约 摇 的 书 滑 的 村 了 有 衫
活 坠 中 恐 趣 请 面 粉 不 优 究 小 惊 存 的 饭 马
宜 宜 有 桌 情 也 则 的 木 喜 邀 型 编 的 运 时 候
因 士 根 区 最 行 饭 便 许 衫 过 衡 辑 驱 虎 真 热
约 放 休 水 条 情 于 管 毁 光 人 考 破 的 素 栏 凑
觉 不 动 泽 自 部 泽 理 发 基 顶 究 野 坠 因 虫 撞
的 便 栏 不 循 不 秀 者 不 升 信 素 解 生 亮 骄 察
摇 有 雪 下 理 眼 自 露 机 露 亲 乐 考 菜 趣 页 木
驱 想 苦 雪 皂 草 好 貌 碰 粗 细 远 究 衡 磨 通 雪
柔 随 增 近 公 石 挽 恐 露 选 雪 究 型 的
最 机 飞 的 怪 类 留 出 粗 人 优 可
分 讨 建 高 循 村 真 伏 飞 喜 人 移
栏 配 论 停 奇 灵 过 保 租 皂 究 植
乎 肉 保 止 解 究 摇 基 平 情 最
栏 解 项
喜 喜

停止
奇怪的
可移植
讨论
完成
挽留
公鸭
小型
分配
的时候
粗细
雪人美
完随机
管理者
生菜
的飞机
面粉石
结编辑

Puzzle 15

生充的于露的升娱子环肉飞马增排日领
倍自序列保好的护之碎便年碎光观乐直
恢栏根根信明肥香典面丁焕。特部便过
貌木性父便动天保亲面自选醋特欲亮本
保磨村草表白号亲事肉的木口惧息摇欲
！有量本袋答复落灵桥近野眼柔素摇况
音袋傲项恐特的道这人页镜尝究底农直
也桥惧成秘子保思坠木尝试型有梳场
心己保飞通最闲叔叔飞的研相复撞人
过预亲坠观本栅远书基明治痛野租
马测人选心建发的研信治欲苦复请
亲小！阳碰装动谈乐信治肢本毁
从安马旋光配降怖论了邀快复怖
落秀议优理疲谈降息计划根几特本
记灵热摇不间话息计划根几快特怖毁

装配
农场
计划本物
成动论话
叔叔试光
谈谈天信明些
阳论明些马
尝相三这列苦
明三小苦德
相这序道测
三小痛预白
序道表
痛预
道白
表

Puzzle 16

人趣最量飞素程情降身伊袖娱状热人露
虫想坠书的基梁洗发第口驴热余特错特
页不衡热电马柠苍蝇七进远理有栏安
恐柔排息举农檬号进入素飞虫增增
灵查源排袋场介雨觉页摇安眉远
桌貌醒转肢主遥量秘循图数面乃
修稳快回亮的日情虫图的毁红机
的险冒脖本鳍自量究梁了煲色于
有升复滑快速亲惧衡肥活蓝过
用撞复面能从发复记热铃股
花栏滑丁便地真典灵请驴
破蜜面特图举人破查醋自
检雨搜览绍要的快面秀加
过验索来雪带摇人快于规模
特眼中迟记瑞信修便桥的拟
书猫坚果趣行余主观本

快速
第七
农场 主
特征
模拟
检验
花蜜
苍蝇
洗发
搜索
蓝铃
展览
进入
进口
的有 用
红色 的
冒险 险
坚果 果
脖子
柠檬

Puzzle 17

村 衬 眉 平 草 地 亲 他 条 选 身 便 领 桥 回 关 型
倍 快 野 驴 的 露 根 电 欲 定 恐 雪 然 顶 醒 键 睡
礼 服 决 要 区 > 选 得 绍 己 伊 最 四 坠 观 眉 眠
压 力 程 查 噪 了 考 透 请 袋 鼠 栏 加 的 量 仇 破
的 权 的 不 > 镜 休 便 剪 柔 动 秀 察 肥 平 恨 心
从 两 貌 喜 镜 子 转 光 碎 , 因 此 父 特 介 里 重降
乐 建 自 选 爱 肉 电 源 镜 的 破 出 坠 况 究 宜 本考
木 破 复 来 不 转 自 携 伏 心 平 旋 观 发 肥 考 口
便 学 校 基 书 欲 解 约 因 议 研 破 想 马 本 过 顶
人 上 自 处 包 肥 破 特 素 复 袋 相 物 有 便 几 不
迟 旋 复 研 草 破 下 信 情 特 互 绍 怪 父 幸 灵 龄
选 状 研 况 梳 虑 智 特 ! 管 作 苦 他 草 股 心 毛
面 自 滑 喜 欢 肥 能 眼 镜 理 用 分 不 年 性 记 巾
权 考 他 于 部 快 的 书 区 定 灵 蝴 蝶 木 他 间 人
车 平 龄 子 便 考 眼 镜 灵 木 蝴 蝶 性 醋 衫 人 巾

两边
礼服
怪物
袋鼠
欢快的
，因此
管理
毛
压
镜子
关键
学校
剪辑
相互作用
喜爱
书包
的仇恨
智能
睡眠
蝴蝶

Puzzle 18

衡 究 旋 自 休 衫 网 时 故 查 牛 傲 数 亲 士 究 访
存 ！ 人 旋 的 球 钟 野 奶 面 疲 活 携 问
复 肉 梳 皂 欲 灵 惧 障 休 中 皂 水 便 电 亲 祖 闲
灵 电 虑 过 碰 肥 选 不 衡 车 定 他 机 木 热 议
理 书 的 克 部 驱 典 究 过 车 不 视 诺 的 远 于 秀
的 研 眼 噪 人 持 趣 眉 四 决 汉 他 亲 查 程 貌
看 事 不 结 考 子 票 己 子 放 堡 ！ 雨 破 己 特
。 眼 情 婚 对 比 度 护 便 可 包 也 惫 很 苦 增
想 社 皂 飞 四 建 车 人 温 爱 填 虑 树 多 表 优
豆 主 休 眉 破 乐 根 行 度 的 衫 貓 记 木 现 镜
亲 四 豆 带 状 望 也 规 计 驱 瑞 稻 情 乐 袋 龄
也 不 自 稳 木 摇 皂 于 迟 胶 请 究 口 栏 快 约
口 升 老 幸 区 雪 理 身 公 礼 购 因 热 稳 型 惊
近 野 > 蛾 最 恐 绍 不 路 子 买 充 饭 本 不 醋
地 视 有 马 趣 后 创 建 望 西 瓜 损 蔻 飞 直 私

不过
西瓜
的公路
创建
可爱的
购买
牛奶
汉堡包
访问
温度计
对比
结婚
的事情
希望
最后
故障
网球
很多
时钟
表现

Puzzle 19

村 本 娱 举 喜 欣 然 面 增 摇 有 光 的 担 父 惨 驱
特 来 己 理 保 主 之 究 较 低 的 修 撞 心 的 有 存
旋 驴 试 遇 马 委 差 觉 面 延 带 出 究 动 栏 图 项
情 摇 升 栏 运 员 心 优 水 滑 雪 马 摇 珍 选 袖 灵
窗 帘 觉 卷 曲 会 持 而 远 程 差 透 己 贵 脚 趾 则
部 胶 飞 基 信 票 中 定 高 梳 娱 了 自 自 恐 士 撞
骄 许 则 好 祖 了 人 义 机 根 饭 泽 在 保 人 生 于
镜 优 能 豆 雨 稳 上 磨 之 欲 四 自 楼 休 下 了 肉
克 介 观 瑞 桌 复 的 亲 伏 信 诺 镜 转 分 许 父 排
情 察 保 基 典 租 礼 亲 镜 灵 眉 要 规 复 小 试 驼
带 究 项 转 规 人 静 而 持 老 过 许 镜 村 父 存 鹿
树 循 栗 本 娱 灵 特 差 近 虎 类 好 小 马 的 柔
地 型 定 复 破 举 闲 日 草 遥 降 很 自 弟 弟 驼
存 区 乐 妖 介 桌 情 特 差 建 好 马 鹿
研 生 带 精 狭 隘 不 子 驱 邀 了 静 程 上 解 远 梳 回 柔 存

瑞典人
滑雪
老虎
肉类
椅子
脚趾
窗帘
在楼下
驼鹿
担心
妖精
定义
欣然
小弟弟
狭隘
卷曲
珍贵
委员会
较低的
很好的

Puzzle 20

快乐的
心脏
采用
称定
主题,
可见的
苏打水
锄头
奶酪
安全
的操作
贸易
分钟
欺骗
周期
躺在
百个
持续时间
早晨
配对

稳 则 傲 子 租 机 疲 人 图 主 题 , 百 情 傲 查 真
考 稻 的 热 理 亲 高 ！ 休 亲 本 乐 个 袋 滑 年 差
思 恐 议 欺 木 地 早 得 状 雪 近 喜 了 先 量 循 桥
远 议 见 骗 娱 热 晨 马 肢 破 木 持 虎 子 复 眉 排
休 降 因 填 木 之 高 从 后 保 顶 续 能 日 动 图
票 光 老 采 > 光 观 的 操 私 躺 在 车 行 配 毁 余
热 主 贸 用 苏 打 水 马 况 理 在 飞 野 过 间 之 碎
士 灵 加 易 出 奶 动 热 毁 真 马 光 答 看 对 从 镜
皂 倍 丁 酪 部 底 数 遇 恢 源 人 理 之 了
人 热 转 他 究 中 本 究 权 望 锄 头 怖 本 从 部 人
的 的 解 柔 面 情 复 典 礼 复 灵 请 撞 休 倍
安 全 惨 迟 从 木 升 书 摇 中 安 梁 倍 亲 书 情 自
驱 远 瑞 升 疲 栗 称 解 类 皂 灵 分 情 栏 回
安 事 柔 木 醋 香 定 周 视 高 充 可 见 钟 试 来 议
息 碎 通 骄 饭 村 肥 苦 栗 后 期 恐 书 的 乐 快 图

Puzzle 21

決 分 试 醒 傲 携 觉 蠕 柔 虫 复 本 介 摇 香 迟 怖 ｜ 丁 香 料 肠 妹 妹
余 草 自 自 老 了 高 的 菜 四 况 邻 居 存 乐 雨 醒 ｜ 塑 香 的 妹 秘
虫 栏 出 现 ＞ 士 苦 爷 花 虫 的 页 解 远 碎 答 人 ｜ 的 棒 球 秘
赂 定 素 解 查 见 乐 爷 来 的 塑 延 落 幸 破 ｜ 神 的 爷 爷 是
热 肥 便 查 分 子 稻 得 梁 料 袋 父 图 中 ｜ 的 壁 炉 平
野 苦 马 释 两 次 充 透 妹 高 面 邀 稳 便 ｜ 几 关 心 种
棒 球 乎 子 复 丁 领 列 表 苦 察 看 礼 ｜ 关 分 子 现
增 定 余 的 了 有 权 镜 人 地 分 飞 香 ｜ 物 出 种 表
议 物 见 磨 壁 透 选 也 乃 是 灵 心 礼 ｜ 出 列 花 花
书 邀 种 惧 炉 缓 得 理 草 保 看 丁 伊 ｜ 列 菜 慧 次
貓 型 ＞ 恐 虫 磨 蠕 便 栅 露 关 香 从 ｜ 菜 智 次 居
远 升 有 礼 解 蠕 草 带 饭 神 智 乐 幸 ｜ 智 两 居 暴
排 雪 保 研 带 噪 降 记 生 秘 慧 排 栗 ｜ 两 邻 暴 解
木 觉 幸 近 桥 信 状 出 特 远 遥 平 ｜ 邻 风
书 滑 活 修 碎 风 迟 透 复 乐 加 条 ｜ 风 缓
他 凑 袋 龄 数 滑 基 从 ｜ 缓
便 暴 蛾 答 也 鳍 先 幸 ｜
凑 骄 秀 状 栗 ｜

Puzzle 22

寒冷的   ｜ 许 的 露 迟 好 的 身 便 鳍 顶 热 约 素 情 出 快 露
高管   ｜ 滑 间 虑 过 乐 大 行 貌 镜 信 傲 趣 性 休 摇 肢
报价   ｜ 肉 傲 项 生 过 巨 的 为 的 的 的 不 来 丁 信
分发   ｜ 貓 野 观 马 心 型 的 ＞ 高 动 研 价 面 图 理
天空   ｜ 傲 放 紧 面 梁 里 生 的 凑 价 秘 行 人 野
类似的   ｜ 程 的 亮 情 子 的 见 向 间 信 梳 迅 了 乐
轿跑车   ｜ 身 然 几 举 循 损 人 页 真 镜 底 速 本 究
再见   ｜ 幸 部 有 克 落 况 音 ＞ 皂 举 闲 伊 上 息 要
反向   ｜ 虑 寒 心 活 水 加 行 香 情 想 空 的 人 撞
沙发   ｜ 本 冷 近 镜 部 了 桌 管 眉 理 天 远 笔 沙
钢笔   ｜ 请 的 蛾 栗 亲 高 高 草 兔 不 钢 恐 发
最幸福   ｜ 特 野 木 肉 根 野 领 动 考 静 素 况 分
口袋   ｜ 增 镜 况 最 亲 区 马 回 高 好 答 稻 衡 则
兔子天   ｜ 区 摇 轿 究 电 保 绍 页 自 礼 里 的 欲
的行为   ｜ 类 马 跑 幸 木 区 的 动 趣 摇 转
撕裂   ｜ 中 车 福 撕 使 邮 自 礼 心 破
的邮件   ｜ 树 有 然 裂 出 件 伏 的 损
巨大的   ｜ 口 惊 环 似
使出   ｜ 袋 考 疲 议 类 的
迅速   ｜

Puzzle 23

作 > 摇 要 破 任 亲 皱 小 情 微 降 的 他 的 大 程
画 号 灵 源 静 绍 命 纹 苍 衫 笑 无 看 有 教 倍 诺 绍
柔 己 面 虎 性 带 程 本 兰 貌 数 火 箭 育 破 号
从 磨 权 里 坠 条 皂 差 有 户 > 乐 树 滑 破 磨 主
木 从 木 究 研 面 醋 决 书 音 的 进 伏 乎 主
水 高 的 考 况 通 包 考 一 乐 日 暑 存 的 行 噪 增 貌 社
量 精 神 沟 通 不 栗 程 分 倍 选 乃 蠕 下 加 礼 分 的
书 飞 滑 也 能 撞 钱 镜 栗 办 介 间 树 的 书
高 遇 许 信 量 究 破 议 信 典 公 瑞 迟 栗 飞
平 下 典 面 区 村 部 延 撞 保 室 喜 疲 保 高 车
思 出 行 骄 基 转 欲 父 衡 介 源 部 遇 发 醒
稳 之 定 过 便 绍 迟 自 约 乐 发 喜 自 里 根
考 来 光 修 伊 灵 后 木 租 发 树 蛾 四 机 型
从 加 动 四 领 近 光 闲 士 村 余 惊 的 野 转
社 娱 性 权 要 泽 摇 子 动 量 不 直 建 见 数 出

右侧词表:
领袖 微笑 作画 箭 火 也 大胆 一办 账 精 货 面 的 沟 暑 无 日 小 皱 纹 任 命 进行
不能 分钱 公室 户 神车包 教育 通数 暑 苍兰 纹命

Puzzle 24

左侧词表:
醋栗 表达 突然 定制的 想象 判定 分析 成 民族 宗教 发布 活动 皇 摘 滑 漂亮 辣椒 土耳其 斑马 方面

主网格:
摘 要 的 斑 > 考 土 耳 其 护 噪 突 情 先 有 典 煲
稻 醋 栗 马 降 迟 木 辣 椒 的 虎 然 龄 事 思 高
租 型 欲 根 社 保 排 方 灵 分 信 快 乎 栏 水 丁 袋
情 滑 士 许 凑 主 自 马 面 析 动 祖 通 秀 情 的 要
定 冰 量 快 栏 疲 最 老 桌 略 理 遇 遇 之 发 布
制 部 底 增 查 机 想 面 飞 栗 高 之 部 旋 略 考
的 虫 恢 驱 露 特 秀 特 心 虫 肢 恢 诺 乎
迟 日 想 不 页 蛾 也 蔻 父 野 判 虎 环 损
活 动 象 漂 亮 试 瑞 性 最 定 恐 身 之 增
音 研 本 日 有 遥 书 坠 考 露 恢 顶 本 休
优 成 长 表 眉 马 典 运 的 循 疲 情 介 查
镜 携 碰 达 怖 有 的 而 身 苦 高 过 醒 怖 胶
惊 灵 趣 条 欲 蔻 考 皂 水 上 鳍 想 克 安
凑 平 宗 放 坠 亮 况 乃 焕 地 灵 区 身 闲
皇 后 教 梁 理 ! 然 族 情 民 请 恐 虑 机 考 豆

Puzzle 25

冒犯完秀 ＞ 类好亲准出之电素绍桥充定
保平整磨摇惧书增备护间本休灵边数理
真根的面虫身区域人虑私的不村皂稻年平
滑号而毁间保分子木不重人远经旋 ＞ 营本虫
确定的页最野傲书傲前马碰试马放光私望自先规几眉
音试而典表明信车蔽存理滑高于地摇旋日摇静分行焕年
安肉绍释镜口复理便根的许坠升迟的相当醒法集土豆
休股本了身休

间之土膝打指完区
豆盖备犯冒打指收区
膝准整域灵前境当集营志务贵明
望域冒指完精目边相收经杂任昂表确定
的灵境当营志务贵

Puzzle 26

得觉书橡充顾趣持飞凑而便气球热摇草
区行好子研客情历肉增情亮损高贵伊喜
究情里稳木普史几碰信野放疲邀页
！摇柔然接近通梁机丁坠桥护音
稻号素许野约水优木交自交有坠素
肉则灵草子保放过计地循面融飞
凑项目醒胶一的算衬音真量
本磨动亲柔滑草优动了子肉的
存驴自礼静草面喜器离真老热
稻高亮错复坪部伊然开增野
情。己热心几而摇龄袋事磨中私
长度过心人安傲升近野老
粗旋生许马机伊典修况观
心旋要远状研源转动通怖
豆页透量镜喜里放碎瑞自转股

柔滑融开子坪贵部
交离橡草高头官历粗
计长一气接顾逮便项普通
目了然球近客捕宜的目

Puzzle 27

```
肥 人 本 马 自 思 > 愈 豆 转 况 的 肉 饭 露 破 心
雪 皂 研 请 子 上 试 规 则 村 直 洪 书 稳 公 平 静
祖 下 蔻 得 机 便 增 观 思 貌 栅 水 行 便 交 > 饭
条 有 野 上 倍 面 丁 蛾 活 奉 子 袖 回 条 一 见 般
恐 骄 的 泽 电 公 建 面 领 破 研 土 迟 着 保 思 稳
镜 蔻 情 速 柔 桌 乐 须 惨 研 最 滑 显 决 于 考 情
坠 心 分 度 便 静 必 虎 研 通 复 不 恐 信 区 休 音
醋 人 祖 充 乃 填 租 情 稳 衬 桌 优 栏 滑 恐 定 情 !
欲 电 的 乃 恢 任 肥 惧 鳍 机 远 余 恐 摇 延 放 倍
后 下 苦 车 决 何 惊 木 上 持 查 部 推 迟 桥 肢 典 中
规 信 情 迟 信 乃 远 错 出 口 村 野 滑 伊 木 复 损
结 果 建 情 人 爱 伊 生 木 解 高 下 滑 蠕 答 树 中 他
权 赂 主 则 好 肢 记 看 醋 木 身 息 情 有
最 最 名 望 衫 快 便 桌 香 之 人 最
差 便 汽 车 指 望 衫 快 便 桌 香 之 人 最 情
```

Puzzle 28

```
号 桥 灵 栗 滑 观 之 而 镜 磨 虑 面 蔻 放 肉 地 复
心 貌 马 复 定 礼 惨 数 快 蛾 麻 惧 试 不 许 光 泽
有 投 活 趣 信 望 醒 肉 乐 心 的 部 亮 页 部 平
之 票 高 选 身 考 降 顶 撞 > 的 艇 人 乃 回 区 围
喜 愈 惊 的 热 稳 的 过 碰 水 体 充 伊 水 而 子 巾
心 邀 恢 笑 记 号 权 香 野 护 距 蔓 区 情 举 独 票
幸 透 高 可 忆 陪 喜 光 猫 离 延 而 子 单 木 父 心
伏 野 过 复 的 审 真 乐 本 便 平 恢 肢 坠 毁 决 领
主 饭 心 伊 杂 的 股 坠 草 安 高 肢 蔻 人 遥 自 也
释 观 选 看 遥 信 快 遥 碎 木 延 坠 子 露 型 子 信
音 理 露 驱 情 想 释 乐 顶 介 间 肉 蠕 的 举 他
情 记 蜡 马 正 式 士 加 番 子 理 举 释 趣
严 重 而 存 飞 水 后 部 升 茄 地 严
噪 蒸 胡 人 蒸 行 外 饭 梁 的 了 了
从 最 热 摇 破 落 分 热 凑 倍 了 了 地
```

Puzzle 29

滑	数	蛾	肉	里	性	票	重	决	龄	牙	源	选	邮	递	员	恐
观	灵	里	惨	情	隐	自	休	下	鳍	齿	通	老	木	安	眼	请	特
情	面	惧	透	破	藏	亲	雨	排	坠	而	常	会	肥	静	机	虫	梁
噪	的	之	加	泽	能	过	高	几	复	倍	的	建	见	请	灵	醒	稳
独	野	雨	摇	梁	约	便	丁	性	分	醋	理	灵	活	露	野	动	平
自	说	服	况	的	究	闲	远	礼	便	人	究	>	肥	况	自	平	近
惊	建	远	便	,	其	基	乎	人	书	飞	便	醒	遥	祖	先	虑	虑
邀	分	化	热	摇	情	恢	滑	眉	书	雪	欲	自	考	活	建	主	衡
思	动	观	妆	桌	几	后	试	条	飞	快	先	祖	填	况	担	静	
信	安	排	况	泽	肉	倍	损	降	数	乐	羊	群	考	况	中	驱	况 ！
娱	趣	心	子	的	部	便	决	保	煲	木	嘲	建	保	增	衬	秀
行	损	破	马	恢	肥	便	趣	请	的	木	修	乐	况	保	决	而
惩	不	基	见	认	为	冰	出	不	毁	绍	稳	决	保	克	热
过	罚	旋	有	真	霜	豆	毁	股	面	便	保	真	克	而	况	秀
区	日	后	趣	项	丁	从	士	约	真	几	部	人	感	谢	热	秀

先活见
祖灵会，
认
惩
感
承
说
化
独
牙
安
冰
隐
通
部
邮
羊
嘲

其
为
谢
担
服
妆
自
齿
排
霜
藏
常
分
递 员
群
讽

Puzzle 30

修改
尤其是
其他
军人
一系列
状态
出生
包子
篮球
只是
周年
吊着
蘑菇
可重复使用的
喷泉
幽灵
澄清
地毯
那种
应该

先	疲	考	源	露	军	其	他	平	回	亲	最	他	休	况	试	喷
>	性	充	便	出	人	他	身	人	心	中	乐	水	！	图	优	泉
护	篮	球	因	生	年	增	间	欲	露	透	乐	身	部	书	面	规
基	克	透	摇	诺	地	活	露	木	型	磨	行	吊	着	许	落	落
赂	好	灵	几	填	的	本	选	他	热	过	社	人	填	灵	顶	衬
可	见	望	露	情	地	士	秀	马	存	包	人	高	灵	平	貓	
喜	重	见	凑	一	书	娱	数	蔻	是	子	高	修	改	心	眉	
士	香	复	机	系	幽	灵	了	尤	只	许	重	野	动	心	袖	
理	傲	本	使	列	股	情	书	其	年	顶	究	肥	磨	克	落	
根	觉	好	虎	用	那	种	饭	身	应	该	社	秀	能	错	摇	便
带	驴	举	稳	>	的	肉	存	丁	型	的	亮	镜	复	柔	肉	
典	得	貌	要	带	后	复	保	然	落	况	状	直	周	野	型	
地	音	灵	权	绍	肢	的	延	上	澄	清	他	间	年	醋	坠	
毯	情	况	顶	栏	泽	余	蘑	乐	眉	菇	间	降	恢	棚	行	
碰	究	见	生	欲	了	心	之	机	信	事	水	填	他	优	上	本

Puzzle 31

熟 悉 复 啤 酒 保 证 能 虑 老 部 复 权 请 发 平 惊
煲 毁 己 自 动 雪 父 貓 马 恐 典 觉 见 乐 动 最 迟 原
破 便 部 股 票 自 金 丝 护 的 了 释 桌 定 机 驴 镜 他
主 真 望 决 平 加 乎 后 小 色 回 查 特 位 研 最 直 了
步 亲 行 平 过 真 规 小 信 余 彩 香 恐 木 转 便 的 中
稻 保 电 决 过 技 幸 信 页 不 醒 秘 傲 野 > 镜 因 虫
保 轻 微 袋 不 差 巧 袋 护 想 惊 木 心 透 休 透 热 烧
本 查 漏 镜 考 型 保 狮 惊 因 几 见 秘 野 典 便 毁
泄 漏 信 答 来 书 制 惨 子 增 马 机 面 便 凑 灵 望 带 页
饭 优 秀 量 村 信 造 邀 肉 雪 伊 趣 坠 便 衡 信 建 的 源
乐 蛾 了 肥 号 乐 礼 透 旋 怖 驱 镜 栏 决 毁 得 香 >
重 基 煲 胶 下 运 亲 旋 况 丁 丁 改 要 于 的
冰 电 察 保 四 检 闲 坠 虎 善 机 出
士 高 摇 肢 私 水 讨 旋 惧 噪 然 休 而 欲

词语：
- 发动机
- 的色彩
- 烧毁
- 熟悉
- 保证
- 检讨
- 狮子
- 技巧
- 定位
- 金丝雀
- 电
- 冰
- 制造
- 步行
- 否定
- 改善
- 泄漏
- 轻微
- 平原
- 小鸭
- 啤酒

Puzzle 32

词语：
- 舞台
- 礼物
- 可怕的
- 片段
- 减少
- 现任
- 冲突
- 醒来的
- 就像
- 男性
- 敌人
- 负责
- 您选择
- 洋葱
- 退出
- 纠结
- 海雀
- 配备
- 聚焦
- 蟾蜍

自 磨 他 解 信 遥 您 坠 机 男 自 乃 现 车 蟾 梁 衡
而 亲 水 祖 乃 貓 选 虫 信 性 心 发 任 醒 亮 蜍 先
之 草 生 典 露 携 择 生 怖 音 休 老 携 栏 肉 乐 香
程 降 娱 观 状 疲 股 惊 貓 海 雀 瑞 雨 权 差 上
的 特 心 自 行 倍 醒 高 敌 便 木 议 面 约 醒
考 复 项 袋 摇 露 本 的 来 人 苦 光 瑞 木 雨 忿
片 段 邀 栅 排 情 蛾 木 的 碰 冲 父 虑 有 面
日 建 典 记 舞 聚 直 而 伏 突 子 蛾 理 洋 葱 摇
！ 水 部 退 出 台 减 木 记 肉 肉 趣 镜 静 私 亮
行 平 惧 回 议 可 少 水 噪 袖 遇 自 诺 观 便 灵
视 木 的 娱 议 怕 趣 加 滑 加 幸 结 水 量 露 于 便
露 加 高 页 的 镜 保 傲 老 转 降 程 心 乐 袖
虎 透 人 子 答 摇 蠕 遥 肉 不 远 伏 礼 行 考
饭 保 股 不 欲 顶 要 衫 就 蠕 子 配 部 伏 礼 物 试
驱 股 于 领 栗 重 上 肉 最 秀 面 备 乐 ！ 研 事 远

Puzzle 33

香 图 栗 思 图 研 身 平 好 究 人 梁 摇 热 型 惨 肉
要 过 状 本 滑 的 时 谈 话 最 特 安 心 丁 光 人 修
热 面 飞 得 虎 主 试 过 露 秘 子 热 因 信 镜 试 了
这 间 马 循 柔 机 过 龄 面 人 驴 日 果 野 直 察 区
然 样 秘 的 信 有 量 量 情 人 远 里 落 马 差 先
亮 驴 自 欢 要 粗 稻 思 况 眼 形 出 书 底 异 损
木 口 记 迎 介 鲁 思 心 先 许 发 情 则 的 要 出
图 树 观 中 介 机 数 栅 坠 所 水 娱 特 老 观 傍
欲 专 觉 究 迟 损 况 结 程 眼 来 需 梁 的 身 晚
恐 门 惊 部 最 下 研 构 水 他 > 完 余 研 本 己
怕 乐 回 紧 数 便 马 媒 特 马 木 美 草 的 身 本
分 真 灵 咖 马 疲 肥 体 选 完 柔 情 票 差 看
趣 考 循 啡 民 顶 发 眼 貓 美 马 的 研 观 出
焕 滑 露 稻 俗 肥 动 中 苦 降 。 肉 身 查 雨 摇
素 许 稻 草 人 人 状 性 行 真 直 趣 欲 答

情况
恐怕
专门
稻草
傍晚
民俗
的
谈话
欢迎
的
所需
糖果
完美
粗
差
结
时
平
伤
形状

人
晚
草
人
的
鲁
异
构
样
心
伤
状

Puzzle 34

突然的
引进
最高
的 好 处
悲惨
愿望
成功
猴 子
拒 绝
及 其
发 展
医 疗
呼 吸
泥 泞
母 鸡
的 人 才
确 切
短 暂
产 生
保 养

保 有 肉 保 活 重 树 部 不 马 泥 饭 地 乃 根 稳 根
养 过 摇 差 研 灵 真 野 介 惨 蛾 泞 情 看 衡 > 从
引 进 建 类 摇 状 高 上 惨 惨 成 上 考 修 子 丁
本 便 梁 权 肉 重 望 悲 惨 排 功 介 思 迟 优 木
惨 猫 最 才 人 的 然 突 解 平 热 票 考 视 存 自
诺 及 高 医 疗 好 醒 的 栅 傲 特 豆 疲 息 最 生
股 其 究 加 乃 处 猴 子 飞 恢 介 确 切 息 欲 礼 转
欲 动 幸 士 > 许 见 虑 项 损 诺 虎 呼 草 平 情
了 摇 发 展 他 好 自 欲 动 则 趣 机 吸 宜 幸 加
疲 凑 袖 的 光 解 平 存 几 觉 保 约 许 远 日 许
选 数 猫 查 > 里 最 信 释 电 息 母 鸡 鳍 乐 人
根 水 安 行 有 举 息 > 音 柔 桌 望 热 秀 亲
噪 回 源 便 便 豆 行 部 本 保 发 权 想 增 下
木 短 暂 口 产 热 行 面 > 有 自 树 转 顶 理 柔
中 旋 噪 里 生 先 的 运 底 心 怖 平 研 焕 露 数 电

Puzzle 35

优 了 目 稳 乐 也 梳 自 稳 木 持 好 防 卫 书 区 权
来 条 的 温 文 尔 周 究 伊 心 遇 肥 释 迟 理 落 忿
究 略 参 栏 活 号 六 见 领 木 恐 貓 休 他 亲 露 驱
驴 书 碎 加 宜 评 最 许 信 存 不 建 他 建 思 急 规
研 热 安 理 女 估 损 稳 身 几 心 心 理 栏 发 驱 觉
雨 有 复 重 巫 医 药 药 秀 增 护 秋 面 驴 蛾 发 紧
动 最 充 鳍 底 解 光 的 复 保 不 思 损 季 虫 损 解
赂 木 趣 飞 的 休 香 旱 视 票 错 马 。 坠 栗 解 紧
紧 喜 页 特 保 虫 的 干 顶 面 规 里 稻 里 直 来 肥
连 情 充 灵 恐 的 飞 况 错 修 租 约 保 电 批 来 本
滑 拍 页 最 许 社 碎 息 公 老 。 保 伏 动 判 滑 要
亲 口 绍 马 成 蛾 人 像 民 看 填 恢 泽 瑞 覆 秀 热
有 露 凑 为 落 因 电 他 议 策 然 恐 介 盖 放 热 老
祖 醒 因 热 因 情 延 坠 地 栅 动 身 携 惧 运 情 梳
升 稳 出 静 复

余子日约皂最大保邀焕远信理几虫
盖为巫估判民文尔雅
焕发成女评批公温策秋季。
覆加卫六药放拍旱像的
参防周医绽连干人目
的恐惧

Puzzle 36

墙上质龄厅慨口胶主间责养球亮羊指大发肤蜘蛛得到
本年大慷入橡民时指放足明山是最激皮
上本年大慷入橡民时指放足明山是最激皮蜘蛛得到表

自 后 年 闲 然 己 保 自 恢 音 灵 人 的 木 了 间 余
水 士 龄 本 余 思 复 乃 怖 滑 看 煲 口 父 自 子
则 肉 里 特 醋 噪 欲 瑞 活 平 邀 增 得 到 桌 日
野 明 亮 绍 升 试 决 树 橡 上 桥 升 信 年 乐 约
指 透 祖 损 龄 落 升 滑 胶 而 环 诺 球 入 皂
马 责 木 情 > 飞 坠 木 撞 几 邀 足 损 厅 最
马 饭 邀 排 桥 持 高 人 秀 见 坠 飞 克 出 大
理 号 是 议 袖 慷 慨 蜘 蛛 信 摇 蛾 书 保
马 安 绍 指 皮 行 权 日 定 况 马 人 邀
磨 诺 望 动 肤 而 诺 摇 休 量 远 山 焕
便 生 平 肉 分 上 草 摇 好 自 马 里 衫 远
梳 肉 村 亮 墙 直 激 热 衡 然 部 书 介 信
试 心 放 复 野 栏 发 遥 身 的 乐 理
转 里 养 民 主 则 趣 质 间 余 情 几
静 租 肥 摇 平 情 飞 袋 衡 视 表 醒 快 租 查 稳 虫

Puzzle 37

怖 基 尖 自 邀 图 驱 想 骄 型 查 运 素 股 权 试 信
瑞 树 不 尖 请 里 远 通 于 条 伏 之 香 乎 特 摇 惊
观 直 权 于 的 飞 倍 父 怖 飞 自 人 高 秘 趣 约 恐
行 宠 物 热 露 动 尖 望 木 决 亮 桌 自 下 研 究 行
傲 思 面 量 状 乃 叫 的 票 增 典 升 然 权 恐 存
有 底 持 觉 遥 性 安 的 错 树 蠕 摇 心 人 电 于
真 焕 觉 机 灵 乃 的 遥 约 邀 快 信 放 视 息 闲 梳
绍 高 机 之 老 的 约 邀 秘 人 持 股 香 部 东 察 滑
犹 破 之 乃 老 页 秘 灵 灵 下 充 坠 源 景 信 本 人
豫 子 热 老 袖 开 状 保 色 角 飞 人 情 父 导 热 肉
摧 教 区 错 玩 苦 复 灵 色 下 必 带 型 环 子 持 底
毁 本 师 凑 怖 状 复 眉 最 填 要 的 而 子 包 几
摇 部 灵 查 升 眉 紧 邀 龄 情 社 下 排 裹 玻 形 社
前 者 邀 后 因 貓 研 民 用 滑 惨 树 况 璃 景
损 亮 好 优 活 好 研 民 用 滑 惨 树 况 介 容 形

研究
东部
邀请
开 玩笑
角色
西部
尖尖的
犹豫者 向
前 导玻璃 叫
尖 物用
宠
民 毁
摧 裹
包 必要 的
教 师 场景
的 形容

Puzzle 38

先 要 远 鳍 年 特 保 凑 得 的 坠 貓 定 地 喜 邀 伏
諾 电 型 自 增 祖 几 既 不 爸 撞 查 之 权 恢 的 理
克 眼 性 梁 本 年 士 趣 理 爸 页 面 高 地 人 况 龄
惧 秘 持 书 破 四 则 典 打 后 况 保 绍 动 干 便 皂
损 豆 地 子 噪 损 规 打 破 他 因 能 量 典 宜 高 迟
喜 行 遥 部 况 的 加 水 要 遇 机 未 能 高 镜 饭
自 则 复 虫 伟 大 的 灭 答 父 分 祖 煲 见 加
克 存 趣 条 幸 惨 信 之 碎 了 树 循 几 平 肉 自
信 信 信 绍 主 恢 带 解 父 转 一 滴 个 书 露 息
树 自 因 北 活 桌 摇 胶 转 过 情 量 最 蛾 醒
摇 本 远 方 想 口 车 蛾 区 试 露 煲 信 见
坠 想 持 过 闲 几 年 胶 欲 理 镜 性 不 皂
包 坠 飞 恢 驴 自 疲 乎 便 透 肢 面 车
行 含 期 复 记 愿 娱 不 得 之 毁 袖 蠕 秘
检 查 落 对 言 要 自 袖 分 桌 不 灵
快 看 高 近 乐 静 损 坠 稻 破 人

恢复
胶水
检查
自愿
的爸爸
几个
伟大的
记录
打破
包含
北方
语言
长期
既
面
一滴
自娱 自乐
得 分
灭 亡
未能

Puzzle 39

特 后 特 煲 信 马 鳍 便 乐 肥 项 远 便 ＞ 请 家 出
仍 亲 决 况 直 亲 瑞 同 情 煤 炭 丁 子 自 因 伙 携
审 然 解 有 环 觉 人 摇 源 乐 里 高 视 图 股 露
判 运 险 的 梁 飞 举 情 频 丁 子 余 的 自 因 的
晚 些 鳍 凑 衫 延 本 马 保 高 的 插 取 画 后 快 草
摇 得 子 了 镜 雨 虑 部 主 醒 礼 雪 因 合 诺 笔 便 中
身 摇 焕 回 情 重 闲 号 租 露 凑 日 于 细 信
的 因 自 梁 研 貌 持 喜 水 芹 雪 而 伙 疲 乃 快 衫 察
恢 底 梁 马 蠕 重 诺 惊 灰 雨 倍 子 出 面 生 复 高 人 安
记 来 护 选 升 村 项 灰 色 身 苦 地 驱 行 价 凑 查 本
身 碰 究 领 动 走 乎 回 的 查 磨 远 加 通 心 貌 区 心
露 他 电 复 了 研 直 也 镜 答 香 过 别 人 瓢 虫 情

词语

风险
晚些时候和
灰色
煤炭
别人入伙
家
审判
走了
频繁的
同情
的画笔
水芹
瓢虫
合作伙伴
喜欢
细腻
取决于
价格
仍然

Puzzle 40

眉 近 伊 远 介 温 决 苦 车 ！ 放 露 豆 情 坠 虫 此
黄 油 伊 雨 分 度 人 存 镜 误 雪 花 特 欲 本 几 处
项 信 看 量 人 议 本 高 差 思 究 坠 主 事
得 也 伏 修 衡 特 好 究 子 增 苦 升 面 。 号 循
乐 秘 坠 遇 袋 加 心 远 虑 鳍 碎 镜 亲 最 能 私 坠
衬 放 蔻 介 看 解 察 文 能 主 回 研 本 定 袖 延
监 狱 恢 洽 谈 行 灵 章 研 思 灵 况 礼 能 凑
袋 保 好 研 碎 亲 过 欲 议 人 年 伏 考 释
捕 捞 条 喜 来 喜 疏 结 回 梳 人 心 人 车 撞 他 ＞ 毁
释 高 牙 的 桌 持 散 论 先 本 吸 溜 冰 赂 亲
五 个 医 典 坠 心 得 自 摇 本 租 血 鬼 增 桥 通
辩 论 秀 查 亲 伊 衫 散 型 自 充 上 娱 延 重 焕
醋 撞 蛾 损 复 放 落 己 我 们 己 解 毁 本 理 答 透 举
磨 人 错 四 租 图 于 有 增 的 选 本 加 地 部 村 复
破 村 不 光 快 请 小 说 面 究 等 于 平 梁 年 转 欲

词语

牙医
我们
等于
吸血鬼
误差
此处
捕捞
疏散
黄油
小说
温溜
文洽
雪
五本
监狱
结论
辩论

Puzzle 41

护 况 重 活 己 部 桥 基 的 间 最 骄 飞 的 吸 过 思
士 从 人 携 错 微 地 打 直 的 也 带 旋 热 乐 取 幸
摇 疲 电 本 人 小 恙 招 的 恐 恐 复 请 直 持 空 清
类 灵 肥 丁 介 的 招 他 呼 情 部 设 请 部 中 坠
量 差 > 请 人 他 运 呼 马 豆 增 计 最 日 区 车 >
自 骄 邀 恐 介 一 保 伏 自 栅 来 皂 > 越
动 桥 则 的 树 直 看 水 露 稻 衬 来 越
牙 私 瑞 黄 灵 先 柔 野 了 子 思 稻 越 栅
刷 学 习 鼠 他 保 基 相 惨 见 最 惨 栅 思
面 静 野 狼 存 教 毁 同 摇 露 老 遇 议 噪
祖 信 号 增 眉 能 练 因 闲 破 栅 事 息
的 查 的 克 类 页 马 摇 趣 后 邀 想 虎 肉
车 护 遭 考 区 他 类 心 木 图 野 私 自
行 计 复 带 基 近 亲 情 后 肢 摇 面 条
从 算 绍 规 本 希 望 的 滑 先 坠 露 绍 年 柔 理 自

信号他的牙刷护士学习计算打越来设计吸取添加的黄鼠相教微清遭一基

呼来越
望狼同练小空受直地

Puzzle 42

肉 豆 蔻
遥 远 迟
延 延 怪
奇 奇 花
棉 棉 套
手 武 器
安 静 的
刺 猬 赏
欣 的 乐
的 支 持
支 海 滩
海 溜 冰 鞋
溜 的 教 训
的 法 规
法 缩 写
缩 维 护
维 习 惯
习 时 间
时
间

碎 于 亮 木 护 数 自 邀 高 余 旋 时 人 蔻 人 加 高
习 惯 几 露 焕 人 许 伊 自 平 决 间 醒 刺 猬 秀 士
的 教 训 衫 缩 蛾 真 余 持 丁 欲 奇 怪 维 护 棉 便
衡 驱 了 驱 亮 写 释 余 来 衫 权 领 肉 出 面 宜 花
过 事 选 转 马 基 约 事 法 遥 伊 豆 乎 损 源 武
填 延 能 高 摇 毁 乐 也 护 驴 生 蔻 携 介 先 器
恐 查 乐 破 回 修 理 书 衬 遥 远 支 的 饭
皂 思 音 瑞 亲 决 > 回 书 量 光 远 持 秀 眼
安 静 的 状 袖 噪 情 不 程 增 栅 决 豆 过 的 摇
便 保 摇 要 海 先 碎 高 考 身 试 项 秀 坠
溜 的 环 远 肢 动 研 稻 草 近 来 倍 貌 旋 根
香 冰 水 议 欲 肉 书 蠕 灵 野 栅 套 看 栏 不
存 思 鞋 复 眼 热 怖 心 事 几 手 马 欣 票 试
余 克 邀 升 里 四 下 破 眉 平 保 毁 磨 赏 有 看
想 行 栏 毁 的 丁 活 研 息 他 豆 活 了 娱 延 赏 迟 最 水

Puzzle 43

情 滑 研 排 坠 栏 条 介 透 保 摇 研 来 信 替 摇 后
柔 噪 究 好 衫 撞 分 诺 旋 得 伏 记 焕 了 电 代 肉 士
倍 例 外 宜 下 肉 稻 碰 得 特 股 雨 惊 放 子 从 休
情 人 节 而 升 祖 木 情 凑 宜 药 乃 镜 中 书 私 复
答 状 许 心 了 挑 过 增 祖 药 物 碎 回 乐 宜 考 修
息 于 好 鲋 披 战 数 紧 镜 能 下 四 疲 美 骄 几 行
骄 子 底 披 萨 人 循 张 有 年 亲 定 味 泽 选 攻
邀 恢 有 信 得 露 面 复 近 出 查 稳 解 快 行 组 击
子 落 他 桥 伊 坠 于 面 栗 本 保 察 骄 有 滑 合 镜
磨 谨 娱 考 理 观 项 的 数 对 起 权 解 特 秘 于 虚
！ 慎 肉 边 试 口 乎 放 据 的 不 条 事 页 马 过 思
香 娱 肉 赂 缘 热 子 重 介 自 下 便 真 年 复 心 身
子 肉 鲋 规 监 子 远 梁 摇 傲 身 望 安 乐 醒 努 高
想 鲋 本 测 驱 透 坠 傲 身 望 安 的 幸 袋 赂 力 电
中 左 腿 考
顶 信

电子书

右侧竖排:
不对 情 努 谨 药 挑 升 披 谦 紧 攻 替 数 组 美 监 左 边 例 外
稳 不 人 力 慎 物 战 入 萨 虚 张 击 代 据 合 味 测 腿 缘 外
定 起 节

Puzzle 44

构造
标记
第一
维生素
手机
请求
利润
晃晃悠悠
动词
居民
亲爱的
绝对
洗衣
温水
经济
麋鹿
雪貂
明确
细胞
经验

摇 栏 桌 马 遥 几 面 稻 先 不 他 碎 虑 决 而 老 水
木 验 肢 细 胞 虑 答 丁 的 村 本 本 休 源 皂 坠 鲋 的
转 经 顶 倍 特 摇 栏 惊 构 高 间 思 本 撞 >
利 济 排 信 明 确 肉 源 造 类 类 休 凑 饭 保 延 袋 几
润 想 乃 驱 真 露 马 第 有 息 秘 考 理 身 柔 他
己 梳 主 蠕 栅 平 醋 一 飞 转 。 摇 对 猫 的
虑 约 心 加 本 晃 柔 惧 心 飞 标 镜 士 介 情
状 回 药 车 桌 晃 悠 悠 木 记 自 泽 露 水
心 了 鹿 信 权 典 居 口 己 绝 磨
父 磨 温 伊 衫 眉 伊 民 手 动 请 热 则 的
充 便 水 保 条 自 露 定 机 词 求 透 优 栗
雪 貂 驱 幸 肥 野 区 稳 情 洗 衬 诺 基
野 近 噪 柔 乃 梳 磨 有 肉 心 栅 典 持
幸 信 镜 见 条 素 生 蠕 能 况 研
规 的 亲 爱 的 况 几 驴 碰 看 领 护 社 旋 好
行 间 想 素 损 页 雨 亲

Puzzle 45

野 热 主 吸 引 力 优 选 平 的 烂 灿 光 阳 摇 伏 幸
焦 典 察 心 肉 人 心 肢 秘 父 镜 则 驴 秘 考 树 煲
选 点 环 傲 修 一 二 。 二 亲 真 树 虑 余 水 獭 飞
远 马 余 的 毁 噪 加 光 存 的 信 ＞ 雨 重 摇 安 面
反 过 来 稳 况 秀 得 介 自 议 系 蔻 特 排 惊 修 复
社 惊 看 摇 复 蠕 的 修 眼 护 统 租 的 不 恐 复 疲
醒 危 有 坠 静 增 情 远 远 雨 几 充 面 面 复 携
保 险 秘 菠 菜 充 过 高 露 放 假 得 活 况 心 下
复 最 议 桌 袖 驴 考 便 兴 最 趣 ＞ 程 野 蔻 差
主 吃 饭 欲 本 乐 限 保 试 区 音 理 自 镜 梳 根
典 面 骄 议 记 北 极 先 栅 书 狗 宜 的 状 肉 私 的
视 得 镜 远 根 之 草 本 人 秘 小 妻 子 活 情 的 坠
平 雪 皂 选 试 保 栗 成 足 够 的 碰 而 发 人 觉 人
书 亲 议 摇 放 本 亮 肥 年 乎 循 野 木 有 柔 驱
修 安 宜 草 眼 蔻 肢 眉 的 平 面 试 ！ 伏 况 转 碎

修复
的父亲
高兴
极限
焦点
足够的
妻子
成年
反过来
北极
菠菜
的小狗
阳光灿烂的
一二。二
水獭
放假
系统
危险
吃饭
吸引力

Puzzle 46

美国
最近
传统
大便
俏皮
大声
性能
松鼠
具体
姐姐
操作
启动
掩盖
夏天的
错误
另一个
相反
改革
中断
一起

恐 露 祖 排 声 大 另 一 个 携 掩 真 具 噪 相 出 举
理 心 部 理 快 便 破 自 生 错 盖 图 子 体 反 中 存
觉 顶 坠 飞 研 摇 中 皂 趣 误 了 子 傲 音 飞 护 过
本 差 平 灵 条 豆 断 的 绍 的 理 便 重 程 增 滑 衬 蛾
中 项 记 行 改 革 傲 区 老 增 子 发 镜 循 碎 启 动 热
间 木 乃 的 子 人 蔻 ＞ 祖 ＞ 滑 亲 豆 饭 启 蔻 直 降
基 试 透 许 姐 秘 夏 人 传 性 的 最 领 碰 带 桌 人 也
肉 衡 绍 操 出 凑 天 统 的 近 租 快 上 考 延
噪 旋 后 顶 作 心 填 美 国 能 栏 俏 音 间 考 根 考
恢 看 松 机 透 肥 亮 面 转 落 龄 皮 摇 电 项 豆
摇 号 鼠 休 循 真 顶 的 他 遥 不 驱 保 好 根 升
村 一 起 携 情 先 幸 透 中 撞 护 音 有 本 自
最 眼 电 愈 马 也 来 惧 的 欲 丁 损 填 秀
子 亲 安 ＞ 绍 磨 人 查 自 生 音 面 疲
高 蛾 事 亲 信 特 的 复 他 衡 眉 复 本

Puzzle 47

绍 老 况 察 桌 面 倍 凑 因 虑 型 摇 优 远 错 想 情
最 规 心 情 木 保 蠕 介 性 分 先 高 差 分 驱 袋 先
一 表 面 破 况 飞 克 余 镜 事 而 马 下 驱 察 的 摇
充 定 研 疲 心 貌 眉 人 口 野 察 地 下 > 乐 亲 落
延 研 碰 苦 蠕 价 龄 书 面 坠 宜 则 部 充 丁 远 身
本 公 共 胆 骄 约 值 人 热 便 加 规 袋 理 状 考 醋
公 看 小 理 栅 人 己 议 磨 自 通 他 出 丁 落 人 的
看 教 室 记 分 肢 情 反 袖 磨 不 许 肢 趣 状 羊 了
教 室 记 衡 的 反 然 磨 生 回 投 茶 村 飞 重 的 最
室 飞 循 了 排 文 源 息 复 也 人 入 壶 平 慾 伏 究
记 循 了 丁 有 安 复 面 章 绍 衡 灵 己 恢 肉 他 傲
飞 了 有 人 安 章 绍 衡 灵 恢 究 休 试 中 机 情 坠

表 公 采 笑 茶 投 家 危 反 教 的 一 定 的 人 价 颜 的 的 胆
面 共 访 了 壶 入 机 应 室 文 章 定 羊 口 值 料 东 情 鞋 小

Puzzle 48

承 的 恐 避 月 面 包 车 兴 绍 滑 乃 摇 的 发 保 滑
认 间 项 免 存 亮 尺 面 趣 桌 真 子 露 村 主 租 稻
喜 撞 觉 目 木 衫 寸 子 选 根 基 错 机 发 页
约 增 觉 议 格 式 一 次 滑 栏 觉 信 发 保 乐 放
况 遥 许 便 坠 亮 醋 顶 眉 观 惧 试 怖 通 稻
本 电 驱 研 乎 心 平 子 日 票 自 复 私 保
蜗 虫 增 年 观 丁 自 闲 页 水 租 填 瑞
牛 回 的 泽 心 升 趣 土 子 肉 类
貌 底 滑 查 村 稻 欲 狼 型 衬 书
准 标 栏 平 环 信 摇 的 赂 灵 研
则 保 行 仅 排 士 机 野 看 主 便 >
木 特 喜 下 仅 肥 觉 傲 自 趣 题 携 加
典 思 亲 自 坠 主 决 雨 疲 旋 绍 行 木
状 租 坠 过 鸟 答 视 看 梁 携 便 破 稻
自 况 事 得 水 丁 啼 远 想 眉 条 惨 保 稻
遥 撞 思 本 虎 灵 动 皂 薪 酬 状 木

主 题 兴 承 尺 工 薪 月 蜗 避 的 仅 一 面 这 标 格 土
准 则 趣 认 啼 寸 波 作 酬 亮 牛 免 项 仅 次 包 种 准 式 狼

Puzzle 49

口 高 邀 携 猫 野 叫 着 惨 理 于 便 保 ， 马 蛾 直
请 平 衫 人 环 座 子 近 驱 论 环 本 豆 动 磨 票 约
> 心 素 亲 条 面 近 乃 露 上 差 重 余 物 蓬 松 雨
通 十 年 型 醒 的 鳍 望 秘 情 梳 毁 了 股 里 页 觉
丁 来 不 泽 携 条 高 祖 幸 周 到 社 四 考 答 约
人 理 惊 高 要 快 最 然 生 排 更 女 修 木
的 许 好 直 不 落 音 饭 马 > 梁 儿 号 伏
醒 灵 理 程 邀 思 社 己 > 根 柔 出 趣 人 碎
降 他 不 的 回 带 草 答 租 好 上 自 有 士
理 岸 上 图 去 究 光 信 项 胶 便 乐 数 眉 虑
木 环 红 村 研 身 竞 况 身 有 公 的 然 思 碰 栗
号 远 萝 卜 声 明 来 到 加 坠 祖 老 磨 下 看 貌 近 特 快 分 循 便 解 持 四
疲 乐 灵 灵 研

| 重复 |
| 的女儿 |
| 声明 |
| 竞争 |
| 公司 |
| 周到的 |
| 猫座入 |
| 落十年 |
| 蓬松 |
| 岸上 |
| 的数据 |
| 叫着 |
| 红萝卜 |
| 去除 |
| 理论上 |
| 更好的 |
| 来到 |
| 最高的 |
| ，动物 |

Puzzle 50

衫 衫
自 在
移 动
忘 记
具 备
意 见
的 卧
属 于
电 影
政 治
崩 溃
相 关
雪 下
机 会
连 接
迷 惑
开 法
乘 剧
急
剧

崩 溃 身 驱 移 动 的 卧 室 活 雪 政 治 电 年 意 邀
胶 中 碰 放 根 而 于 保 幸 了 球 乘 法 影 苦 情 见 子
休 幸 也 碰 肉 子 醒 从 后 飞 视 信 面 最 恢 木 子 高 基
遇 权 究 蠕 优 介 填 急 行 梳 情 飞 人 的 泽 存 降 从
想 自 了 试 机 了 碎 剧 先 的 便 开 启 基 露 书 项
间 虑 远 忘 宜 中 撞 电 宜 的 克 情 连 然 肉 碎 人
况 瑞 音 记 桌 肉 赂 望 相 带 村 欲 接 野 余 出
坠 摇 观 类 坠 恐 露 伏 诺 稻 保 远 思 迟 护
机 持 坠 磨 携 木 面 不 幸 定 惑 喜 坠 四
书 最 研 骄 蠕 袖 坠 底 填 源 肢 碰 摇 见 赂 解
亲 肉 具 通 部 号 有 下 驴 礼 过 醋 属 惊
便 倍 备 书 要 几 遇 区 行 滑 释 于
灵 飞 。 乐 乐 音 上 自 的 页 定 转 观 理
租 行 下 请 傲 露 心 条 看
想 自 露 光 诺 衫 午 亲 保 远 碎 机 会 克 乐 亮

Puzzle 51

邀 着 部 有 行 解 克 鳍 究 复 许 自 先 足 树 动 草
面 急 情 宜 衡 几 间 决 骄 迟 存 旋 生 输 够 损 循
的 间 情 邀 口 程 来 心 犯 机 关 有 入 本 增 主 察
特 降 木 根 解 票 试 能 罪 复 研 了 轨 权 放 语 的
究 考 瑞 镜 不 镜 试 看 几 选 选 克 情 电 水 便 音 人
平 瑞 趣 本 幸 型 看 几 里 排 觉 祖 车 不 转 增 因
他 趣 动 面 泽 量 之 ！ 蛾 父 源 理 高 复 帐 生
间 任 的 电 恐 试 他 建 透 衬 ！ 机 亮 持 信 思
何 任 远 动 灾 镜 欲 情 摇 噪 源 型 马 复 源 票
望 凑 镜 查 最 树 也 蛾 出 票 程 瑞 络 恐 紧 加
最 乐 状 规 直 重 先 情 约 惧 父 喜 过 日 源 本
解 本 车 独 奏 姥 维 年 不 自 趣 主 复 袋 驴
休 许 情 独 奏 大 姥 持 ！ 通 成 不 欲 有 虫
坠 票 资 格 肉 状 姥 持 伊 远 疲 分 错 平 虎
噪 驱 肢 > 面 栗 信 马 远 眉 举 不 日 饭

大 远 镜
重 望 分 难
成 灾 姥 姥 奏 生 轨 电 车
先 有 犯 罪
足 资 够 格 动
电 语 音 入 持
的 着 任 何
机 帐 急 篷
他 们 的

Puzzle 52

争 辩
机 会，
国 际 国
外 壳 极
积 击 剑
击 关 联
每 个 人
说 话
沙 漠 葱
水 各 种
倾 向 于
无 形
黄 色 入 厅
买 餐 过
首 富

水 怖 人 野 坠 醋 从 类 亲 关 联 露 各 傲 平 型 惨 有 观
最 击 骄 思 雨 高 蛾 礼 野 介 情 定 稻 种 机 能 野 香
不 剑 解 遇 约 煲 争 不 凑 运 议 不 数 会 类 素 数 况 心
买 入 心 于 过 复 最 辩 衡 之 无 保 > 苦 灵 况 积
袖 乐 黄 光 状 飞 肥 自 来 形 放 几 直 理 人 损 极 复
豆 视 色 租 人 降 理 然 稳 蛾 特 视 国 顶 胶 飞
凑 填 然 村 量 镜 活 水 露 直 外 野 增 惊
增 马 遥 幸 动 首 虎 葱 泽 壳 国 际 口 村 摇
平 飞 考 他 衬 亮 富 欲 落 私 有 况 活 村 摇
惊 从 况 父 说 旋 保 恐 平 灵 袋 > 个 老
电 动 稳 的 先 想 租 规 龄 蛾 携 许
傲 理 填 草 究 主 遥 马 飞 恢 雪
滑 面 顶 护 餐 有 答 自 要 中 介 焕 沙
程 里 倾 向 于 祖 能 高 素 选 雪 漠
香 飞 而 马 木 四 几 欲 思 真 眉 梁 沙 噪

Puzzle 53

水 协 桌 人 有 有 真 部 信 定 凑 鳍 的 望 本 绍 摇
见 议 条 人 出 口 树 摇 息 三 只 思 情 研 木 秀 滑
最 ， 得 镜 虑 人 摇 鼠 子 从 思 噪 复 泽 中 羊 肉
飞 赂 人 考 乎 活 鼬 飞 便 通 视 觉 信 中 闲 解 私
村 桥 滑 肢 错 解 焕 迟 想 宜 型 网 得 伊 邀 乐 项
源 滑 足 的 顶 决 雇 下 木 自 络 灵 伏 礼 乃 老
充 破 慈 同 察 露 栅 权 循 建 私 虫 要 特 停 情
热 加 仁 摇 不 保 休 蔻 过 己 携 坠 凑 草 顿 休
加 租 决 肥 安 带 存 要 建 热 磨 股 运 看 考
的 保 部 高 虎 噪 过 解 便 父 人 动 议 惨 高 选 赂 息
怖 近 遥 票 的 最 磨 选 军 。 凑 乐 子 候 主 得 马
约 的 遥 底 冰 余 灵 通 趣 队 持 信 人 眼 直 也 娱
坠 貓 底 冰 余 行 煲 号 镜 醒 凑 信 子 要 建 于 雨
乐 苦 复 箱 行 煲 号 镜 醒 子 骄 许 愆 四 眼 好 降
本 约 肥 杂 。 得 程 书 有 骄 许 愆 眼 看 降 雨

词表：

保存
觉得
电影院
复杂
出口
解雇
停顿
此句
冰箱
候选
军队
不同的
协议
充足的
三只
降雨
仁慈的
鼬鼠
网络
羊肉

Puzzle 54

不 驾 损 能 恐 己 衫 休 子 根 秀 书 飞 情 地 飞 自
马 梳 车 发 通 试 因 息 高 老 来 放 瑞 主 望
近 察 紧 言 蔻 回 亮 社 貌 趣 露 然 高 电 坚 固
喜 貓 面 权 坠 滑 蚊 权 考 度 便 环 部 骄 理 露 心
碰 性 趣 摇 仓 行 撤 子 复 循 破 书 飞 自 主 栗
子 有 秘 自 鼠 护 信 得 分 从 出 想 祖 疲 桌
几 袖 决 丁 的 望 撞 获 老 海 热 肉 乐 虑 差 肉
股 导 演 灵 填 活 间 的 己 洋 卡 车 充 闲 桌
虫 观 人 己 伏 飞 股 面 光 转 况 携 摇 选
惨 词 察 磨 意 心 乐 认 识 四 试 增 平 的 乃 的 文
思 阴 日 视 遥 私 下 心 灵 伊 动 保 安 碎 重 惨 凭
型 天 汇 表 图 克 坠 先 前 作 柔 的 远 差 稻
木 典 衬 心 优 身 的 倍 身 雨 解 邀 子 秀
上 要 定 况 益 数 见 理 护 区 请 增
来 部 撞 口 草 然 身 便 试 前 倍 香 底 桌
克 梁 露 余 究 答 不 中

词表：

意图
先前
仓鼠
驾车
动作
获得
词汇表
认识
阴天
导演
文凭
蚊子
卡车
海洋
发言权
撤销
年度
坚固
有益
休息

Puzzle 55

灭 绝 上 运 密 见 滑 己 项 究 的 虑 答 平 醒 平 约
舒 适 镜 不 集 邀 怖 旋 于 租 状 号 紧 因 心 类 驴 鳍
快 肢 下 栏 来 热 事 子 程 轨 顶 人 决 年 滑 撞 身
摇 增 旋 独 旋 泽 研 区 道 豆 主 静 决 年 滑 胶 延
乐 事 本 的 立 发 中 飞 底 人 举 修 保 蔬 豆 音 因
桌 保 特 书 物 质 解 屉 野 觉 趣 惧 的 菜 护 世
人 答 木 复 本 幸 直 紧 书 信 的 趣 诺 允 纪
复 紧 小 四 后 复 疲 升 落 伊 从 保 便 许 面
银 行 时 选 特 护 究 最 社 己 素 修 理 议 木 热 慘
参 与 者 充 权 车 升 规 乃 而 保 整 个 许 磨 环
通 许 热 伏 回 源 填 梳 通 泽 野 重 惊 讶 摇
。 肉 紧 面 倍 子 露 凑 驱 升 条 迟 基 环
程 号 最 野 兔 恐 栅 性 过 焕 惊 木 慘
则 快 凑 试 趣 衣 带 请 柜 香 至 饭 肉 年 克 升 衬 磨 骄

灭 绝
特 权
惊 讶
的 独 立
舒 适 屉
参 与 许
允 质 时
物 个 行
小 银 菜 至 集
整 蔬 甚 人 柜
主 衣 密 道 纪
轨 世 野 兔

Puzzle 56

填充
直升机
使用
爆发
柠檬汁
骄傲的
农民
制定
威胁
可以
消防员
超越
政策
还原
问题
之前
因为
进一步
真相
的热带

慘 底 音 中 驱 带 有 分 程 延 的 野 携 复 不 分 娱
趣 增 放 不 摇 使 用 得 情 携 雪 思 鳍 袋 基
自 秀 亮 问 蠕 信 心 的 超 越 子 从 滑 决 电 伊 灵
蛾 规 存 题 上 的 热 树 机 农 因 民 研 情
秘 年 露 伊 地 欲 息 带 基 欲 柔 威 为 加 磨 制 碎
破 活 情 高 赂 柔 马 还 泽 乐 胁 活 加 条 降 定 马
书 后 柠 损 循 远 可 原 龄 约 乐 伊 碎 遇 查 摇
柠 檬 汁 毁 租 一 以 典 旋 真 相 量 选
马 身 介 步 他 有 举 虑 保 骄 特 了
政 举 真 租 的 直 子 生 的 傲 而 心
趣 类 情 灵 雪 电 升 最 前 的 村 真
议 破 视 信 撞 介 填 四 飞 然 傲 理
型 趣 环 根 子 延 充 衬 乐 落 察 面
的 邀 错 顶 稻 祖 消 间 特 情 许 顶 他 摇
远 因 爆 发 露 试 防 的 撞 皂 肉 己 本 型

Puzzle 57

本 一 点 雨 究 教 余 选 克 能 绍 来 得 的 电 雨 醒
摇 生 动 上 导 航 堂 豆 桌 解 信 要 身 运 生 田 理
于 的 人 栗 柔 研 的 来 谢 博 马 > 闲 热 逃 鼠 乐
面 也 图 里 因 则 观 博 物 馆 飞 调 郁 信 遥 灵 坠 栏 眼
袋 露 秘 标 木 虎 安 谢 地 怖 的 整 金 终 程 栏 性
栏 旗 标 机 自 选 子 露 点 蔻 武 香 于 饲 恢 坠 人 放
栗 许 香 下 见 瑞 项 摇 树 理 野 士 解 料 共 光 他
草 甸 不 规 行 于 人 四 条 心 源 惧 醋 滑 私 考 过
蠕 日 驱 项 之 志 放 稳 心 地 性 摇 秘 人 私 考 社
便 驱 便 项 标 怖 马 社 饭 他 醒 醋 滑 过 梁 音 社
便 项 标 之 志 怖 马 社 饭 他 性 摇 秘 人 私 考 社

谢天谢地
共同
博物馆
调整
武士
草甸
停机坪
教堂
郁金香
导航
终于
旗
露
旅鼠
田
一点
逃
标志
饲料
放心地

Puzzle 58

长人
延夫
植物
牛奶
稀缺地
猛现场
奏请可
可列车
右手假
虚繁忙
一猫头鹰
批处理
回应
，而不是
颗粒
社会

票 动 乎 视 数 透 本 桌 望 则 介 底 出 情 不 延 议 情
驱 泽 社 息 肥 乐 欲 重 貓 之 伊 祖 祖 电 恐 饭 排 信
安 从 会 肥 直 士 因 苦 社 复 保 延 信 转 优 父 野 肉
不 己 过 的 右 皂 得 典 不 貓 举 袖 转 肢 露 回 香
栗 亲 光 源 手 现 场 猛 雪 头 毁 稀 水 余 应 情
倍 根 类 的 损 发 场 高 鹰 飞 缺 根 升 热 蠕
批 虚 假 音 毁 蔻 地 人 一 的 延 长 则 心
情 处 真 循 况 地 请 滑 约 可 发 得 身 好
亲 答 理 皂 植 奏 光 苦 便 饭 可 自 研 毁 滑
夫 人 息 宜 保 泽 旋 四 直 牛 行 究 豆 木
恐 通 繁 部 碎 露 磨 图 摇 奶 情 伊 持 区
议 醒 秀 不 礼 紧 恐 瑞 近 转 因 音 虑
桌 摇 驱 马 他 子 息 察 页 底 他 记
，而 不 列 类 近 图 凑 稻
要 不 社 滑 之 驴 日 胶 光
子 是 恢 车 己 有 克 根 露
热 持 试 草 有

Puzzle 59

典便衫光查马面望镜几最乐秘子下知栗
保静动瑞几乐性因本携休书身思道要野貌
醋蔻信增苦思摇租议野四有秘
因的信滑快思恐高幸议高透貌研
延领诺天扶近四坐下硬条究
坠带煲鹅手摇社紹去币生
白摇损复疲椅存趣币命研机
最色看滑基转移秀高梁究音
眼睛友了状移秀截高修回
亲少好的缺邀祖护察醒老剪回肢
摇数的猫乏心护滑差出刀衬
降不碰主便望祖柔源镜剪不乃
衬部数因则区优定运坠
紧行平状望桌远定雪面衬
角落顶损欲怖规热镜记基乃

研究生
致命道度落刀的
知知角剪去鹅距率
程过天的数乏
剪天截功领贵领
过功少缺带的带
天少的的移移
截缺高好好的
功的转的色眼
少高友白眼睛睛
缺转白眼扶扶手
的友眼扶手手椅
高白扶手椅币
转眼手椅币
友睛手币
白眼椅硬
眼睛币
扶手
椅硬
硬

Puzzle 60

乌龟旋他便坠磨飞心生身来肥伏自！究部年
空中女人口查本决透信乐安鱿鱼空中以律师轻
女孩级骄的本觉遥乎信不安解视泽的不及迟复虫
脚蹵报循密平梁脚蹵倍瑞安解领空父坠惧雪于
高警释傲封上升马伊焕瑞况领里的不坠事栗回
警解术只人高级中人心况性飞授坠则心条
解技权人过私滑瑞稻特放的四车护醋静撞
技每封生思的他士孩加行的性信权本中警了
每授生鱼动士女能毁宜四邀人安本学报细
授密升升秘近女孩望自邀情泽安驱人幸本节
密学件件便区能望平雪情泽煲驱信错程建泽
学鱿上事租秘亮考木泽煲光便特重静高木
鱿上事件透的祖近木光说持有损理自因
上件细及面秘的遥蛾说，信苦自马
事细节律煲草部的特肥驴票权人碰
节以说，放乌乐疲镜蛾光驴梁只安
以及律年木考飞噪特肥，社摇部介
律师说考信回倍充蠕错术社泽部心
师说年，
说，轻
年轻

Puzzle 61

降 直 静 动 碰 发 情 恐 草 噪 于 水 余 马 况 亲 乎
放 然 摇 坠 页 卫 而 苦 他 自 远 日 看 的 他 > 醋
考 疲 栗 信 热 生 人 后 亲 请 股 底 疲 祖 乎 > 栏
露 野 分 差 子 转 最 试 状 高 解 部 灵 乃 错 > 填 直
绘 生 秀 散 行 包 括 孩 巨 观 解 伍 运 怠 数 肥 带
带 画 自 趣 注 乐 亲 子 定 自 称 出 建 灵 充 雪 增
惨 近 由 雨 约 意 过 明 自 称 为 娱 热 他 直 权 快
马 素 本 木 > 中 力 星 人 情 喜 间 典 静 磨 丁 决
环 飞 人 存 日 况 人 最 远 近 情 雪 心 动 请
本 近 面 环 答 最 顶 傲 状 日 解 看 则 保 己 高 视
休 撞 宽 幅 信 基 远 状 虫 自 煲 的 私 机
肉 厨 许 行 股 决 请 许 袖 肢 情 恐 欲 构
木 房 远 鳍 人 老 充 摇 子 存 中 雪 运 损
恐 顶 地 出 租 车 顿 时 满 宜 分 豆 虚 拟 貓
煲

底部
亲
出租车
称
野自
充孩子
包括
宽队伍
厨卫
虚巨
明绘
顿
机构
分散注意力

为生
由满
子括
幅伍
房生
拟
大星
画
时

Puzzle 62

的批判
语句
没话说
声音
冬青
小子地
各兰花
西部分
大理论
理擦洗
鸡蛋
画笔
电视
帽子
平均
收藏
首脑会议
围墙
风窗

伊 秘 增 活 灵 最 水 举 蔻 理 论 选 不 没 话 说 礼
书 过 近 碰 疲 优 画 规 遇 复 性 露 本 衫 余 了
音 情 马 自 延 权 笔 最 小 理 收 灵 里 排
紧 便 介 蔻 特 面 帽 复 区 泽 藏 西 花 租
四 热 风 有 驱 父 子 排 子 平 驴 类 鸡 蛋 碰
怖 的 窗 首 脑 会 滑 间 均 要 醋 程 日
豆 祖 四 乐 热 议 滑 的 心 有 丁 观
衫 本 复 本 虫 遥 梁 况 真 年 议 请
邀 眉 人 回 行 冬 自 察 擦 洗 之 况
> 日 的 灵 填 循 青 安 高 请 皂 醒 典 因
损 幸 镜 情 书 丁 骄 延 平 动 上 性 带
邀 各 地 干 几 领 瑞 权 便 秀 事 图
袖 的 批 解 快 遥 句 围 情 直 解 复
书 镜 排 许 欲 约 声 骄 迟 规 鳍 的 肉
错 则 年 存 查 人 子 马 秘 水 老 状 部 分
光 摇 身 了 分 的
邀 亲 噪
排 电视

Puzzle 63

本凑性了傲变香坠乎暂好上噪 > 图则碎
蛾定趣股根查量选怖衡考木复公园凑
从地查活而查旋泽上停近本项木虑
泽解主撞一方想上平来柔定的简心
草月究底年式镜先便基坠源高简介
闲虫复出蓝色的私保瑞喜见况放约
日雪排好降不袖貓摇类最雪运虑虑
思恢 > 乐日人股露部看看特恢领环骄
梦想充己人热增幸答数决决雪平近
袋恢亮蛾热理的旅警秘水衡存伏坠
本循亲性坏动坏馆察空存灵的马遥
理领远破欲最邀究旋间子冲存察
研煲根许梳的旅素碰趣身的的栅实
中旋伏研栗持约情情音遥击礼放遥
型号真吸收好奇伏循情克约肢而顶衡

蓝色的
梦想简单
的的奇园
好公园击察伐出
公冲警步间收
冲警步排谅式
警步排空吸坏的
步排空吸原方量停
空吸原方最旅馆
吸原方最实验一年
原方最实验变月
方最实变暂的
的一年
月球

Puzzle 64

运稳试栗驰因数分间树约滑情部则典疲
煲息马考名察不乐高坠貌人坠己齢惧克高
部乎快带部安子类高皂稳高噪破艺动行
量桌错事倍的祖选动究望答坠葵热
最书祖亲余情面保南回复旋坠息项
迟水信士安貓亲泽热部滑平海肉蛾
状热摇胶他护远类排野人虑复观望
本了諾季运输雨龄自页选动遇三野
坠便从度持醋升己老发本复心角迟
揭示衫望保真平诺湿典面身貌马桌
书恢秀柔观则决礼气村最四高紧
息衡追惨子迟凑父错便伴释急
祖滑逐最摇望乐蜜基音侣状而
静香增蠕热之护车焕貌欲的
祖乡家的壁画苦区也定周一面淋浴运动

驰名自己
名自的壁画乡
自己艺术家
的壁家度一急示部浴动葵气
艺术度一急示部浴动葵气择蜂侣输角逐
的季周紧揭南淋运海湿选蜜伴运三追逐

Puzzle 65

已经恐便拉解蔻饭骄宜驴长王第真到老
携迟里技动雨便规过产颈查室情十达龄
颈蠕虑工傲木便规傲品鹿便灵心驱私身
部驱摇有告不真决过存重驾素然答木落放
。士迟觉真私桥恐存他碰申驶然了地直心
查镜数素近马里秀雪碰破蛾请恢安人决程
镜领素苦觉里约视通得的貌有调村灵从车
领毁苦介研存秀雪通的部而落然稳灵父决保
毁鳍介则趣带见消化部行的稻信苦惧的私
鳍护则人带自野消化实现的号伊调类通差号镜
护子人热自考下老现循的事梁排请噪升存源
子高热苦考量老焕实循虫欲克略略恢重旋活袖
高苦顶量焕循虫欲过克肉排优信乐动！出
苦顶恢量老焕循虫过虎肉乃邀中飞息租存
顶量老

（右侧词表）
颈部
可能的
第十
拉长
技工驾驶室
王调办
到生实现化
消明申告
产事已经

Puzzle 66

> 考定发遥情桥侵性最宜疲唤里环况
视诺惊转野主梁情通透摇滚程醒查光村先
碎举虫行撞余便部面克镜心煲老环从
受害者面书克最答背来思袋下马排行人
娱肉后的自紧本部了栅柔凑心胶行数音 >
惧许也可行而要借给优特别页运人丁许
饭选人事了解替代信类状性飞上肢亮远摇
选祖人的议面水衡增静镜想衫胶马几迟动
祖醒桥木亲焕复不票镜页飞鳍焕运日直社
储备想定袋没透最延情想露保急摇凑亲
秀的灵碎热查有静视士复衬好摇观 > 举酒
定量骄四子部激惊高最飞因不克流考的后
的滑书瑞亲面烈喜乃梳儿子碰梳行音
环香放坠滑迟最桌子摇儿子碰梳警告

（左侧词表）
了解
桥梁
惊喜
流行的
储备
特别
儿子
借给
警告
许可
受害者
没事
摇滚
后来
替代
侵略性
唤醒
背后
酒后
激烈

Puzzle 67

名词思木灵高加建自远望子复面根安露
摇飞则木本皂从四阳台的扑坠镜滑特
心行动究股有灵露虫放也通飞乐有特虫
信幸最马音展基优皂水下图摇光升恐马
租项评价程患热肥皂领凑候复动露面本梁
望回己差患图者见车真信乃优介露直豆
量透傲远况者书记苦不平四运磨自他欲程
视露社全情书记老区错真碰皂乐貌好口亮惧蛾
干过镜球老区指情近解祖高建介他欲蛾
。解决方案指甲错影灵口礼焕活虎实修程
复过便倍欲摇错香响蜻衬秘草蔻践况
傲复的绍摇错木差蜓牛仔也下源栗肥部惊
灵息恢的间远木疲量作家露礼远近区伊
建＞要介究解后疲坠的乐存余士况幸
思机乎有奥秘怖泽坠的乐存余士况幸

书记
牛仔
患者
评价
奥秘
解决方案
全球
指甲
扑通
阳台
实践
展示
时候
肥皂
名词
蜗牛
影
蜻蜓
作家
远近

Puzzle 68

眼镜
女人
奶奶
妈妈
公式
爸爸
压低
去年
阿姨
将来
可能
洞穴
椭圆形
明智
达成一致
目标
星级
果冻
注意到
形式

中举优压达父充图程最下领类伊乎转部
乐。信马低成袋思自怖将来情下摇的动
胶增梳有紧破一他社面信观身下驱的公式
的想紧栏看决恐致平惫稻秘基情恢赂答
优出延飞余明安眉蠕许自貓数加父目乐信
之行光蛾加智伏本权释瑞议行复倍衡本
答妈顶况间惊星女摇肉票也下私保诺书
木妈洞注意到级人的介灵中雪便四野
领发栅穴保觉旋奶最旋人增生后肥来
研动之人条倍则奶特露椭爸子则要远眼
放果本本马况究试圆旋飞惊权苦延灵
煲冻本则本梳他介式形圆好滑的惨
马肉乐驱克滑磨议观研思研日增有特
根人惨得去运情研休决眼醋子露衫
阿姨摇想年衡栅旋他下也镜煲视可

Puzzle 69

肢 量 环 破 栗 露 察 激 过 增 心 放 存 飞 自 伊 栅
惨 的 余 理 看 请 丁 保 励 心 口 邀 貌 通 乐 惨 栏
貓 选 飞 父 蛾 袋 理 本 趣 心 礼 毁 视 素 摇 延
重 图 子 蛾 炎 优 木 面 人 趣 向 生 答 特 理 机
直 某 处 查 露 年 社 要 望 欲 袖 情 存 信 究 马
心 电 话 露 热 增 碎 建 建 泽 乎 灵 运 明 息 栏
差 饭 排 衬 自 来 车 泽 主 电 因 规 气 量 人
根 之 趣 迟 动 诺 野 虫 眼 豆 栏 增 触 素 秘
碰 便 煲 则 发 摇 信 得 四 也 根 地 摸 闲 底
观 察 听 到 行 了 有 解 迟 快 祖 马 有 野 答
子 蛾 情 中 泽 权 驴 迟 虎 息 思 桥 责 任 发
子 飞 社 驱 护 生 回 人 人 镜 他 虑 本 电 龄
很 疲 子 运 乐 子 从 闪 摇 直 亲 鼻 情 碰 持
少 倦 顶 项 信 本 素 耀 书 便 落 子 带 便 己
毁 梁 四 高 通 灵 过 想 亮 建 人 回 定 放 信

栅 栏 素 察 息 摸
因 观 信 炎 热 惰 明 户
触 懒 证 落 情 任 到 倦 子 向 耀 处
责 听 疲 鼻 方 闪 电 运 激 某 很 少
子

Puzzle 70

恐 怖 师
大 照 片
多 数
威 力
拍 摄
狼 狼 失
损 有 趣 的
双 亲
承 诺
骑 自 行 车
消 息
清 晰
经 常 人 时
个 有 乎
似 世 界
图 片

租 老 摇 貌 清 人 旋 复 赂 经 草 究 四 豆 复 倍 生
而 双 亲 承 重 有 趣 的 常 便 幸 介 肢 存 乐 直 几
机 蛾 树 诺 休 研 光 的 了 诺 地 源 摇 邀 乃 柔 平
木 观 护 则 转 损 失 树 从 幸 面 介 观 来 定 亮 世
栗 书 考 雨 复 中 书 释 有 地 差 介 重 分 撞 破 界
桌 息 袖 野 摇 面 复 休 错 面 错 摄 磨 恐 怖 最 充
环 自 要 闲 照 片 定 举 拍 介 平 醒 携 碰 降 便
毁 理 日 几 下 坠 察 先 加 摄 马 保 介 有 肉
镜 人 自 页 灵 威 驱 士 图 平 类 驴 他 放 本
狼 狼 肥 复 主 礼 己 秘 消 观 升 趣 个 能 木
蛾 情 转 自 力 骑 条 息 老 不 人 远 观
喜 煲 面 肉 决 社 行 乎 事 己 自 亲 醒
好 摇 蠕 大 望 来 议 情 能 水 娱 错
想 建 了 礼 增 似 老 蛾 便 项 项 远
图 片 遇 远 乐 项 选 高 平 静 基 柔 破 紧 后 亲

Puzzle 71

娃	拓	雨	理	坠	失	望	的	丁	因	趣	类	素	看	过	面	自
娃	恐	展	况	灵	邀	拘	私	件	事	的	的	生	日	在	时	满
蛾	记	权	主	蔻	貓	捕	营	提	供	能	的	过	本	！	橱	滑
有	草	衬	透	滑	动	动	程	龄	真	量	摇	复	许	柜	许	宜
性	高	老	士	绍	克	特	主	保	源	骄	根	邀	诺	凑	娱	父
迟	潜	水	持	绍	号	规	活	源	貌	马	源	坠	遥	观	祖	蔻
典	情	他	人	诺	能	行	条	绍	柔	四	基	情	平	视	泽	乐
肢	答	们	放	环	乐	秘	活	碎	况	年	他	饭	信	情	请	士
间	部	票	视	雪	带	底	特	不	升	鳍	衬	错	源	便	眉	有
规	察	性	于	栗	下	则	朋	查	想	惊	条	顶	远	磨	财	产
人	主	状	远	需	建	筑	友	己	衣	的	宜	保	信	而	他	绍
他	疲	乐	马	老	要	则	根	喜	数	他	服	修	心	木	特	增
因	的	碎	乃	则	人	究	选	碎	能	排	平	恐	野	排	赂	加
携	子	通	露	克	根	保	能	排	平	恐	野	排	赂	加	桥	错
栅	己	鳍	排	克	根	保										

Word list (Puzzle 71):

的娃私橱拓拘提的滑失朋需他潜建衣在满
能娃营柜展捕供产生事动望要们水筑服时足
量　　　　　　日　　的　　　物

Puzzle 72

焕	破	望	余	怖	选	理	基	通	特	雨	源	骄	优	亲	行	人
决	最	草	有	排	元	损	栏	热	秘	遇	乐	复	婚	摇	源	肉
保	心	村	欲	太	年	梳	行	战	循	特	本	自	礼	议	生	况
分	性	焕	亲	阳	见	根	租	驴	特	行	高	貓	质	量	复	胶
人	尽	一	份	镜	自	新	乐	举	不	眼	赂	摇	权	父	远	试
自	然	的	存	向	光	闻	快	光	转	磨	克	落	高	恐	私	父
草	安	豆	各	方	好	旋	面	本	主	夹	桥	晚	信	情	水	性
人	坠	遥	飞	的	义	意	无	鼠	蠕	稻	小	数	柔	间	苦	欲
乐	凑	木	地	便	电	口	修	因	标	摇	领	来	圆	热	行	滑
马	父	上	复	基	栗	子	究	答	梁	蠕	便	惊	柱	虫	事	貌
观	口	决	下	要	能	碰	磨	饭	赂	有	动	闲	子	错	研	远
情	栗	心	摇	虫	信	外	桌	保	人	欲	本	灵	动	研	秘	趣
究	究	来	存	不	遥	资	源	修	镜	平	栏	热	察	定	特	便
干	型	趣	紧	古	董	源	自	修	坠	直	貓	人	区	特	坠	部
摇	子	自	的	上	喜	复	书									栏

Word list (Puzzle 72):

尽一份
夹克
外套
自然
战争
元年
婚礼
太阳镜
资源
的方向
小数
各方
质量
鼠标
古董
无意义的
新闻
圆柱
栗子
晚餐

Puzzle 73

磨 稳 摇 存 驱 幸 介 介 惊 提 息 蜡 雪 防 检 状 热
失 去 了 在 驱 有 延 滑 的 交 运 烛 子 私 止 观 >
邀 租 直 怖 落 趣 后 排 需 沙 治 思 观 > 加 中
有 雪 从 遇 直 礼 摇 求 余 士 也 错 迟 动 损
克 豆 透 重 视 毁 本 科 情 栅 梁 心 许 后 充 镜 肉
转 透 升 皂 柔 保 碰 科 存 ！ 降 望 马 不 错 栅 高
村 的 重 > 亲 胶 有 直 学 热 自 快 伏 稳 察 心
的 重 > 亲 了 疲 直 迟 饭 便 成 羞 一 肢
磨 损 碎 说 乐 子 栗 有 皂 摇 直 熟 降 二 信
醋 车 虑 明 远 蠕 最 查 倍 焕 况 顶 生 增 眉 二 瑞
况 的 护 瑞 征 特 先 考 骄 研 下 人 亲 眉 理
容 易 蠕 貌 紧 娱 肥 优 也 坠 型 灵 动 眼 焕 苦
近 差 心 研 息 活 毁 典 的 贿 貌 建 梳 醋 眼
镜 毁 部 模 式 出 瑞 息 本 音 答 面 驱 书 祖 升 焕 安 眼
飞 车 ！ 式 出 瑞 息 本 音 答 面 驱 祖 升 滑 安

磨损
也许
检查
科学
重视
模式
失去了
成熟
一二二。
说明
提交
存在
沙堡
容易
害羞
的需求
防止
治疗
远征
蜡烛

Puzzle 74

地球
的兄弟
特异性的
总线
份额
无线电
父母
婴儿
的球员
学术
赛季
动物园
沙塔
英里的
的专家
阵风
那么
开始
羊毛
通知

沙 面 填 秘 的 羊 毛 看 破 马 于 的 球 员 英 里 的
塔 的 迟 皂 专 性 伊 持 动 物 园 究 安 露 衬 滑
根 娱 安 思 家 想 异 理 惊 通 欲 伊 决 顶 特 上
要 音 损 宜 士 看 特 亲 老 凑 的 损 趣 考 克 通
性 书 特 望 发 查 看 口 虑 雪 野 撞 近 年 通
欲 典 部 露 那 几 书 雨 肥 遇 飞 的 驱 数 遇 傲
下 饭 么 衫 亮 了 生 通 携 充 票 排 情 衡
直 领 撞 蛾 直 循 情 鳍 保 通 选 疲 基
状 转 亲 循 疲 丁 素 亲 权 身 的 转 发
特 婴 保 保 自 的 增 泽 子 开 野 错 的
介 儿 休 了 撞 乐 便 私 份 始 有 马 草
延 口 亮 见 租 碰 自 己 露 信 望 的 香
闲 泽 亲 迟 木 行 额 通 高 坠 旋
人 解 坠 总 电 马 况 瑞 稳 本 蔻 则 回 阵 动 弟
慁 保 来 无 父 母 飞 也 驱 栗 野 术 风 约 恢 旋 他

Puzzle 75

电 中 欲 部 士 海 拔 保 护 鳍 柔 > 修 顶 赂 权 则
重 量 犀 亲 闲 型 充 信 破 解 权 图 秀 野 人 升 护
安 本 复 牛 高 有 栅 心 察 有 不 惊 究 书 傲 查 生
男 。 损 状 四 观 她 的 平 放 条 摇 保 察 紧 音 产
孩 子 图 顶 远 貌 要 特 醋 公 他 眼 建 水 重 乐 选
己 心 状 典 闲 里 保 携 保 露 间 机 性 心 别 音 类
木 解 查 醋 自 日 自 栅 远 近 通 区 欲 视 然
运 赂 了 洗 许 自 便 出 见 他 钢 琴 放 肉 事
考 能 面 典 得 自 便 坠 决 观 车 号 其 不 根 察
雪 面 部 得 涤 静 碎 胶 凑 身 大 怒 极 出 定 考
橇 动 后 欲 要 请 灵 怖 真 直 鳍 活 马 回 亮 血 约 赂
动 地 音 桌 租 不 观 马 重 况 遇 有 运 觉 露 捍 卫 量 虫

保护大重她犀捍公钢出生奢男洗海雪音雇个极

护怒量的牛卫路琴血产侈油孩涤拔橇乐用别其

Puzzle 76

游 > 真 正 上 过 许 究 撞 凑 摇 衰 坠 信 撞 查 亮
保 戏 亲 地 镜 自 区 便 趣 遥 变 驴 > 找 光
毁 活 考 四 答 自 露 肉 页 滑 过 树 瑞 升 约 稻 热
蔻 近 约 本 约 露 间 重 人 试 数 莓 权 马 柔 分
树 ！ 便 最 有 龄 诺 静 恐 己 地 里 号 则 娱
即 况 衡 循 领 远 桥 信 祖 怖 果 究 典 > 股
几 时 环 衫 情 > 注 驴 祖 水 解 研 行 护
不 真 境 饭 。 法 噪 树 主 平 鳍 家 循 水
咆 哮 损 租 年 官 关 规 滑 动 草 大 携 程 瑞
伏 发 热 里 带 栅 的 实 移 煲 己 惊
亲 重 木 放 栗 底 秀 际 领 的 栗 过 坠 从
余 凑 亲 举 究 雨 条 事 了 保 型 增 皂
恢 票 士 过 得 的 项 产 摇 的 己 发
凑 延 树 视 图 本 余 回 品 保 惨 士 狂
四 露 上 部 滑 面 优 页 草 远 精 度 降 的 虑

树莓疯狂的地面大家的关注物理环境水平精度即时水果法官咆哮的实际游戏的产品真正衰变查找的移动

Puzzle 77

春保胶接优的部橙色老增野后梁望人高
倍天摇受亮克设保日数带觉惊权飞欲环摇
丁见露情延运计袖解遥雨降好租乐运
股量豆远马页行肢信亮克观放了回镜
克护草乎设日高明显放页增运柔性宝心
滑保眉放宽数食品重碎地增父邀下化的喜
恐迟休旋眼蠕香携倍扭旋简要坠保
通惨修不答袜子中保遥合趣肯定势
的修不木趣填安动便真建皂票优势摇
田高恐士衬特图数人旋收喜答怖而排
区径赂礼错平书雨许直碎股欲割有娱欲
秀保平事提日豆特增项士机撞介最衣
内部私的身醒然思根火炉远心保上齢虎
素私摇释于平的后梁不虫恐眼摇来
惨摇

火炉
扭动
简化
的设计
联合收割机
橙色
接受部
宝田径
内宝宽醒天
田放提显品子势
优春肯定运行
食明食袜优
肯运
上衣

Puzzle 78

有礼貌
基本
作用
骨折
老鼠
估计
视觉
招商引资
大米
刚性
猕猴桃
的官方
反映
毛衣
周日
甜蜜
看到
那些
能够
出色的

机降有稳快招基本他充梁情蠕便社远程
遇袋号礼人商安研镜磨特间源究安环飞基
理父喜从貌引傲介升欲书重伊心升马怖
狝部信肥亲资于特真苦得建口碰机保后
出猴自本马填>衫子损建镜安有水
规本桃镜典乐人宜亲出约的飞栏的
噪音甜蜜作用底人特衣顶梁转放书滑
乃子礼煲树定上特升余稳想不上
他心宜刚性龄喜衡木镜分周不日社
带乐考栅能够毁不重镜解绍书放亲
透邀的官方老看到醒从能忿面
音之紧估鼠虑梳恐慘眼填真
绍邀考计况到建增基中自
人票答礼顶环情骨加看能觉
见重那些反映雨地袖保面不坠貌视

Puzzle 79

高 喜 情 信 区 桥 秀 程 顶 的 差 的 便 视 理 连 量
类 复 自 恐 试 主 不 因 动 的 秀 心 降 的 的 续 桌
凑 系 自 诺 标 状 因 支 源 私 头 的 理 邀 磨 项 两
理 列 类 息 亲 题 出 私 回 发 增 主 肥 记 坠 远 个
平 热 视 事 领 运 气 从 股 复 研 虎 宜 面 面 介 子
乐 甲 特 人 镜 状 从 部 子 稻 感 磨 股 律 紧 绍 娱
损 虫 地 口 部 文 父 的 里 观 情 宜 直 最 情 木 情
测 后 基 的 文 本 里 谎 言 老 露 情 损 排 视 决 处
量 建 灵 书 克 发 查 克 > 视 栗 律 均 考 护 马 谎
坠 从 根 页 急 年 便 稻 数 股 老 直 柔 号 协 素 法
面 的 转 源 增 最 醋 的 毁 望 自 排 木 修 助 素 支
面 醒 条 亲 排 闲 的 稻 数 保 上 几 口 透 息 马 和
乎 坠 的 约 思 醋 请 镜 贫 困 眼 柔 滑 修 动 素 文
分 伏 子 村 他 梁 的 情 因 桌 填 醋 老 上 乐 动 回 甲
票 飞 虑 他 梁 的 情 因 桌 填 醋 老 乐 动 回 车 趣 两
测 均 柳 叶 连续

约 发 情 处 助 味 困 列
条 头 感 好 标 题 言 出 平 本 虫 个 量 匀 叶
气 贫 系 谎 法 支 和 文 甲 两 测 均 柳 叶 连续

Puzzle 80

苦 事 指
差 的 手 型
的 典 记 得 膏
记 牙 狩 猎 对 手
牙 的 铅 专 家 升
狩 铅 专 生 姜
专 生 的 专业
生 的 在 去 年
的 在 选 举 期
在 星 什 么
选 什 白 菜 齐
星 么 整 酒 吧 餐
什 白 酒 早 带
菜 整 磁
酒 早
吧 磁
餐 带

定 填 业 专 的 手 指 噪 苦 面 白 菜 祖 宜 酒 饭 面
遥 静 坠 迟 情 面 饭 伊 差 蠕 信 什 么 鳍 邀 吧 部
也 祖 摇 趣 肉 乎 数 答 坠 信 么 复 诺 领 摇 试
先 虎 最 最 肉 解 租 车 老 私 决 豆 整 父 观 摇
了 肉 稻 上 稻 镜 保 书 特 项 中 飞 齐 通 星 查
有 本 亲 看 亲 眼 镜 出 狩 不 而 草 貌 类 期 紧
伏 源 自 素 自 想 伊 选 幸 猎 情 然 苦 保 试 倍
得 水 决 了 决 下 先 复 举 遇 骄 了 行 优 理 子
摇 研 娱 恐 。 想 露 典 野 伏 好 余 有 余 蛾
骄 后 凑 瑞 飞 蠕 况 型 机 栗 几 护 喜 磁 带 虫
活 信 赂 水 蠕 决 绍 错 答 最 撞 他 号 栏 的
的 的 噪 水 放 碎 来 村 村 骄 望 情 早 有 蠕
专 的 对 手 噪 子 填 怖 书 在 去 年 餐 笔
家 > 活 面 醋 权 眉 电 礼 驴 试 铅 镜
升 得 下 于 过 遇 鳍 乐 升 事 宜 况 生 膏

Puzzle 81

建 间 村 祖 图 上 答 领 怖 乐 父 再 举 迁 也 草 镜
延 存 循 究 身 原 因 排 伏 的 稻 次 车 移 私 苦 静
决 食 用 鳍 碰 要 社 特 恐 究 娱 乎 香 请 宜 子
心 的 闲 行 绍 袋 野 恐 醒 过 动 乃 部 则 最 虎 最
他 赂 能 许 情 研 况 祖 平 性 凑 树 人 自 娱 释 惧
得 行 快 桌 骄 人 票 素 面 的 上 身 情 酸 大 胶 惨
素 转 蠕 平 树 素 护 上 高 秘 余 恐 牛 象 增 介 事
祖 邀 发 生 坠 树 肉 下 面 景 下 柔 奶 臂 菠 中
热 祖 回 状 私 发 有 滑 功 考 考 一 理 回 萝 要
察 远 电 虎 的 携 摇 望 能 观 闲 究 过 部 复 过
电 真 损 > 碰 复 面 身 底 虑 木 私 祖 典 坠 书
分 支 紧 恐 便 头 年 先 木 私 雪 典 的 基 便 迟
休 书 特 息 排 脑 请 研 水 雪 坠 的 的 马 > ！
音 平 虑 的 一 切 ！ 他 树 坠 过 人 远 记 保 衫
电 克 试 部 约 透 究 恐 富 含 真 正 的 鳍 丁 解 疲

下面
酸牛奶
再次
头脑
分支
大手
富原
菠功
发
真
的
下
回
有
迁
场
食

臂含
象因
萝能
正
的一切
复望移
一个景

Puzzle 82

香菜 递鸡
快火 天鸡
冬野 身代
自现 系终
现关 暖的
始温 豆克
豌巧 力中
市鹿 野心
小新 小麦
条件 的续
继续
破坏

鳍 安 袖 复 情 快 复 马 现 豌 巧 眉 。 真 关 放 约
自 静 肢 转 不 递 蛾 代 豆 克 事 热 自 查 系 的
马 身 摇 遇 苦 驱 桌 便 摇 力 市 中 心 麦 小 毁
摇 况 光 眉 丁 损 情 复 觉 怖 野 小 条 诺
诺 摇 试 考 年 生 里 降 透 鸡 鹿 带 遇 信
紧 电 滑 自 蔻 音 温 暖 的 新 不 约 火 皂 权 肉 错
记 平 之 紧 看 见 基 ！ 差 木 稻 自 地 素
坠 驱 之 破 胶 ！ > 保 乐 克 飞 延 子 面 静
香 貌 便 坏 胶 水 露 几 面 则 现 貓 思 坠 复
菜 袖 鳍 决 运 诺 信 了 之 撞 根 答 重 露 究
区 面 情 能 趣 高 保 露 增 欲 在 驴 有 平 稳
继 续 视 喜 栅 答 醒 则 肥 充 票 视 理 怖 部
肢 醋 动 余 碰 栅 得 怖 部 虫 冬 建 型 树 木
克 间 煲 从 柔 书 遇 型 露 降 天 了 能 活
克 运 行 豆 回 填 乃 理 本 差 士 紧 复 运 面

Puzzle 83

笔	记	本	护	瑞	释	雪	落	条	赶	醒	他	惨	镜	俱	环	本
远	倍	复	状	车	情	情	休	不	路	趣	动	木	考	乐	绍	驴
于	领	议	不	遇	一	静	特	况	磨	虫	回	定	>	部	雪	灵
程	底	惫	行	便	声	喜	权	究	有	也	回	护	噪	修	撞	惧
木	交	间	。	也	上	玉	米	蝙	保	作	者	机	本	最	有	块
记	叉	亮	保	页	损	部	本	蝠	泽	露	水	本	袋	成	功	的
底	肢	菊	村	的	延	增	礼	父	肢	肥	决	栗	项	恐	检	眼
信	项	重	花	惊	通	话	延	蔻	许	究	蛾	基	车	袖	蛾	测
迟	午	餐	的	出	发	现	情	人	修	介	祖	数	苦	基	亲	好
书	子	书	他	坠	研	出	袖	解	区	稳	丁	票	加	坠	欲	放
研	闲	降	怖	亲	衬	欲	活	惨	蔻	饭	袖	也	而	蔻	请	问
直	衬	遇	车	焕	保	磨	有	况	通	亲	乐	鳍	趣	研	飓	风
回	最	释	醋	骄	增	雨	远	利	后	野	肉	要	情	面	复	私
整	洁	的	情	泽	的	理	焕	木	活	动	数	量	乃	租	出	自
选	袋	息	降	镜	股	观	活	决	了	举	运	村	信	想	泽	分

飓风
作者
检测
俱乐部
笔记本
菊花
玉米
整洁的
请问
成功的
发现
午餐
赶路
的块
一声
有利
交叉
数量
蝙蝠
通话

Puzzle 84

碰撞
地理
职责
休闲
依赖
冷冻
天气
打击
现实
占据
捕获
男子
比较
震撼
鹌鹑
追求
地址
，除了
的作用
曾经

焕	行	了	视	条	饭	骄	年	现	实	依	士	身	占	书	父	源
领	过	直	桥	曾	邀	近	从	顶	自	动	赖	自	据	远	不	事
蔻	野	图	灵	经	便	灵	也	惨	倍	袋	增	稳	父	，	类	试
心	考	远	记	领	衬	水	心	野	几	绍	子	捕	信	除	携	几
的	作	用	毁	透	能	马	豆	露	梁	恢	比	获	秀	了	私	焕
醋	察	图	行	几	龄	能	而	信	许	高	较	休	滑	图	袋	赂
理	活	加	追	解	然	程	露	研	驱	信	蠕	闲	怖	直	下	理
地	龄	天	求	栅	衫	桥	心	村	马	醋	乎	情	衡	能	动	书
快	址	士	气	图	父	之	冷	冻	胶	碰	撞	能	喜	电	职	责
特	远	降	赂	想	眼	口	活	胶	礼	平	放	趣	虫	顶	趣	灵
飞	理	增	解	信	礼	行	稻	书	人	放	袋	充	分	机	栏	状
趣	秘	龄	远	查	数	见	眼	觉	面	护	素	研	回	保	子	傲
震	撼	延	水	恢	息	底	男	子	倍	察	自	的	平	复	增	宜
余	饭	他	升	选	面	自	生	动	打	击	领	定	噪	分	介	约
请	镜	增	出	虫	马	状	量	望	。	过	考	傲	鹌	鹑	复	运

Puzzle 85

理 了 余 总 然 天 第 二 时 急 出 人 决 马 便 信 袋
平 虎 热 统 部 使 查 自 刻 于 休 飞 量 煲 煲 口 子 保
驱 灵 特 平 发 伏 研 镜 娱 考 特 直 本 直 远 便 礼 碰 音
主 面 机 上 胶 看 马 眼 情 亲 研 的 决 平 的 的 特 音 的
祖 根 栅 中 自 高 错 克 重 书 亲 人 想 视 亲 泳 收 特
票 公 光 记 自 能 考 票 最 带 重 放 秀 游 举 接 士 的
宜 布 护 光 技 察 碰 来 正 论 直 到 木 页 究
亲 错 露 面 驱 了 情 露 丁 复 貌 持 有 虫 填 非 后 栏
虎 性 乎 考 木 趣 规 闲 香 水 见 乎 桥 常 因 草
复 子 乎 贤 丁 高 票 高 况 滑 面 马 人 眉 填 修 坠 不
泽 灵 筝 他 要 中 最 本 况 己 觉 的 克 祖 况 顶 项 思
灵 面 祖 排 柔 活 便 察 惧 怖 发 马 根 便 喜 便 乎
面 典 碰 也 栅 后 阻 止 部 圣 事 音 情 傲 的 的 便 因
橡 皮 擦 信 便 不 稻 信 灵 诞 胶 苦 幸 思 便 乎 不

诞 使 皮 擦
圣 天 橡 , 直 到
橡 皮 , 直 到
天 使 总 统
圣 诞 第 二 布 文 人 是 艺 收 止
总 统 第 二 公 论 贤 正 技 接 阻
第 公 论 正 技 接 阻 的 发 刻
二 贤 技 接 阻 的 时 常 音
布 正 接 阻 的 时 非 游 克 杯
文 技 阻 的 时 非 常 泳 马
人 接 的 时 非 常 游 泳 急 筝
是 阻 时 非 游 泳 马 急 风
艺 的 非 常 游 马 急 风 筝

Puzzle 86

然 虎 租 权 他 中 撞 忽 考 肢 磨 音 数 典 飞 野 领
事 增 醒 通 诺 村 机 略 的 趣 理 顶 磨 查 驱 便 望
项 服 务 礼 领 觉 信 傲 村 露 奖 四 金 行 理 袖
顶 伏 饭 摇 野 增 桌 灵 项 本 盛 大 肉 下 朝 着
勇 敢 型 图 信 远 顶 素 特 惨 携 龄 灵 香 有
自 最 研 貌 请 幸 记 疲 图 木 摇 请 高 错 类 袖
动 诺 察 运 区 梁 源 四 桥 惧 村 有 醋 热 闲
四 间 快 社 举 确 热 破 稻 权 蛾 亲 静 伊 灵
间 主 虎 树 木 实 私 页 邀 生 领 地 究 树 优
欲 虎 急 重 理 子 紧 皂 约 思 通 面 虎 蔻
的 互 动 香 克 重 透 年 量 年 秀 猫 图 原 子
己 互 私 音 衬 平 快 丁 型 要 动 恢 祝 选 王
自 光 加 循 只 自 虫 动 豆 贺 国 平
混 亲 色 填 虹 然 观 恐 权 考 通
合 秀 黑 欲 转 而 复 上 事 下
页 乐 身 色 社 便 能 远 的 木 修 皂 热 的 考

略 动
自 项 而
忽 略 贺
事 项 金
然 而 敢
祝 贺 子
奖 金 的
勇 敢 有 的
原 子 互 动
自 己 大
只 有 色
混 合 膜
的 互 像
盛 大 实
黑 色 着
虹 膜 国
服 像 王
图 实
确 着
朝 国
国 王

父 有 水 焕 的 豆 摇 答 光 黄 乃 释 要 上 年 楼 赂
龄 栏 型 恢 保 复 议 荣 瓜 驴 破 心 伊 幸 梯 介 能
高 看 碰 骄 透 身 来 特 驴 动 透 恩 爱 者 修 携 能
肉 余 乐 木 息 状 人 衡 心 定 居 撞 马 自 延 眉 马
雨 喜 地 上 余 主 先 不 考 飞 页 飞 遥 镜 信 摇 顶
灵 放 上 选 不 不 增 试 保 行 书 稳 生 条 保 恢 间
飞 桥 快 特 要 算 迟 升 木 貓 行 通 子 电 蔻 蔻 答
行 滑 子 远 计 心 龄 幸 镜 醒 的 子 架 骨 答 马 娱
拳 市 鼻 司 算 保 有 主 村 安 发 好 增 灵 饭 议 建
领 乃 的 图 象 怖 心 磨 的 答 磨 骄 疲 恢 近 摇
乃 心 考 灵 近 观 休 应 娱 释 查 苦 伊 摄 恐 像 头
望 老 答 复 降 户 没 响 查 复 龄 文 煲 恢 情 像
股 热 远 木 部 议 没 气 型 候 磨 口 化 摄 身
究 草 上 怖 肉 过 页 源 候 惨 文 凑 恐
情 衡 定 研 议 袋 的 的 后 桥 面 遥 望 倍 便

议 爱 架 梯 外
建 恩 骨 楼 户 拳 外 光 气 摄 计 定 的 葡 没 司 文 响 黄 的
击 观 荣 候 算 居 鼻 萄 有 机 化 应 瓜
头 机 者 子 葡 萄 有 机 化 应 瓜 象 图

幸运
你自己
考验
香蕉
部门
花园
军事
劳动
大量
从来没有
单元
水牛
故事
身份
的干净
放松
过程中
无聊
坐在
统治者

社 鳍 存 伏 落 单 统 坠 部 门 先 马 马 飞 香 宜 有
军 静 优 况 坠 元 草 治 充 恢 泽 请 泽 项 蕉 本 私
事 故 事 的 特 本 页 好 者 余 然 豆 衬 你 自 己 的
部 龄 马 放 大 坐 从 露 煲 梳 循 遇 书 乐
自 想 议 松 本 量 好 在 来 的 静 里 口 欲 不 光 坠
稳 克 子 复 香 情 社 本 考 验 顶 惨 私 便 先
好 也 怖 栗 活 况 眉 而 没 趣 恢 考 平 心 股
基 理 降 望 想 落 貓 排 有 绍 他 肢 典 里 排 苦
眉 思 的 几 领 乎 通 心 摇 落 露 心 无 恐 区
研 稻 好 干 惊 喜 遇 花 本 坠 劳 保 了 丁
先 高 建 衫 几 饭 园 生 究 动 肉 苦 而
身 份 略 碎 净 书 理 过 中 貌 先 迟
本 趣 直 伊 理 决 近 充 然 苦 有 理 撞 回 迟
秘 坠 书 丁 便 ! 野 镜 保 运 摇 类
！ 克 况 本 衫 眼 议 决 水 村 无 音 后
克 摇 恐 损 野 充 远 牛 肉 聊 稻 面
本 乎 娱 士 票 灵 马 幸 运
坠 赂 充 幸 运

Puzzle 89

的通则袖怖介高伊朋顶息兔驴的虎父马
部心闲约灵过面情友眼究的子稳考旋出
复平增选己根约稻的惧的重车宜木虑的
市权票车加稳子从等合格宜程老动便选子肉
场首都理量复答乐类待运喜摇不量权草草
了不增程息眉似重选礼心雨眼素
了碰飞趣趣权信理因他数顶特安携面马
蚂举员看灵豆选热数心运能于士伏
蚁飞演平查复秃豆飞肉优本得特心权
分离的类然条鹰＞自焕露源的树野第循得发通
胶伏宜人人心里树日想区三号许伏权
趣约泽过匆的工作人员衡蛾喜个不当！＞人
考疲地心摇父匆镜解最伊日动＞请露疲领通豆
趣遇情了木自后，记亲趣老假栗来豆人

考虑
分离的
第三个
首都
后,
兔子
请假
的工作人员
等待
设有
答案
秃匆
匆类似
朋友的
合格的演员
的市
场蚂蚁
不当

Puzzle 90

社区
建造
一次性
忠诚
培训
傻瓜
苹果
骆驼
草莓
动机
赢了
话题
探讨
昨天
较差
自行车
地图
的研究
往往
饮料

考静自眉直透的较私探摇往绍的性眼伊
票建造携豆碰饮差话讨滑往地研虫马日
升忠诚之惧皂料不题天自图究高运镜
傻瓜豆信最亲释木情子倍介镜日他
旋诺优苹香马研信则乃复持柔观
遥理培果考香票四转电欲损释
典电训赢静觉约坠豆骄机欲机望
＞转人了老迟私下动！根肢基
休蔻露子行自醋究野有发类于
加图礼因面老胶滑露损复基毁肥
图马不上条解自眼一损水滑的情
惫略后了趣修喜过次破电状社
醋旋行草胶丁衬噪自骄子
人私蔻栅宜最村瑞露活本
邀日有乎丁本＞程素想解惧究四噪骆驼

Puzzle 91

亲 状 租 人 怖 情 凑 雪 动 素 不 衡 环 生 恐 邀 里
考 面 虑 中 最 息 眉 傲 虑 袋 足 有 信 心 恐 的 便
身 程 摇 树 大 因 近 理 看 的 不 近 便 感 觉 便 便
生 量 情 皮 的 醋 柔 复 的 研 足 考 马 诺 祖 过 紧
紧 活 抗 的 私 噪 桥 损 音 的 视 虎 幸 姥 根 热 观
驱 闲 拒 优 机 袖 露 人 行 光 考 差 事 爷 据 自 最
水 壶 的 想 傲 秘 解 心 复 今 马 乃 特 宜 据 身 余
护 热 重 解 不 也 雪 天 不 降 差 飞 坠 特 自 出 飞
自 怖 差 他 草 草 飞 心 有 乐 面 今 从 出 身 香 下
雪 领 水 释 机 优 音 镜 人 心 错 晚 香 好 医 保 流
回 热 倍 倍 下 考 摇 量 露 破 过 的 底 医 生 体 保
家 了 根 选 袖 秀 邀 惨 水 而 规 眼 欲 生 亮 保 释
发 释 士 撞 私 有 > 远 西 循 线 栗 思 判 的 几 柔
望 送 损 性 过 放 雨 自 红 柿 生 蔻 衡 决 然 坠 因
远 号 镜 有 ！ 考 量 则 面 心 傲 想 信 便 几 因

不 足 据 皮 絮 决 觉
根 树 柳 判 拒 爷 医 生
感 抗 姥 的 医 壶 体
水 流 错 发 送 信 家 红 天 大 的 线
有 回 西 今 最 今 曲
心 柿 的

Puzzle 92

解 决
噪 音
的 视 线
奶 油
樱 桃
光 泽 优 质 的
鲜 花
定 的 述
描 述
的 机 会
疼 痛 局 限
业 务
青 国 蜥 蜴
侵 入
肉 桂
建 立

优 质 的 行 亮 泽 光 动 柔 修 了 描 延 业 务 乐 环
类 眼 马 充 快 真 泽 间 型 保 有 述 因 平 特 摇 活
情 本 卷 人 顶 型 泽 规 的 苦 本 观 基 局 限 口 情
复 活 观 里 型 鲜 规 的 衬 灵 旋 书 程 信 袖 决
快 面 子 的 电 花 情 衬 泽 亲 素 况 马 损 立
祖 息 人 怖 情 保 惨 泽 水 书 了 马 人 的 基
事 栏 不 最 赂 持 情 噪 音 素 青 定 伏 虑
了 心 奶 胶 木 噪 性 > 龄 蛙 复 的 破 过
增 情 油 复 看 远 灵 下 欲 驱 数 几 基 本
光 素 > 恢 理 觉 国 规 的 部 蛙 旋 记 面
的 视 号 运 平 远 觉 蜥 欲 衡 侵 的 虑 约
素 趣 的 能 转 国 蜴 的 桥 入 栏 介 亲
本 试 机 会 典 家 肉 安 树 主 樱 静
保 子 肥 士 建 蜴 水 子 桃 中
落 携 灵 先 遥 蝓 电 落 循 最
解 遇 环 野 坠 桂 答 滑 雨
稻 衬 复 人 蝓 解 秘 带 惨
出 解 稻 衬 状 差 四 的 特 议 决 秘 保 煲 惨 也 最

Puzzle 93

远增信闲有区保激怒冰先飞袋得粉员工
下加亲撞觉的看年租柱乌而过破红子马
研滑心毁来看诺差滑信鸦过桌树色的摇
滑部稻遥正察出光身梁区因建领部自便
父用恐正确的栗静况碰桌驱木衬请解的老电
生品貌有的信排撞雪后木人香究灵秀热望复性质特书
行木梳乐礼领看的理亮自记自马复性
下凑秘栏子梁也看面眼转区远稳页比质
撞摇最差部几近实根识别肢丘桥乐特
有大专况转光之马雪不下磨了基遥质
趣之豆肉秀际趣复平不识了桥乐本
好的性乐态试马惨复携排近察丘遥书
许热升数度皂放周理想研了赂灵本
热肉情信带来上驴末的研携想研
肉充情带来上驴末的想研了赂遥本

乌鸦
大专质
正确的别
性识冰柱红
冰别好品色
好的粉员工鳄鱼
粉用鳄鱼周丘
用员周丘后特
员鳄后实续
鳄丘实际来
周后带激怒
丘实激最好干
后际最好的态
带来树度
激怒态
最树
干态
度

Puzzle 94

一些里这
在带来了
这鸡
里票
来见
了活
鸡球
票习
见羊
活司
球雇
习用
羊环
司终
雇始发
用发现
环始菊花
终发第二
现花，直到
菊花
第二
，直到

平带车活镜解信衫骄破解活碎环境书碰
便来发余本灵苦真一篮雇间选性来便
重了虫现举梁解程些球在私稳主礼升
会见豆趣介闲增第身研这出木皂得下
页闲摇图介高保二碰丁里蛾栗服灵活
皂虎遥项投菊理带损摇许驱肢子鸡水
遥行伏条票花带错人驱蛾解的发公
学习乎梁约直持父股优袋柔坠乃司
瑞始终自，到诺的增书况优面稳平马
袋地趣礼胶号便稻欲社柔优情木人坠
最毁碰秀过诺父而有梁复热乐要安
中车间觉肥便量远能复旋复稻也得
趣滑的特肥典选自使野滑邀
衬本量远看程虫循循旋复稳地
型自来主自的票最磨柔袖用噪复稳保他

Puzzle 95

```
稻 图 复 因 坠 几 身 马 复 草 肢 也 蛾 蔻 野 豆 回
不 子 视 保 充 亮 子 剥 莓 的 滑 幸 雨 秀 部 灵
人 中 的 图 破 远 不 夺 型 噪 看 水 之 优 电 视
里 趣 损 恐 子 充 理 煲 虎 息 延 自 木 野 噪
行 飞 区 活 于 出 高 息 自 不 肥 落 醋 条 傲 充 填
闲 激 怒 特 远 有 合 急 租 复 梳 老 的 本 充 带
上 赂 栗 磨 镜 损 作 蔻 领 忘 解 醋 视 袖 观 坠
高 加 生 损 他 年 基 领 试 记 倍 号 决 议 便
察 蠕 静 权 上 四 自 煲 余 身 最 过 雪 热 建
遇 信 眉 书 损 的 紧 管 平 社 幸 露 究 程 面
村 子 太 遇 迟 考 醋 村 过 破 灭 梁 记 泽 带
衫 亲 灰 阳 肢 野 自 不 马 要 绝 点 其 许 考
安 皂 色 蔻 镜 谅 加 幸 傲 灭 领 滑 环 他 回
幽 全 循 了 区 权 研 惧 基 的 带 主 其 余 父 宜
遇 灵 眼 机 发 破 然 疲 乎 增 人 瑞 恢 考 宜
```

剥 夺 作 子 全 管
合 合 裙 安 高 , 其 灵 他 色 便 记
剥 合 裙 安 高 , 幽 其 灰 大 忘 记 绝 点
灵 裙 安 , 幽 其 灰 灭 露 的 均 谅 阳 损 镜
安 高 幽 其 灰 大 忘 灭 露 的 平 原 太 磨 草 激 怒

Puzzle 96

```
平 区 差 研 信 苦 所 人 马 虎 平 动 真 摇 他 > 本
桌 考 子 思 的 问 需 社 旋 倍 自 而 从 坠 了 梳 旋
放 滑 词 栅 复 信 题 伴 类 卖 外 观 木 粗 心
举 觉 看 汇 季 试 信 侣 下 家 音 部 项 蔻
动 优 几 辑 儿 平 发 醒 肢 娱 股 剪 辑 页 底
树 休 保 后 子 貌 动 究 视 老 化 许 填 眼 议 解
莓 祖 书 心 书 行 焕 本 亲 况 直 的 马 摇 许
摇 肥 标 动 准 胶 号 亮 桥 融 研 根 磨 能 撞
间 赂 滑 机 差 能 肉 乃 加 部 草 桌 醒 滑
的 任 何 子 活 过 情 肉 亲 > 最 情 要 行
坠 老 马 秘 身 坠 便 的 修 研 后 从 静 本
项 情 页 通 便 肢 静 摇 区 摇 考 驴 有 环
然 马 升 保 余 木 赂 乐 也 信 人 充 设 人
复 虎 素 梳 而 息 亲 间 秀 增 私 书 野 经
的 眼 究 傲 远 丁 日 不 蠕 数 赂 父 循
车 根 虫 香 顶 凑 动 恢 喜 喜 济
地 板 融 化 家 汇 辑 后 心 动 机 需 济 准 任 何 问 题 伴 侣 度 儿 子 莓 树 外 设 有
```

Puzzle 97

```
人 建 情 的 运 地 惧 醋 梁 桌 噪 分 皂 惨 伏 衡 的
赛 季 原 帐 气 权 父 噪 书 状 音 股 最 机 光 喜 木
醋 礼 子 篷 究 社 他 他 骄 滑 网 最 热 介 旋 带 眉
许 看 量 介 雪 他 信 他 亲 前 络 安 香 最 基 乎 貓
欲 复 车 的 皂 了 便 豆 己 事 者 香 加 介 的 远 息
便 保 机 鼻 发 眉 甜 觉 思 机 机 复 己 栗 规 信 热
桥 马 地 子 喜 驴 转 蜜 察 复 会 答 研 解 答 觉 驱
必 须 面 野 豆 栗 不 究 雪 行 研 建 干 股 降 情 远
亮 皂 觉 的 明 不 决 本 而 ， 乎 于 怖 情 情 破 驶
雨 直 眉 一 星 雨 行 醋 上 他 研 直 子 雪 便 错 修
露 举 落 切 稻 复 信 解 乐 怖 眼 研 眼 自 己 打 破
试 典 驴 亮 灵 兴 仅 仅 欲 迟 情 雪 娱 休 望 性 他
余 他 持 本 活 趣 稳 不 恢 保 自 加 充 己 煲 欲 基
年 损 不 克 号 仅 点 老 研 娱 惊 人 延 发 欲 倍 子
露 页 地 皂 带 伏 因 观 野 树 安 热 安 情
```

词表（右侧）： 上点肠须者破仅 雪亮香必前打仅兴帐机会，网络星气季面蜜明运赛地甜的原子的鼻子噪音 一切原子的鼻子噪音

Puzzle 98

```
根 ！ 本 的 安 驱 存 休 摇 肥 泽 衡 教 恢 不 有
衡 视 自 充 理 亲 看 惨 观 高 审 惊 师 露 老 落
。 学 肉 醋 源 连 拍 蠕 最 量 判 虫 特 约 热
试 术 碰 倍 摇 动 遥 ！ 查 静 落 驱 面 损 池 类
心 看 休 领 有 增 信 驱 心 平 光 快 摇 伊 塘 醒
落 则 怖 欲 乐 答 虑 股 基 情 型 落 型 的 本
秋 骄 。 机 诺 幸 解 马 有 威 爱 用 不 信
出 规 生 私 源 租 袖 驴 驴 运 特 仇 品 租 增
雪 球 修 页 喜 研 缓 马 自 袋 征 虑 的 父 雪
疲 袋 复 底 错 坠 撞 解 香 复 议 蔻 煲 雀 情
增 究 苦 趣 心 自 也 落 机 遥 举 究 马 稳
直 要 鳍 条 露 己 要 然 然 柔 行 滑 行 礼
差 碎 热 肢 情 介 伊 肢 衡 摇 海 雀 状 损
的 介 驴 伏 降 的 稳 理 暂 木 倍 车 貌 先
直 雪 稻 私 许 解 典 里 明 治 查 生 毁
```

词表（左侧）： 池塘周二三明治特征的仇恨可爱的缓解海连秋季。教师审遥雪电缺暂威学用品 雀拍季。判远球动乏停力术

Puzzle 99

倍 带 之 机 树 条 有 看 约 光 观 飞 蔻 图 协 饭 延
能 的 袋 个 > 介 无 聊 转 旋 貌 虫 噪 议 丁 泽
人 蛾 于 邀 快 貓 差 梁 得 梁 秘 超 越 明 愚 不 持
焕 苦 则 镜 便 栗 的 皂 理 部 醒 车 丁 雪 衫 见 下
请 出 究 貌 绍 伊 比 项 惊 回 增 答 下 路 通 公 草
进 查 驰 。 记 较 修 书 坠 实 闲 回 马 傲 排 南 也
入 错 骋 想 的 建 营 保 从 木 现 降 亲 树 选 部 项
回 信 增 考 运 充 型 栏 木 选 秘 鳍 平 亲 灵 公 机
人 信 碰 则 养 幸 衫 年 保 > 遇 人 煲 飞 露 外 交
提 供 马 思 里 考 理 而 稻 马 试 六 查 通 平 私 顶
老 情 约 人 蔻 乐 稻 落 摇 > 查 毁 迟 估 复 醒 部
规 本 区 考 犹 检 验 了 > 秘 遇 也 解 计 本 视 高
噪 动 犹 察 豫 乐 思 验 摇 滑 人 携 中 考 >
的 趣 豫 检 验 了 摇 查 也 解 休 书 摇
碎 降 放 思 验

驰骋愚蠢的
营养入检验
的百公外周
犹协超南明
实提估比无聊
个公路六豫越部现供计较聊

Puzzle 100

循规蹈矩
参加的
挽留
预测
冒险的
长度
汽车
公民
替代电子书
启动
政治
灾难
重大
无形
椭圆形
有时
精度
的设计
大象
冷冻

自 研 恿 光 亲 机 。 > 建 观 能 状 恿 撞 动 幸 排
解 绍 的 袋 桌 错 记 数 先 差 恐 而 况 的 过 自 里
试 乃 肉 乐 人 查 循 图 情 滑 近 的 眼 看 邀 有 >
平 根 秀 安 大 重 饭 身 远 怖 图 趣 下 看 遇 放 栗
骄 解 平 人 度 主 貓 虑 问 得 考 高 便 汽 不 预 面
有 时 长 度 椭 > 凑 马 。 迟 苦 之 远 车 议 测 人
蠕 社 幸 精 圆 要 稻 村 真 持 苦 貌 伏 人 观 觉 稳
损 之 的 苦 形 诺 先 欲 蛾 循 伏 介 草 冒 启 瑞 便
因 灾 请 乐 无 素 查 宜 士 规 虫 根 公 险 动 高 上
子 难 考 因 撞 香 士 露 替 闲 衬 民 的 他 政 观
事 信 的 柔 最 状 的 恿 遥 平 代 有 矩 加 权 治 许
先 冷 欲 秘 貌 选 驱 怖 秀 源 电 保 参 野 则 碰 持
存 凑 冻 持 礼 的 胶 野 解 乎 肥 子 野 书 碰 最
袋 间 研 动 型 设 噪 挽 增 马 部 蛾 亲 余
理 介 典 情 凑 计 煲 留 袖 闲 环 数 况 年

Puzzle 101

惊疲况移位小草图的量野貌过光秀填觉
木考股身置型泽荒书主情肉伏几怖放稻
短理优草错碎露延野答直面要升面图摇
秀暂便票喜排的遥理不视约最桌坠光程焕
暴发俏皮语绍苦不伏溜貌趣飞试驱落胶
躁不看秀言貓先规的本苦冰安高权迷柔
研意栏亮凑先的机上绍灵自灵信栅惑也
租见视滑坠则区绍阿票破快分的人出惧
雨虎雨行野驼鹿区皂姨快乐饭鳍乃出机
坐在本见型放娄复透活信活根根存重香
威胁权权的分类皂撞认快为介延香事静
释本视虎静栏好克有信下梳惧窗休根梁
回应本驱树摇豆蠕香飞信袋本解重股静
于有肥考爸爸傲护于花费皂瑞木修望灵
况眼马高自趣面护花费皂飞

位置
的荒野
位移
暴躁
花型
小驼
认
短语
溜
俏
迷意
威
回风
阿爸
坐在

费
为暂言
冰皮惑见
胁应
窗姨

Puzzle 102

驱面危险不遥情里议近苦答觉老马肉本
运不梳虑观他人环鳍来复答保理露！
修梁娱坠财鳍梁想根差事主充运属于几
请妈妈重自产有利镜虫页通欲风筝紧磨
顶草人复规伏介而震最转野分懦醒观
部龄滑护海底行镜保建研况夫发情理
底闲的环袋出租水养高桥门部惨蠕伏排
考过远理约他肢马自书秀专木栗貓欲的
带领＞觉先自恐皂情豆数木究猫柔飞因
请凑凑水撞高稻动滑皂有心柔理破亲
运理身老直灵柔回生观心议研。制孩
间老心香转不日复本幸建飞虑焕造也性
碎批的镜解坠复约运运制许＞男
转里判生梳磨亲邀平道德的先乃
状然护雨本父梳服务焕怖乐德的先乃性

顶懦道柔制专保批海危属的财男有震风服幸
部夫德滑造门养判滩险于妈妈生日孩利撼等务运

Puzzle 103

苦 噪 身 可 带 禿 活 泽 行 了 赢 性 摇 情 然 查 闲
肥 部 份 笑 一 最 鹰 菜 花 解 朋 能 日 急 奇 察 怪
驱 心 乐 的 起 察 息 ！ 栗 友 定 雨 近 察 号 的 伊
蛾 克 绍 状 也 野 飞 见 露 士 的 老 转 日 行 趣 带
自 热 滑 香 类 心 考 乐 平 落 遇 电 保 本 过 热 有
于 信 向 素 子 日 真 亮 直 研 泽 理 近 干 动 要
凑 祖 梳 日 乎 葵 水 ＞ 胶 木 子 过 性 驱 皂 乎 飞 紧
父 桌 稳 解 透 欲 状 循 充 想 静 雨 迟 袋
桌 碎 乎 趣 部 情 携 复 加 撞 有 理 皂 远 火 倍 栗
！ 坠 高 环 而 活 上 旋 保 究 活 趣 信 炉 旋 增
身 豆 颈 的 升 年 露 过 物 保 自 的 骄 封 的 掩 解
解 颈 部 高 情 四 物 循 议 许 豆 惧 鳍 方 盖
亲 本 豆 环 秀 坠 理 老 木 摇 向
保 降 本 究 条 滑 木 皂 恐 秀 ！ 状 想 稻 草 摇

能 力 葵
向 日 的
奇 怪 花
菜 可 的
状 笑 态
一 起 盖
掩 封
密 葵
海 部
颈 解
了 趣
有 的
的 方
物 向
火 炉
身 的
朋 鹰
友 赢
禿 了

Puzzle 104

贸 易 生 权 书 心 建 要 部 秀 放 里 记 人 破 信 娱
不 遇 蛾 信 许 最 根 稻 部 信 袖 携 热 马 行 高 饭
先 父 看 从 野 衡 皂 野 衡 怖 亲 飞 马 滑 几 考 约
滑 乐 马 部 携 丁 介 自 特 飞 增 醒 消 休 书 蠕
木 目 标 怖 面 车 坠 不 望 马 惧 见 旋 息 主 真
面 私 便 号 号 之 前 虫 高 几 野 本 柔 桥 乐 加
号 况 士 情 转 趣 乐 恐 几 形 灵 察 虎 区 年 素 告
理 绍 摇 乃 区 排 降 伊 雪 存 灵 本 蠕 余 持 诉
村 状 动 坠 信 沙 携 子 情 风 旋 邀 举 镜 碎 平
疲 人 考 中 邀 漠 一 的 猫 险 稳 的 然 此 克 顶
环 子 出 主 亲 分 二 貓 要 的 邮 灵 句 增 干
驱 理 貓 请 充 部 东 醒 碰 回 道 件 观 最 果 扰
＞ 热 考 乐 闲 门 摇 疲 二 骄 歉 的 此 的 保 自
便 面 基 遥 鳍 醋 高 最 惧 典 趣 丁 毁 句 存 惊
书 摇 虑 洪 水 他 衫 的 当 前 基 看 持 怖 典 权

道 歉
干 扰
便 士
当 前
贸 易
的 邮
洪 件
东 水
风 部
的 险
沙 情
此 漠 侣
之 句
告 前
形 诉
目 式
消 标
一 息
部 二
苹 。
果 门

Puzzle 105

野 。 恐 人 袖 观 驱 号 噪 先 理 的 书 武 顶 的 顶
中 子 电 增 村 幸 余 社 考 理 惧 底 况 士 页 秀 事
车 想 作 碰 父 来 素 携 玉 答 亲 快 自 没 话 说 存
后 惊 飞 用 露 下 排 领 米 蘑 醋 私 > 丁 保 周 数
定 好 租 马 分 信 栏 老 优 菇 肥 博 物 馆 于 一 皂
有 礼 貌 试 答 的 面 虑 最 况 信 考 之 坠 草 类 解
没 而 木 欲 稳 领 想 况 信 看 本 决 状 电 顶 秘 伏
怖 之 丁 诺 驴 虎 肉 栏 栗 动 树 来 围 后 面 心 人
特 紧 直 电 图 于 心 查 中 稻 伏 巾 查 诺 答 加 快
事 梁 活 草 然 目 > 己 解 便 护 紧 人 权 余 傲 遇
驴 地 摇 眉 重 的 便 列 遥 凑 最 遥 通 恐 转 程 通
人 热 人 静 余 政 过 思 研 遥 素 循 约 安 秀 摇
子 根 倍 泽 欲 面 辩 论 趣 眉 修 过 近 稳 > 研
本 语 野 他 不 面 爱 好 暴 力 项 过 究 稳 > 主 社 生
权 英 速 电 视 爱 好 暴 力 项 过 究 稳 > 主 社 生

语 速
政 府 的
英 语 力
爱 好 巾
围 蘑 菇
目 的 论
辩 外 壳
武 士 物 馆
博 列 车
电 视
没 话 说
周 一 用
作 有 礼 貌
玉 米
没 有

Puzzle 106

高度
障碍
消失
汽车旅馆
，虽然
沟通
高贵
办公桌
单独
蔓延
移动
眼睛
宽幅
侵略性
扑通
份额
温暖的
黑色
自行车
蜥蜴

他 也 信 遇 见 遇 然 有 亮 侵 略 性 秘 饭 虫 乐 眼
社 修 自 于 蔓 延 生 父 邀 转 肉 填 顶 雨 子 貌 的
父 余 损 他 顶 租 摇 快 过 遇 宽 间 之 看 绍 发 宜
延 安 选 皂 肢 栗 袖 马 转 优 幅 热 急 电 降 顶
理 破 理 野 间 > 不 树 乃 保 惧 远 汽 远 自 惨
面 份 的 领 不 信 顶 眼 项 磨 平 车 乐 环 真
鳍 部 额 趣 降 增 办 睛 黑 之 之 旅 醋 性 而
怖 稻 复 理 的 饭 老 公 色 来 肉 馆 温 障 过
修 移 了 类 身 量 直 桌 亮 伏 研 见 暖 碍 马
高 不 动 高 见 身 镜 黑 降 木 水 特 的 理 蜥
回 答 丁 度 的 稳 ， 色 然 能 增 的 蜴
遥 请 心 稻 复 底 页 虽 煲 静 降 从 扑 蠕
平 木 举 本 亲 沟 通 情 行 袋 滑 状 存 通 坠
差 降 增 绍 桥 水 也 错 消 加 貌 皂 诺 乐 的 究
子 自 行 车 单 独 发 优 究 灵 人 露 几 肉 不

Puzzle 107

装 错 肉 恐 手 机 块 余 落 类 赂 婴 儿 恐 灵 动 举
回 配 类 年 成 图 的 请 增 损 老 香 热 礼 乎 瑞 木 皂
亮 肉 放 度 典 袖 请 赂 子 亲 子 特 乐 情 热 木 丁 源
毁 请 便 而 私 衫 栗 落 毁 决 结 回 碰 宜 人 加
尽 管 信 理 饭 错 本 西 间 视 记 考 面 豆 请 节 举
子 回 理 饭 急 镜 理 决 日 许 记 里 傲 乐
选 欲 桥 护 存 条 光 破 延 的 书 眼 环 特 乐 亲 驱 同 的
降 猫 高 得 情 光 破 惨 急 坠 地 许 考 绍 音 升 共 村 的
摇 衫 标 破 惨 坠 解 了 摇 顶 > 袋 苦 第 炭 礼 远
参 行 志 破 摇 餐 了 密 车 建 休 蔻 最 十 趣 克 礼
考 与 者 磨 驱 厅 中 秘 集 镜 胶 光 惊 的 飞 自 人
好 礼 磨 项 的 毁 举 分 驱 光 便 究 蜘 蛛 礼
有 焕 驱 的 望 特 保 旋 便 理 紧 木 许 不 有
欲 信 项 望 乐 保 旋 理 紧 类 面 灵 礼

尽管
装肉
的
蜘蛛部
西煤情
手成餐
年度密
参与
标
共
第
婴
的
配类结
欢迎
节
年厅度
集与志
同十儿块
者

Puzzle 108

晚饭
快速
欢快的
躺在
面包
定制的
计算器
交融
陪
绽放
去除
声明
机关
积极
觉得
允许
的独立
的产品
感情
阻止

出 便 面 图 型 自 下 保 究 填 增 惨 来 过 情 远 身
肢 介 祖 便 品 得 上 噪 的 放 子 填 情 情 肉 真
心 思 遇 请 产 肉 > 傲 放 的 增 紧 降 源 自
机 关 欢 快 的 制 定 之 幸 思 野 坠 绽 动 活 快
修 几 请 团 车 木 持 书 ！ 交 棚 马 从 放 幸 延
陪 审 乃 部 计 算 器 栗 独 融 看 不 秘 过 答 秀
肉 > 生 蠕 肉 声 素 立 飞 豆 有 音 野 疲 请 事
桥 欲 看 梳 明 去 除 心 衫 携 虑 分 阻 活 延 安
余 规 自 树 傲 机 伏 书 特 秀 条 查 止 貌 > 晚
野 宜 露 号 最 循 社 肉 生 而 回 本 > 恐 饭
快 野 惨 而 带 子 加 镜 心 坠 情 安 父 允 高 图
速 积 野 降 诺 虫 保 感 瑞 最 凑 修 躺 紧 的 私
根 带 极 错 降 雨 动 情 存 决 近 自 在 坠 觉 得
摇 驴 亲 社 填 要 马 蛾 衡 增 权 社 露 面 先 类 循 心
况 。 赂 噪 怖 几 环 皂 理 口 释 性
衡 考 包

Puzzle 109

```
本 士 分 坠 交 易 便 遥 乃 年 则 趣 考 遥 很 少 运
欲 休 之 书 的 飞 直 木 口 票 村 邀 充 传 统 己 便
马 摇 坠 眼 回 分 光 修 有 水 顶 介 修 性 观 行 发
信 也 ＞ 透 研 伏 保 本 静 排 面 究 身 坠 号 肢 号
信 根 释 磨 查 延 运 乐 于 向 倾 忿 号 紧 重 肥 醒
梳 商 业 的 趣 物 种 急 数 斜 栅 木 信 茄 恐 口 柔
重 伊 名 词 股 子 怖 程 车 坠 梁 灵 恐 大 专 而 几
貓 惊 票 循 亲 息 介 安 便 平 灵 部 测 权 而 选 稻
的 灵 远 保 事 究 惊 得 紧 休 转 撞 运 貓 情 修 欲
要 专 研 自 由 循 噪 幸 过 区 视 授 灵 书 修 因 基
梁 便 业 社 最 伊 紧 乐 书 授 灵 书 遥 错 欲 事 的
衬 选 碎 马 婚 礼 諾 瑞 了 教 练 最 貓 泽 了 过 号
信 人 中 携 遥 碰 雪 任 何 有 肉 驴 肉 最 循 请 绍
项 不 的 要 静 便 趣 要 上 衣 他 信 栏 肢 栅 桌 落
答 的 要 答 便 趣 要 上 衣 他 信 议 究 栅 桌 落
```

辉 煌 教 授 商 业 的 倾 交 易 斜 物 种 任 何 茄 番 传 教 统 倾 练 自 名 统 上 向 很 由 专 婚 礼 词 业 少 的 衣 检 急 测 专 测 于

Puzzle 110

```
情 捕 发 栗 泡 打 粉 况 答 特 而 的 的 部 灵 。 特
典 捞 最 旋 信 量 了 要 摇 情 小 心 本 觉 欲 他 自
宜 语 句 的 落 年 下 绿 生 年 眼 思 存 胶 情 撤
＞ 生 蠕 袖 生 错 规 色 书 重 香 议 租 有 本 人 销
情 木 谎 子 火 不 镜 不 存 栏 私 平 保 镜 欲 醒
答 考 见 言 鸡 毁 规 皂 水 条 人 恢 复 好 惨 飞
休 遇 摧 毁 持 规 觉 的 带 马 复 梁 礼 雨
思 信 迟 人 释 衫 皂 热 驱 区 心 研 了 平
保 各 地 他 上 宜 觉 活 底 木 引 远 项 因
不 动 野 远 皂 果 一 般 栅 子 灵 他 行 有 父
噪 急 栗 股 桌 望 冻 况 排 长 引 惩 填 存 高
填 上 虑 发 恐 梳 然 亮 期 蠕 罚 余 部 面 欲
私 滑 填 考 动 亲 危 性 休 理 票 水 环
禁 止 延 焕 面 子 的 父 中 优 存 貌 素
的 望 发 飞 不 活 栗 便 傲 貌 私 底 环 有 情 快
```

响 亮 泡 打 粉 小 心 色 绿 止 禁 一 般 罚 引 惩 进 摧 毁 长 期 捕 捞 危 机 撤 销 的 热 带 各 地 语 句 生 存 果 冻 谎 言 火 鸡

Puzzle 111

衫 从 的 场 景 权 角 摇 欲 研 平 望 究 乐 情 存 动
约 碰 研 股 伏 欲 落 型 自 究 瑞 介 愿 音 瑞 怠 礼
间 高 答 观 安 最 的 加 研 生 鹿 分 离 的 空 萝 空
灵 私 观 不 缤 的 鳍 口 项 野 摇 决 要 透 间 卜 间
项 情 攻 损 纷 鳍 差 源 木 区 野 奶 滑 磨 车 本 自
环 性 击 毁 差 中 自 礼 羊 摇 肉 酪 镜 特 摇 来 由
事 肢 滑 股 页 马 礼 答 灵 野 之 鳍 远 延 电 车 虫
信 本 循 子 则 平 复 区 本 肉 类 条 作 错 驴 摇 余
衡 社 也 图 因 动 平 高 本 热 事 升 动 用 > 自
充 然 领 究 则 ！ 野 焕 差 子 的 复 错 来 转 由
驱 恢 差 环 真 觉 项 股 稻 本 条 滑 准 备 典 树
高 的 情 不 柔 己 亮 野 平 事 升 投 觉 准 书 驴
典 面 的 知 道 修 政 书 伊 入 科 自 赔 贤 驴 灵
焕 了 桌 亮 请 己 策 行 事 自 学 休 自 诺 人 灵
> 觉 雨 定 面 迟 灵 日 丁 存 家 快 的 人 人

的 愿 望
萝 卜 缤 纷
科 学 家
奶 酪
备 场 景
的 音 乐
的 攻 击 入
羊 政 肉 策 落 道
角 知
研 究 生
空 鹿 间 野 作 用
的 贤 人
分 离 的

Puzzle 112

当 本 志 境 藏 子 指 胶 论 小 的
适 成 杂 边 隐 狮 是 橡 结 微 谦 胆
一 土 致 高 到 压 整 技

己 肢 过 号 整 充 活 镜 持 复 望 高 压 貓 旋 通 本
便 来 谦 虚 齐 记 他 宜 乃 雨 皂 级 低 类 迟 衡 快
喜 信 雪 机 礼 于 恐 带 瑞 结 子 坠 部 记 机 心 苦
复 自 面 则 亮 边 存 蔻 查 论 社 究 马 解 口 通
约 乃 蛾 心 望 境 摇 草 倍 驱 野 不 的 遥 顶 本 落
页 凑 加 思 后 桥 子 根 考 数 填 保 号
思 股 通 增 有 醋 机 私 不 一 定 底
土 狼 通 胆 人 好 衫 于 人 隐 诺 转 乎
自 答 的 小 携 骄 宜 光 得 不 藏 自 他 子 带
噪 的 欲 微 延 的 貌 性 > 马 保 袋 致 快
焕 木 过 己 的 人 落 况 他 动 稻 看 命
落 露 究 本 考 乃 运 恐 隐 票 杂 成 介
典 ！ 橡 复 究 貌 口 藏 指 到 醒 本
研 面 决 胶 旋 理 究 乃 是 状 私 达 雪
邀 平 有 答 性 木 便 观 护 近
音 当 紧 遥 皂 社 栗 便 重 望 宜
音 技 艺 不 平 量 蠕 理

Puzzle 113

底 摇 也 逃 生 宝 的 亲 素 碎 遥 袖 乃 中 性 蠕 心
。 牙 齿 露 宝 草 豆 稳 而 邀 下 瑞 疲 能 发 规
保 露 型 理 过 生 煲 增 带 司 > 导 机 木 肥 闲 自 而
源 部 页 程 人 究 复 领 司 机 演 的 里 休 信 后
灵 遇 重 的 功 衬 通 特 特 飞 心 毁 持 作 月 画 电 皂 眼 理 蠕
复 重 的 行 本 率 便 延 出 雪 醋 恩 亮 量 便 答
上 毁 为 日 最 桌 出 心 己 爱 复 策 素 眼 欲 菜
下 紧 醒 的 熟 草 观 奇 夕 光 充 温 度 计 理 芹 条
紧 好 平 有 木 移 肥 怪 亲 排 自 快 填 好 树 恐 眉 最
好 的 坠 迁 惧 自 稻 子 嘲 讽 优 转 梁 特 坠 马 地 毁
的 增 不 记 骄 复 热 衡 约 热 蔻 趣 余 ! 破 图
增 本 飞 余 况 虎 车 肉 息 安 绍 驱 情 面 存 顶 降 电 得
本 摇 热 况 四 。 宜 而 排 虑 私 口 解 号 增

芹 菜 夕 阳 温 度 计 的 行 作 画 嘲 讽 牙 齿 策 略 奇 怪 性 能 月 亮 导 演 逃 生 功 率 成 的 熟 宝 宝 迁 移 司 动 恩 爱

Puzzle 114

乐 自 眉 开 滑 礼 年 动 心 平 最 木 飞 行 行 风 懒
雪 举 便 始 幸 发 自 护 惨 乐 有 马 人 车 暴 惰
惊 约 租 出 差 泽 伏 虫 疲 底 约 栗 野 拘 捕 源
马 梁 保 行 色 决 便 伊 亲 转 土 车 品 约 根 选 考
苦 的 数 典 的 菠 重 也 摇 乐 地 蔻 种 信 欲 心 破
进 一 步 轨 规 萝 频 保 降 能 秀 远 请 主 诺
面 旋 信 道 可 老 紧 繁 复 倍 了 情 升 的 蔻 要
西 兰 花 余 音 虎 恐 的 四 最 露 人 记 树 事
晚 伊 最 升 了 然 见 书 任 要 木 带 娱 错 量 解
破 上 稳 入 栅 秘 不 租 而 命 解 图 人 视 地 理
撞 马 骄 底 本 型 雨 狼 社 木 豆 镜 露 错 情 况
面 先 子 身 桥 桥 人 野 建 观 复 而 水 宜 间
电 考 页 中 > 雪 股 露 社 不 镜 凑 本 面
来 宜 画 决 的 落 慾 源 雨 ! 摇 北 极 乐
考 乃 笔 摇 木 情 好 行 电 活 紧 张 亲 恢

晚 上 品 种 可 见 的 风 暴 任 命 土 地 频 繁 的 紧 张 升 入 北 极 轨 道 进 一 步 画 笔 西 兰 花 懒 惰 狼 狼 拘 捕 开 始 出 色 的 菠 萝

Puzzle 115

苦 > 壁 存 建 恐 车 灵 情 愆 灵 驱 根 过 落 衡 远
特 滑 手 炉 议 爸 的 基 信 出 地 发 露 龄 有 肢 电
第 六 查 栅 信 复 记 滑 上 宜 考 村 醋 觉 处 本 充 焕
环 镜 马 增 几 忆 露 的 貌 的 亮 回 本 撞 介
士 克 马 貓 加 马 滑 选 快 股 野 充 复 本 型 行
于 察 园 活 情 木 分 士 机 票 撞 祖 充 马 选 信 上
动 物 繁 票 欲 雪 年 理 顶 撞 一 份 动 雨 木
栗 紧 伏 不 安 细 出 乃 携 便 虑 几 规 梳 龄 老 升 木
袖 欲 衫 修 面 情 > 性 栅 灵 蠕 克 桌 放 护 页 环 私 升
坠 行 龄 改 真 周 醒 的 平 票 条 息 分 伏 底 动 人 况
量 转 胶 获 牙 口 动 看 马 区 的 看 分 眼 栏 地 研
价 本 值 得 定 膏 镜 理 看 马 平 桌 喜 伏 权 主 特
驱 光 休 休 决 复 携 雪 平 桌 抗 拒 人 理 民 族 降

右侧词表
周 第 泰 壁 民 的 修 此 手 细 价 获 野 繁 尽 动 牙 建 抗
三 六 迪 炉 族 记 改 处 套 值 得 兔 忙 一 物 膏 议 拒
熊 爸 忆 爸 爸 处 胞 此 价 野 繁 尽 动 牙 建 抗

Puzzle 116

左侧词表
除 外 平 面 情 感 的 保 持 两 边 大 胆 金 丝 雀 伟 大 的 说 话 军 队 放 心 地 以 及 信 息 质 量 极 其 洗 涤 整 洁 的 地 图 探 讨 今 晚

右侧网格
质 解 近 情 光 行 不 望 肉 放 心 地 源 摇 村 理 主
胶 量 信 感 程 事 增 见 错 下 栗 活 子 损 雨 迟
惨 邀 息 的 则 水 试 乎 议 龄 后 看 除 木 伏 类
了 从 车 的 记 间 趣 平 得 本 恢 本 的 外 增 水
然 许 恢 整 虑 定 行 余 噪 面 快 社 亲 不 地 屯
充 苦 赂 毁 而 差 类 平 虎 探 了 他 遥 视 本
马 今 大 眼 热 损 士 面 讨 极 其 伟 > 图 有
而 晚 胆 > 保 查 马 幸 旋 趣 增 修 大 便 虑
保 持 欲 升 梁 的 肉 他 安 差 不 情 面 的 凑
以 及 自 镜 子 幸 坠 蛾 衬 说 两 邀 视 人 马
碎 几 军 碎 煲 放 则 静 欲 话 边 草 金 租 了
后 生 队 豆 举 书 镜 的 噪 延 特 直 碎 丝 雀
摇 电 摇 里 自 皂 量 桌 型 息 发 马 野 恐 迟
心 本 心 平 栗 类 面 面 镜 丁 梳 情 貓 理 乐
考 事 图 转 平 鳍 毁 滑 苦 里 远 水 定 高

Puzzle 117

虫况项遇私蓝色的自冲音典的看人状镜
摇保马情凑树赂喜查下突研见惫阵风程透
面貓稻见情伏干许基喜绍来数优慎摇栗草
有饭绍运动底人灵的定义光中娱之静醒乐想
骄优远！领降间子私测便诺休要摇私也
桥议真股雪而复监测忠本遥则碎复
大撞＞醋息有自己的胶诚亮号马克自
远厅恢观栗未来发袖视书柠檬汁请摇
看怖请型＞饭噪运亲恐包高况携肉人
想约白色究木迟性远考眼日携毁恐宜
虎亲几貌错滑摇错鲜花保自信转图
行建于栅煲村因有降亲尺升动加
部傲眉也貓项飞聚尤其是好肉从豆
改变坠研建野焦不蛾信寸己部持

改变来包义其是突厅测慎
未书定尤焦冲大监谨寸柠檬汁色的风
聚冲大监尺白蓝阵扭自忠鲜树色己的花干阵扭自忠诚花动鲜树

Puzzle 118

相拥漂亮
更政府速
迅速析员
分析地毯鲁
官地粗算迟
粗计延分示
计延成镜栏
成展眼栅栏
展眼师
大的事件
的兄弟
水平赶路
赶路非常

破之充虎地想野股回分飞不凑活栅马栅
中栏觉项迅子的袖排眼秘过充肉摇源草
眼村乐克速醒政大底携增部子考栏父
运镜平秘况栅府师因解水先存绍衡信
相拥顶惨宜疲紧觉延信之蛾乐动典的
票透研了的典滑祖想延雨粗老鲁信远
然解保究光了他醒撞官迟镜虫见伏
闲日损答成克肢。察桌员镜非有坠坠
记主分分露惊动桌增趣自能坠坠
私情环图数眉光怖倍算研
噪栅好趣租增运凑信后程
有人携乃恐的过弟诺了草
赶保复部恐闲更究人他观
直路展驴页真漂出幸行加
最近示复了记高领情下亮息复几

Puzzle 119

不 凑 复 栏 而 则 近 平 蛾 > 的 遇 也 栗 型 桌
　 美 国 平 子 私 衫 妖 虑 延 间 理 入 口 子 的
稻 村 人 领 回 颜 精 损 。 驱 源 醒 中 亲 老 视
出 加 倍 磨 过 料 神 规 秘 从 热 觉 亲 龄 动 线
研 通 家 庭 颜 书 雪 乎 信 爱 摇 爱 图 便
差 最 决 错 选 领 ！ 说 龄 不 察 倍 顶
看 视 傲 遇 信 延 人 小 的 理 镜 摇 平 许
虫 约 情 灵 上 约 请 假 觉 试 的 信 号 自
存 车 貓 秘 产 亲 升 稻 保 静 木 倍 典 本
来 相 露 心 品 父 公 路 权 解 通 摇 秘 最
面 关 的 理 乐 小 克 马 访 问 带 驱 摇 信
面 好 虫 几 桥 图 乐 旱 倍 要 发 乐 号 降
木 带 奇 便 建 区 生 干 马 梳 考 出 自 日
了 远 便 过 丁 转 下 磨 旱 主 亲 光 特 来
回 项 愈 亮 不 释 性 社 定 保 疲 况 考 信
　 　 　 　 幸 傲 查 村 伏 好 膠 破 特
　 　 　 　 　 　 　 填 平 披 香 信

Word list (right):

家庭　爱问
喜访　精神
妖精　生旱
出干　口说
入小　萨小狗
披的　国料
美颜　奇品
相好　子路
产栗　假视线
公请
的

Puzzle 120

Word list (left):

听眠
试睡
的教育
蜡笔
麻烦
胡萝卜
减少
灭亡
药物
标记
着急
海洋
分散注意力
底部
申请
蜻蜓
实践
猕猴桃
头发
的研究

Grid:

肥 的 实 肥 典 区 带 香 行 减 海 着 猕 望 最 望 望
增 研 几 践 胡 柔 真 梳 倍 少 洋 急 乐 猴 娱 研 答
分 究 远 领 萝 噪 增 究 泽 眉 疲 带 衡 信 桃 平 泽
散 虑 噪 父 卜 惊 怖 高 填 疲 桥 之 胶 释 最 数 衫
注 程 电 特 有 ！ 木 类 升 桥 之 虎 转 袖 药 不 答
意 条 电 乃 宜 理 因 龄 环 树 。 灭 察 循 物 顶 项
力 睡 头 标 运 记 充 复 建 持 滑 亡 然 衡 疲 诺 过
亲 眠 部 发 记 破 地 得 量 面 特 的 视 蜡 申 请
人 灵 电 镜 破 察 增 麻 便 于 远 的 教 育 了 理
梁 碰 权 落 运 便 先 灵 护 四 最 量 增 桌 露 乐
貓 欲 瑞 过 通 行 衡 先 肉 过 露 瑞 闲 光 理
差 赂 木 信 放 日 试 遥 想 他 自 人 护 皂 透
试 发 程 况 桥 了 决 回 租 伏 举 事 底 况 则
听 碰 的 加 衡 决 肢 村 特 真 士 下 量
记 租 里 因 饭 状 疲 回 几 最 人 部 上 面

Puzzle 121

貌 源 稀 缺 也 鰭 ﹥ 特 乐 镜 貓 恐 支 马 放 的 则
镜 生 医 紧 心 区 方 主 书 自 滑 本 出 保 滑 基 究
老 秘 基 紧 焕 ﹥ 面 增 冬 况 变 溜 冰 鞋 遇 高 主
从 保 区 迟 坠 幸 文 貌 老 天 量 口 老 龄 蹼 时 举
恐 鳄 自 护 泽 凭 究 惧 虎 损 复 有 驴 部 候 在
从 鱼 鰭 来 差 主 眼 请 龄 欲 状 记 乐 脚 马 去
滑 观 柔 领 情 特 袋 充 娱 保 水 车 眉 摇 四 面
日 遥 电 醒 村 余 放 滑 号 面 自 滑 部 的 喜
摇 法 规 则 近 驱 本 余 谢 天 行 地 觉 远 紧
亲 分 皂 第 三 个 摘 要 生 遇 亮 建 差 来 行 发
息 错 碎 型 损 维 素 恐 限 树 的 年 惨 丁 便 类
试 平 增 村 心 优 建 增 休 的 来 则 克 父 凑
高 肥 不 得 环 近 乐 摇 趣 稳 社 理 平 马 看
究 素 袋 身 紧 运 主 本 撞 信 桌 伊 复 便 约
毁 摇 袖 心 他 主 本 撞 信 桌 伊 源 袋 看 凑

紧凑
老虎
方面
摘要
医药
法规
溜冰鞋
维生素
文凭
谢天谢地
稀缺
脚蹼
变量
时候
支出
在去年
冬天
第三局
限
鳄鱼

Puzzle 122

思 倍 欲 葡 萄 本 信 父 机 书 冬 青 心 社 雨 项 释
动 。 怖 豌 豆 复 木 情 热 木 然 理 镜 士 运 目 娱 他
諾 页 諾 亮 马 查 心 间 发 滑 车 子 抽 快 然 理 区 人
碰 乐 情 解 克 某 处 野 解 上 结 束 屉 涉 及 音 人 类
则 填 自 欲 底 破 加 通 趣 的 查 刺 猬 谈 话 藏 动
动 袖 的 父 旋 村 究 摇 柠 越 来 克 收 音 绍
滑 究 倍 心 克 特 车 檬 况 则 蛾 醒 虫 野 惊
自 的 人 出 根 过 中 休 社 特 别 存 摇 思 升 的 肉
究 醋 动 日 真 日 书 虹 填 拓 展 怖 回 余 噪 飞
类 望 欲 地 项 研 透 膜 便 考 草 思 杉 虑
复 考 释 。 雪 真 顶 存 保 复 舒 梳 滑 眼
野 露 中 乎 绍 露 欲 便 本 舒 状 适 思 滑 携
破 蛾 行 喜 撞 貌 持 亮 蛾 近 动 惧 重
惊 衡 远 乐 白 排 疲 出 诺 休 保 事 社 丁
摇 雨 动 信 释 乃 携 总 面 伏 过 四 惊 自
摇 雨 动 信 释 私 于 统 肉 撞 不 理 虑 乐 携

结束
涉表
谈话
柠檬
项目
醒来的
越来越
刺猬
抽屉
舒适
收藏
冬青
特别处
某拓展
豌豆
总统
虹膜
葡萄

Puzzle 123

的 决 损 思 露 光 行 高 动 携 怠 出 秀 傲 迟 肉 状
恐 好 秘 于 最 转 究 而 增 胶 程 序 重 力 蔻 克 便
静 灵 处 最 得 心 袋 伊 滑 建 他 祖 特 恢 先 心 延
本 则 惧 舞 热 情 袋 程 面 苦 号 肉 复 从 延 摇
地 址 趣 台 活 来 里 傲 行 不 远 乎 便 身 秘 兔 平
乎 活 损 活 镜 持 根 滑 转 人 请 远 噪 重 情 子 凑
本 地 图 心 像 乎 环 定 虑 月 议 恢 号 过 驱 貌 面
梳 自 紧 伊 快 音 栗 行 树 球 月 中 解 想 小 行 里
人 子 乐 赂 延 版 环 娱 理 也 素 私 优 股 数 野 素
间 上 升 有 蜗 本 后 书 > 规 的 视 想 浓 缩 秘
便 衡 也 紧 娱 草 日 增 疲 马 内 容 凑 镜 加 好
破 因 行 摇 维 护 遥 整 复 高 究 护 落 飞 蠕
保 坠 素 损 上 闲 袋 填 个 保 金 基 想 豆
重 型 乃 的 撞 带 特 损 息 栏 他 的 存 平
动 修 晚 餐 思 尖 叫 损 息 栏

基 金 力 缩 本 序 内 容 处
重 浓 版 程 的 舞 的 尖 维 整 月 警 蜗 因 晚 小 地 图 兔 子
好 叫 护 个 球 察 杆 素 餐 数 址 像

Puzzle 124

回 丁 排 镜 量 社 年 差 人 保 考 龄 摇 优 势 况 能
见 快 好 处 摇 动 事 书 欲 存 骄 娱 通 高 丁 肢 煲
的 生 特 子 快 乃 票 柜 释 静 子 保 携 降 究 蛾
子 况 克 艺 术 不 惧 电 行 举 袋 车 增 来 袖 滑
复 快 休 过 香 放 赂 疲 平 特 手 则 书 礼 亮
鞋 旋 口 灵 饭 型 肉 乐 马 量 册 况 村 滑 便
的 演 员 察 特 填 权 的 笑 准 自 克 日 礼 的 降
过 恢 碎 高 蔻 信 了 见 本 飞 为 远
木 的 秘 下 过 查 上 望 趣 格 灵 人 恢
女 人 的 典 雪 究 草 基 眼 后 成 星 >
! 克 虫 蔻 日 间 稳 梳 驴 面 式 级 中
之 飞 袋 顶 破 行 汁 信 倍 因 马 错 不 煲
条 专 延 回 傲 重 栏 野 迟 闲 梁 请 信 领
票 家 蠕 飞 情 答 理 的 磨 苦 典
书 柔 稳 马 见 存 社 况 行 放 行 间 转 过 驴 通

手 册 柜 家 汁 粉 为
书 专 果 面 成 鞋 的 了 式 笑 高 格 准 最 则 保 的 存 步 伐 艺 术 星 女 人 优 势 基 本 处 好 的 演 员

Puzzle 125

安 他 音 特 帽 套 远 惨 过 理 邀 底 后 泽 趣 携 三
足 优 人 议 子 子 索 视 喜 打 眉 肥 栏 漂 自 运 角
转 够 决 息 香 选 条 好 身 招 活 命 查 亮 究 调 。
马 不 的 于 高 典 见 亮 几 呼 条 中 觉 究 的 延
紧 能 思 升 碰 人 秘 几 保 闲 诺 山 山 私 人 虑
野 信 凝 马 平 鲭 摇 秘 之 延 款 羊 面 画 便 热
平 树 视 存 栅 平 的 动 恢 特 倍 修 主 查 便 况
社 部 然 书 几 先 噪 热 错 稳 信 木 中 一 顶 状
梁 信 的 木 龄 研 研 要 幸 复 四 理 究 目 有 试
的 不 记 损 答 股 热 有 遇 犯 运 信 恐 蝙 丁 车
伊 也 皂 父 号 自 马 保 疲 罪 娱 袜 目 蝠 货 然
衡 亮 人 增 自 镜 蠕 赊 肉 充 乐 子 貓 了 然 木
亲 ！ 放 携 源 近 熟 面 携 面 胶 分 落 人 错
摇 自 醋 恢 余 信 本 木 滑 己 社 皂 决 宜 灵 定 观
他 自 平 亲 信 本 木 醋 音 而 娱 升 菜 卡 车 惨 余

菜 视
韭 索 款
凝 中 车
套 命 目 了 然
条 货 漂
命 一 山 羊 招 呼
漂 山 够 的
一 打 误 罪 车
山 足 错 子
打 错 犯 角 壁 画
足 犯 卡 子
错 卡 帽 壁
犯 帽 三 调 袜
卡 三 的 蝙
帽 的 蝠
三 调
的 袜
调 蝙
袜 蝠
蝙
蝠

Puzzle 126

菜 肴   子 露 黄 加 习 惯 远 电 了 选 骄 伏 存 动 木 心 蛾
便 携 式   况 观 瓜 亲 察 衡 的 几 骄 情 保 骄 疲 克 镜 人 性
艰 难   村 地 趣 典 貓 马 好 个 亲 机 欲 一 直 请 的 遇
乐 趣   项 循 近 持 充 亲 菜 里 自 皂 运 有 究 页 子 信
叔 叔   心 错 眼 的 租 护 研 撞 情 虑 过 欲 信 性 柔 面
吊 着   究 飞 举 损 复 考 肴 男 远 存 摇 礼 则 心 静
男 性   伊 通 皂 护 特 典 基 性 情 余 眉 重 安 观 水
可 怕 的   性 蔻 叔 遭 受 傲 观 焕 先 恢 而 复 衫 父 坠 欲 社
几 个   年 马 叔 > 镜 后 野 活 衬 出 亲 > 面 降 安 光 理
插 入   可 股 心 插 秘 饭 望 衬 过 乐 理 旋 本 ！ 页
一 直   怕 排 日 入 肉 望 恢 况 也 迟 延 蔻 乐 不
遭 受   的 出 图 肢 摇 虑 究 艰 社 男 便 携 趣 型
习 惯   性 疲 电 了 典 能 静 克 难 子 望 式 场 看 而
停 顿   异 恐 幸 特 活 研 秘 最 口 吊 研 面 树
亲 自   特 差 量 请 顿 从 衫 梁 静 桥 着 分 请 通
出   量 停 特 煲 摇 休 休 露 于 树 记 四 直 项
排 特   请   数
场
男 子
黄 瓜

Puzzle 127

光 选 惨 村 能 最 信 貌 面 行 子 汉 四 租 树 ！ 优
状 亲 能 性 透 撞 衡 情 日 噪 手 柄 堡 紧 骄 地 雪
迟 泽 镜 栅 答 急 考 露 心 摇 部 有 眼 包 ！ 研 举
老 鼠 介 草 然 最 秘 活 之 携 极 洋 况 思 在 楼 肉
承 认 轿 那 延 得 连 续 动 延 型 限 亲 心 的 顶 页
梳 醒 跑 种 升 从 主 长 鹌 鹑 口 雨 出 上 绅 醒 先
保 私 车 摇 胶 分 素 周 焕 邀 紧 鳍 虎 疲 士 真 丁
皂 事 他 胶 分 父 部 的 情 类 摇 似 书 迟 透 便 解
他 型 他 最 子 秘 周 骄 损 伏 幸 乐 因 有 本 恐 衬
有 平 从 记 脖 带 的 的 息 泽 稻 落 议 欲 撞 也 素
约 最 丁 根 急 摇 露 想 信 克 生 平 木 地 子 略 页
蠕 虫 的 最 考 思 类 的 侵 胶 好 诺 自 马 近 降 父
小 自 况 源 蔻 亲 信 部 入 想 的 饭 露 遥 灵 恢 口
迟 马 蛾 现 部 直 乐 。 想 的 栗 填 人 转 护 急 趣
狐 狸 现 实

长 绅 士
周 狐 的 手 柄 马
狸 绅 柄 小 子 堡 包 楼 下 车
的 士 马 汉 在 分 跑 种
手 小 脚 汉 在 分 子 限 续
脚 汉 分 那 极 认 实
汉 在 轿 承 长 类
分 那 老 延 似
极 承 鼠 续 鹌 侵
承 延 鹌 现 实 入
延 老 鼠 连 鹑 类
连 鹌 现 似
鹑 类
类 侵
侵 入

Puzzle 128

规 蔻 雨 机 惨 子 滑 闲 他 许 余 镜 回 香 口 理 间
动 村 ＞ 真 情 部 定 坠 权 静 ＞ 田 鼠 近 状 远 发
他 噪 护 娱 便 选 香 香 书 音 伊 复 区 娱 的 研 余
部 马 觉 项 条 瑞 蕉 瑞 灵 息 修 喜 典 多 次 瑞 水
匆 匆 肥 柔 身 私 皂 里 理 高 马 诺 雪 释 面 活 醒
条 恢 社 马 复 有 指 复 磁 规 星 柔 口 增 优
升 虎 解 从 肥 环 责 驱 人 带 期 伏 香 要 骨 折
情 性 情 请 傲 来 平 村 肢 许 老 股 理 稳 条 坠
桌 摇 挥 回 因 落 怖 复 察 情 考 出 亲 人 书 伊
四 型 杆 议 复 警 稳 桥 胶 礼 过 本 私 惧 苦 本
试 凑 判 紧 急 告 眉 人 自 介 麋 答 子 草 增 肢
雨 请 决 地 闲 也 绍 了 衬 鹿 息 香 租 面 秀
区 问 拉 类 有 鳍 便 乐 衫 复 摇 坠 创 虑 思
观 见 动 心 坠 排 肉 欲 妻 子 遥 坠 造 觉 降
滑 许 增 煲 动 地 有 约 复 虎 龄 虑 似 保 木 担

Puzzle 129

发 看 便 野 想 现 撞 好 稳 远 近 邀 答 磨 热 不 克
释 发 不 秀 后 身 代 释 木 书 数 类 股 木 袖 年 的
乎 飞 摇 鳍 人 进 行 袖 蠕 环 社 顶 热 最 亲 平 煲
！ 光 休 怠 差 心 摇 保 增 理 撞 蠕 复 水 温 热 栗
有 数 状 面 碰 循 重 稻 平 蔻 灵 他 香 举 建 举 马
速 度 量 保 蔻 考 稻 领 领 > 瑞 木 欲 究 马 苦
完 美 的 龄 延 重 飞 请 息 领 然 邀 升 部 肉 的
噪 面 丁 人 袋 稻 领 远 自 护 情 诺 后 研 动 雪
决 情 可 以 回 便 想 想 要 股 转 错 里 骆 的
源 梳 人 稳 桥 飞 上 碎 真 定 答 海 状 驼 龄
事 视 恢 伏 快 村 考 想 约 信 信 鳍 间 好
量 于 的 悲 撞 剧 衡 平 追 碰 来 拔 头 面
转 试 数 察 理 惊 露 滑 逐 磨 最 典 行
移 栏 有 行 古 董 自 几 自 身 雪 带
票 虎 解 。 乐 欲 骗 眼 怖 。 兴 高 直 亮 灵 怠 便

Word list (Puzzle 129):
高 身 悲 欺 进 速 完 可 转 追 远 古 海 她 头 现 数 量 骆 驼
剧 骗 行 度 美 的 水 兴 以 移 逐 近 董 拔 的 脑 代 量

Puzzle 130

Word list (left, Puzzle 130):
蜈 蚣 不 久 极 地 猫 英 寸 珍 贵 其 的 土 耳 完 整 的 发 展 必 要 的 角 色 价 格 差 断 误 中 的 文 章 牛 奶 律 师 惊 喜 倦 疲 姜 生 公 布

Grid (Puzzle 130):
情 角 色 观 书 自 过 乐 价 遥 生 项 木 规 修 摇
野 行 观 有 复 极 填 牛 格 票 姜 貌 通 优
日 幸 有 研 源 稳 地 奶 票 马 英 傲 野 高
疲 倦 决 坠 想 地 间 猫 日 携 寸 礼 恐 鳍
便 焕 公 布 祖 惧 宜 望 下 子 复 静 马 子
中 素 摇 草 宜 乐 面 香 日 必 香 伏 请 克 欲
眉 试 栅 木 的 凑 发 先 要 迟 撞 木 排
误 差 于 素 回 灵 平 介 展 的 远 中 不 乃
心 不 诺 环 最 情 亮 。 高 因 典 久 定
摇 记 选 根 恐 心 差 机 自 最 老 生
乐 遇 的 下 发 理 中 则 噪 骄 自 摇
蜈 驴 娱 望 来 回 类 马 傲 的 先 虑
蚣 水 饭 桥 区 研 肥 落 马 马 野
想 蠕 况 驴 野 高 肉 的 日 年 子 因 有
释 高 四 土 惊 看 律 人 野 视 然 人
树 乃 耳 喜 师 文 章 木 股 撞 袖
其 碰 信 加 底 肥 根 安
信 的 落 股 性 发
士 遇

Puzzle 131

近 程 欲 貓 邀 心 差 醒 倍 量 源 过 衫 吸 秀 特 类
的 脂 肪 情 秀 复 子 小 子 股 骄 修 肢 露 引 顶 摇
保 项 人 确 还 察 特 究 闲 选 树 间 几 信 电 力 诺
护 摇 护 定 原 平 查 几 自 骄 稻 息 他 不 坠
遇 盛 选 士 树 权 衬 想 的 究 真 恐 望 乐
便 大 恢 快 社 观 露 回 能 镜 正 泳 落 便
傲 地 透 议 区 木 降 心 量 来 量 特 特 遇 康
等 项 携 发 秘 错 静 撞 宜 柔 紧 飞 足 天 过
干 而 食 用 貌 了 恢 豆 延 雪 许 填 摇 来 赂 有
答 保 诺 解 有 基 快 稻 愈 拳 循 电 球 胶 下 祖
他 转 差 行 得 保 稻 平 击 类 远 形 状 信 底
衬 迟 保 亮 释 饭 貌 袋 考 镜 状 子 桌 趣 信
恐 活 加 乐 最 热 苦 马 状 镜 落 损 型 复 生
活 袖 惨 型 肉 不 执 乃 情 惊 > 碎 下 乐 填 慘
木 约 马 桥 袖 动 行 真 坠 活 有 饭 望 答 沿 着 慘

的脂肪
执行
沿着
健康
确定
形状
足等
护吸
还
小子
的
保
食
真游
盛拳
今天

力
量的
大
击

Puzzle 132

任何人
公鸭
现任
人像
例外
骄傲的
年轻
学生
孩子
称为
的家乡
圆柱
无意义的
存在
测量
狩猎
俱乐部
地理
柳絮
最好的

静 碎 野 规 圆 柱 狩 增 诺 > 饭 乐 差 下 充 恢 分
木 俱 乐 部 近 音 露 猎 规 增 复 己 不 毁 股 滑 虎
理 典 例 于 稻 息 情 的 柔 请 乐 人 露 升 特 便 加 。
滑 票 外 股 喜 袖 程 本 乡 镜 四 自 人 驴 破 香
栗 本 保 望 程 特 家 优 信 介 草 信 孩 租 情 生 热
恐 幸 本 要 条 乡 宜 克 程 面 滑 护 泽 子 碰 高 四
定 遥 傲 无 意 家 的 状 野 信 最 任 栏 在 马 页
骄 遇 滑 闲 骄 的 望 眼 学 充 现 存 之 底 露 公
紧 考 测 乐 。 他 桌 摇 生 增 木 有 过 称 鸭
自 不 量 状 升 坠 高 理 人 的 迟 旋 人 便 为
口 香 口 摇 地 欲 村 年 轻 解 考 底 貌
环 因 有 镜 ！ 信 光 虫 柳 絮 视 > 便 自 休 要
因 丁 源 最 好 的 疲 平 环 他 露 愈 坠 远
己 年 栏 社 介 蠕 存 貌 也 的 究 间 栅 许
子 草 思 泽 增 貓 平 存

Puzzle 133

动疲社基恐发情加想权桌有感觉疲凑复
马亲绍理子面损信日赂摇典自野的量三只
他修便眉乐摇后高排乐号要从恐狼通秀好
领的数据私机复通伏果扶黄议鼠仓租视
事好视数香填通糖皇下手身欲特便蔻差
音很豆香私怖马了果究时刻鼠区日损喜
特心蛾私错四沙本究苦自平身本要怖骄破
信查雪情硬票发新思况间自虑秘究向心状
充来票硬先>思闻貌约面高恐差导私坠骄
走了怠稳摇肉顶降音鳍恐疲奖恢向乐状
觉动不有上毁思镜豆书高金撞私坠骄
考平柔身状升镜栏觉出碰露人放状
典恐正书状日不最则类趣露解能欲
复请是迟面好究部

很好的
沙发后果向
皇糖导走了鼠币入狼
扶走黄的数据椅
三仓硬扶新碰时
币手闻撞正是金
刻新刚中程
正奖过
感觉

Puzzle 134

透明
类别
辣椒
严重
产生
晃晃悠悠
的项目
乘法
维持
黄色
衣柜
小时
旗标
教堂
蜜蜂
摇滚
接受
作者
职责
水壶

地年晃眼貓四瑞先平休许坠灵衡人摇中
类租晃音顶能社领间书要也循而平损
社木悠不香肢热来心出中活树的页得
绍增悠透明信先书木损性底情远
己草龄研恐增骄自坠活严乘错欲
辣转光便柔增平心严重法驱源
椒雪小时摇鳍肉秘木雪灵信恢
议情存考摇复记的旋之产栅性生
心身接受热错充旋镜瑞优不想蛾
教重摇规黄作热图马生喜情滑职
堂携摇色号者图高静了水况信责
携栏滚动的项主复不电壶乐滑性
礼毁梳衣桥的亲静肉袖的票根类
解思伏部遇喜镜项平社后
于衣柜雨便旗镜面行凑热
梳柔自便维持野标平倍

Puzzle 135

解 喜 中 考 而 老 雪 橇 雨 左 五 主 坠 趣 近 摇 赂
乐 梁 虑 肉 飞 带 他 技 腿 个 电 也 碎 袖 解 动
桌 动 状 权 栅 子 中 巧 伊 租 年 碎 底 秘 情 研
约 闲 条 真 激 安 权 想 动 乃 自 虑 桥 保 娱 究
了 也 考 发 的 信 迟 乃 洗 想 情 秀 情 光 梁
望 特 饭 破 信 理 有 乐 通 子 请 生 心 克 人
带 来 加 本 联 赂 树 存 口 丁 村 特 眉 究 降
树 乃 好 程 试 合 村 醋 肥 部 许 社 急 瑞 余
记 岸 过 收 诺 疲 究 最 。 息 会 静 快 特 究
森 林 袋 上 割 面 觉 放 社 介 不 充 试 摇 木
飞 项 ！ 机 技 镜 觉 子 栅 项 木 瑞 破 特 过
一 之 力 克 巧 飞 举 噪 查 他 护 见 考 租
理 滴 破 不 坠 村 选 惊 梳 平 数 香 情 本 他
村 毁 ！ 野 而 性 降 雨 肉 心 升 豆 则 研
怖 损 源 猫 子 思 眼 休 水 亲 平 了 丁 填 票 本 可 能 修 部 许

森林
野猫
巧发
技一
激五
一五左岸电
五左岸社技擦可拍
左岸电
社技擦可拍夹雪
联合收割机
条巧带
克力

Puzzle 136

之外
主要
联系
知识
苦难
表规
规则
啤酒
确切
研究
一二〇二
终于
植物
骑自行车
建筑物
疯狂的
占据
建造
最大的
描述

露 雪 行 转 票 马 顶 过 秀 增 破 人 许 条 秀 间 确
从 秘 不 子 修 坠 旋 豆 士 皂 貓 稻 身 幸 终 于 切
先 主 衡 页 项 坠 究 碎 ＞ 表 明 理 过 骑 野 地 的
况 子 恐 桥 从 村 子 栏 之 外 直 复 自 因 直 近 龄
面 貌 马 平 源 桌 滑 望 飞 请 行 类 宜 条
建 造 了 疲 知 错 描 狂 的 车 诺 真 通
面 最 肉 识 述 考 乐 一 木 之 的 远
释 蛾 里 木 私 能 便 喜 乐 二 加 保 礼 典
凑 主 大 啤 酒 定 租 摇 重 亲 露 己 系 之
本 噪 最 的 落 顶 数 貓 面 心 修 露
建 要 研 试 瑞 摇 龄 ○ 情 面 放
决 物 究 然 直 灵 延 二 保 梁 看
柔 息 苦 磨 数 衬 情 复 则 飞 票 紧 典
带 口 难 许 息 发 身 邀 秘 动 水 举
地 香 复 己 重 遇 植 占 举 特 领 的 息
破 带 放 况 热 物 票 肥 虫 醒
伊 最 也 书 恢 性 灵 部 究 马 灵 能

Puzzle 137

肢 安 研 略 号 领 梳 惫 充 思 便 结 放 养 乐 噪 复
环 ！ 龄 提 警 定 思 野 栏 动 ＞ 果 看 带 飑 下 伊
亮 稳 优 梁 报 子 居 口 袋 坠 看 的 息 事 胶 柔 特
木 也 然 复 木 平 便 者 野 栏 木 最 年 己 乐 碰 不
父 然 情 醒 破 自 权 动 出 木 转 幸 间 能 的 马 领
权 释 的 飞 量 本 行 区 最 野 下 福 ！ 存 身 护 栅
镜 票 权 迟 因 解 护 出 亮 议 单 页 见 野 露 息 立
电 旋 后 部 摇 衫 亲 发 现 源 元 蛾 不 损 股 研 项
疲 欲 口 饭 状 热 幸 驴 票 蚊 考 远 复 最 息 损
＞ 活 恐 马 坠 类 带 发 子 简 真 行 得 面 况 。
觉 解 乃 从 稻 顶 通 的 单 醒 权 租 过 延 各 近
情 磨 来 美 柔 泄 漏 条 件 真 马 柔 远 最 泽 木
延 野 人 味 柔 驱 袋 遇 携 存 虎 泼 妇 真 ！
加 野 骄 马 程 肉 能 法 望 图 龄 动 反 映
建 惫 举 不 不 貌 日 桌 伊 人 安 欲 子 机 不

泼妇
法院
出现
口袋
最幸福
结果漏
泄养味
放各种
美蚊子
警报
的简单
提醒映
反条件
飑风
定居者
单元
建立

Puzzle 138

精细
性格
职业
逐渐
快乐
账户
醋栗
时间表
宠物
晚些时候和
过程
降雨
口
至距
甚替代
截
天气
楼梯
统治者
后续

来 后 衫 因 祖 天 树 则 职 先 晚 好 醒 栏 乐 从 而
察 续 直 他 复 甚 气 心 业 遥 定 些 图 不 肉 雪 克
灵 精 细 恐 毁 至 行 逐 性 时 人 心 木 运 不
四 虫 有 选 迟 机 保 渐 性 格 候 者 治 衫 地 自
焕 柔 介 答 机 村 有 渐 老 信 和 记 醋 区 野
驴 解 惫 苦 梳 倍 真 撞 地 得 号 持 坠 类 老 幸
旋 过 趣 透 重 疲 眉 的 快 远 顶 破 规 欲 自
环 信 栗 树 人 驱 定 车 乐 日 过 了 惫 考
查 转 的 父 则 树 于 降 雨 约 镜 生 饭 举
自 梯 楼 桌 建 保 下 乐 宜 本 出 紧 顶 秘
虫 撞 出 肉 回 宠 蔻 理 持 解 泽 灵 特 身 上
便 带 账 桥 替 来 则 桥 也 损 情 护 便 肢
树 截 户 书 代 能 醒 权 许 摇 带 乎 肉
蛾 露 放 高 貌 议 时 数 村 自 高 环
解 查 距 醋 好 几 摇 不 不 间 举 安
书 降 貓 栗 衫 区 间 衡 遥 野 能 高

Puzzle 139

凑 出 女 性 树 马 介 面 绍 增 差 心 约 票 股 祖 泽
醒 分 夏 天 的 得 填 看 灵 得 建 惧 里 真 马 本 最
存 木 的 要 了 露 心 护 素 锄 头 中 的 条 中 不 机
镜 最 复 降 梁 倍 蔻 惨 毁 通 建 日 好 亲 分 保 信
快 生 的 村 怖 胶 热 因 树 栏 中 能 取 决 栗 双 光
发 焕 根 欲 热 日 发 摇 飞 的 持 回 地 建 口 独 亲
年 基 察 虑 发 区 之 梳 的 信 租 条 苦 栗 木 自 遇
蓬 社 眉 摇 人 乐 通 记 马 号 能 类 急 顶 恐 社 远
松 摇 事 程 底 马 遇 项 继 活 磨 惧 行 太 绍 草 延
聪 明 项 底 人 稳 填 桥 续 雪 建 遥 阳 便 主 坠
修 环 水 乃 同 惊 股 转 便 乐 皂 亲 里 性 望 于 恢
便 而 存 典 情 试 升 遇 惨 先 先 之 碰 远 青 己 栏
玻 上 倍 书 赂 遇 肥 环 究 邀 书 况 野 醒 栏 快
貓 璃 小 鸭 充 优 光 荣 剩 余 近 瑞 规 驴 下 树

剩余
太阳
女性
聪明
痛苦
进口
锄头
独自
小鸭
玻璃
取决
同情
夏天
蓬松
望远镜
双亲
继续
事项
光荣
青蛙

Puzzle 140

行星
证据
停止
谈论
一分钱
指望
军人
定位
清空
相反
薪酬
重复
足够
批处理
夫人
解决方案
各方
生产
柳叶
发送

一 分 钱 虎 自 生 产 衬 喜 事 图 飞 惊 虫 议 重 亲
记 滑 木 里 保 定 护 苦 底 基 图 的 指 面 有 复 中 理
心 好 驴 亲 批 位 透 复 不 碰 想 疲 回 望 各 袖 草 眉
错 高 图 滑 几 处 主 书 数 > 肉 焕 柳 特 方 面 自 号
幸 规 蔻 余 中 休 理 袋 证 野 军 人 叶 行 建 虎 回 的
急 煲 心 护 热 肢 焕 树 据 静 人 胶 行 遥 足 惧 清 填
热 旋 而 条 秀 损 薪 瑞 规 礼 肉 子 最 便 空 星 运
摇 倍 远 请 稻 的 丁 酬 行 许 便 特 父 增 号 典 的
滑 雪 号 破 观 情 状 便 遥 中 水 傲 私 人 马 觉 袖 来
平 胶 相 夫 书 因 克 案 趣 撞 心 顶 约 行 而 中 乎
饭 摇 反 人 解 骄 方 停 延 怖 顶 延 觉 袖 绍
发 填 落 衡 自 决 之 转 根 情 口 考 而 桥 图 书 条
亲 送 带 紧 有 野 修 趣 摇 热 口 桌 破 露 树
惊 修 典 谈 饭 运 面 信 部 香 后 图 差 人 书
延 请 口 论 静 口 环 坠 得 于 雨 差 人 条 树 绍

Puzzle 141

免	性	便	宜	的	人	本	通	循	人	日	了	保	傲	衬	欲	解
费	号	一	镜	错	幸	然	幸	来	便	带	充	亲	醒	肢	豆	过
虑	四	声	高	看	摇	平	书	素	子	充	于	绍	惊	心	惊	幸
性	监	最	决	士	苦	电	视	定	木	丁	紹	能	情	肉	快	破
性	惊	狱	放	马	试	特	典	院	泽	量	娱	体	况	醒	自	肥
闲	发	公	式	来	栏	激	励	大	他	木	毁	育	瑞	老	约	然
厨	房	根	木	中	面	明	形	容	膝	盖	眼	观	碰	转	朝	区
观	运	飞	面	上	社	区	宜	衡	乐	携	活	乐	破	着	木	磨
底	惧	热	撞	本	骄	部	分	煲	袖	煲	能	箭	诺	梁	采	典
租	的	先	趣	骄	部	面	出	好	先	后	飞	音	业	虫	访	型
车	权	破	摇	考	皂	放	支	复	情	肉	复	机	特	举	信	看
眉	建	经	营	察	皂	好	放	复	想	息	坠	过	选	四	木	答

免费 体育 火箭 经营 膝盖 便宜 明亮 形容 监狱 采访 电影院 厨房 公式 激励 典型 分支 声 一朝 大 业务 着 量 容 的 盖 狱 访 房 式 励 型 支 声 着 量 营 的 影院 励型

Puzzle 142

灵	之	回	条	眼	上	素	胶	礼	想	的	崩	溃	镜	马	下	权
面	差	驴	焕	举	私	秘	马	信	许	类	来	许	两	查	差	心
回	推	迟	观	加	直	落	觉	飞	也	的	的	宜	个	个	面	野
秀	至	少	信	休	闲	充	个	人	平	权	飞	工	桌	骄	稳	疲
源	查	里	羊	橡	条	遥	坠	从	邀	人	员	作	作	源	带	有
规	便	举	摇	毛	子	过	避	野	曲	线	事	想	镜	人	遥	乐
动	摇	况	四	灵	蠕	便	免	典	水	究	活	喜	先	遥	休	觉
煲	试	女	增	转	蛾	要	约	奥	碰	直	鳍	究	安	优	员	的
不	落	理	略	怖	环	充	信	书	秘	书	保	祖	凑	飞	基	草
四	户	项	怖	热	旋	持	滑	理	填	查	降	碰	余	碎	鳍	通
秀	赂	巫	柔	袖	增	诺	重	露	动	里	趣	情	白	幸	撞	衡
情	行	私	因	书	趣	几	真	释	伊	口	排	倍	菜	诺	领	理
息	快	蛾	雪	水	音	顶	信	电	运	不	胶	恐	乐	子	飞	野
上	人	最	书	人	觉	真	克	摇	人	请	请	球	全	日	碎	袋
述	豆	近	看	要	宜	保	考	摇	人	便	素	全	球	本	从	静 ！

至上 橡皮 推祖 女 最 避 崩 全 奥 落 个 羊 两 白 休 的 曲 员
少 述 子 迟 先 巫 近 免 溃 球 秘 户 人 毛 个 菜 闲 工 作 人 员 线 工

Puzzle 143

捍 卫 存 人 项 不 ！ 了 数 肉 有 近 特 落 骄 娱 的
机 排 类 木 从 稳 ！ 许 他 面 回 介 分 己 秘 便 的
票 降 乎 一 增 定 乐 解 均 匀 的 操 作 闲 喜 热 了
有 娱 远 次 秘 觉 记 伏 蛾 动 栏 游 水 趣 中 紧 本 胶 究
滑 梳 水 性 自 机 蛾 露 护 游 里 车 源 保 猛 部 地 保
父 努 力 波 基 会 数 动 栏 水 降 的 对 静 坠 况 喜 证
鳍 型 乐 情 人 有 区 露 观 游 热 领 噪 喷 醋 音 皂 略 树 解 复 他
马 有 增 肢 子 的 人 信 图 填 源 公 分 母 信 部 欲 惨 典
修 制 理 理 肥 近 信 热 观 人 公 皂 加 议 袖 野 心 闲 典 皂
虑 落 定 的 地 方 图 亮 填 源 共 分 伊 热 解 复 降 书 袋
高 高 亮 行 怖 亮 觉 人 公 皂 母 分 亮 自 升 静 成 马
不 则 于 静 究 构 造 栏 加 延 亮 袖 通 草 通 增 成 滑
能 心 驱 条 镜 解 动 柔 数 循 噪 息 静 功 猫
约 延 紧 快 蛾 差 增 底 毁 循 通 高 草 增 页 根
草 便 素 的 增 思 虑 亲 噪 错 因 皂

的地方
分母
的操作
喷泉
保证
成功
不绝 定 对
构造
公共 波
水波 作
机会 制定 地
动 卫
制定 戏
猛捍 均
游 匀
均
一次性

Puzzle 144

的 自 图 带 摇 心 。 不 释 复 究 往 定 宜 平 之 型
医 究 骄 能 倍 眼 车 乐 社 研 股 往 觉 回 释 趣 衫 记
生 心 约 栗 ＞ 家 眼 日 露 部 骄 保 建 运 苦 子 记 情
素 国 社 苦 了 查 伙 记 得 究 解 环 主 人 区 持 碎
噪 际 项 平 丁 愆 环 损 碰 报 能 栏 最 事 查 表 现
野 己 蛾 类 皂 滑 请 蛾 量 告 乐 循 好 龄 紧 碰 木 礼
甲 虫 保 面 理 醒 望 热 号 四 野 的 愆 眉 条 情
票 特 远 私 选 紧 直 了 建 处 坠 从 眼 欲 滑
复 蔻 出 伊 最 心 状 性 旋 根 区 决 平 仍 衬
来 高 地 的 。 坏 视 静 坠 信 分 士 衡 的 然 龄
闲 基 条 决 动 互 的 选 研 书 先 ＞ 娱 重 不 建
故 亲 根 想 性 焕 静 可 研 油 落 稻 冰 灵 自 丁
行 障 子 网 便 出 野 衡 可 漆 摇 好 雹 地 的 顶
根 定 年 球 皂 组 ＞ 绍 醒 保 人 底 恐 选 重
便 恐 娱 秘 最 合 决 别 人 祖 子 焦 保 举 要

报告
油漆
的重要
表现
网球
故障
冰雹
仍然
家伙
别人
组合
焦点
国际
可坏的
最甲
记得
的互动
往往
的医生

Puzzle 145

澄 清 粗 先 素 的 闲 绍 权 言 发 生 特 间 最 树 子
复 鳍 细 人 马 栗 落 带 充 况 环 不 权 衫 欲 栏 一
桥 。 机 惫 特 透 情 后 己 趣 疲 带 趣 皂 雪 决 次
四 本 查 树 衬 飞 礼 落 镜 龄 真 乐 好 噪 最 野 醋
上 持 余 惨 摇 有 观 马 观 身 情 稻 噪 安 远 的 滑
坠 平 老 便 循 人 栅 日 填 情 票 梁 状 好 加 衣
疲 信 因 车 > 顶 好 焕 底 透 区 皂 复 的 后 大 延
豆 因 部 > 惊 增 倍 老 人 疏 回 信 权 碰 答 排 记
信 升 疲 况 社 持 摇 亲 雨 散 慘 持 草 镜 最 肢 骄
过 噪 惊 存 权 骄 > 回 独 奏 橙 苦 娃 娃 最 项
驴 亲 量 息 滑 梳 号 上 独 人 苦 坪 权 露 便 最
露 修 露 眼 宜 现 要 木 升 典 察 色 音 东 袋 理 迟
息 升 胶 考 便 遥 过 升 议 延 > 秘 回 水 差 衬
里 醒 况 动 灵 出 透 的 自 幸 量 的 驴 况 事 发 毁

大 衣
粗 细
的 事 情
草 坪
澄 清
情 况 散
疏 的 东 西
的 一 次
独 奏
发 言 权
特 办 法 梁
桥 娃 娃 色
娃 橙 苦 差
橙 苦 发 事
苦 生 在
发 现
回 家

Puzzle 146

奇 迹 之 秘 复 音 条 本 遥 迟 恐 笔 领 乐 复 究 过 显 奇
显 著 的 驾 驶 视 余 人 摇 也 记 动 袖 到 处 窗 著 迹
到 处 木 休 觉 平 飞 议 乎 记 动 幸 事 定 帘 镜 便
毛 巾 然 雨 图 欲 最 考 保 本 考 祖 的 不 的 礼 虫
窗 帘 领 他 介 北 木 于 解 祖 心 乐 动 运 镜 欲
瑞 典 袖 宜 们 驴 方 考 马 之 面 心 下 下 存 他 查 远
领 近 规 的 撞 便 携 驱 特 叫 亲 得 栗 远 见
接 媒 存 皂 自 好 建 携 系 着 里 袖 信
媒 体 柔 雪 行 肥 情 。 驱 绍 媒 而 醋 马 票
覆 盖 分 增 保 究 视 决 伊 理 列 体 覆 领 定 落 水
北 方 他 骄 貌 有 慮 护 直 草 状 香 雪 恐 况 部
雪 花 旋 条 间 泽 基 毁 惨 盖 花 不 典 理
叫 着 基 碎 事 有 护 马 人 中 情 的 动 特 乐
他 们 的 请 坠 许 瑞 持 见 恐 升 保 领 能 草
驾 驶 生 况 稻 桌 典 人 自 幸 他 坠 的 野 定
刚 性 事 重 刚 袖 虫 社 因 望 子 木 图 人
法 律 桌 性 醋 见 好 他 便 近 律 因
系 列 桌 亮 乐 袋 接 ! 定
笔 记 本
定 的

Puzzle 147

错 镜 条 高 电 热 间 不 的 人 驴 型 见 娱 恢 姥 露
先 鳍 摇 丁 祖 远 电 露 宜 人 先 部 间 趣 姥 伊
信 前 私 惫 见 鳍 桌 伏 保 先 乐 心 安 动 的 充
部 社 肉 蛾 量 貌 坠 栗 橡 趣 龄 四 远 亲 什 诺
特 降 衬 突 野 滑 复 研 皮 紧 通 试 性 灵 么 面
信 信 喜 然 四 生 草 邀 擦 思 肢 而 情 车 便 欲
自 马 胶 行 乐 潜 热 豆 部 柔 野 摇 苏 约 理 私
心 连 遥 栅 有 水 心 倍 栏 情 桌 镜 校 心 请
心 倍 接 鳍 信 反 饲 撞 来 马 坠 量 打 真 皂 醒 奶
克 试 部 不 部 向 料 便 排 见 主 木 水 等 待 他 栅
发 好 赂 决 行 答 骨 周 要 闲 机 肥 趣 现 倍 老 高
焕 醋 书 考 请 清 头 到 考 的 保 高 衡 场 视 理 余
根 丁 亲 便 项 最 赂 项 瑞 疲 出 恐 行 我
心 本 梳 静 恐 素 记 音 蠕 究 运 源 怖 环 们
运 闲 己 量 约 选 区 坠 从 惨 股 敌 人 坠 降 倍

骨头
学校
苏打水
反向
突然
敌人
我们
周到的
连接
姥姥
先前
饲料
现场
奶奶
清晰
恐怖
潜水
什么
橡皮擦
等待

Puzzle 148

推出
愤怒的
的结果
生命之
受孕
模拟
时钟
母鸡
温度
菠菜
充足的
填充
奏请
出租车
冲击
听到
衣服
功能
周末
识别

图 保 填 母 加 自 亲 绍 平 周 定 优 听 傲 乐 冲 愤
受 情 充 鸡 先 决 活 研 加 末 噪 高 模 到 顶 击 怒
修 孕 中 士 思 乃 回 高 况 镜 惨 拟 生 命 之 的
豆 后 想 虎 光 情 的 日 > 研 草 拟 情 秀 人 源
部 议 温 充 足 的 约 出 建 坠 木 喜 欲 倍 不 乐
书 定 度 衫 毁 解 人 租 。 喜 股 野 基 情 便
看 音 马 丁 赂 蔻 虫 车 香 面 驴 升 醋 优 野
不 推 时 钟 宜 秘 研 人 私 衡 基 的 奏 凑 根
想 出 页 梁 摇 重 趣 伏 事 存 露 果 请 而
虎 子 遥 年 树 降 信 增 衬 煲 功 的 识 心 破 不
生 菠 上 恐 子 身 伏 面 灵 能 结 研 老 惫
木 菜 疲 > 欲 延 撞 傲 见 香 乐 余 别 身 里 议
衣 驱 摇 闲 错 社 赂 图 > 趣 转 权 人 邀 士 乐
服 木 看 自 地 衬 > 的 动 远 事 诺 权
亲 龄 理 雨 视 闲 苦 部 动 紧 里 真 身 心 心 差

他 户 外 不 ， 木 驴 权 放 倍 亲 增 毁 克 旋 不 遥
撞 选 于 的 赂 因 镜 则 事 出 环 加 毁 自 序 列 页
休 息 肉 活 称 定 此 最 解 人 经 衡 磨 序 口 坠 虑
信 心 滑 复 差 先 落 租 子 验 查 野 在 的 也 复 损
股 带 然 底 倍 型 礼 的 破 信 出 最 本 情 本 稳 升
带 灵 貌 乎 驴 平 的 破 性 露 想 性 噪 理 镜 之 余
源 趣 的 优 坠 关 的 究 伊 象 租 生 修 本 权 国 解
恐 有 平 木 栗 老 心 程 旋 电 人 自 增 近 远 家 国
的 益 条 赂 需 型 里 延 的 建 条 心 则 滑 过 音 信
爷 邀 行 边 要 雪 木 欲 马 自 他 信 虎 马 信 马 飞
爷 顶 修 邀 缘 车 衬 最 自 他 放 幸 仔 回 回 的
请 蛾 环 焕 复 野 过 鹦 老 的 望 灵 袋 视 视
的 条 情 坠 中 况 亲 释 伏 > 本 电 过 鳍 飞
视 球 幸 回 的 底 研 看 的 酒 过 噪 修
约 动 员 的 素 音 露 赂 酒 吧 来 噪 修 回 视 的

鹦鹉 序列 ，因此 称定 关心 的象 想缘 边验 经在 自先 休生 息有 益要 牛仔 球员 需注 的吧 酒户 国外 家

手提箱
达到
讲述
唱歌
叫声
压力
包含
细腻
相同
肉豆蔻
争辩
颗粒
队伍
作家
闪耀
的专家
招商引资
快递
确实
考虑

了 约 肉 特 子 真 顶 也 龄 惫 本 携 木 虎 干 的 下
上 心 下 惧 恐 栗 老 胶 压 高 噪 傲 考 碰 保 飞 热
图 惫 情 趣 典 觉 颗 力 状 人 叫 虑 自 信 祖 领 桥
滑 醋 远 有 的 赂 趣 粒 唱 源 声 加 木 复 特 从 活
队 肉 豆 蔻 专 私 建 电 歌 因 提 运 破 露 特 余 树
磨 伍 面 迟 家 机 填 口 手 箱 稳 闪 雪 士 便 安
快 递 要 理 光 煲 间 欲 加 的 惨 宜 坠 耀 查 试
他 确 面 带 惨 磨 来 安 秀 人 携 邀 特 选 丁
赂 实 细 作 不 达 安 社 泽 有 重 权 本 转 的
了 下 腻 家 领 到 皂 自 年 决 噪 士 水 答
水 增 包 情 里 欲 磨 雪 稻 了 闲 招 查 望 野
典 伊 介 含 醒 醋 滑 放 秘 理 远 商 坠 醒 携
动 坠 基 最 桌 日 介 日 察 邀 票 引 胶 驱
保 复 驴 查 图 雪 的 讲 光 相 面 资 便 复
觉 动 平 马 究 光 争 辩 祖 见 素 同 噪 特 增 研

Puzzle 151

倍 饮 惨 望 平 表 虎 余 栅 中 撞 租 行 阳 光 关 系
结 料 木 条 光 达 导 的 社 士 身 面 真 情 定 龄
高 婚 恐 的 落 而 地 本 旋 秘 醒 包 自 傲 剧 场
摇 几 醋 衬 真 人 皂 球 自 先 携 子 真 父 豆
焕 身 也 梁 生 查 乐 遇 喜 人 而 情 子 环 剧 场
见 总 线 查 几 保 自 泽 闲 滑 评 子 坠 年 豆
蠕 怠 程 动 票 蔻 恐 亲 子 木 数 年 肢 因 顶
人 他 保 袋 究 息 恐 亲 程 观 鳍 典 伏 存 苦
鳍 亲 闲 复 面 的 树 举 重 木 部 栅 介 素 望
情 虑 貓 的 机 得 袋 露 理 滑 好 先 透 镜 蠕
伏 放 的 最 父 约 透 便 考 友 的 萝 里 自 桥
量 紧 了 根 解 快 性 回 语 平 时 红 卜 降 循
行 乐 责 底 察 解 带 音 电 机 也 怠 自 损
要 得 任 远 视 里 乐 况 书 保 望 的 远 焕 桥
信 约

剧 场
阳 光 主
农 场 达 车
结 婚 时 卜
表 达 龄 的
平 时 地
年 龄 包
本 地 萝 音
面 包 航 好
红 萝 音 的 价
语 航 好 任 线
导 好 的 价 球
友 的 价 任 系
评 任 线 料
责 线 球
总 球 系
地 系 料
关 料
饮
的
机
会

Puzzle 152

特 殊
高 峰 些
这 第 七 瓜
西 也 不 能
昂 重 复 使 用 的
可 出
退 动 词
落 入 点
一 少 米 数
大 协 助 麦
小 香 菜 诞
圣 首 都
话 题

中 平 胶 落 傲 衬 则 考 延 摇 的 蔻 面 退 动 香 也
望 排 状 入 遇 股 转 他 露 苦 状 祖 况 出 乃 词 不
！ 欲 滑 高 性 转 机 大 米 一 点 蔻 转 泽 想 觉 能
上 身 损 有 赔 则 持 车 高 峰 先 望 虑 休 ！ 瑞 桥
查 噪 凑 傲 破 最 这 高 落 高 飞 量 乐 滑 便 露
人 底 心 破 己 社 释 些 疲 镜 几 余 第 理 升 袋
雨 机 焕 他 过 运 人 优 胶 了 车 源 七 基 趣 研
增 查 转 瑞 充 差 碎 动 凑 里 蛾 之 话 子 社 胶
他 了 乐 量 息 可 衡 皂 桥 高 生 下 题 程 于 高
。 升 心 重 灵 诺 视 光 加 圣 摇 行
释 雨 昂 破 复 情 首 碎 高 闲 滑 伏 西 诞 蠕 肢
损 有 醒 使 不 都 几 视 袖 思 便 瓜 蔻 了
平 祖 草 小 几 用 本 龄 肥 闲 便 动 菜 最 平
少 机 排 眼 麦 的 木 页 放 袖 貌 则 香 趣 增
数 充 信 运 携 便 特 殊 幸 电 研 醒 则 高 礼 号
书 栅 飞 高 四 子

Puzzle 153

愿 望 梁 填 滑 坠 旋 自 上 眼 克 安 转 循 试 考 的
满 因 子 主 运 看 情 娱 于 增 许 最 情 趣 出 活 话
足 ＞ 为 地 亲 底 衫 恢 幸 约 情 信 储 较 血 型 乐
父 保 便 循 先 紧 选 环 防 远 静 备 丁 充 先 定 灵
循 撞 身 定 介 了 动 滑 肉 自 趣 龄 低 不 定 最 定
观 倍 来 子 举 择 选 焕 静 趣 磨 野 特 觉 充 骄 典
肥 皂 水 顶 查 恐 复 乐 地 飞 稻 优 质 心 战 蠕 发
光 秘 ！ 梁 生 本 特 醒 页 错 安 下 能 特 灵 争 衬
世 纪 不 升 过 质 性 加 肥 最 安 摇 服 心 觉 娱 记
碎 则 安 从 本 查 人 日 音 觉 最 摇 饭 从 人 最 而
几 趣 饭 本 摇 里 天 空 热 灵 之 延 本 醋 棒 而 蔻
趣 娱 乐 香 类 旋 天 空 摇 觉 的 磨 也 碰 球 村 摇
情 老 上 豆 破 。 典 稻 远 身 回 他 轻 微 棒 球 望
动 蛾 幸 私 祖 惧 得 傲 伏 研 子 动 从 从 了

服从 循环 较低的 棒球 天空 微 轻 的 愿望 谈话
卫质 为 选择 备 皂水 足 争血 肥 满 战 出 选举
本世纪 因 储 优质的

Puzzle 154

滑 究 也 文 最 飞 自 区 热 面 运 真 尖 私 增 鳍 真
雪 地 惫 本 摇 马 静 栏 心 ＞ 理 尖 营 降 有 基 衡
态 度 差 有 凑 雪 香 噪 事 马 携 的 即 时 祖 也 股
四 坠 热 过 摇 复 貂 距 察 克 趣 出 保 磨 的 填 凑
伏 秀 根 性 噪 信 猫 音 社 杯 皂 宜 留 闲 根 高 梳
见 人 余 直 信 信 的 赊 蠕 大 蛾 肢 水 别 书 发
四 坠 村 喜 信 皂 保 蛾 之 部 转 个 果 。 条 根 恐
股 蠕 惊 要 牙 秘 十 依 害 分 虎 草 本 建 许
马 运 露 分 毛 医 一 年 赖 心 保 便 虑 袋 持 恐
部 回 马 余 衣 祖 个 车 伤 ＞ 焕 举 顶 邀 皂 许
答 傲 上 便 行 活 租 父 的 出 欲 究 木 通
思 肥 顶 栏 桥 典 领 静 趣 热 貌 恐 乐 息 然
于 落 便 介 肥 镜 士 排 息 人 规 蠕 了 领 定 选
乐 有 亲 便 地 恢 树 怖 根 心 过 灵 身 苦
高 醒 平 自 泽 情 栏 的 木 落 士 息 紧 木

的 伤害
滑 雪留
停 距离
伤 心
尖 尖的
牙 雪貂
十 年
大 部分
私 营
个 别时
水 果即
毛 衣
文 本
下 一个
依 赖
马 克杯
态 度

Puzzle 155

恐 转 直 骄 社 ！ 填 惊 视 循 他 热 滑 稳 研 社 类
持 娱 骄 车 子 想 于 老 私 ， 也 没 有 数 旋 远 填 心
貌 日 部 成 类 的 得 觉 阳 家 具 股 延 来 露 梁 落 貌
填 没 特 人 长 人 疲 遇 光 子 豆 便 雪 心 保 填 蝇
里 丁 木 吸 才 木 号 灿 的 信 的 既 不 苍 衫 口
心 根 面 举 放 松 想 驱 人 烂 肥 对 梁 数 试 怖 镜
息 根 稻 想 恐 排 根 据 的 解 要 梁 子 加 虎 镜 行
增 面 马 骄 书 树 日 得 苦 平 而 碰 顿 之 平
系 磨 傲 步 车 休 类 动 选 里 书 水 自 傲 中 醒
统 顶 中 数 露 音 心 放 分 望 遇 坠 野 秘 心 的
观 要 部 摇 通 常 袋 放 了 坠 子 坠 释 胶 怖 余
自 惧 幸 远 间 娱 貓 亲 人 勇 梁 栅 降 平 通 行
雨 虫 修 事 树 行 生 饭 排 敢 社 摇 稻 况 修 栗 摸
决 见 决

，也没有
苍蝇
配对 长
成 通常
步行
的人才
悲惨 既不
系统
阳光灿烂的
家具
顿时
吸收 没事
触摸 对手
的 勇敢
放松
根据

Puzzle 156

温柔
管理者
几乎是
神秘
拒绝
得到
自娱自乐
来到
阴天
意图
银行
授权背后图片
重视
查找明显标题
铅笔
从来没有

况 基 本 建 便 桌 思 排 源 部 的 号 损 心 自 项 惨
的 > 后 下 情 肥 摇 落 请 况 信 本 光 型 子 几 稳
的 骄 肉 生 雪 填 自 袋 理 村 衫 增 迟 礼 好 年 镜
保 机 的 顶 查 拒 绝 明 情 底 心 视 平 图 片 栏 授
自 活 便 不 找 亲 乐 显 程 休 貌 的 便 意 信 宜 权
飞 况 充 不 了 的 活 村 心 老 护 几 水 鳍 保 口
惊 衡 信 解 毁 修 股 上 差 究 余 煲 觉 过 老 真
修 能 桌 肢 镜 祖 乐 丁 人 本 转 口 。 数 回 光 休
欲 雪 放 迟 中 源 肉 乐 慢 本 傲 议 滑 野 视 项 复
骄 车 灵 休 几 野 答 特 信 自 管 背 。 乐 柔 排 衡
秘 四 紧 乎 源 好 本 得 源 理 后 有 来 从
生 神 面 是 肉 携 滑 银 者 损 野 乃 到
碎 秘 重 地 究 出 特 中 自 降 乐 试 得
页 视 ！ 疲 图 傲 秘 标 马 泽 理 号 转
差 环 伏 。 虫 研 情 寇 醒 阴 天 股 水 议 面 自 休

Puzzle 157

便升人雨最伊滑高来股绍间破运恐不包
息的领栅恐社私宜灵四周真正素破水裹
直坠不行透！地自动气球蒸汽升然倍释绍
光见娱马迟规貌平自动衫生菜的拼写然克饭
口年回保只复雪重噪稻落口状发四社的虫休
肉虚保巨个人恐蠕决页驴状！间克分
虑拟巨直大主稳高恐趣决有重然时自克静想遇
木乐于柔的试倍子露醋答考里遇特虫降人
焕木紧而苦观高的规带士增光私热袋止人
木主了凑劳动有机情信社冷则面查视想生摇降
主眉丁凑定充情信社年余恐灰前信静息自光
乐欲衡充人蔻社保灵遇转镜条余则底人趣
虎衡充最部持保灵遇转镜条有坠高趣

拼写
灰尘的
生菜大的
巨冷的
寒目前球汽
气蒸周年怕
恐包裹间个只人
时每每拟
虚实验正
防真动
自劳动

Puzzle 158

活乃马坠伏梳摇看蛾类惨复周的咆哮息
虎议子活祝贺醋循休紧雨许日信虎介虑
规梁高携究通露袖栗木饭了究部落
旋怠举降透苦豆惧解则马而面摇坠高
觉便记票稻研子父失破眉来滑研了
详的数煲排碎怖有稳心面循秘许
细实飞瑞！程更好马亲来野人乐皂
克际摇于的加闲举基惊亮香
子有望光带私许碎老上水转查
金父然工虎因可之因票葱肥遥
的活因具恐机增年票有衡增
稻发收面旋栅远礼的了
解量研类集茶从平滑晨纸转好
量礼倍事出焕树乎镜旋自旋报

的金子
工具
报纸
详细
早晨
收集
水獭
的父亲
操作
茶壶
更好的
水葱
许可
损失
咆哮
周日
和平
有望
祝贺
实际

Puzzle 159

资格鳍源平蛾醒底花约规凑秘貌坠了保
父选下间认识瑞稳园音野生心便旋票人
分发惧想梁焕延安绍磨乐木有欲醒醋根
自观磨迟范烧毁，磨最闲趣况遇因木理发于
噪况持镜望租改动高书灵类安醋雨关栏
持远下的＞持内善程物规蔻介不天秘的
解征乐自了口瑞赂出邀栅状不草秘高虎决
下察面失型父面社热棉花约延音眼检坠他
乐损胶去区远绍疲棉不约音复决光马增心四
研蠕页了决发保不热延音眼检型理平面自
露考验己恢保子亲飞复眼决型地柔村面
检讨便也貓光量虑飞决性建人动倍自典
衰变的究因驱几查动马存醋人伏栏碎地远
的虫梁愆过毁电不信人怖身伏栏碎地
因复梁愆便电不信人怖身伏栏碎地典

范围内
关键发善
分改讨
检毁高
烧查花
最动物
检格识
棉认鹅
，识生
资天征
认野去了
失远乐变
音衰园
花验
考

Puzzle 160

的舞蹈
不规则
谈到
讨论
搜索
皱纹
区域
普通
说服
医疗
人口
鸟啼
有轨电车
草甸
调整
流行的
注意到
不当
后，
姥爷

谈有轨电车后，余乎泽的恐灵基视望间
觉到之旋＞医疗普姥爷豆最栏延乐疲排撞
量龄根野鸟类雪通飞皱纹蛾调搜索袋肢子衡
从行状程情啼特页龄梳整信的视镜
碰子性老书马热雨选充。升亮便愆想雨分
了自特生保情肉近理况不他平闲释撞主
从地娱不醋雪况的邀典飞喜过余人祖
于绍人口试心宜机带页碎部草的人讨论
子马数蠕注蠕好思野伏父衡眉余香宜
疲信毁定意貌礼灵排保人不瑞的了乐
＞桥虎栗到况欲摇飞动＞马龄答
的苦觉因便理电说服部草甸不类
议＞貌区看欲口静行流行子不
身不露域滑携图后胶行甸蹈的
增＞静部草面磨远草焕不舞的乐

Puzzle 161

持续时间持回马人了私的肉木机雪娱马
社静考己远泽水吃便情茶貌理人来尝间
决思乐分娱直远饭肥之壶许人论摇喜走廊
记惧看私答特行坠损上基父犯记草亮建
录电高图举肉行袋建肢则冒之的破喜高定
老口最然而梁便息镜地直动赂身露规怖趣
绍合信事型冰生口要猫座分骄间平过决底
袖出事作碰霜口要情树程增马情望升父中
降几不伙察野情驴规后解栗转面遥木诺
理最思得苍乎遇医平蚂持电活丁乐通
的观马蠕年克领主院破克旋中租布视光考
自稻亲旋便快四绍回木复间出恐热
秘报亲紧见票不衫介复子坠皂豆飞
磨价

增加
医院
的茶壶
走廊
苍鹭
尝试
持续时间
报价
发布
冒犯
冰霜
记录
合作伙伴
吃饭
理论上
座
猫鼬鼠复
鼬而
然
蚂蚁

Puzzle 162

驾车介豆结石出祖觉稻。考惊雪约也区
豆增秀望自乐动梁后有高的摇人栗见请许运
破人主情情士虫惊克镜傲礼喜飞请摇摇
破己摇心伏年瑞规近野＞损碎摇梳书摇喜
透乃柔的飞分典遥不欲区加驴梳书运平性
考桥查的袋衬余携区车私平倍平稳
落！许建丁带增面书的击从剑自肉木
转活袋＞状本人木充刀雪乃镜肉撞摇
复傍介建泥记人情满股礼看面面护
程晚虎肉真行业蠕护乐便恐私先
源权特领噪后成心祖对动事己修热
马桌亮来人的伊书要事秘胶
源考蔻日瓢保自稻你自细水
中心重飞暑视而！觉雨四干具备秘节

结石人暑业晚
雪日行泞对
傍泥面胶瓢具
成后也许
你自己
石人暑业晚泞对水虫备剑车刀度满来许
结雪日行傍泥面胶瓢具击驾剪程细充后也成功的你自己

Puzzle 163

选他自分坠骄磨项怖邀能想水野表遇方
相碰保号碰素他日类请通伊露部水貌加面式
便信想>最察虎底面电通伊露木水保最安醋
驴私趣延书摇马电鳍利父充远请礼的项
错蔻复四书水条机碰遇而信究虚物醒
雪蛾四的迟人衬加坠子转充记复假来持
心乎迟肥撞加外坠科延木情碎考存祖
解性慈然息信国科稻大情损面复息情
破之仁野摇恐马学巨藏鳍乐鳍
喜行眉碎心落马高肉信加红稻自摇瑞
保眉人延子出娱余出安野不真绘要
解降究之也部延来特出邀复复数画欲
>见带蔻虎心中数宜面考眉面凑发有
究自马灵虎木数宜面考眉面凑焕发优

的个人
藏红信花
相信子
镜式式
正物加
礼发请
参邀润
焕利面慈
表国假的
外仁构
虚机画
机绘大方
巨方式
科学消化

Puzzle 164

要人梁快好究乐来条好草基怖头考女下
娱子的乐军事马宜余理不部坠孩毁
的过乐约定坠谷仓上重复流深闲闲放
视驴邀典饭民主自心浅理迟梁不
摇错的解喜活升梳领秀遇灵木错
柔性年出优因要回情体许灵增乃
树木来高环不化规情遇迟增规自
。衡机旋虫过过后迟幸迟身
股性便最信梁乐马欣察领考先
之行娱护许透增鳍赏从增许日思
旅行木栅事下恢面究远野去
最衫喜情素镜长项便梁绍的心
伏树出飞村亮豆重蛾许滑肉
居人动机自管先衡伏迟的
欲民衫桌察噪理煲栅项便惨

长增
仓谷
旅之
深浅的
理部管
主欢头
号赏民
民去喜
的信
孩欣
年居
化过
身上
事女
机去
体简
自
军
动
流

Puzzle 165

项 泽 露 顶 梳 过 您 之 马 租 根 赂 乐 坠 肉 情 状
自 可 野 碰 梦 出 选 醒 肥 型 欲 动 下 增 恐 间 请
排 能 情 信 想 举 醒 惊 肉 行 好 况 丁 完 泽 号 栏
损 的 驰 突 名 择 定 远 书 欲 野 条 钢 貌 特 了
解 下 高 天 降 的 饭 则 出 肥 卷 平 野 琴 乐 乃 貌
专 家 升 最 疲 真 过 考 曲 醒 性 复 袖
栏 主 凑 本 惨 亲 > 的 中 坠 便 灵 快 记 休
真 里 解 露 决 乐 趣 请 升 中 的 号 风 光 望 部
礼 那 考 查 股 闲 延 而 私 子 野 格 光 秘 唤 醒
龄 趣 么 而 视 高 租 亲 行 旋 许 降 基 摇 研
好 眉 坠 便 柔 皂 龄 存 驴 人 水 地 余
袋 恐 奉 香 > 静 行 选 口 顶 他 约 图 股 受 露 不
生 顶 见 献 父 不 不 情 本 老 来 定 放 宽 害 骄 野
联 邦 他 便 视 王 子 想 虫 惧 错 则 绍 领 心 者 坠
排 平 看 噪 修 号 肉 条 能 栏 镜 究 心 股 议

联 邦
风 格
王 子
完 成
卷 曲
奉 献
您 选 择
突 然 地
基 爱 的
亲 梦 想
梦 名
驰 可 能 的
唤 醒
受 害 者
那 么
钢 琴
放 宽
专 家 升
昨 天

Puzzle 166

味 道
宏 伟
看 了
困 难
汽 车 保 有
离 开
肥 皂
木 乃 伊
复 杂 的
咖 啡
皮 肤
不 同 的
词 汇 表
说,
的 旅 馆
揭 示
达 成 一 致
自 然
再 次
肉 桂

离 身 木 宏 伟 情 复 环 子 达 眉 保 程 运 从 考 貓
开 素 乃 想 焕 父 杂 保 日 成 释 镜 解 他 噪 心 眉
闲 释 伊 肉 馆 旅 的 同 不 一 通 。 出 不 发 研
老 号 余 运 桂 的 信 事 人 顶 致 项 子 放 有 远 焕
撞 皂 咖 破 决 程 困 程 秀 优 摇 亮 衬 考 请 快 蔻
事 娱 啡 旋 的 基 看 难 虑 究 动 租 破 本 热 木 乐
主 邀 旋 基 重 带 理 傲 秘 研 页 摇 数 保 私 再
虫 行 自 修 状 了 机 便 增 回 汽 袖 有 词 次
远 便 排 机 热 观 祖 草 快 解 区 车 保 说, 汇 惨
亮 绍 真 邀 错 心 滑 建 理 肥 皮 间 己 表 乎
基 的 票 后 领 差 伏 本 皂 肤 摇 解 过 便 基
情 袖 克 保 煲 平 的 子 赂 野 面 马 子
惧 的 亮 加 旋 面 保 > 试 热 惩 不 味 选 饭 过
蔻 自 然 苦 梁 平 的 心 丁 间 定 道 则 热
肢 他 的 源 音 己 动 特 諾 想 心 里 亲 袋 看 保 底

Puzzle 167

之 况 降 休 部 的 恐 袋 驴 驴 研 远 主 伏 丁 > 修
年 快 亲 环 欲 查 定 欲 滑 欲 > 程 雨 如 惫 不 规
填 坠 当 看 稻 栏 > 页 肉 的 坠 遥 书 最 何 好 袋
秀 间 然 程 差 伊 本 循 貓 部 破 了 方 主 四 之 工
碰 恐 状 捕 建 究 龄 看 究 机 芹 豆 加 根 的 心 貓
梁 特 年 获 镜 龄 分 定 无 光 树 水 包 息 感 谢 >
镜 释 部 亲 木 破 号 事 名 最 牛 自 子 乐 恢
人 权 桥 乎 类 生 件 指 大 破 主 透 情 性 赂
发 后 面 碰 平 合 格 镜 优 保 坏 想 面 袋 野 骄
滑 衫 交 叉 程 究 见 则 远 苦 主 便 释 > 衫 分 分
喜 素 身 编 口 欲 规 音 因 存 私 雪 镜 心 升 能 性
见 虎 底 辑 于 生 的 思 远 面 增 欲 便 运 票 究
肉 急 剧 错 过 老 发 记 检 况 秘 稳 亲 趣 平 惊
村 平 因 四 旋 间 况 过 绍 查 重 行 自 的 便 遇 虑 本
蛾 他 肥 骄 本 考 充 况 衫 中 自 的 便 遇 慈 本 讶

Word list (Puzzle 167):

如何
当然
编辑
无名指
感谢
包子大芹
最水
急惊剧
事件工
技方向
检查坏叉获牛
破交捕水合格错过

Puzzle 168

精 灵 决 镜 于 书 醒 灵 条 趣 静 理 年 身 的 的 郁
马 栅 绍 自 远 不 热 栗 先 娱 察 电 缩 写 坠 重 金香
活 页 醒 保 请 证 规 有 记 > 间 特 响 子 使 出 的
飞 错 得 直 龄 明 加 驱 稻 真 行 图 应 皂 光 凑 排
教 室 量 赂 本 文 年 损 滑 木 页 况 碰 乐 恐 回 落信
带 欲 查 自 肢 然 化 碰 近 能 余 最 坠 得 私 肥 香飞
研 疲 试 粉 飞 落 电 理 这 选 的 环 借 试 究
肥 持 携 红 音 出 最 礼 页 样 傲 手 底 察 差 本绍
便 主 题 色 便 露 肉 间 观 后 修 指 恐 给 填
情 承 延 露 电 绍 礼 便 分 建 的 的 批 私 马 破
携 诺 复 面 袖 诺 通 秘 蔻 快 的 醒 借 部
人 理 趣 填 条 破 话 挑 士 飞 镜 持 肥 心
香 礼 欲 几 答 祖 祖 战 沙 摇 量 书 > 虎 复
充 露 约 有 议 建 答 信 塔 逮 坠 露 填
真 之 释 四 有 惊 快 肥 自 摇 肢 捕 热 素 破

Word list (Puzzle 168):

母亲
使出
精灵捕
逮这样写
缩挑战
教室题
主郁金香
的批判
借给明
证承诺
沙塔
的手指
通话应
响文化
粉红色

Puzzle 169

基 泽 中 惨 不 撞 宜 直 曾 祖 性 出 情 醒 野 衫 绍
究 况 运 碎 高 午 餐 经 阳 滑 四 父 邀 日 骄 倍 热
信 护 远 动 恐 试 热 持 灵 台 研 眼 雨 携 身 惧 运
的 了 则 子 看 高 选 性 惧 倍 眼 情 > 休 保 过 想
的 自 权 数 稻 分 他 洗 迟 理 最 老 香 约 建 得 旋 士
有 余 况 日 子 存 面 于 论 驴 因 栗 自 年 的 部 远
区 信 物 心 质 真 碎 惊 本 骨 架 栗 磨 混 虫 试 绍 重 虑
赂 出 遇 自 雨 过 紧 解 类 ！ 近 充 孤 静 亮 独 肥 傻 面 瓜 蠕 特 滑 热 行 衬 惨 运
票 电 伏 面 历 史 怠 重 身 无 疲 ！ 村 克 摇 灵 里 从 有 心 活 克 口 修 遥 视 那 复 马 便 灵 些 动 更 见 优
底 通 的 马 复 委 员 会 稳 袋 鼠 错 电 区 栅 看 栅 先 增 教 训 。 充 究 余 肢 信 心 安 蔻 有 项

更 新 独 鼠 员 会
孤 袋 委 历 史 教 训
的 静 的 质 论 动
安 洗 衣 物 理 运 台 线 电
阳 无 那 午 曾 混 骨 傻
有 信 心

Puzzle 170

怪 木 保 栅 不 马 龄 望 部 来 肢 不 蛾 条 静 有 旋
亲 物 恢 答 旋 号 则 观 分 地 约 灵 书 便 无 饭 衡 自
因 摇 运 坠 选 乐 自 肢 傲 口 眼 祖 柔 转 效 想 来
本 中 遥 灵 柔 诺 后 遥 增 他 日 高 撞 亮 究 鳍 的
究 坠 苦 情 本 然 不 > 定 护 坠 保 虎 己 愿 的 错
宜 动 自 己 议 真 父 顶 性 质 紧 发 分 自 来 项
介 倍 大 家 修 祖 艇 体 降 绍 乐 护 过 部 将 倍 桃
子 闲 重 子 情 观 下 日 之 护 欲 煲 滑 娱 存 输
事 解 子 本 号 露 面 疲 余 马 乎 后 究 煲 股 苦 入
举 实 栗 日 复 豆 乎 存 莽 乐 民 顶 加 议 野 表 循
项 坚 最 最 豆 子 马 研 安 排 俗 恐 况 的 手 遥 能
惧 固 好 里 对 升 情 遥 宁 落 优 本 定 休 动 解
亮 他 市 情 不 欲 虎 士 碰 因 乐 性 的
疲 最 场 虎 起 面 便 梁 之 野 视 丁 心 遥
碎 行 类 行 试 几 图 建 分 程

安 宁
无 效 牛 蒡
的 手 表
怪 物 体
艇 部 分
民 俗
部 自 愿
对 不 起
输 入 固
坚 己 实
自 来
事 将 们
他 家
大 场
市 樱 桃
樱 质
性

Puzzle 171

亲 中 鳍 惫 农 民 栗 的 自 排 规 幸 噪 。 主 释 修
部 艺 露 煲 理 本 丁 图 微 笑 最 主 喜 虫 安 亲 心
典 术 决 破 乃 延 增 象 关 联 稳 己 衡 士 得 见 年
特 家 性 衫 焕 通 安 最 惫 章 野 购 买 富 世 界 信
好 人 地 的 底 型 高 特 野 赂 动 事 高 升 源 的 坠
复 水 骄 灵 查 害 伏 存 野 心 直 信 安 遇 得 情 秀
股 乃 马 乐 恐 肉 羞 音 心 面 破 下 要 能 肥 举 公
复 瑞 人 恐 蔻 填 瑞 伏 则 栗 饭 否 村 礼 息 紧 园
然 了 源 有 紧 的 究 想 亮 性 定 村 礼 袖 保 望 源
素 他 恢 马 不 究 有 衡 蠕 人 典 书 乎 貌 根 配 也
本 自 祖 的 快 主 情 请 犀 牛 典 之 伊 余 带 股 然
本 要 了 后 而 型 主 带 桌 的 子 情 趣 貌 快 量 真
声 好 泽 化 带 型 犀 虫 解 远 地 噪 > 摇 木 数 心
音 马 摇 妆 增 解 桌 增 远 噪 地 环 得 > 马 欲 有 修
来 泽 化 妆 增 解 远 噪 地 环 得 > 马 欲 有 修 项

徽章
艺术家
野心
分配
购买
微笑
化妆
否定
吸血
修复
关联
农民
声音
公园
世界
资源
害羞
犀牛
富含
的图象

Puzzle 172

蛋糕
的生菜
围栏
独立性
篱笆
买得起
随机
心脏
斑马
猴子
温文尔雅
慷慨
民用
反过来
元年
容易
提交
市中心
的发音
忽略

情 胶 己 也 反 村 过 温 饭 驱 根 行 透 的 举 基 饭
貌 的 有 试 有 过 袖 文 衫 地 约 安 转 丁 充 持 遥
延 生 议 市 增 碎 来 尔 醒 蛾 行 祖 邀 增 觉 蠕 肥
运 菜 镜 胶 中 脏 幸 雅 自 区 素 > 衫 香 醒 草 行
察 动 飞 权 灵 心 动 典 惨 望 虫 得 买 的 镜 丁 休
透 梳 袋 选 乐 的 礼 心 平 填 复 得 柔 野 的 草 衬
忽 围 栏 煲 事 秘 透 情 高 电 豆 增 起 性 恢 的 生
驴 略 考 子 中 了 蛋 心 他 的 延 书 独 立 民 碎 租 根
损 苦 约 观 斑 糕 从 远 基 飞 休 间 胶 用 心 股 恢
带 透 源 典 恐 马 约 欲 胶 木 根 篱 便 况 傲
水 试 亲 怖 觉 介 书 想 便 分 元 栗 礼 毁 笆 亮 理 静
虑 虫 秘 肉 信 慷 本 年 觉 驱 栅 飞 喜 梁 四
> 容 村 存 特 猴 慨 元 年 不 建 几 篱 音 交 乐
摇 易 桥 快 发 子 区 复 凑 > 规 热 量 的 发 提 栏 随
惧 露 滑 幸 最 虎 > 底 旋 增 考 生 权 运 机

Puzzle 173

趣 自 释 的 竞 饭 复 下 源 面 答 几 热 乐 条 直 摇
加 租 中 修 争 的 得 转 龄 醒 充 恐 完 姐 姐 栅
宜 察 赂 惨 规 的 特 本 财 旋 请 虑 分 查 远 平
惊 票 察 便 不 早 摇 星 选 野 保 柔 气 滑 栏 猫
祖 然 欲 填 雪 持 迟 期 填 的 湿 复 书 读
熟 灵 坠 面 底 升 飞 环 余 镜 料 的 坠 记
悉 坠 欲 信 于 行 水 里 携 而 社 考 傲 栗 摇 稻
亮 信 发 候 滑 人 肉 运 滑 根 雪 四 查 规 蛾
驱 光 泽 记 选 复 士 直 动 父 人 稳 树 中 得 凑
村 灵 心 苦 图 醒 的 复 的 人 影 响 便 股
信 心 撞 过 里 磨 工 激 村 数 秀 喜 宜 雪 解 飞
傲 信 右 另 坠 的 充 烈 醒 停 机 坪 想 本 放 惨
活 右 手 摇 工 察 后 要 惧 绍 露 之 栗 请
亮 损 苦 地 情 况 过 生 乃 醒 有 不 亲 复 活

财 政
完 全
读 书
塑 料
熟 悉
另 一 个
姐 姐 作
工 争
竞 选 手
候 机 气
停 坪 烈
右 人 响
湿 激 记
影 动
书 餐
滑 期
早 泽
星
光

Puzzle 174

过 透 稻 手 答 思 坠 追 求 环 肉 发 坠 露 的 量 通
虫 鳍 不 信 臂 祖 平 原 主 复 焕 中 源 发 几 型 凑
年 数 光 最 心 亮 究 心 欲 票 子 乐 四 情 泽
的 的 论 ！ 祖 乐 虫 得 日 遥 票 远 凑 状 查
信 源 文 指 心 稳 究 欲 的 惧 柔 摇 量 顶 自
亲 克 源 行 标 欲 充 进 肢 虫 展 豆 音 面 磨
坠 克 复 然 高 建 袖 喜 自 进 究 了 存 眼 上
高 遇 思 呼 过 摇 匹 秘 喜 高 本 闲 的 克
年 而 举 吸 最 过 配 碰 稳 透 木 真 平 循 下
落 票 过 蜗 研 苦 区 增 这 袋 坠 思 稻 段 面
究 伊 性 牛 构 股 持 答 种 观 勺 主 毁 数
水 乌 举 察 增 票 齢 机 高 情 循 人 动
重 泽 龟 活 面 下 也 事 持 转 栗 蛾 他 情 已 近
转 试 倍 动 ＞ 身 。 稻 要 项 循 人 便 常 动
来 瑞 自 电 口 自 安 醋 充 镜 趣 间 运 基
肉 肥 克 话 破 息 复 鱿 段
过 图 直 究 保 过 理 出 鱼

股 票
勺 子
指 标
匹 配
的 进
活 动
平 原
片 段
结 构
呼 吸
这 种
蜗 牛
鱿 鱼
乌 龟
已 经
电 话
经 常
手 臂
追 求
论 文

Puzzle 175

奢 侈 品 的 号 乎 真 智 慧 眼 私 页 绍 答 年 坠 近
光 高 的 希 望 建 口 见 自 自 复 于 击 败 能 野 秀
梁 透 身 快 镜 野 部 的 视 复 自 香 树 败 复 然 桌
他 伏 灵 乐 一 个 运 ， 情 书 但 肉 人 > 租 灵 考
桌 际 实 的 信 碰 行 坠 自 摇 破 量 > 想 显 焕 运
快 恐 怖 新 泽 豆 程 上 破 灵 肉 草 饭 好 着 规 稳
面 反 能 远 木 雪 评 情 了 肢 恐 的 也 数 水 遇 规
情 灵 应 略 研 树 估 摇 娱 放 的 恐 多 恐 区 遥 情
醋 中 毁 安 究 后 也 修 克 事 迟 祖 的 于 刷 邀 量
音 然 马 恢 紧 后 区 雪 桥 驱 思 底 私 愈 事 事 马
察 安 复 复 迟 携 充 飞 虫 动 请 本 皂 露 不 车 动
重 马 不 虑 最 摇 > 得 动 祖 上 驱 了 雪 权 马 娱
幸 查 望 察 蝴 草 飞 有 摇 请 驱 雪 延 然 型 保
自 马 心 倍 型 四 木 特 木 电 亲 特 武 动 室
惧 条 不 的 想 存 醋 持 蠕 携 泽 平 瑞 研 机 静 增

击 败
， 但
蝴 蝶
快 乐 的
智 显
恢 评
的
武 反
的
多 奢
的 运
新
好

希 望
室
侈 品
应
一 个
数 实
际
的

Puzzle 176

决 定
控 制
河 马
赛 跑
摩 托 车
牛 奶 中 的
类 似 务 的
任 务
打 法
邮 递 员
应 该
下 午
冰 箱
包 括
长 颈 鹿
洞 穴
观 察 定
肯 定 训
培 训
不 足

视 损 邮 自 赛 静 应 坠 心 旋 本 观 察 滑 远 举 量
究 根 递 鳍 跑 四 该 复 日 信 得 不 远 洞 研 飞 梳
电 的 员 心 部 行 秘 私 噪 平 皂 存 栗 穴 型 基
滑 喜 车 面 苦 考 诺 典 肉 木 高 摩 高 租 肢 怖 有
选 先 凑 栗 高 也 紧 安 乐 本 页 托 不 热 怖 分 老
栏 栏 镜 情 情 木 典 肯 试 静 车 看 通 分 皂 木
长 人 人 安 衬 不 坠 肯 定 木 类 似 的 傲 磨 冰 状 摇
颈 间 飞 后 亲 稳 撞 考 决 升 的 野 年 箱 灵 镜
鹿 试 便 伊 量 建 控 平 社 试 直 下 午 的 毁 于
任 务 充 回 倍 则 制 子 最 释 野 息 本 摇 豆
运 摇 滑 觉 排 加 了 胶 号 河 雪 观 野 几 马 倍
人 怖 乐 护 灵 察 之 心 不 马 破 摇 稻 选 情 的
虑 心 祖 乃 焕 赂 最 不 研 足 研 典 乐 龄 延
建 士 得 答 牛 排 考 培 训 书 破 修 镜 权
保 自 ！ 迟 循 栗 中 增 滑 落 生 定 约 包 括 快 约

Puzzle 177

分 树 皮 举 亲 排 > 上 也 之 柔 优 欲 顶 羊 议 松
间 钟 鳍 延 下 增 消 防 员 。 乐 遇 解 究 群 围 鼠
错 眉 安 素 胶 解 权 肉 梁 其 发 可 移 植 许 墙 貓
虫 自 亲 赂 社 疲 议 紧 心 后 究 差 沙 丁 规 紧 的
欲 惫 情 基 自 里 心 碎 己 稳 雨 水 分 真 事 的 心
蟾 蜍 焕 信 稻 考 摇 篮 信 饭 亲 噪 飞 性 建 活 光
愈 树 根 醋 栗 驱 信 士 王 室 乃 惨 通 信 趣 遥 决
的 理 动 望 采 用 迟 不 来 镜 议 及 规 复 延 要 页
复 灵 究 梁 真 书 事 量 及 行 其 延 凑 绍 保 自 查
研 静 安 真 闲 请 生 社 柔 恐 破 马 马 秘 延 遥 豆
私 年 马 飞 灵 书 父 物 条 重 栏 近 镜 条 口 自 图
乐 理 有 修 书 衬 学 理 恐 驱 主 草 稻 了 乐 得 而
情 最 不 面 蜡 升 患 者 驱 树 诺 人 马 平 ! 环 要 自
人 说 想 排 便 伏 桌 驱 书 重 栏 口 马 醋 赂 袋 了
研 明 排 蜡 烛

摇篮
生物学
信任
可移植
分钟
采用
羊群
蟾蜍
稻草
及其
松鼠
主人
消防员
围墙
王室
患者
蜡烛
沙堡
说明
树皮

Puzzle 178

针对
帮助
见面
花蜜
对比度
邻居
小顾
支持
请求
高运
父母
食品
春田
能够
摄像头
社区
冰柱

思 的 ！ 社 情 动 本 于 春 天 碰 环 虎 光 衫 邻 数
蔻 惊 理 区 性 口 真 > 的 情 肉 本 虎 蔻 瑞 运 居
查 本 机 研 源 源 最 高 贵 的 趣 填 见 人 惊 求 输
滑 伏 环 部 查 特 主 顶 许 近 帮 支 骄 摇 程 回 肉
状 面 乎 欲 充 主 遥 自 情 通 助 持 木 坠 请 苍 面
惧 项 赂 士 分 答 过 遥 排 醒 源 重 之 放 修 草 兰
撞 间 煲 循 放 对 保 情 出 究 数 伏 觉 小 来
保 不 食 身 冰 排 惧 摇 鳍 子 约 父 顾 怖
而 人 品 比 镜 柱 情 鳍 肢 延 许 究 通 况
考 建 有 度 记 乐 究 于 恐 研 日 疲 因 田
本 梁 票 磨 旋 礼 不 口 傲 赂 不 底 建 径
高 毁 携 休 身 野 行 木 要 乎 木 音 定 护
数 情 袋 决 滑 想 野 选 直 性 快 迟 破 蛾 乐
栅 信 本 发 心 转 察 见 惊 蠕 摄 像 喜 介 泽
克 行 够 选 有 心 之 部 书 对 特 最 保 头 花 蜜

Puzzle 179

明天得息察礼怖疲不循机热惊恐图转信
候时的复滑远蔻鳍近野高间喜龄摇特热
护噪干地迟底量的举况首脑会议源的行
好运净杂趣高情驱坠可场碎根先不喜本
基条安肉雨醒类袋坠宜靠欲间记想乎光
赂特丁然然发的柔袋煲号光自木票趣携
下定见运桌书领落秘升发照活子海行
权赂错素复答露疼升秘他顶片程露人携
傲滑欲怠研先平之间升肉衬秘落书马碰恐
不休愆研要桥露士通人狭增袋社存后情袖
程马能电条有后醒考真狭未明信飞钢
胶乐衬欲有瑞了考运不恢袋确得见妹
的毁程私状约充只傲驱行狭能数行的妹笔
保摇人余惧诺有是不而，担心惨雪野电

Word list (Puzzle 179):
海绵
可靠
的时候
明天
农场
狭隘
担心
的妹妹
钢笔
之间
只是
未
明确
复杂
，而不是
首脑会议
照片
的干净
疼痛
解决

Puzzle 180

脚趾顶的肢欲程有。自醒规介露的车乐
雇用循诺恐乐苦有迟年性修年摇光升有
有肉雨音心惧栏伏定桌肢请的顶口了子建
领疲条惊自计回气候望打因高椅滑社
相虑凑邀梳划项配秘社击想酸高情自升
当放通马增趣备容邀＞护间牛高自最日
计摇升灵决先衬忍贫平遥奶虑信放过
算透祖看图迟乐透困倍静来子煲过
机究况灵模乃领己村静眉衡乐面
便能优毁式领行滑驱马第一考情村
修介回光出修况飞油＞迟情恐破
高赂复填系发平主克貓书倍袋
蛾梳祖衬列灵顶本看于看香
自幸摇要欲特淋浴数恐恐益比视比
信情热最部行的根复想特瑞恐后倍袋

Word list (Puzzle 180):
容忍
计划
脚趾
椅子
相当
平静
一系列
配备
的恐惧
第一
淋浴
模式
雇用
贫困
酸牛奶
打击
计算机
气候
奶油
丘比特

Puzzle 181

便	露	，	查	亲	图	本	接	降	虎	有	情	栅	遥	自	真	分	行
礼	坠	除	喜	肥	动	收	然	研	自	因	息	己	通	增	部	举	凑
下	露	了	光	定	携	延	情	究	视	转	恐	自	衡	发	香	真	部
增	有	破	性	坠	的	的	中	生	再	小	余	的	得	出	中	心	中
情	袖	炎	四	鸡	女	马	信	见	闲	猫	草	转	橱	欲	心	恐	
添	便	优	降	蛋	儿	凑	旋	怖	运	上	落	灵	高	木	项	栏	
礼	加	请	研	乐	便	页	展	情	秘	四	他	热	欲	栅	骄		
带	心	野	幸	主	摇	信	览	凑	最	娱	父	倍	息	赂			
迟	行	租	幸	生	通	了	朋	情	书	栅	静	落	乎	图			
信	错	信	中	诺	项	过	友	大	宜	答	自	坠	静	而			
动	露	携	灵	远	建	虑	解	气	礼	父	曲	乐					
亲	类	迫	使	摇	子	喜	活	乃	自	静	几	子					
的	四	自	摇	坚	！	的	趣	举	衫	栅	生						
克	鳍	举	水	要	毁	傲	视	摇	情	数	绍						
底	音	野	书	恐	爆	发	他	醒	电	自	球						

中心
小猫
曲棍球
迫使
动物
果坚
展览
再见
添加
大声的
爆发
生蛋
炎热
女儿
卫鸡
朋友
橱柜
气味，
除了
接收

Puzzle 182

灰尘
路径
组织
期望
表示
行为
的主题，
黄他的
放
解释
在的
英大
内野
天
只有

有用
题，
的假
释时
需求
怒部
鸡使
里的

灰	尘	权	解	顶	表	书	野	焕	高	票	理	特	加	状	野	音				
股	草	运	骄	释	示	能	镜	信	增	人	肢	心	树	保	心	鸡				
租	见	>	镜	袋	权	伊	娱	貓	区	复	部	领	摇	底	票	保				
梳	通	亲	的	型	租	地	乐	自	出	镜	近	得	不	权	桥					
栅	倍	梳	貌	邀	票	梳	活	蛾	生	循	地	便	视	号	余					
噪	惊	存	凑	填	期	放	傲	秘	加	胶	本	桥	遇	苦						
考	部	飞	请	他	肥	望	过	邀	疲	黄	油	解	书							
约	复	亲	的	的	特	假	程	请	了	路	况	！	柔							
的	需	求	私	乐	情	情	的	里	英	径	灵	请								
瑞	桥	紧	况	恐	主	题，	决	用	坠	增	究	肉	马							
情	股	醒	肢	子	村	平	在	根	碰	碎	情	内	过							
行	只	有	滑	士	树	大	时	的	部	建	量	部	天							
基	为	伊	欲	存	释	怒	页	护	增	平	衬	动	使							
直	子	快	滑	焕	鳍	眉	亲	毁	碰	行	图	虑	便							
地	观	滑	赂	转	理	不	自	状	过	！	规	状	伏							
							凑	伏	坠	领	透	音	驴							
							票				镜	露								

Puzzle 183

故 日 瑞 然 后 快 心 滑 栗 疲 机 信 息 好 身 子 他
事 邀 蛾 静 貌 肢 鼻 人 差 丁 类 恐 皂 闲 木 私 祖
喜 升 欲 露 则 自 喜 子 异 保 洋 葱 车 蔻 特 类 页
最 自 喜 转 的 智 的 画 笔 安 遥 车 蔻 部 想 信 皂
觉 遥 车 考 社 身 能 然 电 后 梳 飞 信 加 破
议 然 亮 程 释 的 便 源 远 欲 标 保 飞 加 有
部 亮 貌 年 伊 余 修 社 绍 鼠 保 发 根 休
况 定 自 充 文 完 亲 蠕 安 ！ 洗 肢 欲 要
情 出 人 权 章 人 出 底 恢 年 射 就 礼 举
倍 型 傲 蠕 从 士 露 程 马 况 出 像 情 查
特 保 撞 饭 改 视 美 见 闲 貌 解 过 碰 思
乐 驱 破 日 也 革 出 袖 旅 最 不 号 延 貓
镜 究 伊 迟 觉 摇 察 ！ 周 周 伊 桌 诺 心
解 过 里 要 疲 树 外 程 期 雨 权 碎 之
遥 信 醒 丁 柔 行 恢 加 加 雪 环 滑 怖 动 根
　 　 飞 噪 状 伊 ！ 套 性 保 情 衬 滑 根

发 射 美 发 能 过 然 期 排 葱 像 异 画 笔
完 洗 智 不 欣 周 安 洋 就 差 的 文 章 革 程 子
标 套 觉 旅 鼻 鼠 外 视 故 事

Puzzle 184

沉 默 步 骤 的 飞 机 判 定 土 豆 得 洽 吸 数 具 首 蔬 菜 猫 空 一 治 看 下 国 王 正 确 的
飞 机 分 谈 取 据 体 富 头 鹰 中 疗 到 面

望 特 蠕 根 心 空 带 乐 机 的 老 ！ 旋 区 程 租 醋
快 理 请 典 素 升 中 转 绍 想 蔻 灵 从 底 安 欲 ！
趣 首 富 行 便 眼 于 想 看 书 重 肥 凑 露 醋 不 虎
苦 而 树 驱 部 土 豆 租 到 下 旋 顶 的 权 坠
马 娱 领 则 貌 露 情 具 傲 体 下 迟 差 绍 不 醒
量 恐 木 诺 镜 亲 的 飞 特 护 治 思 车 亮 数 倍
动 桥 远 雪 查 秘 机 村 光 疗 能 机 优 事 能
事 考 眉 私 音 确 的 梁 马 自 洽 便 梳 年
马 一 然 好 口 正 远 自 胶 树 瑞 水 程 有
不 年 吸 取 恐 他 主 望 型 因 项 源 迟 记 了 复
得 区 树 里 下 袋 人 马 灵 肉 休 士 趣 自 安
分 自 齡 貌 最 遥 栏 旋 肉 豆 皂 数 王 蔬
苦 猫 面 诺 约 步 判 礼 本 蔻 国 音 菜 宜
摇 露 头 要 重 骤 定 情 豆 增 镜 根 股
护 年 保 鹰 醒 日 则 保 静 木 据 远 信 有

Puzzle 185

里 定 树 紧 活 泽 充 新 祖 乐 幸 复 答 案 研 情 老
欲 考 酒 后 口 顶 欲 鲜 人 木 磨 部 机 光 快 股 能
滑 驱 虑 克 举 号 飞 旋 能 票 权 幸 蔻 得 稻 心
摇 迟 直 能 有 定 瑞 秘 水 得 恐 马 快 见 亮 差
部 件 撕 升 亲 电 木 的 上 保 闲 领 蓝 保 通 露 貓
型 页 几 裂 机 性 不 保 不 乐 书 状 铃 紧 底 虎
项 欲 破 衡 理 惨 车 下 灵 柔 项 图 人 研 的 自
最 有 欲 兔 分 相 互 作 用 驯 鹿 来 考 中 宗 选 了 驴 许
举 查 理 子 得 他 紧 娱 转 考 苦 皂 生 车 教 坠 饭 视
碰 飞 光 天 研 忩 士 礼 页 自 从 议 机 蔻 则 页 欲 透
的 本 过 票 降 色 他 趣 自 欲 携 的 怖 解 原 行 光 高
望 疾 病 过 也 加 然 怖 衡 水 乐 指 间 携 行 因 透 加
柔 栅 驱 野 规 带 入 光 智 数 人 肥 甲 驴 素 携 区 分
袋 恐 凑 凑 身 根 明 智 本 研 赂 焕 想 部 许 虑 究 加
错 的 官 方 保 他 保 本 研 赂 焕 略 想 部 许 虑 究 加

加入
部件
疾病
新鲜
驯鹿
红色
蓝铃
相互作用
撕裂
兔子天
无数
宗教
墙上
直升机
酒后
指明
的
原因
答案

Puzzle 186

城市
丈夫
耳朵
视图
斑点
很多
希望
创建
小弟弟
两次
列表
办公室
滑冰
负责
开玩笑
真相
通知
汽油
重量
法官

平 鳍 焕 的 耳 信 灵 水 规 露 眉 从 摇 肥 高 貓 香
请 增 解 灵 朵 欲 破 面 虑 草 几 信 幸 坠 况 不 皂
私 快 直 碎 摇 理 豆 惨 碰 瑞 秘 皂 便 斑 点 秀 解 紧 老
介 安 携 乐 恐 约 丁 而 次 状 部 私 树 马 野 马 解 肥 本
肢 列 开 玩 答 笑 伊 回 肉 加 权 喜 自 地 娱 真 栅 型
活 表 直 直 破 近 克 小 光 热 貓 灵 高 创 建 真 升 相 恐
旋 型 热 答 破 身 负 日 弟 增 办 高 子 号 木 破 官
高 乐 年 马 责 下 雪 察 驱 公 室 约 汽 法 心
情 循 。 息 型 瑞 高 本 远 主 高 性 生 很 乐 蛾 书
宜 复 信 车 机 视 野 项 心 许 最 重 得 约 多 > 介 里
城 市 士 飞 况 图 回 他 间 不 量 底 量 迟 油 回 通
娱 于 息 蔻 望 升 丈 肉 考 不 填 活 趣 人 驱 许 信 摇
通 知 慾 量 便 底 夫 鳍 根 排 页 伊 损 得 信 蠕
举 希 望 不 真 滑 冰 野 面 思 四 他 高 乐 他 下 便
护 过 介 票 究 恐 噪 增

Puzzle 187

情光重凑规泽惧议怖发伊便他毁生理损
根饭参不电面性接近生赊高自落幸梁几
数据与的破摇顶花秘年平源他研叶幸他衡
木近克行量蜜闲恐而人解雪发动叶损物
定克栅草试镜于破情源延蝤许物恢园机理
电影露介的听复撞中坠地动事构有后
得日从信主书坠年伏地面物真天车程的
社增女巫题源转伏好定保光行驱瑞
余乐雨视，放梳举他决人父本数介>丁面
克碰也电页专基约骄见指气解程的
优摇里机家充况诺蠕况转区的
租情能持究想遇许热好标况事静露
宜坠摇权伏心坠则肉眉况解察子激
降高摇原子况而坠则豆肉眉撞口底静
源高四况坠则豆肉眉撞口邀底露

原子
物理
参与者园
动物听
试专家蚣
蝤电影造
电建天气
天柳叶
柳女巫地方
女的近
的发据
发接构标
接根机蜜
根指主
机花题，
指
花
主

Puzzle 188

外部
移动度
高块厅
的餐亮族
月民鹌鹎
族建立孕
鹌受时间
建参加成
受完杂的
时复元够
参能未能
加解释革
成改
复无数
元
能
未
解
改
无数

焕欲研想趣动马热亲野则的块能行时情野
部高号优状肢子飞生热参骄介够间根放
胶度人页不摇！无数间加亲解升平亮外部
增的静事>惊滑后怖观飞诺解月龄研
。保不事亲解马幸迟建村动保肉而
优最不皂社撞部子幸解音赊肉齡型
望摇虑选人复请生改革动蛾乎醒重的
建加餐持皂皂子便醋村情赊>自
鳍立厅驱图栅过皂过上蝴能决眉
望>思驱情年宜请地坠族动破信
携人坠泽情下于地民视>信息
惧而毁要龄了私权诺受选鹌袖
降摇则好复运镜答幸况觉行
灵的豆噪议杂镜眉下运完
几从想权露区根>社梁怖安主研完息

Puzzle 189

尽 管 稻 心 过 娱 调 查 总 有 面 面 秀 栗 桌 活 生
透 汽 油 车 举 马 诺 则 统 士 心 间 克 桥 梁 香 动
分 里 人 记 情 摇 约 答 股 马 增 惊 惊 股 惊 破 虑
肢 的 袋 差 惨 出 的 思 袖 地 察 乃 解 平 来 虑
胶 况 运 情 复 马 几 情 老 出 滑 底 乐 直 亲 人
草 了 四 了 损 票 旋 心 的 租 升 直 修 于 发
子 伊 许 要 惫 的 心 坠 皂 直 有 平 降 野 况
木 自 摇 解 况 部 考 人 素 树 得 定 得 雪 社 决
条 栗 乎 雪 于 的 虑 而 考 典 解 降 肥 傲
旋 士 自 图 中 水 记 马 号 望 面 子 驱 皮 最
本 填 龄 人 的 袜 壶 保 请 词 北 人 树 书
运 龄 定 书 数 充 虫 袋 下 回 极 饭 察 克
行 定 制 远 滑 噪 想 袋 假 古 妈 研 幸 近
底 升 时 的 乃 想 梳 喜 平 董 恐 研 稳
能 候 的 乃 形 容 鸟 啼 规 先 滑 几 栗 发

尽管 / 妈妈 / 定制的 / 倾向于 / 北极 / 大厅 / 请 / 总 / 调查 / 古 / 水 / 形 / 记 / 考 / 鸟 / 词 / 树皮 / 的 / 时候 / 汽油

Puzzle 190

热 老 焕 记 之 娱 直 便 分 面 举 循 的 赂 饭 摇 面
瑞 倍 票 子 树 思 定 水 举 行 特 恐 转 信 息 平 疲
醒 典 喜 欲 类 香 的 便 介 解 透 图 之 有 加 租
生 理 人 欲 远 栅 不 领 的 况 皱 高 部 回 权 稻
觉 升 特 重 视 肉 瑞 况 任 的 纹 的 规 息 的 手
思 息 别 观 连 亮 考 香 何 皂 摇 村 通 约 指 环
蔻 骄 股 水 便 接 坠 面 伊 想 貓 本 来 快 豆
分 的 己 木 安 看 解 粉 车 眉 填 后 保 激 约
飞 情 社 存 磨 肉 也 恢 人 镜 介 肥 间 烈 雪
乎 迟 活 静 有 本 碎 的 镜 真 后 镜 肉
近 状 察 。 香 视 便 恐 真 身 父 骄 克 虚
型 坠 地 还 原 蝴 阳 建 灿 人 望 伏 亲 回 假
过 社 伊 顶 的 蝶 光 烂 的 雪 毁 加 息 型
考 环 远 的 感 人 延 优 决 修 余 领 望
陪 审 团 谢 虫 解 类 远 发 法 院 衫 消 肉
      飞 平 便 动 惧 规 特 他 毁 落 镜

词语表

的任何 / 消息 / 陪审团 / 信息 / 特别 / 面粉 / 还原 / 法院 / 便宜的 / 瑞典人 / 连接 / 阳光灿烂的 / 重视 / 皱纹 / 后来 / 虚假 / 感谢 / 的手指 / 激烈 / 蝴蝶

Puzzle 191

野许望考心举祖噪于平规举好用下
面议透远乐透恐眉修的情解研雇衫
海雀底余花园栗野安要研露特高而承诺优分
煲许人！疼痛桥独碎约过得泰迪领自便几柜
部后水獭足栅的毁摇降虎心察自虑露泄协建
增租建马加幸得宜他豆书看的绍驴助
宜趣研条马加单者得宜年出瑞上释宜书香
子研租情答不欲紧视况持移迟释香思坠环
条存行不规亲栏木摇曲的往往疲自植之修快面
面行情答不视可况持移植凑祖桌口稳光下娱
心骄答栏木摇卷的情数据损规透乐循介选
老类了复间书稻衡瑞错恢据请理乐介选
情远复木书情数恢据规请理循介选
老骄部间有衡错恢据请理乐介
肢社的好情许瑞恢据请理乐循介选
本豆下了许数请理循介选
放醒。了

词表

海雀
汽车旅馆
的独立
泰迪熊
的数据
作者
衣柜
的简单
泄漏
往往
獭园
水花
不卷承
不足
不可移植
疼痛
雇用
协助
规则
诺曲

Puzzle 192

绝望的他活蠕不 > 保醋的程惊虑盛大有几
秘有的最股况详细娱骄音貓飞香年动然煲摇
事便磨皂查复然那种乐护解他充疲袖便差
基远项复自程旋的要增答基股人马号号摇
先桥能图驱露能眼倍驴滑基毁号野伏介早情
心摇运稳领生底怖电自倍理不恐余> 落餐摇
年权解建恐貓解转貓状身乎他胶镜类曲线
有落心恢里树苦环的眼子要循落面遇填
博野摇结底保诺修貓雪精野情底皂了雪
焕物票论持袋秀便的租精度领肉稳睡村究
子马馆镜亲野数自磨貌度心特情底飞悲高
灵眉马惨疲栅赂磨近得领望木一睡的情
蜥的区晚上灵之全有而回好子些不惨
雨蜥特子滑职安考而心典不使恐
慈介也项好循业父磨放摇野出惨优

词表

绝望的
一些
安全度
精博物馆
蜥蜴
的音乐
结论
晚上眠
那种
大业
盛职曲
领袖
悲望
有详细
使出
早餐

Puzzle 193

袋 复 香 研 赂 镜 心 增 酸 心 水 的 洁 整 部 件 秘
周 亲 惧 最 木 木 觉 邀 牛 貌 果 怕 妹 身 高 灵 状
一 娱 典 部 惨 镜 邀 奶 看 雪 可 妹 高 快 灵 类
> 眉 驴 子 特 飞 快 从 然 释 主 快 醒 动 回 眉
分 光 衬 紧 不 热 延 镜 里 看 护 词 高 特 人 里 坠
条 底 票 惊 落 延 回 邀 充 释 高 汇 苦 父 请 于 快
释 特 休 ! 的 的 视 略 后 购 存 > 老 自 秘 中 飞
赂 袖 马 区 热 面 察 特 况 买 滑 吊 着 人 则 水
摇 差 落 平 树 自 环 高 三 股 状 四 着 自 亲 支 则
存 素 肉 改 善 马 便 三 解 老 木 通 的 权 有 持 赂
趣 升 本 考 自 士 条 明 的 木 饭 的 释 不 豆 情 有
不 的 已 经 人 远 持 治 有 衫 带 则 分 理 胶 区 泽
情 号 机 损 傲 持 动 则 欲 则 远 释 日 高 况 项 理
查 远 护 人 磨 便 作 页 能 损 邀 类 书 露 难 页 本
摇 增 毁 ! 袋 有 幸 不 上 人 似 细 腻 页 灾 煲 理

Puzzle 194

的 出 露 眉 仓 乐 远 灵 上 镜 木 醒 填 真 趣 也 分
近 愈 的 的 鼠 因 过 素 坠 升 究 在 充 状 恢 撞 马
瑞 的 树 希 观 动 护 野 行 眉 静 自 楼 中 旋 思 有
区 人 自 理 望 心 便 息 马 人 性 了 下 老 醋 醒 祖
循 衫 的 画 笔 查 分 性 眼 衫 了 观 情 蛾 差 动
恐 纠 结 傲 克 摇 理 存 梳 梳 条 泽 木 境 身
选 释 真 碰 然 建 转 类 傲 动 选 升 环 来 转 热
之 特 区 平 面 动 似 有 重 择 他 过 先 之 电 充
通 木 情 通 事 秀 的 瑞 鳍 热 丁 放 肉 里 特 桥
滑 特 感 项 梁 乐 滑 本 转 醒 绍 牙 特 的 雪 花
醒 活 的 的 运 修 况 回 快 缤 纷 图 雪 能 复 延
肢 发 鳍 理 复 老 某 回 望 介 的 片 木 情 苦
页 野 老 源 讲 查 处 坠 秀 研 亮 虑 来 恐 草
情 娱 论 文 述 某 决 地 望 批 摇 桌 处 见 的 股
马 袖 过 情 。 豆 看 后 了 袋 梳 得 机 先 理 实 际 私

远番了先摇梁蔻碎社栗中延的怖损答安
到处茄摇带项有休自建增瑞绍失无直程充便
生口循特他升远人子香租降试秘木香平环
循电约基怠地权迟持香填环紧野带存光
部左腿条蟾发恐丁贸揭况邀醒皂栗要典情
亲伏察邀身傲易露示行村的皂恐唤大特思议
运优况遥有动丁贸易摇情部许恐飞野晚光
本祖安热的破摇平凑真醒大虫填思定
看解紧面毁增想私乐摇透真飞检复平
合从热傲私身祖察飞滑区泽面娱定
作后泽思情皂祖飞电滑口生图便平
伙桥凑摇定护出因心约本草好热桥
伴惨放地护摇考困考草焕类热露
制惨复型本则篮镜顶难量举的地项衬桥
定复型本则篮镜顶难量举的地项露

聊时部易饭测
无有东贸晚检番大香左制到损合唤揭困好蟾摇揭示困好蟾摇

忘记融化超越的方向蓝色的时候漂亮习惯英寸接受啤酒最幸福过构造最坏的香菜记录世界平原宗教

决之充下分下肉漂噪情然他木肥衬虎的
部接受>迟的虫亮音怖转雪骄信选存傲
通观构造碰页人也远年量猫怖股也便
草亮稳马类于蓝色的不好音肉发福平最
过程来考灵了记马趣的露状幸原坏
习惯稳息界>有音平雪灵行怖肢光的
伏稳区运蔻滑子迟肉融化究露香动趣
不蔻程余思恐啤记性醒马娱项本带
蔻生面士摇酒票得素柔香规>
生损煲机查运坠马娱忘香苦露
稳安貓恐护己因自木记水栅
规露喜胶袋转稻过木趣幸介差马
底旋况露余!闲的野事苦时存
社袖休保紧素介肉方邀寸超越越亮页教

Puzzle 197

复 破 尽 了 冲 击 区 乐 村 延 设 亲 年 行 下 村 研
事 携 一 倍 凑 况 恐 根 理 迟 秀 有 能 的 驱 午 苦
定 磨 份 磨 重 的 先 损 真 特 的 特 马 有 动 快 优
瑞 马 而 地 况 摇 迟 事 紧 关 图 露 几 自 快 树
排 肉 的 特 保 心 的 乃 落 键 信 木 保 凑 醋 乃 遥
损 栗 量 情 摇 上 洪 喜 凑 议 心 的 然 动 饮 料 磨
然 驱 转 底 丁 之 水 > 考 惨 人 行 重 中 然 身 >
思 透 静 己 野 礼 前 柔 镜 具 体 增 鳍 觉 社 损 磨
明 天 己 本 自 马 平 眼 . 本 野 况 发 衬 规 举
惧 外 观 故 障 骄 衡 虹 膜 不 最 近 紧 急 规 间
恐 建 解 出 底 骄 保 直 栗 野 口 便 修 议 了 特 高 怖
的 带 出 底 保 直 栗 野 焕 光 喜 摇 摇 股 傲 亲 肥 滑
胶 对 柔 村 人 衬 之 介 间 桥 持 人 心 音 带 私
理 得 手 平 苦 幸 股 父 亲 格 式 号 本 树 升 下 热
煲 他 野 望 复 衫 父 亲

设 有
外 观
之 前
洪 水
尽 一 份
延 迟
虹 膜 式
格 急
同 情
最 近
故 障
冲 击
饮 料 对
的 关 键
下 午
明 天
的 恐 惧
具 体
手

Puzzle 198

的 图 骄 自 释 惧 泽 没 蔻 击 降 大 状 木 复 面 趣
喜 人 礼 他 稻 好 野 话 动 败 人 便 书 干 村 真 恢
倍 树 典 视 复 木 则 说 机 后 人 人 虎 旱 面 望 复
西 音 远 复 研 循 虎 饭 了 本 本 不 生 摇 号 底
瓜 情 建 余 本 马 便 欲 排 > 虫 野 坠 情 虽 回
生 号 性 的 光 的 因 的 复 降 解 活 自 然 发
雪 己 坠 行 乐 本 平 秘 况 重 特 情 老 丁 射
报 事 复 学 许 驱 程 情 碎 部 瑞 降 柔 四 社
理 告 休 习 觉 通 本 注 分 地 研 疲 几 领 木 乃
规 先 泽 ！ 制 本 子 意 己 喜 想 停 通 自 梁
顶 稳 加 露 造 页 平 到 袋 情 趣 止 日 降 木
源 因 典 凑 胶 生 发 疲 解 真 图 欲 底 从 领 理
量 亲 特 丁 排 息 注 袋 动 视 图 菠 素 典 闲 间
典 得 乐 遇 士 虑 意 出 心 狮 下 萝 部 蔻 自 错
本 口 过 复 遇 不 的 撞 凑 子 快 邀 考 四 欲 保
远 豆 则 伊 了 欲 视 速 上 肥 行 坠 转

学 习
大 便
制 造
没 话 说
， 虽 然
快 速
狮 子
菠 萝 旱
干 停 止
报 告
情 况
敌 人 瓜
西
注 意 到
动 机
不 同 的
击 败
发 射
视 图

Puzzle 199

皂 保 采 远 的 饭 欺 的 的 摧 电 行 木 通 眼 亮 了
记 顶 分 用 坠 蠕 骗 股 身 毁 的 家 乡 知 损 皂 错
露 肢 亲 高 选 情 高 环 的 要 面 票 解 持 加 察
磨 循 回 高 类 社 惧 豆 摇 饲 料 来 鲭 村 规 负 事
余 木 释 他 区 野 的 野 自 料 绍 来 眼 保 生 责 马
忠 股 虎 自 衫 典 人 加 解 先 透 镜 远 亮 高 发 的
自 诚 肉 自 丁 趣 入 过 热 研 迎 信 面 投 醒 热 马
过 介 栏 马 自 远 转 根 冰 霜 号 柔 的 的 里 甜 雪 息
艰 难 上 坠 约 类 摇 摇 肢 解 欢 情 蜜 瑞 近 本
蠕 定 乐 保 修 祖 摇 本 回 音 解 侣 集 不 恐 雨 动
租 礼 领 碰 也 保 本 运 便 情 乎 加 思 典
肥 分 页 摇 便 碎 便 本 类 素 喜 生 雨 伏 眼 露
皂 书 要 细 惊 透 社 复 权 生 村 自 看 紧 回 运 差
水 心 摇 节 本 本 生 自 情 分 解 基 要 野
本 摇

蜜 情侣
甜 集 迎
的 欢
密 毁
的 投 入 诚
摧 忠 兴 难
投 高 欺 骗
忠 欺 家
高 的 乡
欺 饲 水
的 肥 节
饲 冰 件
肥 细 用
冰 事 入
细 采 知
事 加 通
采 通 负责
加
通
负责

Puzzle 200

俏 皮
急 于
攻 击 神
精 去 年
在 理 溃
地 崩 少
至 叫 着
识 别
的 谈 话
循 环
祝 贺 乐
音 自 己
你 邦 油
联 浴
奶 到
淋 治 疗
看
治

好 运 治 地 察 过 四 桥 优 音 马 梁 村 磨 灵 有 怖
从 权 疗 理 于 镜 试 人 摇 心 赂 攻 惧 动 撞 余
稻 行 填 貌 议 虫 解 傲 过 欲 蔻 赤 坠 少 至 栅
页 祖 上 持 复 灵 礼 干 性 破 得 子 心 你 幸 状
存 稻 自 镜 理 士 分 过 本 貌 乐 发 乃 磨 野 梁
精 > 保 的 人 毁 灵 降 带 栅 复 持 特 怖 肉 己
神 的 急 礼 栅 摇 几 叫 着 亮 高 乐 淋 急 页 究
的 联 邦 真 排 行 动 皂 灵 页 因 浴 干 了 行
龄 谈 远 则 四 页 。 苦 音 日 乐 克 下 之 觉
休 考 话 高 灵 苦 介 本 有 领 循 地 转 镜
有 信 胶 运 肉 人 带 雪 落 乐 看 到 源 恐
俏 皮 保 村 四 子 热 识 傲 先 人 欲 的 豆
的 在 去 年 袖 驴 有 情 究 远 情 本 衡
底 人 转 崩 则 亲 观 人 下 礼 思 凑 信 部
醋 平 祝 贺 溃 社 直 有 奶 修 肢 油 柔 书 便 信 延

Puzzle 201

查 人 愆 了 醒 损 比 觉 记 煲 便 介 恐 的 恢 增 安
察 信 规 肉 丈 夫 较 面 皂 亲 特 欲 错 本 数 加 他
草 光 亮 考 类 可 光 祖 自 瑞 项 得 灵 基 觉 理
袖 情 观 人 可 靠 稳 复 见 护 护 喜 心 介 心 保 真
胶 灵 直 完 欲 主 桌 数 马 机 存 号 饭 有 教 发
撞 放 人 整 行 磨 驴 便 蛾 水 解 况 闲 表 面 的 光
豆 特 主 的 龄 醋 损 坚 果 决 定 了 恐 望 机 东 伏
趣 伊 解 心 保 要 面 轻 微 皂 重 赂 恐 面 会 西 光
蔻 环 放 最 亲 趣 况 保 村 惧 稳 的 况 明 确 保 荣
自 日 宽 息 坠 喜 人 灵 图 泽 也 的 父 栅 沟 通 请
有 恐 近 余 休 遇 典 伊 得 本 情 眼 碎 喜 的 的 信
透 煲 社 替 了 余 远 诺 情 幸 举 运 书 碰 伊
肥 草 损 代 镜 余 页 信 下 子 项 村 草 平
皂 定 毁 替 光 不 觉 亮 镜 梳 余 露 乃 情 定

磨 损
比 较
沟 通
肉 类
的 教 育
完 整 的
替 光 荣
机 会
的 东 西
草 坪 微
轻 加 面
增 宽
表 皂 确
放 肥 靠
明 可 果
坚 丈 夫

Puzzle 202

的 研 究
方 面
小 数
的 壁 画
老 鼠
真 正 的
主 要
提 醒
苦 差 事
奶 奶
时 钟
作 家
也 不 能
上 升
最 大
猴 子
匹 配
朋 友
中 心
判 定

损 最 热 乃 提 况 直 马 便 之 于 高 自 中 飞 带 眼
作 家 老 鼠 醒 书 则 疲 上 碎 马 雪 灵 怖 高 柔 乐
驴 领 乃 行 考 部 乎 差 升 肢 破 不 四 回 心 透 损
驱 根 平 况 驱 龄 热 桌 自 人 于 过 旋 透 平
热 回 朋 友 社 > 马 然 便 后 他 > 于 考 状 时 钟
发 面 水 摇 豆 条 亲 恐 机 木 雨 书 状 愆 自
领 特 方 面 有 察 骄 的 情 判 衬 坠 不 信 从 保
建 事 惧 怖 填 摇 降 类 定 况 宜 幸 主 远 望
诺 袖 雪 不 程 子 静 高 衬 事 袖 要 猴 错
填 后 乐 最 况 生 充 自 动 过 有 摇 自 匹 放 子
苦 差 事 大 便 野 四 本 龄 信 能 的 配 的 典
稻 他 惨 运 则 恐 驱 行 木 也 带 中 壁 配
想 父 栗 龄 护 型 雪 真 正 底 不 肥 草 奶 画
究 飞 秀 猫 望 骄 望 复 便 中 了 焕 树 奶 增
胶 木 之 子 的 研 究 水 小 数 中 心 信 热 休 摇

Puzzle 203

保 撞 租 子 肉 虑 人 中 重 平 丁 邀 面 则 复 见 水
想 从 梳 本 底 透 下 人 机 邀 伊 俱 日 信 情 音
加 镜 平 状 乐 马 规 的 便 四 ！ 乐 里 要 波
颗 秀 发 信 马 保 充 而 提 箱 试 部 特 远 保 衡 蜗
粒 沙 复 旋 爸 醋 最 坠 赂 面 趣 人 决 灵 素 计 杆
衫 柔 自 存 伊 木 伊 日 余 了 闲 亮 红 理 携 娱
携 父 了 近 爸 互 礼 余 恢 乐 定 色 算 情
镜 热 有 行 鲭 的 分 动 倍 乐 气 眉 本 热 升
皂 倍 票 重 秘 蔻 热 疲 热 候 加 依 肥 苦 动
上 趣 的 士 填 理 热 欢 快 的 的 父 赖 视 情 重
苦 来 信 填 祖 自 根 坠 而 透 最 明 自 保 人 见
遥 灵 迟 祖 复 自 上 考 绿 色 约 野 闲 书
思 放 自 根 木 栗 明 记 乎 欲 运
透 分 怖 闲 解 况 伟 惊 几 年 恐 远 循 转 肥 下 租

参加 的
欢快 的
绿色
高级
的爸爸
蜗杆
俱乐部
沙发
透明
水波
的互动
的周到
颗粒
手提箱
依赖
伟任候
宏信
气计算机
红色

Puzzle 204

情 便 加 士 摇 不 饭 心 貌 转 的 狂 疯 面 的 雪 信
乐 领 环 机 热 权 子 喜 高 降 医 飞 雪 马 书 议 心
摇 宜 恢 高 权 蛾 肥 升 望 生 明 星 露 信 傲 海
木 急 查 之 下 因 伊 条 摇 先 虑 则 股 袖 心 葵
项 上 平 木 好 的 直 约 人 摇 差 况 分 幸 龄
趣 望 栗 本 自 好 数 因 父 口 亲 落 坠 毁 恐 醋 人
透 蔻 人 墙 子 请 则 栗 租 基 梳 户 灵 火 那 解
麻 烦 有 介 过 野 己 复 于 皂 望 定 炉 么 得
底 水 香 澄 奏 肥 余 信 衡 答 旋 性 马 傲 闲 衬
生 灵 来 驱 清 请 增 素 龄 口 思 泽 噪 惊 身 加
建 稳 准 备 查 树 项 则 梁 灵 皂 慧 雪 妻 试 票
口 里 逐 渐 服 解 遥 祖 发 思 乐 生 礼 子 运 输
携 父 典 平 底 从 性 姜 木 重 循 袋 摇 镜 选
的 而 他 萝 虫 马 幸 看 领 宜 信 日 子 飞 混
心 模 拟 香 卜 驱 充 碎 状 日 降 答 虫 而 有 高 合

明星
火炉
海葵
准备
萝卜
麻烦
妻子
生姜
疯狂的
逐渐
落户
的医生
澄清
奏请
模拟
服从
那么
混合
运输
墙上

Puzzle 205

光 信 面 另 一 个 答 试 礼 坠 转 怖 貌 动 貌 损 秘
摇 有 马 放 四 源 页 转 高 驴 得 衫 要 马 后 举 续 工
疲 不 破 车 循 型 规 煲 底 有 条 地 远 建 栗 状
地 增 快 身 镜 人 排 心 摇 也 水 试 坠 铅 落 好
喜 子 量 本 宜 反 向 真 面 图 分 前 先 笔 票 动
得 本 的 望 蛾 碰 保 有 对 当 拘 前 饭 况 远 驱 诺 条 恐 平 填
乎 底 质 煲 草 几 养 结 考 捕 口 复 趣 灵 延 租 情 恐 遥 能
亲 亲 袖 稳 苦 摇 肢 保 束 恐 帐 肢 增 蠕 虎 从 摇 惊
士 人 秀 权 秘 趣 条 察 宜 篷 本 租 光 趣 灵
降 账 户 心 肉 沙 堡 条 素 醋 自 定 面 闲 日 考 惊
通 本 素 研 正 是 有 蛾 镜 区 股 持 休 量 增 冰 排
伊 情 研 自 携 理 状 解 子 士 面 了 带 箱 胶
祖 答 有 静 静 老 加 蛾 部 四 选 租 惧
破 雨 乃 携 充 研 典 排 行 士 醋 毛 衣 很 好 的 况 租
机 基 类 先

帐 篷 养 前 捕 损
保 当 束 行 是 好 的
当 拘 结 执 正 很 后 续 户
正 后 账 反 本 毛 铅 面 技
向 质 衣 笔 对 工 另 一 个 冰 堡
人 主 冰 沙

Puzzle 206

兴 趣
消 失 节
情 人 指
是 蜡 笔
蜡 鳄 鱼
鳄 局 限
局 支 出
支 场 景
现 实
手 柄 成 功
成 娃 娃
娃 姥 姥
姥 管 理 者
管 过 去 的
理 艇 体
者 关 联
过 的 女 儿
去 国 王

兴 现 闲 国 况 的 袖 碰 状 了 噪 蜡 典 肥 部 视 稳
趣 柔 实 王 能 音 觉 便 型 闲 面 笔 绍 选 瑞 豆 支
局 限 貌 根 见 高 磨 雪 增 遇 信 诺 便 毁 出
栏 本 建 私 行 快 优 心 数 因 充 望 娱 飞 趣 怖
答 露 差 马 有 许 情 况 平 的 请 主 摇 欲 的 建
活 热 梁 型 远 增 人 根 自 香 解 试 升 桌 音
试 袖 慤 活 本 栏 骄 面 程 里 行 特 思 自
是 指 乐 转 便 节 焕 貌 便 发 循 的 马 数
饭 过 社 醒 。 加 亲 查 蔻 水 乐 惨 最 释
人 许 去 消 直 滑 马 租 乐 秘 雪 衬 乎
艇 儿 女 的 手 滑 释 人 飞 理 不 事 亮 况
体 娃 环 选 柄 关 联 地 坠 要 猫 延 人 而
蔻 娃 典 飞 父 雨 姥 部 静 图 景 息 静
管 理 者 上 试 己 鳄 惊 。 绍 降 了 撞 增
滑 持 成 请 量 稳 鱼 类 得 露 区 来 马 议
成 功 喜 己 野 諾 私 马 虎 马 议

Puzzle 207

自 栏 野 飞 乎 情 亲 面 从 顶 胶 镜 口 衡 类 注 梳
虫 灵 复 表 出 旋 貓 乎 便 真 部 性 祖 疲 人 关 然
礼 降 保 达 的 决 。 便 页 察 信 增 便 的 士 便
科 学 每 个 人 成 持 续 时 间 梁 驱 平 乃 来 领 镜
理 木 放 部 趣 自 素 分 。 木 图 娱 分 条 新 保 程
页 图 闲 养 秀 趣 己 能 顶 粉 眉 驴 特 性 人 光
情 闲 雨 恐 电 股 面 身 从 红 驴 鳍 特 性 修
天 使 凑 镜 重 马 子 况 高 色 安 事 增 趣 携
存 驰 骋 倍 选 分 自 衡 响 破 坠 四 自 疲 分 惊 况 蛾
怖 思 滑 分 自 稳 ！ 保 条 不 活 士 磨 复 介 蛾
木 远 插 入 眉 究 先 虑 伏 记 快 士 心 安 秘 远
插 远 栅 类 梳 村 页 惊 虫 直 划 公 路 监 况
瑞 类 别 遥 树 身 遥 因 后 肉 快 过 肉 自 复 诺 远

的 领带
驰 骋部
顶 宽幅
成 分路
公 插入
插 新闻
新 类别
放
监
的关注
表达每个人
每 个人
持 续时间
科学
粉红色
响应
计划
天使

Puzzle 208

士 音 稻 飞 坠 飞 优 马 伟 约 看 发 送 机 思 蛾 马
书 喜 错 降 状 悲 剧 大 碰 了 音 骄 梁 远 子 本
热 想 。 过 水 情 充 叫 的 撞 喜 龄 欲 趣 面 便
面 怖 出 先 肢 村 思 修 声 转 放 加 栗 乎 解 马 热
口 疲 定 源 护 车 不 落 大 露 面 类 紧 飞 雇 梳
草 莓 动 余 考 噪 梁 傲 炎 梳 的 推 己 有 动 镜
莓 劳 龄 区 休 增 不 基 磨 热 率 迟 克 鳍 丁 里
劳 试 动 域 马 然 > 草 先 查 人 显 著 袖 分
事 驱 稳 然 > 柔 士 过 邀 快 栏 许 的 办 旋
乎 数 底 柔 士 分 系 增 磨 马 图 信 老 公 填
喜 趣 惊 租 底 教 欲 幸 破 心 衬 虑 最 室 几
上 研 请 坠 看 音 练 的 身 情 素 高 克 破 增
灵 诺 了 野 里 心 苦 通 幸 通 研 后 心 老
的 眼 况 便 察 心 雪 惨 得 主 有 型 毁 草 规
本 面

解雇
草莓
教练
功率
伟大的
悲剧
碰撞
发送
推迟
显著
叫声
系统
劳动
区域
看了
运行
炎热
大声
就像
办公室

Puzzle 209

于 木 心 主 活 试 理 傲 指 源 图 角 落 存 树 出 租
蛾 源 书 下 号 不 有 骄 望 蔻 像 稻 复 远 动 也 作
特 异 性 的 英 栅 不 介 蔻 主 更 喜 皂 复 年 观 用
回 落 飞 有 里 豆 约 素 散 动 亮 新 水 携 循 好 个
他 于 梳 得 的 条 觉 马 泽 观 选 最 梁 先 邀 心
克 平 出 保 父 摇 遇 飞 遥 村 研 秀 特 胶 修 煲
信 底 信 亲 摇 遇 飞 远 情 怖 眼 祖 解 透 真 重 草
保 ！ 动 自 心 乃 凝 视 的 心 而 见 露 类 栏 蔻
， 因 此 泽 的 伊 的 页 祖 延 休 观 视 票 栏
分 士 排 的 驴 几 桥 重 紧 损 树 来 的 羊 存
平 绍 泽 年 自 复 木 特 图 轿 跑 车 活 幸 王 室
飞 察 保 醒 轻 旋 士 丁 财 想 碎 透 总 羊 特 老
源 醋 情 部 飞 乐 许 村 信 产 中 视 线 疲 柔 休
基 早 项 许 先 上 过 村 乎 必 须 来 赂 源 特 老
亮 晨 面 先 幸 下 村 乎 必 须 来

右侧文字：
的羊必须财产作用角落图像凝视特异性的轿跑车年轻约望人疏散，因此总线早晨更新王室英里的

Puzzle 210

树 修 坠 栏 上 衣 停 第 方 向 不 视 子 新 热 运 望
莓 袋 伏 口 肉 事 留 七 动 静 数 护 察 破 的 秘 后
应 该 主 苦 多 数 好 祖 木 本 机 排 错 最 足 娱 数
条 根 建 难 野 从 惧 祖 坠 子 惊 错 顶 信 充 蛾 平
稻 稻 研 趣 得 老 旋 本 民 农 亲 答 优 社 木 服
目 回 户 外 视 况 肉 本 恐 场 恐 于 龄 欲 保 务
标 蛾 回 的 碰 乐 乃 衫 修 主 父 木 蛾 。 举 梁
想 灵 区 近 惧 信 坠 镜 持 赂 野 理 尝 保 试 电
热 香 自 村 马 项 持 真 雪 项 齐 究 遥
观 号 木 部 鳍 考 父 碎 复 肢 安 放 书 股
取 许 镜 不 安 的 热 本 镜 便 伏 香 亲 典
优 决 热 祖 要 他 四 顶 规 栅 猫 灵
保 他 于 约 看 泽 行 镜 乐 先 典 动 欲
状 事 马 的 树 地 最 顶 秘 飞 不 的
镜 复 增 休 情 乐 毯 恐 解 能 邀 高 损

左侧文字（树莓）：
树莓服务目标衣上整齐地毯进行苦取决于充足的户外农场第七停留尝试方向农民新的多数应该

Puzzle 211

上 生 栗 只 有 底 介 保 热 有 摇 远 增 温 不 情 肥
速 度 坠 要 便 出 建 携 部 高 平 分 度 马 豆 增
最 响 乃 恐 定 闲 毁 自 高 紧 始 信 度 约 理 不
有 亮 惨 快 确 透 貓 乐 驴 答 终 计 程 主 根
碰 木 龄 答 便 切 描 幸 息 衡 坠 地 环 摇 也 日
眉 规 虫 亲 车 惨 述 信 平 静 眼 高 电 撞 图 错
先 虫 栗 最 主 透 差 携 恐 得 醋 凑 书 桌 摇 乐
有 的 排 邀 信 直 优 人 平 摇 面 息 水 心 野
远 马 从 电 远 有 怖 绍 伴 侣 娱 几 香 己 充
电 碰 雨 便 出 乃 重 静 蘑 议 肥 惊 醋 增 类
滑 雪 面 见 伏 量 邀 的 菇 护 灵 音 绍 主
行 保 私 真 了 看 票 转 衫 怖 增 决 于 噪 研
议 类 营 解 旋 眼 近 梳 的 事 失 口 甲 虫
状 马 父 紧 迟 的 太 伊 的 租 苦 望 祖 肢
滑 雪 号 凑 观 复 趣 阳 乐 行 选 举 虫 恐 书 的

失 望 的
始 终
幽 灵 侣
伴 夫 菇
懦 蘑 亮 度
响 温 凑 计
紧 速 度
确 定 述
描 切 阳
确 太 虫 营
甲 举 雪
选 静
私 滑 有
平
只

Puzzle 212

政治
交融
西兰花
相关
分散注意力
溜冰鞋
的内容
闪耀
包含
战 争
得 到
水 葱
利 润
皮 肤
主 题
心 脏
竞 争
气 味
欣 然
猫头鹰

息 的 亲 凑 本 摇 有 心 虎 水 约 战 争 放 排 因 破
过 热 区 觉 损 而 礼 便 皮 肤 葱 饭 竞 赂 心 许 欣
根 桌 情 复 而 眉 程 绍 静 丁 肉 摇 口 号 日 脏 然
焕 图 利 润 灵 人 有 得 到 闪 稻 坠 交 溜 冰 鞋
了 饭 源 信 口 乃 程 的 豆 伏 凑 存 融 性 蠕 有
的 信 分 桌 错 摇 释 内 的 骄 亮 的 动 租 灵
保 出 散 先 趣 错 乎 容 情 怖 则 后 邀 下 自
的 乐 注 保 闲 胶 机 驴 类 士 气 落 发 自 最
状 坠 意 虫 能 地 的 肉 排 梳 过 票 典 主 村
因 迟 力 特 根 题 袋 稳 子 先 复 循 自 欲 的
他 持 放 本 主 头 磨 灵 摇 龄 情 定 下 衡 父
稳 他 眉 相 猫 考 鹰 差 直 包 环 部 最 西 生
政 治 胶 关 填 释 野 复 持 含 热 自 肉 兰 升
惨 带 子 自 撞 领 自 损 建 好 出 平 花 平
泽 股 增 本 便 蛾 部 光 焕 议 票 休 得 宜 高 究 桥

Puzzle 213

凑 ！ 人 活 遥 灵 的 坠 保 木 货 电 醒 闲 落 况 的
包 括 决 损 焕 衡 ＞ 热 泽 底 车 信 上 释 降 士 最
貌 口 眉 而 本 得 考 通 看 然 恢 则 饭 动 基 后
护 婴 复 动 疲 上 鳍 飞 自 里 栅 保 眼 邀 胶 公
带 儿 的 脂 差 乐 碎 秀 里 谎 木 本 选 自 入 民
的 来 醒 钢 来 迟 木 醒 思 言 栗 马 娱 自 栏 图
能 面 了 五 旋 闲 衡 野 考 不 生 转 乐 入 护
密 惧 排 个 研 私 树 而 人 要 好 摇 里 股 肥
封 袋 高 近 遇 型 惨 ＞ 好 ＞ 欲 惊 磨 因 票
书 信 朝 着 恐 解 绍 也 惊 约 泽 基 通 袖
木 出 子 机 野 信 项 书 直 转 人 素 闲
迷 惑 想 号 要 秘 图 年 研 心 自 主 伏 的 源
剩 ＞ 视 增 喜 远 心 平 特 单 栏 树 决 惊 息
余 己 父 的 肥 行 蠕 股 桌 元 镜 自 电
排 出 观 便 平 乐 底 亮 安 驱

单词列表:

带来了
最
公民惑
迷密封
婴儿谎
言口来
醒的
货车
排出
的脂肪
五个
规则
单元剩余
朝着
自娱自乐
钢琴
包括

Puzzle 214

单词列表:

季度
打破
大专
的作用
压低
的视线
海洋
抽涉及
优势
磁带
角色
焦点
粗细
相同
评价
结步行
自然
的卧室

举 平 的 焦 大 用 作 的 释 解 规 面 能 股 的 自 信
自 柔 镜 点 专 亲 快 视 面 苦 记 袖 骄 海 撞 然 的
噪 结 婚 虫 。 私 则 线 四 最 况 护 本 洋 基 自 亲
看 桌 的 卧 室 木 复 最 动 保 亲 子 安 压 低 增
因 龄 愈 休 他 高 雨 延 灵 直 信 木 回 桥 人 疲
便 主 理 的 季 得 电 雪 信 地 情 镜 龄 升 野 决
素 草 状 部 增 雪 落 娱 喜 租 觉 士 ＞ 选
木 露 量 涉 及 趣 磁 雪 角 条 有 心 栗 透 心
煲 面 迟 通 滑 雨 损 带 色 信 栗 热 虫 想 则
议 素 栅 士 亮 乃 票 不 ＞ 延 回 规 许 坠
雨 驱 优 况 视 携 的 状 人 真 想 观 自 邀 真
约 基 乎 动 下 愈 优 势 存 醒 价 解 之 桥 恐
升 相 保 携 电 摇 热 袖 直 过 木 肢 屉 马 察
老 粗 同 规 视 虑 信 破 的 ＞ 老 柔 答
带 细 村 护 透 步 行 摇 信 有 滑 里 地 露 露 型 电

Puzzle 215

优 近 驴 蚂 蚁 的 摇 肉 最 试 减 少 约 股 不 专 秘
便 栗 子 温 柔 的 的 从 安 武 器 欲 数 有 礼 家 票
本 疲 欲 保 号 傲 里 解 加 股 的 复 不 雨 升 桌 最
最 增 木 倍 出 则 基 人 理 秀 能 喜 安 循 举 能 高
虎 的 鳍 区 恐 然 本 远 衬 行 买 透 宁 木 行 遇
后 迟 恢 栗 自 重 怠 稳 事 得 休 倍 露 肉 性
豆 好 栗 特 的 了 作 程 行 起 惧 信 木 赂 有 类
不 亮 安 差 约 画 恐 约 约 眼 袖 的 考 有 光 的
食 飞 父 鱿 鱼 杂 志 运 乎 野 查 能 倍 解 木
用 栅 栏 栅 鳍 本 加 眼 噪 领 热 子 的 行 雪 解
保 飞 重 苦 情 上 究 有 释 子 着 考 几 人 见
害 羞 复 息 回 上 焕 高 闲 最 急 差 高 镜
了 量 人 醋 复 来 疲 自 自 的 欲 本 滑 机
特 祖 栏 > 来 秀 快 人 头 脑 介 惊 通 之 马
特 觉 先 镜 人 桌 本 自 的 诺 平 喜 环 视 己

解 志 画 栏 子 急 少 脑 用
缓 杂 作 栅 急 柔 蚁 复 人 家 升
栗 着 减 先 羞 得 起
头 食 祖 温 蚂 回 雪 专 鱿 鱼
安 害 买 鱿
武 器

Puzzle 216

无 线 电 韭 , 眼 从 人 出 间 本 人 马 四 闲 ! 栗
行 子 胶 菜 直 坠 肥 急 口 源 惊 的 后 动 高 降 胶 年
闲 活 快 他 到 展 加 欲 了 源 趣 煲 而 肥 幸 属 于 不
特 虫 要 心 们 示 私 梁 摇 煲 梳 本 露 动 属 间 从 马
露 破 考 特 生 滑 的 分 因 不 社 人 情 答 惧 料 喜 袋
动 项 数 露 本 的 分 了 伏 航 破 趣 动 颜 抗 露 衡
觉 复 解 醋 灰 程 灵 条 恢 镜 滑 规 决 拒 分 鳍
。 能 恢 斑 身 尘 己 性 本 亲 究 宜 宜 人 马
虑 欲 斑 点 羊 高 眉 情 自 视 见 介 露 部 欲
胶 见 想 周 群 修 因 况 能 本 安 子 恢 驱 遥
鳍 蔻 生 察 类 改 为 紧 自 见 子 遇 信 自
人 恐 梳 迅 桥 页 静 皂 看 保 面 几 书
趣 延 心 速 老 见 梁 环 权 亮 面 饭 香 便
的 营 养 考 上 恐 雪 填 喜 许 情 遇 梳
决 喜 释 笔 记 本 来 情 决 情 几 香 便
余 赂 领 了 决 便 肢 信

Puzzle 217

底 温 衣 服 也 复 思 事 优 亲 本 出 坠 于 直 肢 型
子 度 而 从 磨 本 虑 之 自 人 煤 炭 地 安 则 柔 项
机 肉 过 几 袖 便 趣 紧 人 放 皂 员 驴 克 得 信 己
于 不 理 他 解 高 稳 票 休 伊 宜 亲 优 工 的 旅 泽
增 栅 草 信 灵 复 婚 礼 飞 分 己 研 热 一 记 根 透
有 安 袋 心 凑 真 老 碎 降 状 研 面 能 诺 充 坠
貌 发 美 味 饭 况 不 排 皂 秀 填 煲 类 决 邀 面 人
眉 股 父 分 结 任 命 察 伊 车 机 他 秀 蠕 重 桌 幸
背 惊 瑞 试 决 构 的 号 肉 图 年 人 乐 动 查 小 请
后 恢 错 最 研 思 性 标 律 师 人 。 领 乐 来 高 情
区 型 不 光 决 的 察 律 草 梁 肥 滑 动 了 柔 议 然
遥 轨 道 伏 标 律 师 肥 页 热 袋 野 规 记 露 木 利
升 警 报 志 草 瑞 噪 煲 梁 页 热 袋 野 规 记 回 研

有利
标志炭礼讽
煤婚命马师报味声
嘲轨任道小律警美一
的工作人员
衣服温度下
背人口
的旅馆
结构

Puzzle 218

的热带
胆小
迁移
频繁的
品种
披萨
项目
兔子
的演员
侵入
脖子
土耳其
解决方案
激励
我们
尖尖的
更好的
民用
股票
稻草人

情 尖 尖 的 员 他 型 保 衬 倍 股 票 则 究 书 祖 乃
稻 也 旋 好 演 乃 不 摇 草 喜 觉 书 项 迟 脖 议 运
披 草 解 更 的 热 带 邀 的 然 雪 查 目 眼 子 子 摇
胶 萨 人 趣 伊 答 循 间 惧 惊 人 摇 的 租 的 马 转
平 区 复 灵 飞 侵 摇 保 本 出 行 思 平 之 我 们
惊 撞 究 宜 转 入 紧 静 迟 醋 地 之 克 肢 领 修
豆 过 项 有 真 饭 稳 皂 傲 有 邀 因 > 热 的 主
情 龄 露 幸 记 心 礼 趣 面 香 毁 本 香 私 虫 摇
龄 觉 看 木 喜 优 的 稻 便 便 了 保 记 人 摇 之
因 则 下 充 后 摇 碎 惊 远 的 解 老 电 日 页
蠕 士 出 虑 频 远 高 民 休 人 决 破 迟 乎 眼
安 领 行 ! 部 繁 泽 用 闲 种 方 栗 光 平 过 的
里 有 乐 自 的 土 理 机 品 恢 案 便 余 察 本 解
迁 移 木 身 面 耳 胆 闲 趣 野 激 灵 过 蔻 衬
乐 露 闲 惧 子 木 其 损 小 乐 许 行 励 欲 己 眉 平 查

Puzzle 219

丁 许 生 貓 生 的 消 也 争 证 据 回 了 动 克 持 面
胶 乐 动 鼻 远 近 的 防 辩 虑 草 草 复 见 本 后 惨
马 苦 循 子 马 规 身 员 人 部 不 傲 他 况 父 存 近
苦 加 坠 飞 礼 小 磨 家 望 不 延 复 自 号 破 宜 的
飞 焕 栅 动 乐 木 书 遇 远 视 解 重 破 动 而 诺 破
快 落 安 乐 士 增 保 镜 镜 因 口 保 位 心 状 貌 野
透 安 便 增 保 几 介 坠 填 礼 动 移 地 坠 而 日
环 好 自 身 眉 稻 邀 区 镜 约 位 理 号 马 紧 的
追 于 袖 究 出 介 请 破 约 桥 约 喜 自 老 马 眼
求 袖 填 的 艺 邀 喷 镜 生 木 犯 心 远 考 源 信
思 怪 情 术 请 泉 决 望 本 任 罪 余 稳 最 有 量
票 物 保 性 格 望 乐 停 恐 股 何 亲 先 貌 年 权
承 规 察 有 的 倍 信 机 坪 克 保 权 保 肥 信
袖 担 面 也 光 邀 停 安 喜 过 虎 特 底 便 决

位 移 何 术 罪 担 近 差 格
任 艺 犯 承 远 误 性 望 小 证 喷 家 争 邀 怪 停 追 消 鼻

Puzzle 220

最 里 聪 针 反 马 保 醋 情 飞 避 保 持 考 稻 望 毁
肉 信 明 对 应 丁 来 觉 蔻 溜 免 迟 修 镜 几 循 桌
租 情 眉 里 活 特 成 本 美 冰 坠 惨 递 员 壁 环
碰 觉 近 之 得 私 直 分 国 近 程 复 升 诺 壁 炉 落
最 能 持 项 飞 诺 自 着 望 得 他 闲 股 技 炉 思 坠
增 子 考 保 碰 带 显 见 定 迟 虎 静 巧 间 中
亲 感 况 醋 特 环 滑 议 复 修 飞 滑 乐 情 热
回 况 觉 口 复 娱 察 马 四 究 稳 观 素 的 恐
社 木 了 的 情 稻 他 年 数 安 觉 权 安 循
填 胶 傲 稻 惧 野 自 图 不 己 电 遥 驴 水
乎 充 老 闲 栏 因 邀 人 建 镜 栏 木 私 数
雨 公 虎 源 望 车 的 破 只 升 好 雪 龄 坠
源 惨 园 摇 马 顶 摇 直 是 花 选 中 观 之
亮 面 通 人 心 活 静 恐 棉 年 貓 性 鳍
解 不 摇 几 苍 出 面 压 情
错 的 号 鹭 落 力 间

Puzzle 221

栗 他 复 行 片 遥 持 真 不 破 一 生 过 植 约 皂 情
主 快 碎 乐 段 远 小 玉 米 保 直 许 数 之 物 声 音
增 而 发 栅 袋 远 直 直 有 恐 则 秀 观 带 最 了 虫
焕 远 动 闲 活 时 考 面 虫 放 便 差 过 条 心 性
泽 出 机 预 预 不 权 因 蛾 眼 解 便 问 旋 型 热 而
平 木 心 责 任 了 口 思 愈 降 绍 部 自 雪 增 伏 闲
旋 信 摇 升 士 怖 书 自 察 梁 由 重 身 豆 也 根 请
子 顶 伊 休 领 上 从 热 滑 警 自 土 见 汽 保 热 而
带 研 情 恐 介 思 典 察 然 愿 闲 车 子 况 后 惊 貌
有 滑 降 得 苦 差 事 量 因 则 保 几 情 观
条 ！ 领 基 乐 醋 自 绍 看 姥 选 之 摇 貌
款 诺 士 高 型 素 自 乐 毁 爷 出 介 亮
高 桥 紧 乐 休 因 记 娱 透 肉 颈 后
约 瑞 租 复 高 差 考 倍 要 稻 试
休 飞 数 下 决 息 顶 趣 醒 环 里 镜 日 的 而 虎

发 动 机
遥 远 车
汽 预 测
颈 部
玉 米 由
自 访 问
访 警 察
条 一 直
小 植 时
痛 责 物
姥 苦
自 爷 任
声 愿 音
片 自 段
土 声 片
豆 土 豆

Puzzle 222

活 栗 雪 量 患 克 老 惊 紧 镜 喜 保 定 远 转 之 稳
焕 高 动 旋 者 本 保 得 木 落 图 有 释 释 外 套 快
惊 心 己 乎 加 高 平 秀 胶 碎 有 复 醋 骄 规 考
亲 惧 年 损 休 看 部 香 息 树 祖 部 噪 闲 ！ 怖
况 松 缺 乏 不 有 循 栏 虫 梳 冷 损 行 ＞ 伊
梦 性 鼠 源 倍 究 保 飞 木 冻 老 坠 保 士
想 次 有 见 醒 批 而 子 宜 向 部 放 解 机 面
滴 一 环 特 粗 判 信 噪 通 休 加 虑 年
方 个 最 龄 心 特 诺 日 查 眼 的 蛾 己
官 量 填 有 骄 判 泽 葵 图 转 而 桥 他
的 质 优 票 议 基 约 医 水 梁 信 真
舞 之 优 木 心 ＞ 动 自 疗 性 马 水 优
蹈 约 直 况 生 他 瑞 真 人 排 最 生 人
页 秘 股 赂 木 主 了 好 军 究 貌 排 私
遥 社 望 地 研 便 恐 存 想 型 察 图 程
优 研 量 请 稳 有 思 面 梁 坠
舞 察 滑 在 情 午 餐

Puzzle 222 (left word list)

粗 心
缺 乏
冷 冻
批 判
向 日
存 在
一 夫
军
一 次
优 质
医 疗
的 舞
梦 想
午 餐
一 个
患 者
松 鼠
外 套
的 官 方

Puzzle 223

苦池请的秘领面目项的约面领情稳衫肥
动塘＞坠眼心顶冬坠老茶诺稳父型权
有平自填破研心快动邀亲火下保栗丁摇
月球顶动洋栅青楼日撞鸡观诺苦携
带亮顶水规子梯部平心滑子幸况保
趣事噪飞牛音底傍成弟书亲怠量稻
环号苦诺毁复晚熟弟高思乃保携
社丁木充口保倦面护马恐音木梳
记香惧坠携欲鳍心保水人行望的
民承的记基水转保。鳍便子试不
俗认灵的排平乃四机面爆伊的
醒灵情量伏观领野旋己稻虑发摇落
小情透礼眉年衰野号了本书从
子保主日胶几变差动乐远亮摇保
遥之判决见诺运胶充几从错约村平碰保

池塘鸡熟青球护认决倦护
火成冬月维承判疲保护小子项梯变茶
晚牛民俗发的傍水民爆小弟弟
目壶

Puzzle 224

网不紧增释出本也了根心了居击惧肉驱情
络考升打丁梳香号的保高民剑木野雨型
用品周诺降法介行衬他＞透介而项看＞栅人先
二份允许斜额诺发野增摇增醋则携秀条文化心平凑生柔有
倾斜商业的亮领量肥条衬迟私数份额梳网平滑生磨衬存
教授介伏心平了类解不差图权肉络票行条飞
出生锄头余子灵类便于情特见中人出生环察雨面
表现现在红萝剑民赏文化樱桃打法在时
铸居欣镜面余凑斜复蠕桌草本欲的丁护远

Puzzle 225

项 的 子 后 露 查 木 热 光 排 主 通 举 快 栏 摇 说
研 股 人 摇 情 复 排 野 欲 上 栏 摇 来 乐 好 底 明
四 型 树 身 的 龄 项 电 围 本 车 才 人 黄 赢 了 恐
增 欲 干 晃 的 迟 丁 通 解 噪 书 丁 木 平 得 有 不
赂 祖 环 晃 租 因 趣 梳 理 信 结 果 > 油 秘 的 近
指 经 规 悠 滑 克 的 信 有 图 灵 地 究 素 信 循 落
甲 想 验 悠 自 的 一 亮 平 时 发 发 心 伊 心 私 饭
瑞 噪 放 究 直 定 规 信 坠 先 分 信 底 丁 部 丁
觉 于 功 环 龄 紧 天 复 损 建 型 心 坠 透 股 桌 摇
滑 状 能 惧 最 急 规 年 部 透 蛾 滑 情 票 鳍 赂
瑞 驴 闲 扶 议 手 上 复 不 闲 理 飞 旋 热 略
恢 放 旋 肢 貌 这 缘 解 乐 放 马 想 撞 息 保 人 亲
运 栏 年 马 这 些 也 祖 基 电 迟 升 看 平 乐 先 直
草 。 的 出 运 露 倍 项 袋 书 眉 旋 父 试 水 心 定
柔 村 阿 姨 毁 露 倍 项 袋 书

阿姨
赢了
围巾 定 干
一 树 底 部
扶 手 椅
晃 晃 悠悠
结 果 功 能 验
经 缘 时 些
边 平 这 些
的 人 才
快 乐 的
说 黄 明 油
黄 指 甲
兔子 天

Puzzle 226

公交
的专业
洗涤
放心地
计算
政府
停顿
完美的
等待
家具
认识
突然的
微笑
光泽
培训
蜡烛
展览
的有用
答案
法官

的 计 算 放 音 亲 法 祖 而 子 不 栏 他 停 的 桥 而
有 许 灵 从 心 建 官 来 的 衬 复 看 顿 来 远 查
用 息 决 紧 眉 地 页 来 信 丁 降 诺 疲 解 填 人 动
栏 私 面 理 活 蜡 烛 微 定 休 有 释 息 循 答 真
护 地 不 看 透 增 建 笑 亲 梳 源 灵 持 树 快 顶 生
木 闲 胶 的 底 答 生 邀 不 马 答 环 图 乐 等 待
惊 栅 高 便 自 案 秀 鳍 安 私 部 情 本 傲 信
培 训 趣 邀 远 伏 底 型 灵 回 惧 不 > 主 灵
认 况 镜 水 便 看 马 面 车 热 幸 亲 赂 页 摇
衡 识 优 秀 有 紧 邀 存 洗 虎 家 部 光 泽
滑 野 情 查 页 定 子 涤 展 幸 的 专 业 坠 毁
泽 光 肢 损 能 坠 骄 书 览 保 的 美 政 情
摇 邀 傲 好 四 身 静 便 充 然 自 府 规 从
心 灵 自 规 梁 人 社 光 眼 动 突 公 饭 放
选 倍 老 类 自 貓 约 顶 紧 身 饭 丁 交 充 亲

主 过 > 活 肉 项 蓬 ！ 试 泽 增 有 息 地 自 胶 导
携 明 骄 士 泽 士 松 稳 特 紧 趣 醋 答 喜 顶 号 演
马 智 克 图 他 秀 动 粗 鲁 回 乐 的 循 诺 虎 作 的
护 镜 心 娱 答 租 面 露 选 图 下 究 合 恐 合 增 私
复 心 最 信 丁 眉 加 选 考 秀 看 趣 分 先 栅 子 号
破 己 便 露 复 的 特 面 定 煲 秘 情 数 安 增 这 这
逮 有 过 试 蔻 视 能 四 秘 饭 人 复 快 柔 梁 碰 样
捕 衡 惨 一 最 略 最 余 中 头 短 木 活 降 租 顶
面 年 人 热 私 最 高 头 虎 暂 稻 性 摇 定 周 栗 六
活 物 间 系 高 拍 头 面 驱 亲 则 差 马 王 岸 子 上 烧
想 动 的 乐 列 究 梳 许 己 摇 赂 降 镜 子 栅 号 毁
皂 ， 来 眼 拍 愆 自 决 摇 的 面 噪 信 柵 主 动 性
镜 邀 乐 不 梳 情 皂 转 选 衡 情 栅 间 高 复 条
决 撞 几 重 遇 源 顶 好 远 乐 后 高 复 露
觉 心 蛾 余 量 升 解 则 顶

合 作
周 六 暂
短 有 趣 的
微 小 演 鲁 摄
导 粗 拍 上 松
岸 蓬 ， 动 物
， 最 高 毁
烧 王 这 样 子
逮 活 捕 动 摄 像 头
明 一 系 列
智

男 孩 歉 冻 虚
道 果 谦 色 的 忙
出 繁 定 义 猬 个 本 球
刺 整 基 足 蜜 蜂 堂 居 者
教 定 别 人 益 爷 爷
有 的 精 事 椅 灵 实 子

降 怖 蔻 愆 有 定 遇 喜 复 瑞 许 摇 草 木 有
倍 部 平 实 精 果 加 数 远 视 车 解 恢 情 的 益 建
事 亲 伏 野 灵 冻 根 落 素 顶 考 热 飞 解 权
号 透 面 考 礼 栅 香 理 蜜 保 恐 究 性 的 议 自
瑞 有 飞 基 坠 龄 加 坠 蜂 衡 携 露 他 飞 选 行
他 部 足 本 约 发 息 趣 的 身 研 号 性 电 貓
村 人 球 幸 保 老 子 子 条 别 情 人 义 然
木 的 男 的 赂 最 最 安 过 举 傲 动 居 蔻 人
解 然 孩 底 惨 的 行 村 书 露 信 定 龄 香
道 桥 带 苦 回 觉 不 行 举 傲 肢 之 年 堂
举 歉 胶 爷 区 请 露 刺 虚 携 露 马 趣 欲
蛾 亲 情 他 数 也 撞 出 年 > 加 书 有 子 恐
遇 情 定 记 便 类 型 色 过 滑 宜 事 自 虑
循 要 整 树 增 蛾 倍 木 木 秘 循 泽 动 怖
察 信 复 光 察 便 瑞 过 通 碎 马 放 差
蛾 个 机 热 真 忙 袋 况 动
遇 状 直 繁 增 特

Puzzle 229

人 个 的 情 醋 惧 加 生 蠕 查 源 秀 稳 差 先 不 邀
增 泽 实 惨 领 错 静 坠 产 真 凑 他 的 页 乃 马 先
柔 资 际 书 解 透 蛾 部 电 了 直 村 木 行 权 根 树
迟 格 骄 蔻 的 醋 观 心 定 蔻 亲 选 上 建 约 厨 秀
饭 热 眉 好 奇 记 远 镜 他 业 肉 村 建 容 忍 房 飞
乎 页 袖 过 侵 查 量 能 的 充 村 露 重 决 虎 欲
桥 而 飞 破 貌 源 肉 桂 自 四 > 升 乐 增 议
休 温 口 中 许 苦 性 此 驴 从 复 也 肥 肥
中 暖 人 肉 父 急 煲 老 研 情 信 驱 行 银
的 的 私 秘 考 亲 书 龄 究 面 凑 便 克 行
的 人 升 之 瑞 看 不 议 老 出 镜 几 释 遥
滑 肢 的 事 滑 源 欲 出 木 水 老 秘 面 虎 解
惧 最 学 特 来 苦 生 稳 议 权 放 理 旋 貌
情 理 术 项 马 凑 父 出 余 人 持 要 釋
士 解 苦 号 书 亲 议 果 信 熟 差 研 许
汁 悉 迟 社 眼 闲 秘 略 部

学 术 暖 的 性
温 侵 略 处
此 奇 汁 能 量
好 果 汁 能 产
的 研 究 业 务
究 生 房 行 父 亲
业 银 的 父 人
厨 的 格 桂 悉
银 资 的 个 实 际
的 肉 熟 容 忍
容 的 他

Puzzle 230

乌 鸦
风 窗
威 胁
菜 花
的 邮 件
知 道
猕 猴 桃
连 续
衬 衫
糖 果 能
可 个
两 合
组 巨 大 的
经 常
春 天
小 苍 兰
动 物
小 猫
下 面

许 保 记 出 升 损 通 上 项 桥 喜 菜 组 合 己 议 春
惨 梳 透 乐 焕 安 动 规 碰 也 绍 花 鳍 诺 典 领 天
远 热 有 直 答 泽 物 来 的 旋 间 音 间 电 桌 真
连 续 图 量 宜 伏 条 日 保 近 木 欲 不 情 可 能
情 选 怖 兰 眼 驱 亲 野 间 机 草 优 驴 许 行 雨 选
绍 蔻 毁 苍 亲 复 祖 宜 排 息 衬 旋 约 先 解 真 礼
状 两 的 小 苦 马 诺 骄 威 下 香 约 的 露 知 道
伏 紧 个 惨 权 肢 风 窗 面 趣 巨 > 部 貌 部
虫 动 观 焕 绍 。 子 先 光 大 灵 的 灵 心 的
稳 机 静 活 图 典 身 研 的 香 活 貌 研 车
醋 醋 柔 则 旋 喜 研 龄 的 驴 梁 心 人 胶
秘 瑞 四 欲 本 衡 的 查 平 本 区 察 滑
丁 规 慧 的 迟 恐 趣 乌 人 研 便
间 情 不 恢 猕 衬 邮 驴 鸦 噪 碰
栗 惊 直 亮 猴 衫 件 滑 糖 果 滑
恐 子 豆 秀 经 略 余 > 究 丁
子 好 况 特 瑞 常 之 重 克 发 本 人

Puzzle 231

```
票 况 潜 活 透 见 理 信 麋 行 解 毁 娱 礼 蔻 绍 梳
触 摸 水 况 机 回 克 恐 鹿 差 乎 栗 社 活 自 降 究
手 醋 过 本 眼 观 衬 机 自 的 数 桌 研 花 直 理 性
册 近 人 息 惊 近 自 书 身 情 状 复 议 费 绍 虎 便
私 特 损 建 要 况 余 保 后 填 ！ 源 人 解 直 娱 许
闲 量 驴 克 保 迟 乐 泡 热 村 优 型 眼 栅 热 选 有
的 眼 虎 损 邀 项 酒 打 安 专 转 情 好 因 焕 静 恐 旋
远 放 胶 香 龄 上 眉 粉 排 于 特 几 差 顶 豆 况
考 便 乎 宜 他 里 诺 行 介 持 的 项 类 煲 倍 安
议 磨 昂 考 安 法 梁 亮 噪 野 虫 部 高 香 坠 没
建 滑 租 贵 栏 规 因 底 动 根 图 高 系 同 事
基 介 栏 究 自 毁 音 大 环 虫 联 得 露 喜 怖
再 自 遇 优 欲 分 部 煲 持 百 考 乐 醒 木 后
木 见 也 许 素 栅 噪 眉 苦 个 百 天 几 请 木
露 豆 车 出 行 坠 自 冬 乐 秘 稻
```

百花专
个
冂
同

费
内

规 册 鹿 系 水 贵
打 粉

冬 天

法 手 麋 联 潜 昂 大 触 没 也 分 再 安 酒 后

摸 事 许 配 见 排 分 安 后

Puzzle 232

```
西 红 柿
会 见
问 题
震 撼
状 态
计 算 器
分 离 的
狼 狼
遭 受
汉 堡 包
数 量 康
健 定 位
油 漆
灰 尘 的
吃 饭
捕 获
安 静 的
河 马
撕 裂
```

```
行 的 排 他 约 眼 顶 皂 过 趣 震 安 木 撕 裂 举 祖
栗 究 本 袖 露 驱 自 便 得 区 撼 静 伊 的 蛾 休 本
建 根 静 发 选 静 汉 堡 包 问 苦 的 离 分 息 趣 释
察 来 四 则 木 遭 受 要 释 题 本 醋 主 肢 平 休 醒
野 举 。 因 决 情 高 下 貌 > 保 喜 便 西 子 蛾 梁
权 灵 错 镜 自 生 灰 页 ！ 健 年 音 邀 型 红 真 苦
数 量 河 便 恢 的 尘 子 秀 康 升 香 自 研 柿 人
会 见 马 秘 想 趣 的 豆 袋 复 便 因 桌 循 镜
后 计 算 器 选 发 乐 要 草 回 最 自 衬 惨 数
降 他 下 情 号 蛾 坠 眼 顶 转 护 貘 源 后 了 约
祖 充 视 定 发 栅 事 飞 书 欲 吃 蛾 破
驴 视 定 延 排 本 心 摇 捕 遇 眼 觉 错 狼 社
底 错 位 图 。 程 幸 状 获 填 的 快 娱 野 察
考 身 观 行 平 书 望 态 察 恢 恢 错 油 趣 栏 丁
况 袖 的 虎 肉 出 有 远 子 循 秀 便 漆 书 克 祖 间
```

Puzzle 233

落填见升环保光许旋建娱页自来理通本
重橡袖增人趣中丁介肥滑平活虫型机条
位子考余，增分护条好不肥亮蛾题不不
动置恐露而的心基事冒犯增望梳号梳草
耳朵热因伏不间优释噪记远疲有信
租噪素因最通是绍之坠复于寇图号
回摇人高见士滑动自本转理行运
裙子许约桌雪视便稻面栅能寇的类
因面蠕的稳存摇宜的设胶心乎动
灵特衬租错持虎诺摇租磨保父请毁
摇转子肉电闲乐袋解煲事数请辩
环分复雨便部相互作掩优栏热论
怖不双亲研序镜快情盖他得分谈
眉不双了木成的丁视骄的远考的顶
环虫碰了木的长回动傲不悉平克透醒

裙子
南部
的设计
位置掩盖
辩论程序
等于双
谈子长
橡子成长
标题自冒
信号滑动
，而不是
相互作用
耳朵

Puzzle 234

他研他惨信噪。悉蚊票能考便桥地蔻考
面瑞露邀人衬文子而力运下号谢露晚
权欲倍选礼章面定远复丁天鹅餐放
紧活迫子热礼正式眉！自然谢豆飞
填肉瑞使发肢源分！错中议秘梳肢面
胶环亮木煲女察落透决肢绍趣
子远遇行磨心秘积余加自凑傲
撞降解业权秘性士放项型后
情龄欲蔻受权回稻身人举见人
宜绍煲磨害者信平放摇分骄
森信运远子型诺伏保子
林优页妇旋蔻人答肉本究
平静面事马身镜透自的
优里热便因瑞不镜父貌息
主凑赂记空填查树电焕便释活及其

秋季。
能力
积极
进一步
谢天谢地
晚餐
错误
森林
蚊子
泼妇
女性
天空
天鹅
分发
行业
正式
受害者
及其
迫使
文章

Puzzle 235

加马行有也欲浓面＞坠上音貓四生趣性
解特惊为情露缩心丁余马复部究物信学
本驴邀子释噪鳍饭定性果木肢的野特存
梁惧饭因入香不状心结。的龄号中遇丁
己手输灵典豆的老必。威几坠野基本
降桌套决他遥票毁要恢错力乎克中水素
透亲因宜迟也的携状素稳是饭升的直
驱情灵运携过梁不雪极真极心升心
先柔摇况气遥虎考平能真能的后
安怖人上复复的趣瑞礼地猫最之议
己欲先循礼乃身落物喜复飞热稻试
复口信伏人碰行貌存雪信地部平子乐
查乎图子马记要恢信球师地露回应
队图苦情蛾过水动条师喜人智能
伍苦肉生高水循机自来主室智应

运气球师应
威力套浓缩
雪教回究生套缩
回研手浓地的猫
研究必要结果
手必要极地是
极地队的物室
的伍几平入慷
队几平礼物慨
伍礼物教室生
教慷慷生物学物
输生物行为
慷行为智能
生智能

Puzzle 236

好得父胶错貓柔充流体考帮直摇况迟然
条特机远数克举究幸牛奶助升吸取野村
理情碎带最约真增本电保视机的行租
解煲蠕灵之也地平理子加地书星近
豆了面平稻复猛休身不喜面音子特
记觉礼环衫特噪如稻口记情书放诺胶
近坠马上袋稳落何余人之虎情右绍
瑞亲事野胶子运建复过稳说服手填
行股木定欲静徽年衡木亲本
草复虫来损饭章遇稳过稻建露
能情衡饭租行礼姐存衡稻后请邀
家上议摇雨后出姐解发循从直
庭不有子自邀胶静信循落衬中约
便高镜镜列表信书得活稻衬之安幸
数上摇坠马类情的子苦灵领大规复

礼服
地面
家庭
牛奶
行星
大量
猛地
的事情
说流体
说，
如何
徽章
右手
姐姐
帮助
吸取
直升机
列表
很多

Puzzle 237

环梁雪运肥煲决有己延破有量先父打不
了解号摇貓乐焕思况土地人之摇菊击星
想桌部稻的也活梳理动选摇碰虎花期
子了错的差电举增携幸蠕摇状基煲五
绍年梳碰煲眉摇保反复面栅降滑约查
士落面介灵无车木过泽有泽草里热蛾
在这里看伏意平灵来电蔓四带风情
视典条项虫义礼伏想视延过复格权于
子顶源机飞的修亲邀热延介真正释恐
煲子回平栗无亲水性！士息口候奶分回觉
欲亮面能近名鳍肢噪恐伏野选牛分底研
本书心高急指真书许水撞增人股迟特镜
梁包页保几学生栅自保动动理最增特袖
车放建释介稳乐泽绍考肉快维生素他静
区松释介日梳鳍快！心驴见驴醋觉安磨

菊花
在这里
电视
蔓延
土地
包
书
维生素
星期五
无意义的
学生
过程中
放松
真正
风格
无名
反过
候选人中
牛奶
打击
的飞机

Puzzle 238

目的
名词
逃生
策略
谈话
打招呼
请问
海拔
的文章
今天
奖金色
黄严
时重间
动词表
检讨
再次
牛蒡
塑料
，除了

介祖携基复心滑子领香查饭也飞环车毁
肉虎区的复便下＞日疲袖坠带打招呼之
最眉眉填车灵书牛蒡水，胶镜赂检不栏损
动词运士思袖镜肉海拔除木＞规检不根信
旋便疲思乃口苦今从了旋趣于讨鳍情乐
策略蔻典恐携信自天灵衡自喜好年马
不胶数的肉惊人情桌记领黄不息傲存
＞撞于平木则研栏数人权色的便
毁举觉状私持请问欲透事塑金蛾逃生
记保摇碎肥野觉了静恐释金约礼凑再次
光伏顶桌龄循加士乐谈安蛾行饭环露
复恐的部的面日得话先礼心香则
最士文股草目也衡怖亲行坠领
循恢章秀伊量喜里疲伊乐活名词蛾胶
人不皂伊量喜里疲伊乐活名词蛾坠领

Puzzle 239

```
桥 运 眉 可 以 急 申 请 老 本 傲 镜 有 惧 驴 优 存
稻 蛾 磨 礼 因 几 剧 亲 望 静 底 权 苦 自 他 露 本 特
虫 飞 趣 乃 趣 凑 剧 提 伏 状 灵 生 碎 项 先 特 邀
保 野 醋 伊 答 情 决 特 瑞 破 亮 乐 坠 摇 继 续 过 票
伊 水 底 衫 增 透 稳 保 量 飞 余 人 请 木 野 秀 恐
素 葡 柔 的 损 子 毁 降 蠕 稳 的 之 加 余 根
破 葡 袋 损 年 骄 电 增 日 叔 理 心 露 权 修 自 身 情
基 过 萄 。 度 状 摇 条 虫 主 书 遥 水 乎 乐 直 坠
女 怖 中 许 貌 的 源 叔 叔 寇 循 升 欲 便 绍
孩 凑 网 而 过 苦 理 一 重 衫 本 梳 的 远 社 最 报
之 四 眼 球 填 基 分 租 栏 父 降 欲 而 信 基 价
便 驴 的 。 领 坠 钱 间 本 疲 平 驴 上 创 选
分 票 皂 真 项 主 降 便 几 造
出 克 年 肥 秀 坠 租 通 越 目 前 究 闲
结 石 车 根 马 保 主 越 来 越 梳 上
```

```
提 供 度
年 申 请 葡 萄
越 重 来 越
叔 力 叔 叔
创 造 以
可 继 续
继 续 一 分 钱
一 网 球 租 车
网 出 度 前
出 态 价 石 身
态 目 报 结 自 女 孩 急 剧
目 报
结
自
女
急
```

Puzzle 240

Left column (rotated text):

```
噪 音 好 特
爱 语 物
英 药 袋 地
口 本 既 不 拟 验 慈 的
虚 考 仁 慈 主 仓
民 谷 增 交 通 的 性 这 呼 脚
叉 话 教 训 质 种 吸 趾
```

```
自 私 特 自 他 重 便 想 高 差 草 豆 规 也 野 数 >
议 损 人 药 能 本 栏 龄 况 克 热 觉 状 图 心 灵 事 发 便
下 煲 议 物 民 地 亲 增 衡 看 日 安 间 心 社 信 肉
交 叉 性 口 主 虚 马 飞 长 情 能 旋 肢 股 丁 车
怖 中 质 部 复 间 滑 亮 稳 视 怖 乐 携 情 情 得 音
皂 幸 信 人 毁 镜 不 特 这 脚 落 雪 的 秀 语 雨 音
况 他 权 野 摇 真 噪 仁 种 趾 伊 乎 梁 英 的 栅
他 呼 类 瑞 傲 既 音 许 慈 护 豆 干 自 亲 的
摇 吸 则 通 话 乐 欲 训 教 绍 规 旋 梁 撞 自
有 源 复 状 自 想 稳 坠 的 不 解 谷 干 乐 根
的 亮 然 自 请 有 建 余 秀 自 仓 考 >
愈 娱 下 发 地 > 复 梳 面 类 稻 出 > 过
栗 平 日 选 性 私 醋 诺 排 私 电 爱 信 肉
木 考 验 转 惨 过 保 飞 貌 煲 好 秀 静
灵 虑 心 苦 飞 页 灵 复 有 伊 自 区 望 貓
素 考 究 雪 情 近 票 木
错 究
```

Puzzle 241

虎 复 祖 亮 许 望 重 余 野 鸡 存 也 眉 子 发 迟 顶
选 喜 乎 恐 信 身 高 机 平 面 马 解 村 自 通 幸
焕 理 飞 完 美 乐 增 滑 驴 了 真 草 能 静 息 祖
活 孤 独 修 升 追 自 行 便 真 肉 选 来 怖 观 情
充 私 宠 物 贫 恐 雨 定 相 损 苦 带 要 望 坠 稳
！ 灵 考 乐 恐 游 恐 便 秘 然 眼 来 况 虎 延 息
权 桥 大 肥 安 泳 趣 考 诺 中 性 望 基 排 头 秘
的 大 师 蛾 过 焕 焕 乐 醋 生 存 野 梁 页 的 约
士 师 心 平 损 的 操 独 考 恐 野 区 面 骨 决 露
特 子 量 的 梳 野 作 奏 惊 便 领 幸 后 疲 自 近
不 ＞ 豆 自 年 。 遥 举 升 鳍 亮 面 欲 人 人 自
试 恐 区 焕 热 乐 条 摇 怖 恢 活 后 人 野 情 袋
信 恐 苏 虫 乐 最 秘 性 立 独 奏 动 况 子 型 肉
顶 区 打 底 坠 答 况 最 人 特 修 复 自 于 情 虫
丁 部 水 村 票 情 丁 修 复 醒 食 品 村 能 想

生存
野面师逐何人
鹿平大追游来物操奏
大追游任带宠打水头独立性
任带宠的独苏骨孤独品困鸡美相
的独苏骨孤独食贫野完真
食贫野完真

Puzzle 242

排 加 自 稻 公 趣 最 电 通 从 娱 肉 尤 其 是 保 填
灭 亡 分 透 鸭 芹 毁 饭 社 工 作 豆 肥 骄 的 的 虎
紧 步 保 饭 菜 上 便 礼 木 乌 蔻 饭 稳 的 自 然
不 伐 下 充 菜 要 肉 下 情 高 老 的 况 之 间
坠 得 部 下 光 紧 热 飞 持 柔 页 察 行 放 四 邀
放 乐 坠 草 电 落 游 戏 焕 画 遇 碎 灵 建 情
乃 不 热 高 私 然 出 心 栗 笔 丁 数 坠 桥 也
亲 野 的 士 地 部 息 冲 之 之 草 蔻 滑
加 举 放 风 雨 有 也 马 肢 田 径 选 保 日 村
蠕 状 驴 水 丁 好 循 苦 便 的 的 延 平 恐 木
肢 规 带 了 心 恐 香 紧 达 充 选 闲 要 得 情
生 直 落 行 急 加 行 保 邀 相 车 重 幸 从
镜 升 因 平 马 社 过 四 反 诺 猫 梁
出 。 音 基 举 磨 便 活 主 木 转 灰 露 恐 肥
建 惧 木 草 请 从 近 雨 建 日 上 述 的 下 香 他 究

灰色
风险
芹菜
画笔
两边
冲突
尤其是
灭亡
步伐
公鸭
相反述
上游戏
肉豆蔻
达到日
周工作
乌龟径
田之间

Puzzle 243

则了子骄惫身根机迟过驱平人坠状余况自
稻记加驴傲保虑特便心延泥泞驱煲增想自许
障上子马便的信亲优动最了夕阳而想遥本文
复年观饭坠请释基虫答恐本军里究引进凭
肉信的规请柠期惊得望保的产直迟于恐进快递
便木袋运觉檬露望梳答部热坠闲品音条醒差升
租＞伏考答损摇记秀性＞复招性商质量源撞从心
几喜出部摇秀记热坠闲品则过社部乐书举母
飞个不醒损性有肢略引质数资股出老相考
部错升梳电影桥快数引量出恐马宜灵
过状页水看煲露龄本乐高保有宜得
发电部信票。秀数资出老
宜状门心理数本乐恐
保桌诺伏子

门碍产品
部障碍的进人阳量队凭柠檬个
引贤夕质军文柠几骄傲的电影院母递商引资
几骄傲电影院分快招泞当望
分快招泥相期得
泥相期
得分

Puzzle 244

部间有持从有紧升信趣自老噪况项差虑
分最见光梁橱自虎表更漂亮本飞宜条衡
数据况秘摇柜飞手欲欲乎情士直桌过
＞镜保诺视绍貓的释老现评估急相拥
后凑雪伊肉电亲查天皂瑞灵于相心眉
飞望撞怖建解书顶夏不老任闲子复能
冰况的要考煲条后身中实人勺票持蔻
驴望色具驴介携修试秀勾现飞喜
存想电梁观乐村试丁自飞柔祖
想答租宜身便平面建露貌什带蠕行
私子遇煲子，也性有请滑貌虎眼磨延
照片上有没动水面镜股有信宜约
动疲平平貓加试露野倍眼人填
怠循伏见电远面肢貌不复机心
静车情升携通错过眉貌不复机心

的色彩
实现
自己的
更漂亮
相拥
现代
现任
夏天的
冰雹
什么
，也没有
具备
错过
部分
的手表
勺子
评估
照片
橱柜
数据

Puzzle 245

放 惨 车 类 觉 型 他 野 见 于 心 书 有 远 欲 也 恐
排 视 主 热 赂 护 篱 保 股 修 定 于 野 海 征 骄 中
最 考 的 袋 人 性 惊 赔 资 香 恐 解 绵 适 损 理 的
邀 定 上 野 思 惊 肉 乐 源 事 型 本 出 当 最 增 鳍
心 介 迟 乐 典 见 骄 国 家 诺 碎 部 鳍 趣 看 身 身
的 场 景 惧 保 试 查 机 马 高 的 数 龄 热 远 衬 衬
部 伏 祖 十 第 一 条 热 ！ 社 怖 回 携 错 的 的
袖 车 想 栏 己 究 研 眼 信 眼 睛 加 柔 父 从 紧 号
水 乐 而 碎 增 优 艺 家 里 镜 事 复 当 猫 醋 乃 要
页 之 过 邀 定 巧 克 力 朋 军 来 口 爱 望 肢 直 木
许 露 旅 巧 转 日 邀 友 存 来 见 不 最 旋 车 便 他
滑 虫 源 转 解 栅 面 的 任 秃 鹰 中 通 人 日 底 貓
欲 快 许 本 乐 来 子 余 务 衬 远 热 心 上 水 几 的
眼 人 本 思 坠 因 的 公 路 私 有 骄 来 机 宜 里 野

的 公 路
秃 鹰 朋 友 的
眼 睛 第 十 场 景
的 适 当 爱 克 力
喜 巧 国 家 征 事 旅 然
远 军 之 当 资 源 术 家
艺 篱 任 海 第 一 笆 务 绵

Puzzle 246

香 足 露 优 灵 上 平 倍 蠕 疲 子 察 伊 野 书 主 持
灵 各 够 撞 迟 条 年 许 桌 摇 周 湿 最 心 衡 则 克 条
理 种 动 的 木 镜 平 平 梳 休 村 气 安 介 己 虫
论 鳍 蛾 青 蛙 社 发 言 权 状 有 露 图 恐 上 子 己 考
镜 恐 皂 租 请 骄 适 四 摇 乐 程 举 遥 带 修 金 复
雪 持 菠 能 型 数 不 获 扑 貌 脚 基 情
认 为 菜 飞 要 通 心 得 转 望 蹼 议 有
余 心 充 克 运 稳 祖 稻 草 过 安 视 考 部 眉
了 得 的 私 稳 了 发 野 远 父 梳 较 差 警 研
来 机 股 平 损 秘 书 远 泽 亲 安 伏 欲 面 情 肢
答 动 车 镜 欲 书 子 自 存 了 许 娱 惊 绍 通 特
究 稳 素 噪 页 落 行 的 滑 自 研 远 饭 人
赂 休 的 乃 全 香 车 骄 许 本 转 事 毁 而
复 通 的 飞 权 衫 坠 树 热 醋 眼 之 柔

较 差
认 为
扑 通
的 行 为
获 得
周 三 蹼
脚 适 金
舒 基 够 的
足 够 告
警 各 种
各 青 蛙
全 球
发 言 权
菠 菜 论
理 心 记
书
湿 气

Puzzle 247

豆 了 菜 自 酪 面 飞 诺 疲 复 情 梁 后 的 奇 生
间 自 肴 奶 狗 梳 行 人 近 上 面 动 释 乐 怪 究
镜 不 的 小 环 间 了 围 查 滑 解 电 视 放 能 挽
特 树 要 醋 煲 而 了 墙 降 宜 栏 木 香 以 旋 留
草 究 皂 貌 恐 的 解 后 来 了 遇 曲 及 挽 中 沉
邀 野 车 黄 鼠 环 举 动 解 到 号 棍 放 信 默 息
热 股 答 滑 书 理 看 余 惊 各 方 球 醋 沉 通 充
了 高 的 肥 蠕 村 骄 紧 恢 路 余 回 近 疲 究 乐
亲 袖 辉 苦 高 典 饭 草 素 栏 平 肉 猫 充 究 信
蜻 蜓 休 煌 便 遇 得 自 不 透 泽 亲 不 定 面 观
真 条 数 公 桌 得 自 梁 余 研 性 不 肉 错 绍 举
伊 面 休 排 摇 书 驴 肉 宜 鲹 底 平 面 了 量 究
> 老 露 鲹 欲 透 遥 介 木 携 三 只 建 筑 物 桌 衫 丁
> 醋 虫 况 信 保 答 娱 闲 衡 页 动 来 桌 了 量 本 丁
虎 事 灵 破 答 丁 加 重 量 而 通 书 望 丁 举 究

右侧词表：
挽 留 公 桌 办 辉 奶 酪 奇 怪 以 及 的 小 蜻 蜓 菜 肴 三 只 黄 鼠 狼 建 筑 各 方 包 面 车 来 到 围 墙 曲 棍 球 路 径 沉 默 重 量 物

Puzzle 248

自 优 投 票 去 见 焕 远 焕 煲 填 绍 活 然 醒 人 存
特 带 过 有 龄 除 绝 对 年 邀 有 旋 凑 惨 余 生 年
解 程 眼 解 煲 肉 股 亮 人 肉 号 从 透 毁 填 人 议
高 度 恐 怖 书 栅 亲 四 紧 之 遥 修 望 转 自 思
碰 撞 静 分 蛾 紧 张 持 水 宜 复 满 足 回 乃
发 周 长 音 头 雪 橇 先 口 循 面 惧 马 秘 循
绍 现 考 音 镜 阳 性 几 答 雨 倍 栗 喜 间
摇 栏 研 醋 情 定 视 里 则 热 答 放 最 有
的 下 醋 惧 皂 三 冰 坠 在 理 类 噪 不 的 特
性 摇 然 村 眉 角 柱 虫 梁 乃 驴 他 加 焕 热
老 心 傲 眉 坠 人 热 虎 近 望 貌 而 柔 票 自
私 里 况 记 稻 损 倍 滑 情 安 泽 平 近 包 便
宜 木 眉 心 的 毁 修 见 趣 数 解 区 增 子 喜
丁 香 邀 绘 画 行 私 电 有 有 傲 伏 技 邀 量
复 行 加 息 丁 思 高 过 条 本 升 惊 摇 术 型

左侧词表：
发 现 投 票 丁 香 除 去 张 紧 平 水 角 三 长 周 橇 雪 术 技 对 绝 怖 恐 在 自 足 满 度 程 画 绘 部 头 子 包 台 阳 柱 冰

Puzzle 249

```
木 本 摇 来 露 金 理 协 衫 转 肥 近 赛 秘 的 变 程
心 木 过 口 升 丝 许 议 动 凑 飞 排 季 社 人 量 机
然 生 量 放 心 雀 丁 ， 许 可 的 饭 乎 秘 领 真 。
幸 过 人 觉 怠 日 驴 序 列 而 坐 在 图 骄 远 透
野 貌 貌 环 理 水 恐 谅 原 貌 主 驴 肉 热 遥 。 飞
龄 亲 延 柔 护 便 坠 士 因 貌 煲 下 余 车 快 衡
磨 肢 克 理 权 间 最 雪 坠 的 橙 袖 肉 远 记
洋 快 复 自 怠 他 望 乐 秘 色 柔 放 领 醋
信 葱 木 懒 惰 衬 许 梁 木 鳍 上 雨 摩
的 不 国 程 信 镜 错 栏 衬 恐 好 洗 发 托
先 除 外 决 租 行 心 之 水 灵 绍 复 屯 最 能 车
木 视 社 活 眉 豆 露 循 露 落 修 中 骄 飞 情
驼 坠 滑 修 秘 素 本 建 远 下 亲 了 优 复
鹿 傻 瓜 中 错 重 子 介 决 条 醋 请 梁 情 加 也 肢 士 热
条 衫
```

Puzzle 250

```
虫 马 究 稻 远 便 之 告 恐 后 也 然 蛾 露 煲 解 >
伏 规 页 领 圆 柱 回 诉 亲 亲 记 愤 间 肥 豆 复 循
旗 标 光 滑 的 蔻 研 情 阵 虎 野 怒 中 有 ！ 权 的
瑞 介 音 日 镜 虑 循 风 持 的 ！ 后 醒 建
灵 分 肉 饭 优 分 衫 乐 老 底 露 飞 己 恐 虑
香 望 > 性 信 的 的 肉 驱 延 有 碎 ！ 滑 有
究 下 携 降 介 类 破 地 猫 错 不 而 心
咯 股 远 木 上 日 祖 情 先 > 礼 坠 况
稻 解 机 信 人 查 修 要 灵 里 > 父 规 村 丁
笑 而 生 释 考 咯 香 条 雨 于 考 焕 社 衬 雪
图 了 出 马 高 试 肠 犹 豫 平 龄 情 有 米 书 便
通 面 携 中 苦 高 延 型 底 最 自 大 酬 磨 私
行 雨 桌 蠕 下 好 分 也 心 摇 损 释 复 口
延 长 先 增 露 称 自 惊 村 邀 电 碎 出 袋 木
苦 醋 生 生 貌 肯 定 独 自 热 老 区 邀 长 梁 恐 便 携 式
颈 鹿
```

Puzzle 251

情怖增肉修动究顶父恢复热建机权情信
木定查直携蠕木肉虑启心醒有性不静本他
乃邀马观出答部坠滑动不错而事行所需
伊了要情检查中木介子趣退身延信他保
野建解型面视车伊了约＞出疲型出欲然
的遇透察电焕心化妆特幸胡远醒香草的
木空余数皇究礼镜貌信木阴磨自柔见看
察中情肉皇雨特先前信木萝卜年可租数
思自肉虫父筝虎眼保镜阴考欲皂的平
介惧摇破查之举眼行保＞天＞看股
源摇人筝回股行虫＞实践梳权娱衫基
噪！也查便一二。二子坚疲固最凑热要
条骆驼静余则最秀马安乃固自镜惧因解特静股

所启风了可实胡的皇一二。二先退阴木检坚化恢空
需动筝解见的践萝绅驼后二。二前出天乃查固妆复中
胡士骆皇伊中

Puzzle 252

况身心顶发布护豆票恐状真栅貌破最考
人信木。降保袖况惧复四于几木野礼
苦情议称为毁量趣损露伊虑于休释惧
车望机紧心鳍光通村子诺雨释的身
均匀梁自镜飞回父远便之栅紧
书有了眼面子日心电选香因赛摇
错趣黄损洗蛾趣本眼中究间碰赛过
考傲瓜剥记露自藏读书级迟跑书
汽从私夺数少蛾红书创落动撞乃票
虫车栅想循貌灵花建损欲间释
貓复保记量木噪本典摇介页木
的梳面特租自社亮龄蔻虎

夺色情级瓜为刻洗匀
剥黑感星黄称时擦均公少发镜藏汽吸读赛决创
建

Puzzle 253

觉 硬 了 四 请 见 遥 幸 然 优 热 手 伏 行 生 领 源
的 皂 币 高 不 约 数 子 趣 持 阳 决 臂 先 息 桌 定
第 六 毁 优 秘 不 马 举 面 行 光 虎 自 身 后 平 号
可 笑 的 根 虑 欲 高 复 面 情 尖 叫 灵 沙 后 露 真
余 己 规 有 栏 面 马 噪 碎 ！ 镜 马 视 复 塔 事 本
马 能 升 礼 几 行 远 便 素 赂 的 复 直 毛 四 因 稳
乐 部 思 貌 克 人 野 欲 露 凑 他 优 貌 平 思 稻 因
情 之 号 高 安 伊 恐 玻 碰 部 便 区 露 有 充 雨
子 凑 活 管 亲 根 最 璃 几 行 紧 野 点 乃 条 于
沿 恐 衡 摇 有 分 热 环 摇 高 克 栅 高 复 特 马
着 部 列 车 安 究 特 情 克 顶 面 高 邀 休 露 不
况 平 本 苦 光 蛾 木 机 幸 面 旋 面 倍 的 身 皂
邀 丁 己 行 拳 平 本 社 充 心 趣 倍 苦 紧 静 栅
驴 觉 得 视 疲 击 自 书 小 况 不 皂 复 身 况
中 马 亲 觉 恐 香 己 凑 四 麦 镜 觉 特 思 肉 马

露 点
高 管 笑
可 有 礼 貌
列 车 得
觉 小 心 第 六 叫
尖 拳 击 币 璃 毛
沿 着 光 麦 塔
硬 玻 羊 阳 己 臂
小 沙 自 手
视 觉

Puzzle 254

大象
沙漠
物种
致命
改变
表白羊
山
一目了然
分子
维持
社会
公式
大衣
橡皮擦
即时
和平
野生
焕发
去年
模式

焕 之 即 时 四 恐 镜 音 素 老 休 凑 闲 年 快 光
望 解 镜 升 遥 克 克 坠 迟 橡 里 肉 信 考 因 乎
复 看 差 想 几 怖 情 重 焕 发 皮 情 维 热 物
和 平 真 坠 飞 醋 的 有 情 龄 擦 持 持 大 种
山 分 的 分 桥 保 主 之 肉 木 真 页 秀 典 象
羊 醒 子 醋 要 便 书 复 摇 上 静 的 车 自
部 老 诺 转 了 源 坠 错 保 坠 倍 会 飞
最 香 复 沙 坠 摇 理 表 况 书 社 领 桌
了 自 模 漠 图 亮 惨 先 白 雨 式 衫 眉 一
通 马 升 式 而 克 肥 人 通 眉 降 目
改 变 致 释 要 邀 考 建 貌 底 股 马 了
野 生 命 通 思 重 雨 > 身 桥 举 秘 然
本 填 苦 遥 直 闲 解 能 充 部 有 中 恐
举 中 去 年 远 宜 人 选 大 损 上 答 稻
欲 得 错 存 香 肢 本 士 量 衣 股 稳 自 摇
稻 欲 损 信 木 虑 页 则 光 主 决 驱 四

```
加 面 趣 碎 通 错 音 恐 眉 蠕 高 下 选 草 护 书 的
摘 要 身 祖 理 磨 子 研 灵 宜 摇 峰 貌 趣 遥 热 需
好 处 项 然 静 伊 人 理 主 况 有 复 倍 紧 数 求
心 差 复 胶 年 特 衫 见 香 撞 自 祖 真 升 得 有 解
自 摇 究 瑞 日 信 远 根 香 车 解 喜 遇 行 最 摇
条 填 碎 ＞ 自 不 过 基 机 出 飞 此 增 蔻 察
虫 护 乐 惨 袋 眉 犀 人 蜗 典 喜 损 句 信 稳
摇 不 持 状 ＞ 犀 牛 约 数 的 飞 余 的 快 信 市
。 毁 亲 灵 地 人 从 因 娱 有 的 父 乃 雪 场
本 傲 滑 规 便 。 保 授 猎 毁 娱 本 放 落 自 损
乎 人 惧 的 驱 他 权 机 介 娱 介 噪 每 性 肢
复 考 生 树 表 保 察 木 猎 镜 野 只 量 步 驴
地 板 产 举 明 持 断 滑 蠕 草 村 坠 骤 伊
根 亲 几 品 股 不 中 断 的 的 柔 护 幸 研 肥
紧 碰 四 士 疲 衫 号 理 的 的 惧 护 ！ 便 从
```

地 板 句 品 要 处 断 猎 生 明 型 性 峰 权 只 场 牛 牛 区 的 需 求
此 产 摘 好 中 狩 产 表 典 刚 高 授 每 市 犀 蜗 社 的 步 骤

```
卖 家 停 度 望                         况 出 的 貌 重 肢 亲 落 有 蠕 升 幸 对 赂 延 面 数
暂 长 运 销                           重 滑 本 愿 心 也 坠 修 约 最 不 运 不 量 祖 凑 绍 不
幸 撤 的 愿 望                         凑 他 性 望 木 平 邀 之 ！ 想 起 清 空 圣 不 袖
的 官 乐 员 趣 空                       心 动 观 木 便 镜 惨 袋 最 不 增 本 最 诞 解 稻
乐 清 清 心 诞                         举 行 快 携 休 幸 特 搜 不 调 卖 心 怖 衬 ＞ 摇
关 圣 气 球                           将 来 基 乐 情 袖 源 趣 整 家 关 栅 暂 停
调 搜 整                             迟 请 驱 举 泽 考 雪 乐 幸 官 员 热 考 灵 息
将 对 索 来 不 起                       于 研 音 见 旋 眼 状 虫 撤 人 乐 复 试 坠 桥
洞 对 穴 比                           心 醋 长 秘 况 最 摇 傲 销 自 余 便 克 了 自
配 对 度                             乐 衫 类 度 人 租 袖 心 邀 祖 貓 升 父 人
备                                 信 重 木 镜 栅 配 稳 便 请 复 飞 子 有 绍
                                  醒 胶 高 比 清 驴 过 存 木 循 衬 眉
                                  赂 闲 稻 对 晰 人 数 噪 真 下 心 区 持
                                  条 情 程 特 ＞ 气 觉 面 秀 电 里 。 木
                                  充 马 里 煲 树 野 球 间 桌 里 复
                                     修 肥 露 领 坠 闲 远 平 伊 有 瑞 蠕
                                     顶 倍 欲 降 的
```

饭 毁 然 坠 音 危 机 虑 龄 票 差 决 放 马 简 化
高 几 了 雨 飞 丁 数 鳍 毁 复 中 心 闲 驴 疲 饭
音 雪 摇 首 水 车 的 书 蠕 杂 恐 复 笔 票 自 欲
记 排 信 脑 行 趣 类 理 伏 他 钢 袋 皂 雪 见 子
龄 增 肉 会 珍 顶 子 乃 子 毁 权 程 想 邀 数 桌
子 日 生 议 条 贵 恢 身 喜 想 查 信 复 源 不 试
宜 很 少 惧 他 旋 保 增 小 放 复 便 复 透 定 想
面 得 带 的 便 观 状 差 飞 礼 乐 礼 得 露 面 露
禁 止 充 数 克 状 热 解 愿 信 其 他 平 口 源 状
能 有 野 焕 本 热 排 急 望 其 他 老 心 视 基 凑
梳 露 而 出 马 的 虎 猫 座 望 视 人 好 遥 升 带
股 飞 雪 况 遥 血 菜 情 型 热 视 便 疲 滑 入 区
然 人 况 遥 乐 典 焕 遇 保 视 人 便 木 小 型 小
坠 子 最 图 他 村 究 保 遇 便 顶 条 基 猫 要 型

毁 饭 欲 地 皂 了 马 牙 膏 试 数 不 定 透 想 源 凑 带 区 型 焕 动 音 的 发 视 坠 议

，其
小 型 少 机 止 入 膏 说 贵 状 血 望 找 座 化
很
危 禁 升 牙 小 珍 形 出 愿 查 猫
的 发 音
的 生 菜 会 议
首 脑 杂 笔
复
钢

检验
的荒野
语速
建议
的记忆
监测
因素
人像
乘法
知识
之外
北方
首都
一点
剪刀
达成一致
味道
那些
委员会
新鲜

树 租 木 袋 知 试 活 转 醋 因 本 最 图 量 性 貓 有
破 滑 息 的 识 过 存 理 宜 书 欲 音 驴 租 状 心 面 放
滑 衬 宜 增 村 语 性 机 不 那 思 了 人 条 伏 凑 的 近
环 安 升 傲 稻 速 来 生 然 些 了 的 雪 栗 监 书 诺
剪 刀 号 ＞ ！ 摇 里 行 保 祖 人 本 动 摇 测 究 通 会 加
得 滑 最 高 行 书 部 乘 于 野 的 北 他 权 觉 委 稳 上 过 项
首 想 建 议 心 环 礼 法 回 稳 修 方 行 规 员 特 惧 余
欲 都 类 眼 人 肢 娱 醒 碰 之 稻 丁 情 便 理 的 荒 野 中
根 袋 闲 醋 道 紧 便 娱 稻 外 修 区 充 忆 规 举 面 增
驱 项 最 貓 道 毁 撞 滑 议 事 机 好 检 怖 了 秀 型 老 子
先 面 桥 自 信 亮 滑 于 稳 型 自 验 环 素 而 雨
研 因 真 倍 理 苦 怖 理 书 加 视 父 行 了 型 老 雨
坠 素 议 过 子 疲 新 鲜 延 信 试 高 答 错 增
解 平 人 像 趣 ＞ 运 致 一 成 达 中 保 娱 余
肉 回 动 野 安 顶 情 况 点 滑 心

Puzzle 259

出 选 面 草 肉 医 村 静 源 重 毁 龄 稳 绍 规 存
的 放 理 司 量 药 能 从 根 程 大 事 降 虑 > 四
貓 驴 凑 机 休 伊 票 过 存 不 想 的 便 了 醒
上 急 心 柠 面 身 肉 议 社 蠕 股 虫 高 信 象 灵
趣 ， 火 檬 几 好 趣 他 雨 落 批 的 肢 性 解
恐 但 箭 汁 噪 蠕 修 自 坠 自 判 则 他 条 灵
先 息 急 眉 举 趣 能 热 父 礼 主 蒸 部 事
程 思 信 休 选 能 亲 研 望 究 汽 别
来 况 先 环 亲 通 地 木 权 排 情 典
观 村 保 坠 平 乐 远 于 上 摇 焕 个 开
建 的 试 程 滑 定 龄 议 信 娱 究 条 了
租 复 占 想 提 高 私 远 宝 乐 傲 开 水
士 磨 据 试 秘 虑 光 些 宝 恢 欲 装 四 摇
定 的 眉 于 蔻 基 晚 时 放 有 修 配 发
> 亲 木 票 喜 亲 优 特 地 候 人 摇 碎 树
几 则 信 透 球 研 和 举 解 胶 子
桥 社 里 地 保 己
建 破 余 娱 惊 存
透 研 地 然 欲
遇

重 大
装 配
司 机
宝 宝
柠 檬 汁
医 药
地 址 存
保 开 启
占 据
晚 些  时 候 和
火 箭 象
想 球 别
地 个
的 蒸 汽
他 批 判
提 们
交
， 但

Puzzle 260

使 用
传 统
交 易
扭 动 索
套 引 力
吸 至 雨
甚 降 体 育
降 定 的
体 实
定 的 伤 害
确 操 地
的 作 经
操
基 否 定
曾 温 文 尔 雅
否 顾 客
温 正 确 的
顾 两 次
客
正 确 的
两 次

情 趣 从 曾 经 约 操 作 特 考 碰 活 吸 数 填 传 便
情 两 遇 的 况 衫 袋 驴 眼 电 记 引 建 饭 统 磨
娱 次 生 休 坠 看 保 的 瑞 心 四 力 究 修
。 想 木 温 乐 转 乐 伤 袋 香 摇 秀 柔 碰 口
过 觉 人 文 观 身 基 害 秀 自 理 秘 雨 近
绍 热 子 尔 自 眉 地 煲 露 分 基 面 保 下
秘 泽 加 雅 诺 破 来 携 欲 最 傲 急 亲
然 ！ 袖 扭 慘 票 > 解 复 地 丁 急
社 套 索 动 顶 趣 有 摇 父 袖 有 条
确 也 口 紧 于 看 自 发 降 建 典 坠
损 实 理 礼 光 主 正 饭 下 心 易
肢 虑 重 事 豆 类 确 举 慘 自 交
理 生 顾 重 亲 傲 的 甚 信 己 喜
观 自 源 客 升 息 露 至 延 况 理
想 记 降 香 不 口 修 错 使 雪 坠
便 乐 疲 雨 体 梁 状 使 用 亮 复
育 视 豆 飞 直 平 乐
灵 底 雨 票 本 苦

Puzzle 261

工 具 人 礼 野 生 上 的 袋 凑 书 焕 之 木 袖 带 灵
貓 皂 袖 类 地 建 旋 干 型 奉 则 雨 平 梁 基 理 皂
自 觉 梁 遥 之 从 股 净 暴 献 事 源 循 规 蹈 矩
瑞 鳍 底 绍 携 顶 运 错 躁 放 填 恢 特 想 伊 行 好
真 领 行 醋 的 好 香 马 携 领 驱 破 飞 野 遥 好 解
真 柔 而 信 落 充 落 复 焕 数 稻 充 自 灵 亲 马 惊
政 父 光 过 碎 量 本 视 梁 的 坠 的 不 究 考 秀 见
情 策 乐 娱 栏 心 不 携 考 复 瑞 程 况 过 身 行 疲
顶 雨 士 香 答 息 错 生 日 望 地 特 老 胶 行 醋 木 栗
遥 磨 机 图 基 乐 身 醒 马 醒 暑 历 面 便 灵 活 爸
高 部 怠 面 坠 闲 灵 眉 克 自 史 肉 地 栗 袖 爸 的
出 怠 大 斑 滑 想 权 里 剪 得 情 露 雨 租 直 热 回
热 怒 家 举 马 坠 稻 辑 信 许 非 蛾 错 特 信 的 书
稳 毁 部 胶 决 碰 音 邀 特 殊 截 常 卡 车 亮 地 动
转 部 胶 惊 年 音 解 眼 乐 肉 距 雪 稳 型 惊 动 醋

灵活
剪辑
循规蹈矩
爸爸
暴躁
政策
非常
卡车
截距
醋栗
特殊
工具
日奉
历史
大家
斑马
的干净
大怒
不过

Puzzle 262

谈 达 程 思 梳 权 苍 辣 地 休 > 视 类 平 ！ 醋 后
马 到 水 自 亲 量 蝇 椒 降 后 太 阳 镜 项 欲 便 欲
夹 克 芹 有 梳 顶 克 有 热 人 介 特 秀 根 旋 便 勇 子
区 秀 苦 身 胶 电 树 骨 坠 事 得 解 惧 桌 敢 考
不 惧 热 份 行 环 决 架 的 匆 冷 的 栅 鳍 边 勇 境
肉 面 真 野 紧 加 衫 闲 水 匆 赂 村 状 转 敢 衬
平 香 情 摇 坠 蔻 桥 错 惊 伊 本 媒 举 磨 边 栗
复 肉 栏 乐 增 子 电 书 幸 面 体 极 典 的 眼
携 究 疲 重 而 后 乐 士 人 龄 想 限 机 书 秘
落 觉 举 解 上 诺 恢 鳍 行 坠 后 考 类 关 图
之 最 填 好 恐 间 重 量 觉 循 傲 口 社 泽 面
遇 多 光 热 研 休 怠 高 乐 面 源 防 题 灵 飞 源
欲 次 闲 图 老 持 查 素 持 上 遇 卫 雨 年 情
不 举 损 规 议 息 的 能 身 源 许 梁 镜 快 凑
龄 亮 旋 填 部 面 语 音 亲 页 遇 携 乐 滑 恐
研 豆 基 主 事 许 幸 怠

太阳镜
身份
机关
到达
边境
极限
匆匆
多次
辣椒
夹克
媒体
语音
话题
防卫
勇敢
苍蝇
寒冷的
谈到
水芹
骨架

Puzzle 263

电稻足够亮观复放况基他秘覆煲稀桌因
祖书碎衫车运栅眼咖啡人环盖缺特衡直
许意露不久社本木子保慇股地错乃许高柔
便木之社最娱秀驱释平乃思真后页加四举平过
摇之后主买发各机释真窗飞水了己心苦保坠旋票
源后马子错平眼。撞水帘木亲亲丘特出见人邀
携马错入伊驴衡灵肉携肢真灵心比稳草飞雨
光子伊入的有灵肉蛋最选基信保有比静飞动
究虎人驴闲灵安最傲梁人视信电栏举排
>周闲查机伊木了醋欲近乐差碰见栏填高绍丁
素桌查机慘木情欲人煲视最信几飚暴高亮
平驴机惨中心性露区地保差碰见风风暴高绍丁
觉市中心情近地保差碰见风风
虎老性露区马
约欲木皂马

词表：
意 各 风 稀 帽 不 买 飚 足 覆 窗 周 市 围 蛋 电 解 丘 旅 程
见 地 暴 缺 子 久 入 风 够 盖 帘 年 啡 中 栏 话 糕 决 比 特
心 亮

Puzzle 264

驴毁觉眼本心不也降条基考填基落查生
学部水想本剧场疲人父观遥电桥量口底
口校循里一释情行解察建趣煲领证特
趣项定的亲有慇的远股建欲特最项明便镜
袖试乃泽二休他二落马克欲事老口士镜解
股环有好思轨电二。人豆杯的加源中数豆音
部书信思迟车>身柔稻情活丁命检高贵紧
栏觉心年解鼠肉标遥出降奇检查也的行
蔻素人恐阻止权标部马静祖迹桥底间几数
灵有能的来遇添举护况差野快保条的
幸凑平村父研股状里破况树察好>！
程！得自柔父口携动添露镜充先蛾理略快素型
得碰己柔心分柔马露激发日伏决亮准则
循面的私虎栏士梳机发许优>素则

词表：
一二二。
便士
阻止
的事件
准则
命中
激发
奇迹
学校
剧场
马克杯
检查
有轨电车
可能的
证明
有信心
观察
高贵的
添加
鼠标

Puzzle 265

坠 考 试 决 素 见 出 舞 幸 典 老 情 回 ！ 心 行 年
热 规 绍 有 挑 面 便 台 底 鳍 带 损 家 想 行 的 人
音 条 走 土 战 乎 循 克 乎 带 要 年 规 增 身 亲 之
＞ 撞 廊 木 狼 休 特 领 区 子 放 时 组 的 金 袖 从
经 放 解 根 ！ 发 性 赂 坠 放 了 香 织 子 生 源 柔
济 亮 便 观 不 自 特 子 放 了 上 农 飞 镜 行 察 部
考 皂 乎 理 露 信 普 特 便 紧 香 场 士 热 驾 程 遥
柳 图 子 思 乐 加 通 梁 遇 自 梳 口 马 露 程 驶 驾
絮 了 最 书 填 倍 貌 自 焕 香 错 带 车 恐 事 驶
椭 放 得 破 远 安 焕 趣 热 飞 滑 恐 损 损 觉
圆 日 煲 ＞ 视 便 趣 伏 摇 醋 羊 蜘 延
形 恐 见 煲 骄 主 爱 栅 建 本 肉 蛛 人
解 领 过 自 发 租 亲 电 灵 人 紧 人 自
电 里 。 惧 梁 遇 排 灵 回 安 究 诺 摇
加 复 面 情 礼 况 他 欲 破 行 凑 喜 镜 野

经济
椭圆形
蜘蛛
羊肉
土狼
舞台
柳絮
回家
驾驶时
的金子
普通廊
走的深浅
的亲爱的
挑战
牙刷面场
见
农场
组织

Puzzle 266

特 征 的
冒 险 的 一 起
一 起
高 头 发
最 高 的
她 的 水
温 护 士
条 件
精 细 秘
奥 的 球 球 员
的 球
棒 喜 欢
喜 欢 惊 讶
惊 讶 运 动
运 动 请
请 鸡 蛋
鸡 蛋 内 部
内 部

！ 重 肉 释 建 的 球 员 热 源 自 来 内 怠 权 疲 雨
特 间 车 定 ！ 险 棒 观 修 豆 复 修 部 娱 本 思 平
乐 延 而 年 觉 冒 村 趣 议 量 复 飞 乎 余 木 区 高
增 温 水 的 因 露 信 貌 根 碰 蛾 情 四 泽 他
热 损 平 的 底 行 本 充 口 噪 解 。 况 身 喜 欢
生 错 条 答 区 奥 秘 请 胶 条 一 四 惊 请 带 驱
本 图 股 虎 排 决 求 袋 摇 件 起 远 能 讪 议 间
摇 木 想 鸡 蛋 自 马 水 真 的 运 动 士 几
增 驴 地 乐 护 袋 根 摇 便 也 复 迟 倍 转 转
肢 之 坠 存 许 士 放 亮 升 条 保 遇 磨 远 也
地 延 桥 重 安 摇 最 她 特 征 草 解
带 考 私 头 破 典 醋 驱 细 过 人 建 最
面 错 源 信 发 贵 型 精 露 情 恢 优 水
磨 转 能 亲 雨 镜 的 优 答 究 情 车 因
决 紧 肥 趣 亮 最 然 请 便 信 排 考 本 运 特 保

Puzzle 267

有 咆 哮 摇 骄 娱 欲 第 二 > 循 高 暴 狐 稳 蛾 胶 特
根 橡 胶 衫 碰 请 丁 口 伊 紧 心 力 狸 车 礼 特 子 肢
量 不 况 噪 驱 克 几 面 梳 飞 规 视 安 况 包 裹 野
自 趣 欲 观 解 栗 喜 磨 持 瑞 子 闲 通 携 绍
拓 展 的 醒 程 富 特 况 袋 焕 降 的 柔 士 滑 延 的
的 露 醒 礼 含 露 权 雪 旋 充 充 肉 柔 信 惨 蛾
父 落 礼 紧 灭 伏 男 建 貓 领 娱 信 不 秀 惨 貓
平 衫 柔 见 绝 士 机 性 衬 坠 动 明 香 自 滑 规
凑 自 项 破 摇 梁 最 请 面 柔 破 标 准 不 野 喜
票 稻 复 高 重 转 考 来 情 露 撞 年 当 苦 坠
磨 马 复 紧 桌 移 车 差 担 保 鳍 人 几 趣 股
携 武 士 蔬 菜 私 桥 特 心 坠 木 好 热 近 喜
事 思 虑 袋 最 本 的 持 情 碎 修 虎 怖 乐 近
柔 桥 伊 间 的 错 摇 先 情 乎 香 子 驾 介 衬

第 二 绝 准 上 年 士 力 胶 展 移
灭 标 明 武 暴 橡 拓 男 狐 转 特
雪 武 男 狐 转 特 包 咆 不 驾 富
担 蔬 菜 性 权 裹 哮 当 车 含 心

Puzzle 268

典 灵 议 落 思 数 怖 袖 面 加 蠕 讨 苦 情 草 面 的
回 野 不 稳 定 信 子 栏 摇 不 > 论 醋 衬 迟 亲 复
便 底 有 性 领 稳 通 考 得 论 素 约 自 有 欲 年 口
虫 不 亲 飞 灵 延 宜 答 胶 素 马 紧 静 好 底 间 安
书 撞 眉 保 磨 医 虑 不 肥 觉 面 不 了 票 票 权 伊
滑 冰 赆 年 好 野 院 特 磨 项 股 出 瑞 许 旋 滑
木 其 险 终 野 快 草 余 骨 特 异 光 动 间 镜
观 欲 稻 遥 充 循 透 惧 折 马 反 要 远 希
他 落 袋 自 满 运 部 而 撞 回 映 音 的 望
怖 壳 出 栏 观 于 况 复 遥 类 因 介 惊 重 本
例 外 蝙 蝠 举 书 迟 里 建 梁 撞 秘 虫 要 复
重 复 草 中 情 。 梳 区 柔 士 面 情 升 破 宜
觉 源 栏 坠 量 虫 > 修 乐 观 趣 走 最 查 亮
棚 秀 的 来 电 上 况 草 票 动 而 了 道 德
焕 带 飞 票 心 间 迟 复 排 雨 私 灵 要

其 他 险 德 壳 蝠 折 外 了 于 映 稳 定
危 道 外 蝙 骨 例 走 终 反 不 的 流 讨
医 充 修 差 滑 希 重 行 论 院 满 复 异
冰 望

Puzzle 269

他 数 员 工 合 母 鸡 海 赶 路 最 ！ 趣 研 填 特 持
的 人 领 克 的 格 加 滩 顶 飞 蠕 胶 水 热 香 噪 信
机 诺 秀 主 规 存 保 真 摇 稳 静 转 快 栏 情 请 子
会 望 木 趣 光 望 梳 灵 书 虎 建 栅 则 高 能 源 过
乎 破 醋 。 理 雪 高 驰 名 老 期 身 长 通 乐 他 分
真 镜 建 便 保 望 议 宜 主 木 释 有 行 的 私 情 乐
近 醒 胶 来 野 议 磨 后 木 蛾 遇 则 事 乃 约 摇 坠
素 升 虑 热 充 好 上 便 顶 请 滑 特 则 亮 根 坠 坠
恐 他 过 释 行 蛾 诺 请 来 雪 镜 错 主 定 伏 特 试
环 底 近 经 营 世 纪 遇 滑 极 物 好 语 排 杆 倍 倍
野 出 现 开 木 拒 ！ 保 倍 其 质 蛾 言 规 便 虫 解
子 推 许 始 桥 规 举 究 保 摇 衡 决 存 许 诺 答 四
摇 的 惩 保 高 书 人 摇 况 亲 面 诺 拍 秀 骄 上 然
选 趣 柔 诺 根 然 远 灵 况 惨 怖 介 有 面 拍 部 乎 摇 然
的 因 答 建 音 通

拍 言 滩 罚 期 其 路 杆 现 营 工 鸡 出 机 纪 绝 名 格 质
连 语 海 长 惩 开 极 赶 出 经 员 母 推 的 世 拒 驰 合 物

Puzzle 270

的一切
仅仅
电动
无形
替代 电子书
形式
捕捞
发展
职责
最大的
国际
一次
拼写
茶壶
相信
母亲
随机
卫生
故事
首富

理 皂 随 机 肥 老 的 基 幸 复 源 摇 规 余 社 特 ＞
权 便 差 蠕 好 飞 社 倍 请 记 的 理 子 情 究 有 私
替 休 息 得 私 社 光 了 高 的 面 己 虎 答 驱 环
权 代 凑 中 发 马 仅 四 差 坠 回 肢 乐 私 余 决
＞ 不 电 有 虑 日 村 充 得 察 音 柔 而 约 虫 身
的 克 邀 子 理 情 面 分 母 落 镜 行 他 本 填 际
主 书 喜 镜 书 持 能 怖 亲 镜 豆 首 心 他 举 国 车
心 本 量 草 宜 遥 心 碰 面 怠 富 他 得 最 静 领
自 镜 况 况 保 故 便 无 诺 不 真 差 香 定 心 肉
程 高 不 日 摇 事 豆 式 形 存 思 驱 桥 觉 规 灵
坠 于 的 部 特 延 电 最 伏 稳 上 趣 因 他 克 发
灵 介 亲 热 摇 的 规 动 大 亮 心 一 草 权 图 建
拼 动 喜 桥 袋 捕 ！ 的 伏 解 次 茶 人 木 迟
写 视 虑 肉 定 发 的 切 过 相 信 的 壶 卫 胶 复
条 部 雨 肉 升 请 身 展 雪 子 情 信 损 信 间 持 分 生 信

Puzzle 271

的 乎 无 恐 司 公 鸡 洗 最 况 村 规 儿 来 根 醒 释
面 > 自 效 复 通 秀 衣 情 单 独 类 摇 子 中 存 解
苹 果 况 余 努 傲 错 他 肉 心 独 便 好 平 修 不 信
答 优 摇 典 力 透 邻 居 光 增 后 优 书 保 安 迟 举
柔 野 自 要 马 带 惨 近 恐 苦 顶 热 股 胶 灵 最 磨
骑 自 行 车 撞 苦 情 页 坠 填 顶 空 间 行 恐 情 信
思 摇 典 自 类 试 建 心 最 素 马 蠕 桌 理 自 自
优 差 日 分 法 愚 虑 心 先 未 马 娱 约 的 的
眉 智 热 遇 律 蠢 栅 心 生 人 来 毁 稻 现 场
特 慧 持 状 人 的 机 滑 决 快 伊 秘 落 型
动 眼 情 亲 疲 源 分 带 摇 发 肉 惊 况 老 自 身 苦
四 衫 乐 伏 破 摇 碰 蠕 有 循 考 父 心 观 貓
蔻 然 木 礼 近 地 间 袖 可 面 顶 面 灵 喜 先 热
答 望 不 护 热 栏 也 可 试 包 蓝 透 士 肥 间
快 秀 议 父 袖 升 理 信 的 绍 铃 观 复 他 热

Word list:
公司
公子
鸡
儿 蠢 的
愚 果
苹 包
单 间
面 来
空 自行车
未 力
书 可
骑 律
努 场
可 衣
法 效
现 慧
洗 居
无 铃
邻
蓝

Puzzle 272

填 信 况 远 梁 碎 栗 私 口 了 通 觉 亲 牙 研 状
的 兄 弟 马 息 乎 心 子 释 自 西 部 妖 自 齿 雪 飞
复 野 亮 从 降 驱 察 解 便 摇 查 精 则 定 面 子
灵 性 ! 柔 落 乃 快 来 饭 典 公 布 摇 下 增 余
梁 不 蛾 平 动 平 本 煲 号 因 私 况 自 也
疾 病 机 区 虎 肥 复 马 远 存 标 怖 野 丁 保
摇 观 会 基 乎 车 消 部 于 记 理 兔 延 证
实 配 , 建 议 野 化 秀 然 自 因 木 看 究
验 对 储 树 决 惊 先 真 而 便 貌 旋 木 有 数
骄 的 备 稻 增 自 信 磨 排 带 巨 大 碰 激
桥 露 摇 的 亲 解 骄 慸 的 出 梳 情 自 选
面 欲 心 疲 秘 情 子 遥 信 几 编 傲 远 露 择
骄 定 乐 面 身 虎 保 安 特 雨 辑 情 撞 恐 恐
因 租 激 灵 喜 分 号 野 号 貌 肉 秀
坠 的 怒 老 稻 决 书 活 心 部 股 平 栅 > 幸 亲 情

Word list:
激
怒
机会,
西部
牙齿
野 兔
的 兄弟
妖精
标记
亲 自
公布
保 证
储 备
配 对
实 验 而
然 消 化
巨 大
您 选择
编辑
疾病

Puzzle 273

循 滑 研 丁 生 保 静 复 虑 > 动 不 量 紧 。 理 远
坠 延 衫 愆 心 了 护 解 父 年 露 桥 眼 柔 疲 图
迟 真 老 虎 焕 通 衫 乎 面 马 梳 伏 遥 地 飞
欲 解 究 得 洽 豆 试 明 桌 放 草 有 赂 破 自
赂 图 野 型 谈 树 生 自 显 蔻 摇 看 虑 政 自 怖
望 理 素 思 邀 落 电 状 蔻 野 貌 解 声 府 充
情 区 充 保 入 号 毁 决 分 野 木 行 雨 明 的 隐 藏
书 毁 自 马 驴 马 碎 发 日 保 胶 撞 面 选 许 信 修
真 乐 雪 的 平 快 看 图 地 约 定 驱 事 容 己 日 股
见 源 貂 他 桌 龄 马 循 许 闲 不 胶 管 易 遥 没 的 宜
性 间 白 色 便 循 丁 傲 皂 私 释 露 息 项 统 拉 热 有 摇
乐 恐 类 惊 子 信 举 充 村 凑 热 治 成 不 似 鲜 余 花
携 虑 克 便 释 趣 肉 部 许 赂 身 特 考 马 迟 动 乎 肉 察
租 增 露 趣 肉 部 充 身 考 马 迟 欲 年 看 摇 热 摇

Puzzle 274

决 保 出 休 闲 运 优 梁 而 马 动 借 给 行 近 碰 素
平 损 突 然 解 顶 复 素 身 年 秘 亲 机 理 胶 木
衡 性 蛾 面 肉 柔 号 四 携 第 究 士 木 坠 数 衫
飞 紧 过 事 上 号 恐 礼 部 三 记 思 旋 发 下 栏
貌 露 衡 平 里 趣 电 伏 面 个 介 带 栏 喜 四
父 衬 木 研 来 介 灵 日 想 源 权 祖 项 生 运 究
便 母 他 基 干 扰 增 他 亲 滚 议 释 落 他 惧 自
醒 年 紧 他 梳 意 后 平 摇 损 煲 趣 梳 信 > 摇
棚 测 量 镜 理 图 来 升 源 撞 的 研 恢 源 乐 骄
中 人 根 分 自 论 栏 村 自 乐 碰 野 聚
高 生 命 之 上 趣 从 热 驱 研 迟 的 焦
接 条 焕 雨 自 图 定 来 子 马 有 乃 素 素
收 醋 肉 护 趣 状 自 没 马 见 休 亮 袋 理
飞 因 便 碰 惨 的 胶 田 研 性 水 书
特 的 马 眼 镜 柔 最 间 衬 栗 持 于 貓 完 全 修 性 的

Puzzle 275

的 趣 木 坠 考 约 身 可 考 携 答 胶 牛 仔 怖 保 栏
见 技 艺 龄 情 坠 里 重 不 真 直 鳍 有 规 人 视 降
分 析 究 木 热 有 眉 复 碰 梁 研 奇 驴 高 充 露 灵
保 过 明 修 记 惨 复 使 伊 介 的 奇 程 之 音 放 坠
亮 前 者 亮 仍 机 落 用 紧 中 鼻 一 皂 直 请 观 考
究 延 的 究 然 摇 了 稳 高 本 根 子 般 请 办 加 持
察 龄 股 镜 联 选 图 近 人 饭 察 子 数 办 事 延 先
秀 稳 然 合 保 袖 乃 心 远 飞 优 的 列 关 私 遇 领
保 惊 先 菜 收 肢 热 也 心 驴 滑 的 系 有 惊 乎 滑
规 生 菜 伏 割 租 费 本 心 要 鳍 滑 香 余 惊 本 >
考 高 伏 的 机 研 光 中 鳍 股 举 带 真 最 休 发 木
带 惊 的 机 栅 免 带 人 鳍 遥 驴 衬 余 栅 息 己 错
典 飞 栅 恐 解 音 中 惧 遥 衬 股 余 想 情 的
领 信 增 礼 坠 撞 带 行 邀 性 静 水 领

的 鼻 子
前 者
奇 怪 的
语 句
一 般
技 艺
分 析
版 本
联 合 收 割 机
明 亮
免 费
仍 然
办 法
系 列
牛 仔
休 息
关 系
可 重 复 使 用 的
生 菜
瓢 虫

Puzzle 276

篮 球
亮 点
审 判
可 爱 的
恩
探 讨
收 藏
指 责
进 口
白 菜
桥 梁
友 好 的
年 龄
较 低 的
十 年
伤 心
吸 收
缩 写
控 制
表 示

伊 露 收 篮 遥 性 本 情 蛾 十 建 瑞 记 秀 平 ！ 行
探 讨 藏 球 不 远 栏 重 年 恐 特 倍 貌 部 况 从
举 破 缩 秘 子 通 过 碰 娱 充 的 控 解 自 放
眉 虑 梁 写 驴 号 光 胶 可 桥 制 主 觉 活
特 损 间 保 自 而 审 保 爱 梁 通 了 重 修
租 礼 秘 > 复 来 判 白 的 过 保 心 重 特
野 释 赂 试 想 远 野 稳 饭 不 书 胶 进 面
克 不 虫 看 行 图 能 了 想 租 安 点 口 优
骄 思 试 伊 好 树 解 闲 约 雪 灵 好 特 衫
差 解 权 木 年 情 欲 音 年 驱 亮 分 书 看
面 了 举 近 本 重 趣 苦 伏 惊 况 欲 桥
友 复 迟 试 机 图 特 伤 表 许 高 行
约 好 恩 爱 老 领 看 动 丁 示 子 树 举
指 衫 的 低 较 噪 野 息 人 回 复 优 请
责 重 不 安 远 循 欲 特 基 露 衡 动 里 租 栏

Puzzle 277

瑞 心 丁 不 日 滑 衫 落 周 估 计 高 闲 雨 考 平 机
肉 惨 从 增 自 磨 人 末 紧 蛾 因 惊 书 里 况 视 理
究 理 秘 考 的 车 下 不 瑞 坠 的 解 信 因 信 向 的
真 躺 礼 况 倍 鹦 > 恐 然 分 特 本 亲 回 袖 欲 柔 便
股 分 素 眼 能 便 收 高 村 摇 的 集 价 今 晚 降 图 于 滑
分 钟 神 肉 不 光 息 木 赊 间 进 入 格 优 肉 光 降 子
恢 > 高 倍 解 虫 秘 书 延 考 四 人 的 龄 看 破 桥 滑
露 保 型 转 转 的 书 雪 马 重 图 说 研 男 光 肉
本 骄 机 傲 增 延 有 驴 肉 部 考 填 采 象 话 子 降 特
绍 不 加 信 能 热 转 设 马 他 克 梳 视 高 许 肉 破 香
乐 四 降 排 眼 的 增 恐 访 平 损 远 部 典
日 摇 放 护 研 专 怕 家 飞 租 存 日 降
的 疲 诺 亮 貌 不 带 丁 自 决 循 特 克 闲
的 地 亲 他 因 究 复 型 发 焕 静 究 克 破

字词列表:
设计 估计 进入 的生日 躺在 今 说话 男子 价格向 导采 周末 鹦鹉 专家 的 神秘 恐怕 收集后, 的图象 分钟

Puzzle 278

字词列表（左）:
平均 的仇恨 科学家 尺寸 的好 处 惊喜 最好 的 捍卫 听到 需要 报纸 范围 内鼠 鼬 方式 离开 袋鼠 的进展 一年 驯鹿 开玩笑

的 事 木 乐 循 情 则 光 近 喜 马 虑 优 滑 类 惊 紧
亮 一 复 倍 需 要 虎 野 煲 降 分 梳 迟 稳 喜 心
平 年 光 动 况 数 马 镜 的 面 下 心 底 方 > 租 乐
休 优 子 范 察 村 过 衡 进 瑞 的 摇 式 亮 村 上
袖 驯 煲 环 围 露 梳 。 展 袋 豆 要 量 光 转 瑞 日
焕 鹿 租 镜 顶 内 蛾 喜 信 特 肉 破 电 情 增 日 。
过 票 碰 解 活 权 书 书 看 趣 怖 噪 带 查 焕 带
要 诺 身 报 他 老 傲 尺 错 趣 保 幸 区 选 动 焕
最 好 的 纸 摇 许 秘 秘 寸 权 充 听 泽 香 真 机
持 的 好 处 袋 安 衬 灵 研 性 有 木 到 生 书
稻 醒 远 宜 鼠 鼬 泽 后 好 伏 蔻 中 近 野
充 驴 草 亲 复 不 机 填 远 直 的 介 自 光
马 领 规 露 试 的 最 领 乐 了 的 从 ! 信 降
平 离 后 袖 约 科 坠 仇 眼 面
均 玩 开 增 露 携 私 乐 学 家 捍 卫 焕 恨 究 直 幸 疲
笑 约 约 肢 袋 醒

Puzzle 279

先 木 解 近 考 噪 护 于 自 醋 间 自 郁 电 理 露 丁
见 后 了 年 有 草 旬 欲 破 坏 的 排 秘 金 因 项 宜
昨 条 息 书 素 梁 建 细 鞋 解 面 镜 蔻 存 回
天 坠 的 本 镜 草 的 栅 胞 露 品 失 去 了 诺 下 心 典
旋 条 运 栗 摇 看 透 奢 虎 移 解 介 自 星 文 基 唱
情 了 摇 视 狭 隘 好 驴 动 视 便 眉 期 本 歌
磨 特 私 主 肉 眼 的 移 自 木 影 转 撞 的 过 绍
自 察 邀 排 娱 释 远 解 视 行 衬 身 四 许 基 地
行 增 距 酒 吧 私 露 影 响 车 而 书 栗 而 后 情 士
存 自 离 袖 > 图 保 主 从 之 行 于 静 坠 热 社 安
柔 毛 巾 回 四 乐 考 循 本 人 趣 查 远 稻 情 老 优
乐 梁 绍 保 运 理 宜 坠 释 事 举 远 约 快 有 带
镜 的 焕 下 趣 素 摇 优 下 人 数 观 保 疲 乃 迟 老
保 惧 紧 便 身 加 动 灵 伏 女 能 请 倍 > 骄 秀
热 栅 然 情 复 谨 慎 袖 赂 口 循 人 机 毁 便 规

自 行车
的 移动
细 胞
谨 慎
女 人
的 鞋 巾
毛 酒 吧
文 唱歌
距 本 离
失 去 了
草 昨 天
破 金 香
郁 星 期
星 影 侈
奢 响 品
狭 隘

Puzzle 280

主题，
女巫
信息
职业
依赖
地毯
幽灵
尖尖的
边缘
双亲
本地
灭亡
的场景
来到
沿着
观察
见似乎
友好的
距离

程 增 票 平 观 察 幽 虑 地 惫 的 行 类 雨 苦 况 想
栏 基 灭 似 高 迟 思 灵 毯 子 虫 祖 旋 镜 惨 破 便
栗 主 亡 有 乎 之 降 面 袖 项 本 试 镜 乐 得 见
思 题 热 约 的 坠 面 碰 虎 高 降 息 野 面
延 皂 醋 焕 然 落 状 马 远 香 上 饭 考 回 事 碰
，皂 间 休 凑 上 视 女 巫 光 虫 数 后 复 理 解 得
带 信 降 肉 野 摇 香 部 距 于 尖 解 的 主
衬 视 携 情 边 举 破 醒 租 离 租 飞 疲 醒 好 四
摇 转 蛾 秘 缘 双 车 决 远 书 的 年 友 信
最 袖 露 礼 马 > 乐 的 降 野 木 马 雨 地 依 息
日 自 惊 来 下 余 解 有 领 释 修 信 保 赖 真
闲 书 保 到 职 心 保 面 直 稻 木 带 情 木 因
栅 解 观 木 业 自 沿 许 特 试 本 出 克 则 地
惫 上 的 场 景 摇 着 遥 生 举 票 顶 试
木 透 露 释 复 研 后 研 数 子 > 己 柔 过

Puzzle 281

根请间虫＞中人心便便复醋主梳要趣毁
驱平直静权远惊口的子修胶说书优考机
许可使用迫动邀顶惨则服便衬发驴环
桌近选灵惊主过舒适先恐心驴于约
煲撞一声根亲衬下加人坠露乐树静生
高余露过有条后面马错复飞面干稳人
况马遥来＞基滑快特自带镜破损旱骄不
远木机碎龄乐放己醒左腿情煲乎量
高豆坠欲类自源图心存露情环护栗树增
肢士伏后自日子略恐之旅触息乎滑
查乐保不老解信大衣磨趣摸高子带撞
陪熟撕裂鸟木味道存子条人表底护鳍
丁审悉后啼紧行苦苦稻查远持秘己蔻
闲＞团步究虎标题察情草飞葡日存许
记他程量行带近理修丁间平萄怖则也从

鸟啼团
陪审旱面行声悉摸裂题
左腿面声撕服
干表步一熟触题使萄旅适可
步一熟触标迫使葡萄之衣
熟触标迫说葡萄之舒许道
迫说之舒许大使
说葡之舒大味用
葡萄之舒大味用

Puzzle 282

根据诺鼠部皂加渐星含着机坪是款鹿力多望略
承仓东肥增逐明包朝停只条麋能很期忽电话茶壶

要衫类乐乐不便源恐根据雨衬最加士趣
间查复栗停机坪建驴区息约好信快秘稻
休虑镜不野填排撞息部马皂袖仓是貌
破马况运之人豆动驴逐肢里况书
许最朝信高透平不乐部延平鼠选得
状＞着本袋怖灵栏息驱音恐自东部
秀面。条款保胶饭定丁信邀恐性情电
眉几皂先增高区量信查亮信茶壶
幸间保情高蔻加伏皂来环里也村约
而坠身程高磨光近忽疲股胶机研栗
草的很了子包己豆略顶灵便举麋鹿
柔祖多量遇含信忽电有飞胶的有倍礼条
稳绍貓数能力期望乐音便社摇倍通
貌票而心素几滑电子摇部出许怠星柔
飞降心素几滑电子摇部出许怠星况

Puzzle 283

要免煲亲延安看己乐量举看克请马研
有诺费野事之高填复马程而的遇数余
号火箭延票安直保热权源眼性坠碎转
克性条摇介升议遥桌梳信考保间静面惨
的机会尽考年面升股研乐书而善漂间影蛾
心桌身一份貌碰出礼静日丁更凑亮衡响磨
镜别煲桥子来间最信延坠了欲解的赔号填
许人摇眉木平驱梳考礼考回柔独奏转存充
因平动村平然区平之类考泽静特磨私己
素降拉人最议活梁礼本研磨疲高存近复
顶拉蜗牛动村程碰根桌研柔凑易树项
村蜗宽每规本激发本真皂信栏己复
采雪幅只碰木。虎最宜梁惊分究伏露项

改善 填充 易
填 贸一份
尽 宽幅 护人
宽 保护 奏 漂亮
别独 更 生牛 亮
更野 蜗 只素
野蜗 每 箭发
每因火 因 素 会
激的拉 火 箭发 动
拉免 激 发 费访
免 的动 机会
采影响 拉费访
影 免采
响 影响

Puzzle 284

元年
完成清
澄清远
遥远球
月球摄为
拍摄为乎是
行几乎地
几乎地
是猛游泳
猛游泳数据
游泳认为
数据认为对
认为绝对长
绝对长动
延长动克
宝宝扭克杯
扭马克杯
马克杯重复
重复鼻子
的鼻子
酒吧

猛复人迟镜闲后数便书本要生秀延答顶
想地拍摄发便请据先行宜的静皂便不区
部有察稻便认号根远人为闲诺马。分请
定车于的请认为重迟远携闲克克杯焕思出
况栏瑞肉热考自复部充游议的马约龄许
而的分鼻!煲旋稻介加游摇木恐摇约滑
貓伊眼分绝对亮恐损约泽动议远升填光木
！蛾凑倍觉人旋约想泽伏远赔电便升发
保恐顶树的保遥究澄清遥四摇见幸了看
恐情因完蠕月加心要修面升酒约面
喜顶特成况球信年书诺蠕部饭草排心理
自性考远特遇四私乎修便>升升自露租
柵元扭权衬私几乎也伊吧宝眉活
本年恐人存落加想是程肥放宝坠。
延长恐鳍不恢趣稳得人平日直约活

Puzzle 285

摇怖况升错于究诺摇考不瑞骄自乐滑虫
项凑伏量错生碎特惊定子虎保紧祖情于
狭隘音直有究差飞源平皂坠过条损人便
焕他修毁研许休租飞民见信的毁损人复
人好底转乐约坠貌得车则研行年＞木便
票也许衫滑真娱伊乐音驱族部也衬错复
厨房息延活谅娱礼虫放水肉稻！稻人口
针的医生图指标蚂雨类驴识别约回顶动
对宜行主片生骨摇出蚂木分本出焕乐状旋
赂生恢情疲带人不带考人特的股姥权
欲命后便车出蚂不日究人信树眉爷的
面之柔而后露袖木恐碰恐定有冷遇寒遇
士远性遇忠不雨不面趣信马直眉寒的
了保直素观诚点眉了袖调查能研状保

指标
民族
调查
图片
忠诚
识别
的医生
滑雪
蚂蚁
稻草
针对爷房
姥许头
厨也骨谅
原露点
寒冷的
生命之
狭隘

Puzzle 286

旋基马答惧蛾私乐望释追看记部高的考
快下心项坠栏解本护便求树面高柔子滑增自
。惫落磨面碎紧亲子建皮没高府摇加规活
了高木侵不不地露飞妖精有政的加本部部
本规苍蔻略疲马底观。！事透下龄本公园
高蔻得动不性乎露转追伏口究自娱己
自苍亲摇乃能的图伏解紧乐自乐鳍愚
过看有主邀数选究视不年鳍坠步蠢
＞答驴特乐木静记增醒伏特焕饭的
坠他使诺他事信携醒复柜例马
阻止滑出心得丁携柔瑞心件高伐
了携飞村赂决木票之情件虫迟坠
电影伊紧赂高衬最近动草旬虫鳍鳍
驱然通复诺士人乎重驴希视休增来坠马

电影
树皮
记得出
使最近
追求
苍鹭园
政府
容忍
侵略性
步伐
的事件
阻止
希望
例外
愚蠢的
妖精
没有
草旬

Puzzle 287

```
音 坠 真 乎 试 得 况 看 龄 雪 骄 的 行 加 见 骄 栗
休 百 记 增 底 通 欲 察 父 错 情 生 本 虫 得 胡 萝卜
己 个 滑 焕 建 稻 况 能 约 信 过 活 稳 直 自 木 加
此 伊 看 子 请 许 约 打 雪 过 的 骄 心 心 摇 惨 滑
动 句 人 滑 技 艺 蛾 得 驱 袋 傲 动 坠 娱 一 碎 木
研 警 片 段 噪 雪 驱 肉 便 看 遥 真 不 乐 人 票 惨
情 面 察 议 因 热 音 便 栅 傲 心 型 分 音 便 镜 情
加 公 允 重 填 栅 乐 状 栗 遥 丁 发 十 高 露 研 看
看 共 便 查 口 饭 主 有 音 的 研 总 自 高 发 破 了
性 质 动 香 情 考 出 典 便 镜 统 理 事 平 几 书 保
携 从 本 凑 出 维 典 面 胶 破 第 高 思 稳 豆 答 优
面 顶 护 稳 部 护 噪 坠 见 书 稻 十 栗 遇 觉 乃 增
再 见 不 娱 透 人 坠 本 书 灵 稳 平 冷 泽 保 滑 四
他 伊 怖 摇 乐 加 许 恐 毁 滑 冻 摇 静 优 增 史 冻
的 操 作 面 动 通 不 底 量 历 史 栅
```

右侧词语：总统 片段 警察 冷冻 维护 允许 再见 百个 打击 一分钱 性的 操作 错过 第十 胡萝卜 公共 此 历史 技艺 破坏

Puzzle 288

```
质 放 胶 己 遥 相 栏 机 的 教 训 恐 的 摇 恐 信 复
> 量 醒 辉 煌 同 则 书 邀 主 类 恐 子 农 场 主 惧
人 的 两 边 分 动 动 。 口 马 紧 泽 地 车 快 丁 后
条 音 摇 高 透 究 欲 衡 怖 根 复 私 放 高 之 貓 胶
地 型 余 透 磨 傲 快 马 梳 胶 要 建 噪 创 面 胶 杂
球 机 幸 延 乎 毁 丁 伊 充 镜 首 都 生 建 复 书 生
坠 回 损 姥 焕 丁 视 马 邀 音 远 树 而 蔻 栏 赂
素 面 雨 木 典 诺 貌 错 他 平 干 泽 水 秀 主
错 雨 遇 类 胶 鳍 不 动 平 胶 的 行 果 身 伏
保 权 毁 定 光 诺 克 修 同 高 环 状 绍 数 肉
自 人 图 凑 克 克 海 桥 安 的 。 生 条 型 有
视 邀 平 秘 的 滩 平 记 后 摇 心 也 想 怖
循 礼 类 票 栏 服 盛 恐 了 相 视 活 配 他
自 程 租 发 摇 务 伏 恐 便 于 当 出 有 自
闲 幸 情 顶 分 肉 试 大 底 丁 凑 修 袖 草 释
```

左侧词语：盛 安 水果 不同的 匹配 姥姥 农场 服务 相树 的 两边 相质 辉 创复 首地 海滩 大全 同干 教训 边 当量 煌建 杂都 球 主务 同 训

左侧另一列：大安全 不同的 匹配 农场 相树 的 两相 质辉 创复 首地 海

Puzzle 289

```
冬 喜 秘 许 地 控 士 也 马 便 定 后 皂 怠 运 股
终 天 瑞 行 板 制 衬 撞 信 信 损 自 责 便 恐 部
安 于 伏 运 研 动 皂 之 野 里 ！ 差 里 便 恐 乎
也 四 号 介 究 坠 他 放 假 蝙 自 程 视 撞 约 惨
静 的 要 延 生 眉 充 休 件 蝠 性 坠 领 指 先 典
老 桥 露 社 决 的 动 根 况 邮 的 视 项 人 见 平
确 型 秘 决 乐 雨 观 木 热 泽 手 得 真 野 相 肉
切 型 量 要 从 特 灵 基 保 数 子 心 野 权 于 信
蠕 发 保 旋 主 面 己 梁 差 状 得 遥 眼 带 伊 本
静 他 苦 周 的 了 香 坠 理 保 眼 饭 颜 料 号 底
乐 噪 中 他 画 能 肥 栅 面 私 保 炎 最 机 心 最
优 身 遥 研 笔 况 热 坠 细 胞 重 眼 热 票 行 高
乐 不 袖 理 保 因 车 摇 社 的 惊 眼 赂 眼 自 几
宜 不 自 愈 从 介 错 祖 雨 透 趣 社 号 自 看 状
老 野 的 恢 行 介
```

手 指 | 的
画 笔 | 的
假 | 放
热 | 负 责
切 | 炎
车 | 确
料 | 货
高 | 颜
邮 件 | 最
生 | 的
长 | 冬
板 | 研
士 | 究
于 | 周
蝠 | 地
制 | 便
信 | 终
控 | 蝙
细 胞 | 相
 | 控
 | 细

Puzzle 290

机 构
皱 纹
绝 望 的
类 似
上 升 正 是
驰 骋 争
战 用 表
食 列 面
列 表 戏
平 面 的
游 戏
自 己 的
坐 在
猫 座 家
大 家 铃
蓝 铃 布
公 布 色
白 色
平 均

```
察 要 趣 栅 宜 娱 自 信 查 人 飞 旋 典 绝 状 光 因
虫 食 用 战 项 白 色 项 答 透 领 议 保 望 出 升 坠
透 决 列 争 票 平 音 私 信 坐 在 皱 纹 的 袖 里 领
循 号 机 表 想 乐 均 解 怖 猫 人 稳 的 从 环 坠
他 眼 构 近 素 运 从 循 子 座 先 人 面 袋 父 稻
稳 放 遇 年 秘 了 信 子 察 摇 高 马 ！ 梳 公 老
乐 灵 试 后 趣 观 了 恢 赂 苦 桥 野 票 布 虫
袋 先 错 恐 类 自 权 损 趣 他 豆 瑞 的 远 权 活
自 休 秀 士 似 存 蓝 驰 程 村 子 滑 诺 野 亲 心
之 己 摇 介 优 权 铃 骋 祖 本 车 分 远 旋 增
亲 。 游 特 野 木 遥 桌 车 事 伏 丁 闲 间
错 的 戏 过 大 便 年 自 充 肥 本 情 量 动
决 中 马 正 升 虫 桥 决 能 观 转 直
然 惨 运 况 家 他 平 面 了 日 伊 ！ 复 人
股 能 租 觉 乐 保 私 礼 许 袖 马 老 差 解 最 心 摇 票 傲 貓 而
```

Puzzle 291

信也复先买幸运放倍则平便状保充
欲马
袋先有灵第碎得摇来状查星碎高想里木
栗后真安碎六起话题况也期复页袋研
年真露马复心复要的的本看不伊降
皂近图马望柔眼里状马娱面间伊发摇
近而便必图须晴默几过飞信蘑有解领降祖
而静图最复落坠察风险菇面领息心
静放径租知入安增降究口视面教水图
的惧爸碍色而骄心发坠号保子寸祖情
惧子障心事素况里发排保的英宜重
子典看的人马骄平村底存木丁貌丁机的
典袖摇深马龄他他坠！貌底心考趾日的
恢护浅见人亮想好充保动赂权复的

Puzzle 291 词表

Puzzle 292

諸重视好驱醒思解休风梁恐建秀错然
远主草有栅生！基决闲窗医丁飞区雪回
转衡建考士特碎保金好心脏药人镜增树
优口故事柔秘肉特殊分配权回肥的坠系
素水亲加动里恐社保根突然的水迟遥
选运灵顶最选定内部情况震子股红平
理蛾有村果汁权运报于瑞噪出底色！
排衫情面桥紧信环周始＞摇远自高
透毁情决高排议梳三终震他桥中存
高人肢人基紧野然飞坠瑞信建余＞
释欲伊自秘邀分柔乃信数源飞
情心野图自行动马股木日倍
栏理则破好息约护人性
型升蠕肥复的观转便循保
则肥差木义最先坠图四娱于口顶日保

Puzzle 292 词表

Puzzle 293

研 然 股 电 人 虑 便 究 考 桌 出 领 重 欲 野 落 滑
趣 程 降 自 特 马 究 特 旋 解 人 热 力 观 阳 此 摇
源 便 选 考 当 了 余 而 过 整 齐 的 台 自 因 乐 回
克 研 特 当 来 紧 日 热 上 柔 级 本 约 建 恐 坠 碎
思 父 肢 灵 惫 醋 底 则 星 规 闲 远 怕 面 发 携 现
出 色 的 愆 雨 落 优 思 延 领 领 袖 胶 驱 诺 肥 研
分 号 肉 租 的 口 成 具 眉 里 然 研 子 复 有 本 先
动 番 身 乐 转 马 栗 体 防 然 性 答 要 请 露 本 修
学 茄 转 傲 落 不 分 宜 保 行 错 研 老 > 况 回 觉
校 村 衬 桥 草 携 惨 答 卫 木 选 最 摇 考 飞 电 苦
保 祖 热 倍 自 紧 人 条 行 栗 > 椅 信 顶 貌 研 作
见 草 的 士 感 人 情 袋 光 子 椅 恐 议 回 灵 娱 用
趣 优 余 露 脂 撞 运 身 他 选 最 摇 木 直 灵 娱
雨 建 亮 木 肪 分 稻 栗 子 > 信 顶 后 恐 的 娱
损 底 视 滑 状 电 况 椅 典 后 木 直

词语表：
解释　番茄　具体　当前　成分　作用　整齐　的脂肪　栗子椅子　出色的　此处　重力台　发现　星级　情感　防卫　学校　恐怕

Puzzle 294

国 王 撞 看 状 办 于 乐 落 乐 秘 里 有 野 木 亮 特
上 社 中 滑 雪 公 主 透 行 后 远 里 驱 自 悲 惨
恢 能 摇 保 从 桌 眼 最 龄 乎 充 瑞 而 心 近 碎
便 之 欲 乐 出 察 选 醒 过 本 而 饭 欲 木 来
四 书 己 过 现 过 露 乐 栅 行 后 不 股 休 典 磨
答 底 镜 携 特 蛾 凑 量 后 而 时 钟 海 保 子 磨
子 乐 研 饭 书 栏 决 泽 地 优 碰 接 受 雀 野 直
碰 心 得 恢 成 功 的 余 解 娱 行 复 社 摇 鳍
子 ！ 号 热 村 娱 的 破 宜 休 领 动 园 滑
眉 梳 肉 磨 驴 根 护 祖 解 下 息 噪 映 车 秀 根
试 议 智 > 权 马 复 的 苦 沙 可 树 肢 情 邀
的 光 最 能 说 最 后 了 栅 外 可 发 延 加 况
怖 生 秘 况 明 栏 好 奇 地 乐 梳 秀 肢 的 活
最 梁 证 据 理 带 排 乐 马 延 灵 有 煲 地
重 自 休 便 优 解 > 实 现 野 摇 究 喜 充 蛾 号 蔻 观

词语表：
成功的
花园
海雀
悲惨
接受
时钟
沙发
国王
最后
证据
说明
好奇
智能
实现
办公桌
除外
反映
出现
可可
休息

Puzzle 295

眉 野 介 也 本 特 表 事 运 他 事 上 欲 心 财 克 升
看 胶 规 不 灵 存 达 情 议 车 面 镜 田 的 产 飞 真
心 恢 语 能 的 转 皂 回 于 面 近 袖 豆 灵 窗 宜 帘
欲 电 速 车 答 思 瑞 余 根 增 人 香 树 肢 闲 伊 笆
焕 有 视 子 保 记 地 > 最 基 怖 真 木 的 飞 篱 情
则 情 子 保 破 木 丁 > 图 决 理 迟 梁 典 雪 凑 秘
检 查 保 破 领 人 主 理 平 思 近 桥 远 袖 凑 许
人 摇 喜 电 露 树 自 南 判 究 页 娱 人 部 热 雪 不
豆 泄 视 村 地 欲 情 栗 定 行 记 过 私 回 坠 骄 静
的 漏 书 领 消 化 额 > 车 顶 摇 视 喜 便 信 伏 先 重
欢 要 醒 发 身 份 的 特 疲 车 摇 了 典 ! 况 水 伊 租
迎 梳 蠕 动 乐 机 ! 疲 车 后 主 光 喜 桌 得 自 分 主
梳 中 水 护 野 票 惧 究 栗 马 中 秀 究 备 村 亲 业 务 上

泄 漏 的 判 也 表 顶 财 发 份 业 南 电 篱 配 语 身 窗 检 消 田
欢 迎 定 不 能 达 部 产 动 额 务 视 笆 备 速 份 帘 化 鼠
迎 机

Puzzle 296

消 息
讲 述
缤 纷
俏 皮
水 波
账 户
无 线 电
灰 色
少 数
重 大
传 统
醋 栗
太 阳 镜
意 见
最 高 的
其 他
合 格
仅 仅
语 句
的 图 象

闲 子 则 己 肥 保 号 缤 看 乎 察 讲 亲 水 票 转 损
消 息 快 的 欲 恐 撞 纷 得 旋 循 滑 述 波 音 发 宜
闲 保 虑 介 赂 趣 信 热 恐 察 饭 复 增 后 见 柔
平 区 老 热 闲 源 亮 眼 根 下 子 > 柔 村 虑 热
降 规 本 泽 运 虫 之 疲 望 马 书 也 释 直 坠 修 无
信 心 觉 顶 特 人 平 理 便 远 栗 四 复 阳 镜 线
生 最 少 数 的 图 象 最 领 性 车 书 合 太 坠 电
伏 重 灵 疲 远 坠 看 镜 灰 老 面 的 格 况 虑 凑
醋 大 面 子 降 回 保 降 色 理 便 携 人 怖 便 露
梁 栗 俏 遇 保 账 惊 保 部 落 填 而 飞 骄 马
灵 心 木 皮 柔 户 语 的 滑 里 有 底 高 栏 伊
摇 露 蔻 后 乃 苦 袖 衫 便 延 信 倍 坠 惊 紧
带 仅 仅 意 书 转 > 惨 基 平 决 里 程 安 苦
最 高 的 见 其 保 动 答 得 统 余 里 运 苦 稻
平 底 觉 蠕 他 情 热 量 ! 传 丁 虫 过

Puzzle 297

回 碰 柔 可 运 一 年 循 伏 飞 统 书 素 物 先 过 能
足 够 的 怕 气 页 信 己 貓 肢 恐 治 携 理 记 木 露 间
毁 号 安 的 噪 填 惧 机 肉 重 建 者 视 瑞 书 镜 优
蔓 肥 透 携 噪 傲 摇 主 间 克 恢 秘 树 休 袖
举 延 趣 书 区 乐 露 顶 他 老 研 号 伏 的
木 观 摩 插 心 磨 毁 情 过 饭 鼠 太 阳 ！ 娱 邀
观 蠕 托 瑞 虎 心 奏 捕 理 部 绍 建 自 磨 绍 恐
本 降 车 本 解 请 试 获 邀 。 转 股 话 能 恐
护 远 基 的 醋 面 亲 欲 稻 他 绍 谈 放 领
平 乐 的 欲 噪 袋 喜 部 碰 自 焕 娱 马 活 肉
研 发 近 察 教 木 摇 书 秘 损 惊 而 运 磨 旋 亮
查 自 立 瑞 育 撞 自 蛾 理 > 日 因 恢 袖 摇 肉 号
人 皂 独 连 接 延 解 来 准 根 保 坠 礼
较 低 的 柔 接 员 觉 特 约 决 快 怖 人 惨 况 梳
亲 平 灵 也 喜 飞 解 驴 落 热 镜 瑞 想 的 心 肉

物理
连接
的独立
可怕的教育
的老鼠奏
请入太阳
邮递员获气延话
捕运蔓谈托则
足够的摩准治者的
统较低的一年

Puzzle 298

磨 有 梁 水 号 火 鸡 迟 剪 之 迟 里 袋 修 生 人 保
远 动 飞 马 状 降 恐 排 辑 保 重 豆 照 片 规 究 根
然 龄 梳 心 究 底 飞 虎 底 ， 动 物 袋 复 觉 见 动 权
稻 趣 碰 飞 私 露 特 情 噪 究 。 发 衫 栅 部 许 请 平
保 丁 遥 平 人 后 于 根 究 之 地 的 诺 发 桥 情 有
程 余 来 型 恐 几 看 借 的 猫 之 察 娱 电 的 几
坠 落 车 稳 子 惨 娱 镜 手 究 通 水 欲 焕 的
瑞 皂 领 栗 存 毁 给 柄 衫 晚 热 延 修 的 饭
任 音 身 转 欺 行 回 失 餐 草 趣 破 动 股
草 务 的 露 骗 业 提 望 奢 品 衬 余 的
环 自 香 木 子 醒 的 侈 风 格 事 息
型 皂 特 查 蔻 士 煲 便 性 分 真
> 乐 保 究 议 答 碰 高 书 中 马
衡 而 瑞 记 便 充 己 持 平 自 摘 运
马 坠 火 炉 计 通 > ！ 观 事 议 间 社 公 民 灵 諾

欺骗
提醒
火炉
手柄
温度计
失望的
公民
火鸡
，动物
行业
晚餐
极地猫
风格
照片
任务
摘要
两次
剪辑
借给
奢侈品

Puzzle 299

的 家 乡 状 循 心 丘 比 特 能 礼 情 男 孩 > 下 傲
摇 趣 破 本 豆 倍 驱 加 乎 直 野 素 分 然 面 信 性
毁 携 村 桥 遥 木 音 修 复 野 本 特 支 撞 实 验 定
袋 宜 栅 本 决 倍 量 许 然 怖 。 号 雨 秘 克 骄 坠
醒 来 的 密 加 封 信 情 休 建 情 视 礼 充 子 落 分 快
活 乌 运 汽 封 查 短 暂 得 马 紧 亮 休 运 恐 票 研 滑 飞 环
礼 鸦 远 的 油 摇 人 人 过 部 噪 桌 典 不 克 最 人 透
地 活 事 便 远 动 音 情 趣 很 少 鳍 上 梁 热 存 差 选 他
请 露 苦 存 自 刺 优 香 拟 差 奶 口 顶 保 伏 情 环
动 数 自 趣 不 树 宠 部 酸 牛 发 填 下 乐 运 面
活 介 上 刺 约 中 物 拟 修 高 有 程 野 特
本 骄 幸 猬 栅 趣 笑 过 视 中 虫 信 猫 根
亲 迅 速 坠 项 成 了 他 静 心 摇
貓 近 日 量 长 性 音 视 的 信 静
日 延 重 动 驴 灵 热 视 行 露 柔 雨 遇 焕 录

汽油
酸牛奶
记录
的家乡
醒来的
密封速
迅暂猬
短刺孩
男乌鸦
成长拟
虚宠物
笑了少
很比特
丘有信心
实验
分支

Puzzle 300

便宜的
到处
的方向
技工
娃娃
图像
目标
的旅馆
优质的
明智
耳朵
动词
民主画
禁止盖
覆盖球
棒橡胶
的好处
的鞋

有 排 傲 栗 惧 镜 恢 雨 丁 状 高 主 醋 桥 典 到 安
修 自 本 亲 惧 有 解 驱 肉 之 的 赔 的 图 绘 画 处 树
复 惧 貌 衡 向 解 电 龄 议 摇 草 条 像 的 复 好 稻
动 程 凑 素 方 禁 止 差 近 动 根 见 书 基 娃 的 之
礼 技 邀 绍 的 稳 祖 雨 子 眼 考 而 娃 图 摇
栏 工 焕 自 旅 释 然 瑞 考 望 定 上 的 飞 像 迟
之 野 因 了 馆 领 间 焕 行 袋 有 信 程 橡 的 有 通
摇 思 加 柔 不 露 损 面 动 主 察 胶 转 肉 况
的 研 思 号 亲 望 静 几 马 趣 词 覆 棒 通 保 通
数 便 亲 重 介 惨 安 得 盖 疲 球 露 放
下 宜 的 回 几 生 平 雨 野 也 热 答 特 的 眉
了 约 的 人 程 视 释 思 观 主 请 耳
电 主 带 桥 马 典 回 的 安 鳍 有 瑞 朵
增 欲 梁 号 携 书 研 自 丁 有 的 雪 决
自 差 几 释 迟 远 因 的 秘 野 存 地 带 趣 转 过 乐

Puzzle 301

喜 龄 成 娱 摇 记 本 主 事 怖 车 决 惊 水 本 究 马
车 书 本 鳍 放 股 他 类 环 要 修 状 票 约 人 之 豆
研 虎 煲 透 页 暂 释 恐 面 介 望 规 特 镜 见 不 看
及 其 轿 跑 特 直 社 趣 建 主 特 条 私 水 高 地 湿 气 数
致 命 疲 部 倍 情 飞 恐 复 充 理 项 礼 音 高 差 异 热 胶
放 部 袖 灰 请 举 热 眉 磨 丁 事 了 解 飞 骄 地 香 乐 豆
蔻 水 秀 升 的 特 答 野 能 热 遥 过 闲 重 己 研 信 观 分
量 里 近 出 答 恐 规 宜 复 巨 摇 自 人 重 动 升 余 情 健
判 生 考 然 特 虑 透 亲 复 巨 摇 自 间 人 瑞 望 升 怖 四
批 项 员 得 冰 巨 复 灵 亲 飞 情 股 社 类 克 修 欲 目
的 演 考 特 宜 虑 间 人 重 望 升 摇 四 苦
闲 饭 鳍 赂 柱 高 摇 情 瑞 动 怖 项 亲
音 磨 胶 素 肉 水 高 乐 的 书 袋 社 类 克 修 亲

发生
关键
是指
轿跑车
的演员
项目
成本
巨大
灰尘
的
其
面
气柱
湿冰
命致
暂停
的装
配差异
无效

Puzzle 302

区 倍 情 > 遇 的 泥 喜 欢 理 父 了 底 约 事 型 近 自
根 树 凑 感 肢 活 泞 研 主 落 延 子 增 克 乐 坠 恢 知
乐 摇 表 手 的 项 护 项 礼 落 定 查 人 木 肥 好 识 热
落 碎 过 型 肉 平 复 光 倍 赂 落 后 位 里 股 袖 行 护 量
复 建 凑 记 研 票 滑 股 灵 延 区 音 静 热 保 识 热
坠 真 衣 特 倍 马 毁 间 安 坠 焕 数 量 事 私 鳍 的
试 柜 规 祖 > 虑 因 答 面 来 典 专 衡 睡 保 块
心 袖 有 解 热 本 增 规 在 去 雪 项 自 门 错 眠 子
热 分 露 灵 乐 不 惊 真 观 的 年 门 中 人 遥 不
需 祖 恢 栗 远 鳍 貓 查 梁 先 生 有 人 泽 口 观
要 克 底 基 他 情 考 存 年 的 近 觉 貓
思 请 力 磨 车 们 解 型 状 先 便 的 携 真 号
伏 骄 引 环 热 赂 日 驱 祖 恐 有 平 之 绍 飞
持 最 吸 衬 求 肢 静 权 年 状 便 袖 驴 午
有 建 碰 取 水 焕 本 毁 雨 究 噪 程 恢 醋 请 虑 餐

的块
衣柜
睡眠
情感的
在去年
人口
午餐
专门
定位
数量
吸取
生存
泥泞
的手表
知识
他们
吸引力
请求
喜欢
需要

Puzzle 303

镜 区 口 飞 自 骄 分 钟 自 绍 许 栅 子 礼 阳 转 四
动 错 豆 衬 况 傲 解 倍 亲 坠 。 底 驱 发 野 光 滑 建
议 宜 龄 村 性 的 担 心 信 性 傲 充 租 他 上 私 好 便 坠 处
过 老 子 倍 页 确 飞 袖 休 选 蛾 凑 肉 能 视 便 紧 蛾
闪 耀 虎 栅 面 正 中 秘 乐 了 ， 而 不 是 理 摇 恐 见
望 近 思 伊 车 增 > 自 士 的 伊 马 价 带 面 貓 恐 车 过
雨 解 伊 碎 自 源 主 祖 先 权 重 肉 值 木 极 其 > 驱 特
苦 有 绍 况 皂 循 蛾 请 噪 人 号 要 袖 增 研 他 恐 情
秘 望 心 皂 决 碎 情 袋 遇 电 保 底 帽 疲 柔 面 最 心 喜
察 心 宜 机 老 安 遇 程 里 袖 子 信 建 规 从 楼 下 底
马 得 灵 黄 柠 檬 赂 护 程 曲 息 解 快 事 究 貓 相
究 灵 伴 侣 色 肢 情 梁 然 息 曲 线 光 撞 年 香 乐 通 便 建
安 类 保 坠 本 秘 延 根 树 光 撞 年 香 乐 通 便 建 反
。

曲线
在楼下
苦
伴侣
闪耀
，而不是
黄色
肉豆蔻
相反
骄傲的
柠檬
价值
阳光处
好
正确的
帽子
担心
的重要
极其
分钟

Puzzle 304

高 觉 秀 发 物 究 了 来 过 苦 旋 议 考 部 眼 音 惊
桌 坠 鹿 野 质 衫 碰 优 状 私 通 回 得 验 权 蠕 特
衫 规 艺 子 稳 察 ！ 权 邀 皂 远 不 到 典 急 懦 征
趣 马 术 页 直 特 要 木 自 的 有 伊 来 煲 况 袖 夫
马 复 家 光 出 摇 干 雪 增 虑 的 动 项 情 了 镜
有 蔻 稳 露 皂 蛾 扰 称 定 遇 磨 本 降 摄 像 虫
见 填 带 因 高 眉 真 栗 选 露 延 增 视 乐 而 貓
动 出 亲 自 改 觉 而 胶 马 礼 决 想 状 柳 透 碎
摇 护 口 行 革 望 袋 从 迟 介 傲 绍 叶 定 瑞
量 滑 然 袖 落 推 奇 旋 遥 保 自 驴 摇 的 ！
直 凑 草 里 信 迟 木 惧 貌 亲 木 士 树 行 保 老
遇 不 素 有 直 口 得 娱 顶 信 数 型 真 鳍
升 急 磨 从 他 热 稳 磨 下 携 情 钢 宜
面 绍 特 蔻 坠 自 部 一 个 有 凑 琴 自
素 恐 香 情 增 心 衣 栅 携 间 摇 己 父 噪 露 降 试 由

柳
改推
上
懦
得
钢琴
出
下
自由
摄
考
鹿
艺术
称
奇
特
物
亲
干扰

叶
革
迟
衣
夫
到
琴口
一个
头
像
验
野
术
家
定
迹
质
自

Puzzle 305

摇 表 情 保 性 真 手 乎 性 情 大 专 充 坠 心 栏 赂
惧 人 示 能 虑 桥 信 口 不 情 专 部 图 傲 恐 不 增
得 视 电 泽 稳 过 举 木 专 图 家 升 的 碰 过 约 坠
子 生 摇 动 几 桥 事 泼 图 医 瑞 亲 克 闲 则 倍 热
辩 撞 虎 煲 携 中 喜 妇 野 院 稳 柔 凑 也 马 了 私
论 领 乐 袋 车 摇 肥 特 猫 有 碰 焕 平 运 赂 远 从
况 亮 苦 权 倍 马 自 欲 静 的 柔 发 型 遥 远 从 眉
间 型 热 从 倍 循 远 真 自 要 稳 蝇 便 远 头 解
蛾 乃 的 年 的 条 情 而 教 稳 基 运 恢 乎 加 复
最 等 恐 的 要 至 心 毁 授 排 野 梳 宜 欲 通 量
心 貌 待 直 甚 重 护 乎 护 运 情 野 余 私 书 察
保 静 丁 因 请 介 娱 过 运 恢 宜 噪 头 方 坠 快
延 的 休 降 几 位 醒 遥 理 复 余 不 解 根 欲 来
一 子 数 机 他 存 置 建 热 乎 加 头 眉 间 休 规
个 面 据 数 面 增 特 醋 高 的 理 的 间

的数据
大专
专家升
头脑
一个教授
等待论
辩位置
泼手妇
通野套猫
焕至蝇
甚院发
苍医动
表电示
方式

Puzzle 306

支持
奶奶
栅栏
羊群马
小持民果
保居结事何
没如问龟
请鸟个
几胶水变
改长度
小说
达成一致
运动
牙齿

要 栅 奶 镜 事 丁 介 保 紧 平 自 子 行 解 权 回 情
露 栏 奶 煲 高 私 究 摇 桌 静 祖 疲 结 果 生 近
充 摇 小 说 有 延 于 他 改 变 。 息 型 素 记
柔 > 规 便 碎 近 心 过 区 磨 保 驴 租 牙 栅 选
碎 惨 错 主 露 静 栅 不 要 撞 理 的 蛾 票 虫 面
增 灵 居 毁 本 行 衫 人 解 镜 租 问 请 问 疲
典 居 间 露 余 乃 秀 活 胶 小 倍 票 有 于 肢
保 持 民 ！ 苦 恐 的 本 之 马 豆 袋 究 醒 了
落 支 社 一 喜 人 衡 热 过 几 水 肉 携 运 年
达 成 解 致 长 凑 决 生 个 要 息 最 举 增
源 远 事 诺 度 子 驱 亲 理 桥 行 日 何 镜
领 没 票 型 动 虑 的 于 肉 摇 许 木 人 怖
过 热 建 看 衡 木 私 后 飞 上 面 况 究 保
梳 规 肢 数 袋 惧 眼 特 行 衫 雨 来 地 旋
羊 群 野 转 释 肉 趣 规 蔻 的 露 错 领 建 乌 龟

Puzzle 307

闲 红 环 露 貌 不 子 小 鸭 河 豆 围 面 部 型 瑞 坠
考 秀 查 萝 最 惧 肉 申 请 马 远 巾 好 桥 木 伏 肥
的 他 究 卜 过 截 距 降 年 马 村 的 的 胶 驴 珍 马
释 雪 心 秘 约 电 自 自 的 主 移 饭 移 平 贵 父
年 情 好 存 破 类 苦 娱 梳 动 循 来 动 马 不 喜
！ 苦 心 有 而 肉 则 苦 携 的 情 小 素 木 不 也 肉
虑 不 子 胶 不 滑 而 露 野 车 肉 数 蜻 醋 三 角 虎
好 噪 凑 毁 心 观 丁 袋 的 豆 蜓 特 招 觉 喜
热 香 恐 安 不 况 坠 的 壁 画 中 热 商 镜
击 况 先 充 心 坠 > 恐 便 克 号 租 引 衡
败 祖 露 信 部 恐 的 龄 介 灵 梁 许 栏 资 有
乐 己 复 余 口 恐 重 闲 倍 泽 举 袋 察
损 复 倍 护 他 重 虑 衫 研 自 本 降 下
紧 肢 增 > 稻 身 栗 遭 觉 稳 惨 生 根
不 草 行 泽 虎 遇 复 也 活 疲 加 领 坠 音 世 界 自

世界
击败
的 壁画
败
小 先
祖 鸭
小 子
小 萝 卜
红 巾
围 马
河 受重
遭 请
严 商
申 蜻 引 资
招 蜓
蜻 角
三 贵
珍 距
灵 活
的 移动

Puzzle 308

的 简单
那 种
机 会
高 级
冰 箱
确 定
害 羞
美 味
联 系 同
共 情
的 事 中
牛 美
完 奶 礼
有 貌
犀 牛 索
搜 发
头 满
充 父 母
父 女 人

雨 皂 欲 镜 摇 充 亲 解 秘 雪 息 试 父 号 有 摇 号
的 水 邀 回 醒 年 电 美 女 人 情 趣 底 母 联 系 桥
便 电 傲 摇 保 选 共 味 从 音 袖 答 头 发 望 稻 衫
恐 望 情 增 书 领 坠 同 规 典 落 冰 箱 想 便 环
害 赂 本 胶 事 几 醋 权 查 倍 音 磨 礼 虎 梳 的
迟 羞 牛 奶 中 他 议 源 磨 的 不 木 露 循 那 种
自 飞 惧 的 欲 自 安 袋 木 最 环 平 研 票 规 过
有 乐 动 不 稳 升 解 项 蠕 确 护 飞 礼 疲
股 紧 租 栏 口 滑 音 礼 定 定 碰 自 柔 的 貓
趣 增 后 动 地 亲 上 有 骄 马 条 简 举
本 便 ！ 犀 醒 特 息 貌 则 电 单 运
不 音 最 理 牛 近 蠕 诺 远 梳 平 秀 高 几
镜 欲 的 事 条 蠕 搜 研 摇 觉 会 级 过
树 动 租 情 类 肉 加 索 动 机 高 的
毁 热 碎 野 望 他 动 惊 乃 自 子 苦 他 回 要 最

Puzzle 309

諾 想 雨 受 透 来 保 存 的 面 性 皂 最 能 乐 保 秘
休 木 复 害 音 坠 眼 究 绍 增 安 泽 拒 煲 解 号 生 况
自 摇 先 者 定 恐 自 充 飞 趣 许 高 绝 察 柔 生 先 傲
净 摇 噪 放 梳 本 毁 急 那 露 得 秘 便 有 放 环 衬 的
干 摇 粗 衫 定 解 香 肠 些 雨 宜 图 之 栅 饲 早 的 建
的 希 望 鲁 解 奇 寸 人 摇 自 姐 伊 余 饲 早 护 热 优
到 生 趣 桥 释 理 理 静 摇 傲 灵 泽 料 料 量 也 摇 觉
周 社 祖 举 赂 肉 便 从 音 试 看 的 定 后 后 自 秘 试
修 活 乎 衬 观 的 宜 保 野 便 究 心 行 子 身 惨 思 赂
乐 磨 特 袋 典 毁 觉 解 苦 有 也 娱 人 梁 破 蔻 衡 年
生 特 程 有 了 闲 老 心 鳍 热 定 人 梁 另 察 过 况 到
胶 书 了 ！ 租 研 请 傻 瓜 型 租 至 休 一 个 遇 论 到
遥 理 摇 他 马 的 紧 惊 镜 至 少 周 论 到
上 驱 恐 高 请 回 父 野 型 恐 特 灵 护 重 六 谈 到
源 数 怖 遇 根 的

Puzzle 309 word list (right)

早餐的饲料
望希少
料到的
至周六论
另一个鲁
粗周谈
谈受害者
受姐姐怖
姐恐瓜肠
恐傻香些
傻香那干
那些净到绝
的干到绝
谈净奇怪的
拒到奇怪
奇怪的尺寸
尺寸

Puzzle 310

Puzzle 310 word list (left)

专家
无数
古董
袜子
购买
吊着
特异性的
政治
一直
蜡烛
计算器
打招呼
奇怪
旗标
乘法
体育
语音
多次
危险
开始

Puzzle 310 grid

况 恢 顶 鳍 保 了 几 安 貓 噪 循 股 素 乃 肥 骄 特
也 自 区 运 落 心 高 宜 露 虫 礼 透 碎 惧 有 异 性
乃 疲 貌 里 了 自 肉 无 的 看 思 信 鳍 他 透 的 木
增 选 间 降 回 摇 型 活 数 ＞ 老 票 望 专 皂 坠 底 理
典 乘 的 喜 伏 驱 人 生 高 祖 了 源 瑞 家 蜡 最 木 解
马 号 法 加 自 人 之 趣 克 权 董 光 骄 伊 烛 了 水 呼
落 子 有 事 环 典 亲 驱 古 考 旗 滑 便 真 条 信
貓 社 豆 部 错 票 欲 租 毁 标 充 柔 携 最
介 好 规 ＞ 的 源 语 醒 护 碎 不 体 栏 育 打
权 赂 发 政 坠 然 远 噪 护 买 干 虎 情 视
多 次 一 治 计 算 有 考 延 危 许 秘 骄
约 选 直 条 情 器 优 究 险 心 口 光 便
吊 着 错 滑 木 野 延 存 虫 底 醒 怖 究
袜 村 紧 衬 自 要 不 过 图 护 趣 高 基
子 理 复 活 紧 私 皂 老 乐 人 程 欲 奇 闲 雪 始 最

Puzzle 311

雨 仍 然 木 子 野 龄 环 里 他 喜 觉 直 了 快 延 保
保 后 事 议 见 香 规 梳 将 来 修 量 重 绍 状 放 权 木 日 存 眼 光
里 增 下 噪 包 裹 降 增 数 坠 理 携 的 私 苦 加 龄 > 项 疲
持 宜 动 骄 稻 乎 绍 高 露 转 肉 香 高 加 龄 苦 不 思 眼
差 页 几 的 父 栏 音 便 身 本 社 乃 优 不 虎 增 光 迟 疲
间 事 电 日 自 野 信 能 傲 信 转 蔻 滑 惧 先 底 > 疲
事 几 复 落 疲 优 焕 自 他 桥 口 重 紧 宜 答 疲
能 放 觉 豆 驴 存 素 平 原 套 索 数 定 根 马 噪
放 土 地 间 驼 文 文 型 转 介 信 余 研 本 页 图
子 放 心 乃 喜 接 增 凭 泽 间 加 龄 父 堂 鳍
蛾 子 梁 出 宗 教 木 研 恐 声 静 制 近 稻 衬 柔
音 蛾 毁 典 素 租 不 傲 有 的 音 造 也 绍 静 场
音 闲 车 虎 几 镜 柔 秘 滑 碎 肉 摇 习 治 疗 号 高

痛 教 原 惯
疼 宗 平 习 疗 滑 音 蹈
疼 平 制 治 柔 声 舞 堂
宗 制 柔 声 的 凭 鹿 地
治 声 的 教 鹿 型 来
柔 的 教 土 型 来 索 场
声 教 土 文 来 索 场 裹
的 土 文 驼 索 场 裹 收
教 文 驼 典 场 裹 收
土 驼 典 将 裹 收 仍
文 典 将 套 收 仍 然
驼 将 套 农
典 套 农 包
将 农 包 接
套 包 接 仍
农 接 仍
包 仍
接 然

Puzzle 312

建 造 虑 助
考 协 助 医 上 节
协 牙 墙 上 备 人 羊
牙 墙 准 备 人 羊 了 见
墙 准 情 人 羊 了 见 号 天
准 情 的 羊 了 见 号 天 术 塔
情 的 赢 了 见 号 天 术 塔 存
的 赢 会 见 号 天 术 塔 存 风
赢 会 信 号 天 术 塔 存 风 怒 向
会 信 今 天 术 塔 存 风 怒 向 卫
信 今 部 术 塔 存 风 怒 向 卫
今 部 技 塔 存 风 怒 向
部 技 沙 存 风 怒
技 沙 保 风 怒
沙 保 飓 怒 导
保 飓 激 导 捍
飓 激 导 捍
激 导 捍
导 捍
捍

灵 苦 人 情 的 损 今 天 型 数 虫 建 造 保 存 协 的
技 术 胶 循 凑 状 特 几 复 飞 年 区 造 股 特 助 趣
保 转 骄 幸 导 增 向 定 有 休 亲 宜 区 程 香 建 沙
页 了 通 区 差 向 貓 马 惊 滑 错 定 私 书 动 页 塔
有 秀 牙 水 乐 墙 性 飞 趣 自 的 私 貓 加 书 透 理
恢 然 医 保 肉 飞 上 定 瑞 喜 活 貓 木 不 行 衡 信
树 醋 先 自 旋 老 的 特 复 顶 袋 加 惊 袋 机 信 号
特 诺 落 驴 滑 保 的 复 亲 源 根 木 考 先 羊 恐 野
醒 碎 喜 滑 面 增 举 亲 因 介 子 惊 究 的 复 定 准
梁 灵 则 填 自 面 宜 复 骄 车 考 究 考 激 木 也 备
年 请 > 袋 出 请 因 骄 蛾 想 香 怒 桥 衬 他
疲 自 下 肥 而 迟 发 保 卫 安 落 乐 活 然 部
乐 条 试 排 好 动 恢 安 保 信 面 肉 丁 号 从
图 况 静 摇 日 飓 复 而 建 己 建 类 赢 稻 研
煲 秀 会 部 煲 风 放 绍 落 香 人 了 存 伏
煲 的 持 间 亲 程 间 间 碰 衡 情 保 节

Puzzle 313

增中栗规桥虫究生恐他研透明不桥租余
虑携带察事电光因磨际细远动络型心
诺音远理面定然亲循信实乐进物诺下日
喜平噪遥妻子议行乐他的碎入行查正
于的夹过程中苦滑祖定居子水袋察真见
右手克高源苦理迟雨者才洪子中差则填
想蔻号水试模携露想稻动解息本项行
先情最考式野特稻乐书本皂
自快从携秀乐摧破野次高摇本年号
焕坠灵降延究究毁加子特几
透号典邀惊毁秀息特摇书梳栏皂
私动面直量四考野迟雨结满权情袖保
己保携人远程野分貌结欲落保
飞皂 > 数衡恢远分安直人保
破蠕事页恢眼通最安慈想直人分落

纠结水毁明才
洪摧透妻粗细际
鳍网络人
的定居者
动物实
右真手正
过次程
再满足式中
模夹克图入
意进

Puzzle 314

重视
的妹妹
周一
融化
投入
停留抽屉
温度股票
电影院
自在
长颈鹿
首脑会议
的发音
提交
旅程贵期
高长次一
苹果

记投抽屉飞类活护约了饭傲邀过究情自
旋入察袋长颈鹿鳍底从鳍热梁碰灵基增
请动典信落因肉携欲木趣人宜遇过带
余便高马基融化快虫泽蔻惊马得增热袖
欲机贵图妹妹的发音亮复自在撞信电栏
蔻高首脑议因欲许转保醒摇鳍灵肉
绍优摇记转音伏温度周雨次远况眼村
伏喜高书研程量股士重醒貌里携下
梳量亲建察存热伊票视一远长然毁口
梁观数疲停况复增规衡醒期望最条
考便运人保留礼票旅交影肉转欲年
碰出带苹果源有士源慘介通建研直士
则醒坠顶不栏加本香好保心类
面动柔数私乃自秘能安源情遥热自
伏光之升灵社排转眼解程驴休遥类条

Puzzle 315

紧 疲 骑 旋 回 源 桥 梳 部 答 不 肢 过 袋 典 人 望
> 加 自 肉 女 西 兰 花 闲 欲 受 孕 摇 携 蛾 事 生
不 真 行 祖 从 性 得 条 下 之 的 紧 事 肢 行 露
有 韭 车 祖 毁 四 议 面 恐 的 焕 根 面 车 之 肥
恐 菜 行 后 肢 部 面 碎 身 恐 解 龄 后 错 损
研 请 人 露 摇 邀 克 虎 人 人 木 胶 驴 > 察 损
煲 灵 况 分 滚 合 己 碎 豆 乃 数 香 > 近 植
况 高 也 复 最 作 乐 秀 高 重 他 页 便 旋 物 上
心 桥 马 增 类 伙 的 下 领 四 破 票 理 秘 赂
合 作 光 碎 眉 伴 午 谷 仓 来 的 运 情 上 眼 旋
高 错 惨 恐 加 摇 迟 上 图 乐 木 带 信 桥 欲
乐 结 要 修 视 想 蛾 的 静 特 安 不 解 过
之 石 娱 论 的 追 理 建 伊 研 读 宜 监 号 信
猫 头 鹰 文 逐 动 环 香 人 究 书 梁 狱 选 坠
优 心 类 见 子 根 过 程 碎 虫 ！ 转 梁 权 部

受孕
论文
合作伙伴
下午
的研究
监狱
猫头鹰花
西兰菜
植物
合作
西红柿
女性
结石仓
追逐之
读书间
骑自行车
摇滚

Puzzle 316

建 配 乐 草 活 情 撞 动 礼 平 日 量 乎 保 启 动 碰
虑 虫 对 ， 其 野 透 坠 社 顶 复 何 任 的 乐 直
里 毁 乐 伏 光 露 况 指 变 源 > 自 保 不 音 权 加
赂 鳍 优 父 木 欲 机 责 量 子 列 热 豆 程 复 柔
龄 书 车 菠 萝 飞 老 肉 肥 优 车 肉 信 情 蔻 素
破 情 凑 电 婚 光 赂 凑 秀 复 而 喜 热 保 摇
闲 查 同 情 礼 音 猫 邀 人 事 龄 行 马 遥
蔻 自 间 水 伏 荣 恢 约 飞 之 自 最 旋 高
有 响 亮 数 先 礼 面 龄 安 查 栗 自 亮 究
幸 身 图 硬 主 的 大 胆 野 光 项 议 幸 怖
欣 然 伊 之 要 宜 胶 状 水 欲 士 蛾 马 曾 望
赂 私 己 币 保 人 活 绍 幸 梳 生 而 经 便
绍 车 携 远 书 的 号 > 底 则 中 祖 趣 身
破 高 日 橡 子 望 权 秀 保 野 衬 而 便
休 区 量 香 高 紧 心 况 官 恢 兔 草 貓 加 驱
员 醒 发 子 天 看 遇 眉 类

何
的任
的音乐
大胆情
同萝荣
光亮然
响欣婚礼
兔子天
橡子量
变启动币
硬列车员
官，其经
指曾对
配责

Puzzle 317

疲子透乐香优性桥思野特别菜疲的视情
从马来行的道德号觉摇察升生花部袖觉整
袖来直优类答碎他生增身理栏私要热镜建
查醋蠕没解别事冲香顶解基木书匆优乐保
破袖肉有几举近豆饭傲得士出规理伊记得
木基状基香坠的有木肉灵！泽性量乐发
排然带举坠余闲幸票亮马况摇乐透惧
幸自坠泽典面眼根考性爱好生过直
亮的镜撞潜水之前邀增野记复姜滑
毁树的潜好恐了光释延撞觉考秘桥
约坠有根介察亲解观行优源平口得远
自条飞于衬电绍驱过快骄用袋桥则
野旋型要虹膜雪袋部欲不皂图况电
喜底建里量最龄>邀绍恐己雪己日鳍

特别
雇用
冲击膜
虹之前姜
生别
类个花水
整菜好
潜爱突
冲了解
视觉
匆匆
流行的
道德富
首
从来没有
生菜

Puzzle 318

保书摇有苦宜考水情平村最微事保了机
心部远坠差的貓理区秀迟恐小里貓优环答
车决傲摇事人望肉生分貓恐的貓地撞树
降通记礼气望汁物对可重复究用了的
焕人最年味栗檬行类不礼倍状光了来
顶心过亲惧源胶察人木起觉马排
书人摇安加望礼北貌惊雪灵炭
因柜面信。权摇坠极转老存来
尝试部量疲考便雨环不存要直
子热请复定子欲苦貌复自鳍环
来趣有达到人野恐巨研复然人秀
自心亲的祖家具大露有升得乐
草乐乃内原类修号过丁最项
最袋野容子最磨里乐升快的高
运欲研请乎摇复秋季。怖源摇梁远桌栏

原子
北极
苦差事
尝试
气味
的内容
自然
煤炭
家具
微小的
秋季。
生物学
达到
对不起
柠檬汁
雪上
书柜
巨大
政府的
可重复使用的

Puzzle 319

发 言 权 香 高 丁 的 有 马 蔻 排 子 权 稻 迟 灵 欲
考 苦 复 貓 循 底 自 肢 余 从 心 领 宜 梁 间 本 水
他 阵 出 傲 不 差 碎 马 升 有 领 滑 袖 。 武 香 菜
远 风 子 于 情 碎 驱 环 心 亮 傍 撞 填 士 下 面 豆
反 雨 四 草 凑 填 蠕 喜 本 晚 梳 分 情 龄 直 豆 的
议 过 项 里 稳 木 本 延 梁 存 文 咖 填 最 繁 平
社 迟 来 差 滑 乎 赔 子 化 究 天 票 繁 煲
亲 高 了 特 镜 > 虎 稻 估 树 使 赔 差 远
幸 伊 鳍 落 许 乐 衬 建 计 秀 野 数 静 滑
他 息 栏 图 通 状 场 保 人 滑 马 梳 野 动
孤 独 梦 社 素 理 闲 举 > 的 练 转 亲
口 透 想 优 人 回 醋 露 士 决 页 书 状 拍
高 村 香 他 眼 号 诺 香 梁 骄 教 己 连 亲
欲 便 根 衬 疲 解 雪 运 老 老 克 则 们 貌
约 舞 台 里 性 护 图 野 思 位 移 近 欲 状 磨 露

领 袖
香 菜
场 景
天 使
教 练
我 们
频 繁
位 移
梦 想
傍 晚
文 化
反 过
孤 独
发 来
阵 权
咖 啡
舞 台
武 士
连
估
计

Puzzle 320

蟾蜍
制定
欢快的
伟大的
年轻
结构
家伙
池塘
击剑
一定
大量
星期五
的文章
水平
阴天
白
表
极限
到达
经济
袋鼠

介 喜 有 保 考 通 量 坠 区 请 家 趣 日 直 得 露 条
上 然 衫 转 答 复 建 肥 滑 的 伙 口 稻 到 邀 究
宜 于 伊 之 持 马 素 泽 遥 亲 下 水 平 达 之 傲
觉 上 自 的 貌 上 定 鳍 人 木 解 雪 衡 摇 滑 举 苦
生 摇 镜 雪 典 型 事 克 差 间 乐 栗 虑 信 桌 马
遇 袖 透 升 己 衡 醋 了 复 镜 降 摇 趣 情 亲
一 定 制 飞 欲 煲 见 碰 有 济 恐 平 素 恐 护
极 限 考 坠 延 环 究 选 毁 带 透 伟 面 有 量 本
动 阴 天 喜 旋 增 上 研 衬 栗 乎 大 击 怖 大 解
定 袖 视 领 恐 坠 动 生 章 的 剑 自 书 先
闲 稻 的 自 马 便 社 苦 后 快 露 特 焕
本 父 毁 股 带 因 摇 蟾 星 欢 马 栏 考 来
议 理 心 事 不 遥 情 池 蜍 期 灵 表 年 定 袋
电 观 自 自 本 热 自 请 塘 五 飞 情 轻 坠 鼠
理 升 重 护 动 上 便 社 平 醒 邀 噪 查 子

Puzzle 321

运 年 亲 息 有 时 行 老 马 边 恢 士 晃 保 女 野 程
破 碎 产 生 呼 护 欲 损 境 欲 动 亲 晃 孩 草 况 建
书 飞 根 四 吸 热 子 滑 间 一 灵 水 悠 发 充 镜 不
惨 行 请 本 着 子 排 最 好 于 则 二 草 焕 中 绍 木
培 训 修 四 保 的 运 循 也 身 二 主 肥 乐 惨 树 家
人 因 惨 保 的 拼 他 。 摇 释 重 带 雨 豆 里 桥 庭
富 含 于 拼 部 老 写 描 述 肉 子 理 考 领 情 子 滑
记 年 傲 写 老 蛾 类 喜 焕 优 醒 社 四 电 光 转 心
页 想 美 国 通 柔 典 因 举 地 马 有 车 程 增 音 加
肉 升 源 本 欲 量 项 思 看 马 几 年 乃 本 他 觉 的
型 素 自 优 乐 保 平 因 只 底 部 滑 桥 远 滑 约 一
四 平 自 出 生 肉 惊 看 雨 修 有 页 思 焦 点 社 余
自 数 坠 况 复 栏 鱼 只 有 特 研 鳍 究 约
紧 保 领 议 撞 复 循 况 底 源 透 究 好 子 情 机
重 复 释 条 落 循 休 最 趣

壶 时 着 鱼 有 述 国 部 训 晃 晃 悠 悠
水 有 叫 鳄 只 描 焦 美 晃 底 培 家 女 呼 产 一 边 一 富 拼 写
点 转 庭 孩 吸 产 生 点 境 二 二。
含 拼

Puzzle 322

忘记
丈夫
过去的
成功
的领带
凝视
自娱自乐
指甲
下面
花费
谢天谢地
工作
野心
外国
协议,
均匀
政策
单独
今晚
听到

外 国 查 查 素 柔 煲 貌 虫 坠 桥 的 不 排 近 项 凝
> 记 的 乐 滑 瑞 摇 伊 的 领 带 请 近 克 肢 视 特
娱 的 亮 恐 最 发 直 机 介 息 衫 惫 源 遇 乐 乐
貓 水 亲 紧 亮 虫 最 释 主 灵 灵 约 灵 而 息 心 记
木 决 过 去 的 中 衬 子 议 复 举 电 中 最 租 皮 加
热 不 单 醋 工 作 貌 动 便 遇 肉 鳍 的 下 露 研
优 考 独 协 究 约 不 丈 乐 欲 顶 骄 面 心 量
均 匀 顶 议 野 心 到 夫 遇 恐 间 傲 虎 里 破 快
自 梁 娱,摇 程 忘 记 情 摇 动 诺 运 想 不 摇
携 露 看 程 的 闲 里 士 指 量 几 书 驱 活 木 来
今 心 举 的 迟 股 的 上 甲 伏 页 考 乃 高 光 栗
士 晚 权 望 举 自 得 真 行 花 增 雪 活 条 损 成
父 的 政 飞 惨 灵 遥 约 谢 乐 决 高 循 约 号 功
想 然 策 野 野 娱 自 貌 天 票 蔻 望 秘 成 坠
过 克 错 蛾 滑 碎 程 书 乐 地 灵 心 项 举 乐 号

Puzzle 323

选 肢 降 雨 介 军 倍 便 车 带 然 亲 衡 任 栏 碰 部
人 定 考 最 灰 事 许 理 有 桌 龄 间 的 何 > 蠕 近
电 闲 旋 活 尘 小 弟 弟 柔 性 生 究 损 人 程 加 源
许 飞 肥 您 选 源 子 直 的 研 过 因 休 规 老 怖 丁 存
尤 情 保 法 城 择 城 主 量 马 光 考 察 心 趣 优 凑 话
因 其 桥 是 规 基 市 眼 情 衫 己 > 望 草 惊 信 放 见 蔻
区 马 是 实 践 保 绍 镜 驴 煲 泡 打 粉 北 方 他 租 本
马 错 娱 本 蠕 最 农 傲 自 他 程 肉 运 车 汽 情 心
自 诺 父 优 灵 热 摇 梳 年 亲 袖 滑 热 车 保 因 运
乐 余 化 数 子 已 经 心 况 香 滑 差 他 梳 马 信 加 号
运 秀 透 焕 碰 情 活 喜 发 机 究 发 典 上 栏 平 从 于 号
秀 妆 究 高 虑 诺 通 袖 有 礼 的 老 中 肥 解 安
便 醒 复 特 自 貓 > 疲 中 评 价 紧 泽 的 香 能 赂 了

词语：
城市
已经
农民
评价
灰尘
小弟弟
法规
泡打粉
任何人
尤其是
军事
扑通
化妆
实践
汽车 保有
北方
降雨
您选择
眼镜
说话

Puzzle 324

词语：
看到
奶油
磨损
计划
迁移
存在
衬衫
分发
的结果
行星
书包
快递
军队
紧张
圆柱
圣诞
非常
命中
不稳定
范围内

木 日 源 降 惨 介 能 型 静 音 本 远 苦 袖 柔 数 性
衬 衫 摇 摇 上 选 傲 鳍 栅 香 老 信 信 音 错 平 傲
衬 本 本 最 面 袖 票 惊 > 信 透 煲 增 而 循 转 分 有
本 本 凑 龄 的 衫 木 息 军 驴 便 领 。 划 区 发 范
年 保 紧 张 露 旋 究 则 的 队 底 特 鳍 而 出 木 围
四 慜 行 透 碰 碎 则 胶 木 亲 奶 野 书 包 情 内
源 光 草 本 泽 观 胶 的 油 升 划 栅 非 傲 胶 从
研 热 运 摇 看 思 乐 解 型 子 雨 存 常 不 护 惊
惊 人 情 存 到 人 安 研 克 邀 许 计 在 紧 不 后 噪
不 稳 定 透 约 远 保 透 子 邀 心 研 想 特 他 书 动
。 规 蠕 本 的 远 自 邀 研 木 顶 便 圆 柱 命 中 心
记 木 恐 分 结 驱 草 活 的 恢 研 视 延 快 递 顶 保
带 乐 性 闲 果 息 木 骄 滑 情 倍 迁 露 研 克 源
然 透 充 最 草 从 的 > 焕 况 上 移 滑 磨 栏
蠕 放 存 圣 诞 视 四 余 行 星 因 自 透 不 亲 损 约

Puzzle 325

禿 飞 肥 怖 性 动 噪 底 喜 乃 每 无 凑 理 幸 雪 损
鹰 重 他 平 秘 行 考 雨 况 爱 个 形 静 衡 老 撞 飞
乐 的 袋 直 议 选 自 露 解 的 人 破 看 壁 动 炉 生
剩 然 落 中 饭 充 下 部 的 经 常 伊 中 考 露 安 恐
余 滑 肥 热 排 邀 铅 母 飞 鸡 见 慘 复 趣 不 部 貓
护 多 香 自 思 铅 部 飞 优 复 衡 循 况 点
人 数 底 透 车 笔 票 草 回 胶 眼 行 行 亮 号 虎 身
型 况 介 休 貌 部 本 远 豆 身 报 己 项 素 中 静 复 得
带 车 数 鳍 究 保 请 年 人 自 选 排 滑 信 考
增 己 人 恐 况 记 号 他 貌 升 灵 日 村 柔 动 部
真 不 鳍 惧 保 摇 乐 图 看 灵 发 心 究 机
不 苦 碎 情 心 静 恐 不 图 不 区 斑 书 透 数
坠 设 小 访 地 静 然 静 静 理 怖 摇 马 况 究
  计 恐 心 问 平 面 研 定 恢 蔻 揺 饭 号 况
  优 心 滑 动 海 葵 电 发 本 保 马 号

报告 海葵 铅笔 每个 多数 平静 剩余 壁炉 访问 颈部 经常 滑动 秃鹰 小心 斑马 母鸡 无形 亮点 设计

Puzzle 326

型 人 最 延 迟 则 举 野 邀 循 了 村 遥 观 肢 秘 眉
延 电 父 露 饭 评 估 恐 下 通 稻 觉 凑 电 基
人 苦 礼 的 携 苦 状 恐 肉 不 然 老 小 娱 便
精 细 高 茶 息 的 不 私 本 当 胆 鱿 鱼 建
坠 水 行 壶 雪 究 面 时 素 股 未 来 记 虑
错 道 也 源 饭 便 野 间 页 复 带 貌 伏 有
眉 歉 飞 也 貓 里 离 优 特 亲 便 回 记 煲 梁
子 发 作 上 闲 开 的 乃 趣 降 息 恐 要
部 高 者 建 貓 得 互 马 也 最 梳 碰 答 栅
思 栗 瑞 后 延 行 动 恢 周 保 光 野 好 年
村 根 野 好 加 衡 领 周 地 过 有 精 观 运
士 骄 排 通 否 醋 绍 疾 考 虫 肥 试 神 好
热 闲 的 带 摇 素 伊 蠕 滑 想 栅 几 私 间
煲 煲 灵 运 乎 鰭 请 煲 得 远 复 股 摇 于
宜 他 便 旋 信 苦 喜 了 解 然 > 貌 醒 礼 虫 心 磨

作者 延迟 精神 的 鱿鱼 胆 的 道 时 评估 当 觉 地 否 周 精 不 未 疾病 离开 互动 小 茶 歉 间 表 然 得 址 定 年 细 当 来 病

Puzzle 327

动 休 究 稳 地 夏 天 的 热 防 止 自 人 情 灵 优 温
曲 回 趣 项 不 人 人 顶 主 惨 人 愿 规 基 桥 龄 柔
棍 况 热 身 试 余 士 社 稻 便 乎 型 老 研 下 举 热
球 发 胶 高 木 士 平 碎 露 独 瑞 主 自 绍 情 平 的
部 见 凑 木 本 特 不 镜 噪 自 傲 自 秘 己 的 基 惨
皂 休 驱 环 摇 鳍 碎 持 镜 自 傲 草 理 主 马 心 心
望 醋 租 活 情 碎 他 究 郁 镜 理 而 自 转 他 几
醒 觉 亮 秀 滑 > 碎 金 领 年 苦 木 肉 行 循 提 马
马 平 日 肉 项 心 生 带 得 基 出 考 类 亲 鳍 供 自
虫 仁 占 据 惧 坠 状 书 租 面 泽 底 看 复
因 栅 慈 释 大 心 来 排 慷 车 根 部 过 毁 重 胶
雨 恐 瑞 的 礼 米 了 护 慨 子 根 野 豆 解 书 灵
书 几 事 士 坏 之 看 规 己 子 素 衡 情 基 子 摇
趣 动 宜 类 水 最 焕 情 年 优 疏 散 况 通 能
视 从 数 转 梁 亲 士 规 礼 露 倍 热 蠕 信 透

身高
唤醒　坏的
最　肉
疏散　来了
带　柔
温柔　愿
慷慨
出租车
提供　的
仁慈的
夏天的
曲棍球
防止
大米　自己
独自
占据
郁金香

Puzzle 328

定制的
瑞典人
轻微
方面
落户
保养
看了
认识
放心地
足球
橱柜
较差
挽留
愤怒的
决定
清空
组织
挥杆
邻居
突然

后 绍 坠 试 愤 貓 伏 出 定 父 橱 克 噪 马 下 考 水
优 看 面 特 怒 最 恐 邻 观 理 柜 优 复 倍 车 情 伏
回 上 过 觉 的 观 亲 居 瑞 好 克 蔻 信 了 落 > 降
回 察 皂 惧 信 挽 组 织 梁 典 克 突 然 信 有 户 究 选
士 衡 觉 清 空 留 高 保 养 镜 人 轻 动 考 衫 损 面
士 近 数 看 日 安 票 乃 蛾 香 醒 微 飞 余 恐 书 蛾
不 乐 噪 典 延 出 选 上 存 飞 能 骄 亲 遇
快 邀 透 错 基 观 热 旋 权 中 > 则 心 的 看 士 填
建 桌 皂 泽 人 租 心 定 制 的 赂 眉 增 了 傲 主
观 过 毁 亮 性 举 袖 闲 挥 镜 上 放 究 重 野 程
休 醒 邀 秘 介 足 马 上 杆 查 号 心 桥 中 研 面
决 定 最 自 根 球 况 貓 携 桌 上 喜 许 真 子 日
高 便 眉 充 的 静 面 理 型 回 方 动 了 肉 保 乐
状 举 恐 许 乐 情 秘 马 桌 回 面 滑 子 平 > 镜 认
议 驴 > 回 环 人 子 虎 眉 趣 面 瑞 放 平 虑 识

Puzzle 329

社 思 性 洋 镜 四 眼 灵 联 水 的 貌 碰 蠕 袋 了 亲
蜗 想 貌 野 葱 动 作 合 信 疲 透 平 自 父 保 宜 觉
四 杆 请 丁 欲 事 热 收 近 信 静 加 见 要 肉 直 肉
干 摇 议 研 上 特 父 割 年 根 镜 运 祖 理 篷 胶 野
银 行 人 衫 循 保 雨 机 某 处 驴 究 直 帐 胶 袖 蛾
法 官 衫 建 研 露 的 痛 木 日 乐 先 看 马 野 素 直
研 最 撞 根 最 而 大 苦 乃 研 的 底 事 复 生 定 蛾
口 了 电 基 真 心 肢 也 伊 驴 栅 实 复 素 坠 安 研
复 来 蔻 肢 最 稳 肥 动 研 乐 研 蔻 生 号 休 紧 况
解 凑 凌 鹦 破 有 皂 喜 不 的 维 坠 普 > 请 况 从
的 静 雪 鹉 蠕 数 雪 栅 基 本 蔻 特 通 普 滑 紧 股
主 面 噪 产 坠 增 最 研 携 不 请 肉 摇 虎 许
素 暴 的 品 复 马 顶 过 复 特 试 衫 性 机 闲
出 躁 惧 加 部 貌 身 宏 伟 子 骄 滑 类
要 理 真 降 最 士 亲 鼠 本 顶 几 望 虎 机 闲

动作
某处
最大
宏伟
蜗杆
帐篷
苦
鼠官
松法事
痛
银
维生素
的
洋葱
木乃伊
暴躁普通力
普暴
联合 收割机
鹦鹉

Puzzle 330

膝盖
崩溃
疯狂的
消失
放养
回复
笔记本
有利
反应
樱桃
烧毁
队伍
目的
芹菜
现任
沙漠
社区
买入
剧场
吸收

号 惨 笔 量 木 远 心 几 反 遥 要 木 试 社 区 透 旋
镜 护 来 记 过 便 芹 菜 应 回 不 喜 目 蛾 飞 胶 草 高
马 子 复 建 本 放 养 票 议 复 从 的 部 增 有 高 有
持 察 人 自 遇 树 碰 况 己 礼 不 根 沙 漠 保 最 则
运 他 号 权 本 吸 收 己 苦 貌 复 通 权 自 心 平 电 水
的 老 人 书 亲 增 镜 看 稻 肢 滑 瑞 息 保 野 遥
车 迟 飞 得 研 毁 复 喜 分 梳 > 磨 下 过 直 虑 毁
有 利 转 环 木 己 心 私 磨 伏 消 人 来 源 野 急 间
士 貌 。 也 毁 木 复 伏 蔻 典 失 趣 下 邀
不 便 图 > 虫 不 根 素 加 恢 宜 书 增 想 倍 马
视 现 程 柔 马 见 蛾 烧 面 复 典 年 貌 转 的 自
亲 任 不 买 衬 有 士 毁 来 便 光 高 书 余 考
状 闲 伏 木 记 木 租 膝 疯 回 分 伏 然 煲 音
闲 鳍 崩 年 队 剧 盖 狂 的 平 要 高 介 试
老 因 溃 焕 樱 桃 场 转 热 紧 > 龄 也 不 马

Puzzle 331

向丁稻选落机导演香因保过衬蔻日平文
老日查人栅会欲素安情携情间肉源眼优状
趣租葵有保，望稻小麦冰曲恐书摇草车衡写
本规真关亮休灵发分试能先缩镜马磨
究复娱理心动苦嘲布排保升定觉里丁的镜解
栅优肢解稻讽的傲＞坠循充运乐增马
木主社通数破驴热下考管答者稻情优的
过了平野领源动磨肉来带噪稳修情闲
生行看充自约后书能天修决本
疲心降数桥磨喜本近花蜜本
中飞动远见来他日他私身虎
权错虎遇高介本权属循自
衡热类貌之重心带遥肉
的环疲邀磁差黄油究静填静于考磨

蜜够来曲霜理者
花能后卷冰管属带于讽
花后卷冰管磁嘲热带
能磁的日油鹅葵
来属嘲向油演布麦
霜的黄演鹅麦心
理向导天发心会
者黄天小关会，
于导小关机写
讽发关机缩本
热机缩文
带缩文

Puzzle 332

然心乃高克完整的解他转惊动究惊的静旋
循规蹈矩倾斜肉升得研特树要复的过木他
循之栏略思露降保平猫损复修远觉
气露定四来规人直许光木克龄电理改
候马动梁物园素飞直梳遇光加电权人赔
私的梁梳稻研遇鳍口存克热高设见惭
龄鸡蛋稻饭基柔见视权加高设有进了
排得饭放请部不社视公记蛾升碎缺露
理出了情号犯热部鸡高升真乏袋
噪间解的衫罪保亮桌间貌举青透
梁肉了工具根师驱的余子己灵平坠子
定先惧的保大野遇斑根稻主特恐
透露人迟大师驱程点自野书面摇
秘虎议露类野分斑落露柔遇
信回几豆儿肥虎的分母地欲袋类转

动物园
设有
完整的
气候
进行
排出
婴儿斑点
修改罪
犯乏青
缺冬斜师
倾大母部
分头具
工循规蹈矩
鸡蛋
公鸡

Puzzle 333

得 快 马 保 老 环 平 察 绍 乐 摇 复 靠 特 礼 请 伊
坠 从 露 艇 体 醋 衡 真 静 稻 动 机 可 特 不 口 不
乎 源 灵 能 素 子 要 伊 两 柔 望 可 移 本 人 权
研 皂 > 有 水 直 增 复 个 议 素 望 优 中 则 票 权
玻 璃 特 破 芹 保 于 野 回 入 蔻 状 时 建 驴 保
凌 肉 最 子 地 部 趣 子 英 口 员 工 顶 决 情 镜 行
飞 雨 马 休 丁 考 部 远 语 环 不 余 空 间 撞 镜
事 泽 衫 野 要 定 亮 平 存 本 露 几 观 地 焕
士 亲 木 雨 破 眉 动 柔 年 领 心 伏 上 蔻 得 草
察 考 牛 的 丁 选 蛾 答 顶 延 然 信 心 毁 类 他
面 马 仔 的 底 打 复 宜 自 虎 碎 介 蛾 租 页 事 他
醒 对 肥 自 答 法 请 沙 堡 增 决 袖 研 野 面 复 记
单 元 趣 股 修 他 恐 议 的 部 随 长 摇 直 衡
议 紧 升 摇 蛾 答 复 ！ 升 规 也 机 要 醒
父 便 快 愈 毁 生 挑 战 转 之 透 能 租

可 移 植
动 机 靠 堡
可 沙 面 艇 单 入 打 两 增 英 玻 水 挑 顿 员 随 空 牛 仔
对 体 元 口 法 个 长 语 璃 芹 战 时 工 机 间 仔

面 粉
晚 上
计 算 机
混 合
紧 凑
喷 泉
通 常
资 格
糖 果
输 入
带 来
重 量
面 包
时 刻
产 品
奉 献
一 起
第 二
惩 罚
理 论 上
车

Puzzle 334

便 信 丁 遇 坠 本 肉 携 远 中 议 恐 望 之 后 草 想
动 香 票 恐 生 瑞 亮 记 快 电 选 上 摇 眉 几 解 遇
稳 > 动 电 升 时 趣 则 观 不 的 思 梳 输 带
紧 凑 摇 研 本 刻 情 行 高 惧 研 > 试 算 入 图
人 马 了 觉 便 修 飞 车 了 转 奉 介 持 机 社
有 觉 来 运 心 填 过 一 包 望 人 献 赊 资 > 坠
重 特 衡 趣 特 胶 起 面 源 年 理 格 栏
量 草 自 日 理 心 分 袋 热 请 顶 特 便 远
露 产 品 带 试 项 粉 透 地 四 木 音 人
加 亲 加 来 栗 混 自 面 人 乐 瑞 本
究 树 有 答 决 回 合 情 马 票 页 有
本 远 摇 转 复 复 晚 答 本 考 社 亲
糖 光 社 滑 趣 建 上 野 从 书 复 的
果 数 况 常 直 究 修 袋 行 子
降 第 娱 通 喷 行 许 察 乐 惩
好 傲 直 二 通 旋 紧 伊 上 身 年 的 私 活 罚

Puzzle 335

貌 高 增 四 老 宜 蠕 人 高 木 动 亲 貓 状 特 人 排
信 栏 稳 村 数 礼 蔻 透 带 灵 伏 书 豆 条 肥 亲 亲
典 水 包 煲 眼 稳 息 保 丁 远 社 循 规 肥 乎 稳
的 循 括 定 然 鳍 娱 柔 降 自 租 环 源 飞 野 本
兄 放 面 数 特 热 信 马 平 源 虎 撤 销 面 便 怖
弟 根 摇 电 考 响 安 定 貌 平 急 飞 秀 碰 撞
驴 恶 撞 身 山 应 人 虑 信 恐 貌 乐 信 租
他 撞 议 毛 羊 人 桌 傲 的 恐 图 研 权 放
木 议 间 士 村 桌 票 进 的 伊 迟 特 的
。 恶 驴 热 犹 状 先 的 蠕 介 记 要 柔 水
泽 重 有 升 豫 乐 增 碎 桌 答 高 貓 煲
瑞 本 升 发 的 真 乐 过 车 近 乃 灵 余
灵 根 而 入 乐 衬 页 肥 眼 雪 书
区 桥 马 信 高 增 露 研 镜 护 议 远 便
个 人 丁 香 差 桥 议 怒 温 水 虑 栗 请 诺 下 征 余

环 应 撞 人 举 括 为 征 香 生 豫 毛 羊 销 入 怒 水 权 兄 弟 的 进 展
循 响 碰 个 选 包 因 远 先 犹 羊 山 撤 升 大 温 特 的

Puzzle 336

鹌 鹑
形 容
三 明 治
那 么
后 续
现 实
科 学
望 远 镜
性 格
的 父 亲
吃 饭
野 鸡
周 日
勺 子 时
即 授 权
的 生 菜
媒 体
羊 肉
价 格

状 顶 瑞 车 恶 信 复 书 回 野 权 虎 基 紧 上 观 了
驱 桥 现 实 虎 研 形 容 后 撞 能 票 重 的 生 菜 幸
马 面 持 眼 研 滑 存 乐 续 心 凑 想 桥 恢 人 授 权
马 恶 最 > 雨 快 父 带 惊 最 貓 羊 部 煲 议 察 生
情 决 摇 复 类 乐 也 野 丁 下 人 肉 梁 好 礼 充
热 肢 持 不 价 权 介 情 过 延 考 书 保 栗 电 落
野 滑 望 活 格 性 动 日 排 特 想 露 煲 高 栗 理
鸡 试 远 骄 的 的 柔 损 典 不 人 野 吃 克 直 梁
音 情 镜 三 貌 议 自 因 科 几 貓 约 图 类 坠
请 热 优 明 顶 究 循 学 条 过 人 > 运 典 他
平 栗 电 治 携 了 素 恶 摇 周 焕 日 香 醒
马 增 人 记 恢 机 人 日 煲 了 考 本 惨 复 里
的 肢 页 想 理 后 他 煲 老 的 运 父 主 增 煲
飞 即 想 口 貌 错 秘 携 请 复 露 鹌
延 时 安 类 行 那 么 皂 子 灵 飞 究 错 树 醋 记

Puzzle 337

```
音 的 诺 回 ， 完 日 飞 增 加 究 光 煲 日 藏 红 花
解 息 性 热 直 日 来 远 租 素 况 镜 碎 保 自 飞 升
排 衡 光 泽 到 全 喜 信 况 了 检 但 于 梁 年 视
要 民 虫 信 手 缓 选 况 要 然 水 灵 马 图 底 驴
释 了 面 保 臂 解 研 租 趣 新 闻 苦 持 面 图 驴
驱 策 机 区 最 差 几 回 磨 环 解 望 股 热 图 转 优
降 略 议 书 看 票 底 谨 检 颗 粒 伊 举 通 饭 动 恐
充 究 后 稳 袋 自 的 慎 测 源 领 惊 区 知 倍 趣 安
信 领 桥 噪 便 子 露 主 检 礼 自 惧 自 袖 趣 过 图
赂 娱 情 加 之 远 环 领 解 素 惊 思 生 面 乐 坠 恐
解 丁 碎 怖 本 毁 重 恐 先 源 解 公 他 亮 面 持 心
赂 增 镜 驱 秘 环 全 日 自 素 有 鸭 程 优 疲 梁 闲
也 紧 息 口 亲 重 特 球 出 状 本 树 面 肉 梁 丁 保
观 鳍 虫 修 保 木 心 四 存 钢 笔 真 从 虑 丁 快
底 鳍
```

检测通颗新水缓，直到子泽鸭球红花臂笔验，但完谨
知粒闻葱解 到 用 泽 略 红 花
民鼻光策公全藏手钢检验，完谨
民鼻光策公全藏手钢检验，但全慎

Puzzle 338

```
虑 容 恐 行 小 滑 皂 行 修 闲 诺 的 蔻 考 降 察 磨
不 易 马 坠 猫 傲 他 果 摇 鳍 不 工 一 绍 连 。 息
父 上 放 四 惧 公 司 冻 性 刚 过 作 最 续 电 略
士 苦 好 本 > 袖 信 车 能 记 余 人 了 。 雪 貂 伏
闲 本 条 察 基 考 分 察 木 人 饭 员 然 机 的 马 之
明 水 栅 惧 高 秀 摇 运 镜 急 旋 项 息 胶 有 租
顶 年 特 野 复 焕 环 遥 优 木 有 要 究 猴 子
便 的 错 四 顶 理 转 滑 部 趣 栏 的 保 从 子 结
捕 的 > 趣 真 亮 饭 肥 机 亮 瓢 解 快 毁 > 论
捞 捞 胶 蠕 木 要 肢 究 自 里 存 虫 的 考 特 典
平 虎 坠 地 情 想 情 马 的 礼 宜 草 权 伏 部 底
票 观 年 理 发 有 坠 王 室 升 醒 考 虫 差 上
之 马 不 远 送 基 有 自 然 望 的 伏 面 的 里
亲 余 绍 约 日 磨 基 则 飞 考 袖 柔 鳍 转
司 梳 音 了 貌 地 自 图 乐 发 复 先 摇 眼 然 袖
机 重 分 分 衬
```

结论
地理
猴子
发送
王室
的 工作人员
果 冻
小猫
连续
一目了然
刚性
司机
明 年
捕 捞
公 司
容 易
雪 貂
地 图
性 能
瓢 虫

Puzzle 339

损 特 小 情 喜 豆 光 信 特 人 息 一 鳍 毁 面 安 介
灵 定 时 直 本 有 类 生 滑 乎 解 二 秀 四 的 决 摇
本 最 不 重 威 欲 绍 情 木 聚 焦 主 乐 的 雪 存 权
杂 许 栏 喜 胁 社 几 木 租 。 二 顶 股 项 得 建 露
士 志 狼 狼 碰 私 请 军 人 年 世 口 察 私 衡 苦 保
证 乐 狼 决 迟 营 野 型 肉 充 纪 香 皂 镜 的 生 释
放 明 保 机 噪 类 观 撞 香 皂 香 尽 身 文 可 之 近
好 貌 后 也 镜 邀 信 差 素 电 利 乎 行 章 爱 父 领
型 趣 充 保 胶 源 带 几 修 木 润 规 而 易 的 撞 源
项 项 了 唱 惊 噪 他 摇 静 想 书 秀 交 醋 虎 来 乐
息 树 傲 选 歌 几 分 想 考 介 典 信 发 梳 乐 乐 号
口 静 惧 回 望 他 紧 书 闲 牛 充 选 信 息 恐 他 撞
的 乐 智 理 持 分 想 优 莽 伏 足 惨 苦 静 动 股 子
持 直 衬 书 骄 查 闲 牛 活 带 的 的 静 安 子 情 号
欲 了 息 惨 娱 肥 远 活 带

尽管
充足的
私利
杂
小
军
威
安
狼
文
牛
一
交
证
世
智慧
聚
可
唱歌

营润志时人胁静的狼章莽二。二易明纪慧焦爱的

Puzzle 340

好的
中心
手提箱
大声
皮肤
雪人
答案的有用
状态
名词
菠菜
金丝雀
牙膏
蜘蛛
灭绝
努力
测量
版本
收藏
科学家

车 许 欲 带 票 碰 版 运 树 加 条 记 胶 撞 察 的 士
音 不 亮 灭 填 本 本 肉 数 行 信 状 态 看 保 人
填 有 热 远 恢 情 胶 。 的 牙 膏 惨 亮 究 栅 权
电 察 有 蔻 绝 考 中 损 增 肉 约 通 子 也 蜘 驱 图 摇
本 息 觉 书 中 皮 雨 区 有 名 理 蛛 类 放
他 书 坠 收 心 肤 见 心 胶 约 人 秘 大 看 案 定
摇 惊 中 书 特 醒 树 增 镜 梁 用 肉 豆 中 科
护 复 努 见 性 持 出 素 情 社 不 落 私 的 学
约 信 升 静 了 护 梳 书 的 有 绍 草 马 桥 家
规 野 坠 的 趣 量 里 好 虎 情 从 机 中 安
驴 醋 金 恐 私 典 先 桥 肉 不 之 疲 情 页 类
心 雪 丝 测 有 考 傲 马 修 菜 差 貌 提 虎
选 保 雀 规 骄 饭 试 滑 菜 落 平 先 箱 图
稻 运 人 煲 发 的 飞 视 菠 不 之 泽 提 己 行
眼 秘 不 好 出 股 虫 亲 图 举 栗 充 马 则
量 程 修 迟 研 议 股 毁 介 醒 乐
数 士 亮 股 袖 行 眉 情
马 生 袖 研
主

Puzzle 341

部 不 己 延 透 蒸 汽 便 约 黄 于 肉 梳 信 高 透 休
发 喜 然 理 休 心 他 无 聊 瓜 秘 自 香 衬 充 通 间
碰 梁 里 觉 页 增 情 观 飞 欲 他 自 宜 理 时 高 鳍
惧 摇 蠕 怖 下 摇 的 心 飞 扶 手 雪 的 解 标 间 解
子 亲 攻 面 建 情 带 猫 人 伊 车 的 介 球 记 兔 事
音 愆 击 包 他 理 拳 远 规 地 也 喜 ! 员 野 驴 了
祖 外 的 摇 > 活 虑 击 惨 而 肥 而 肥 重 复 旋 视
幸 观 倍 撞 疲 摇 规 分 恐 眼 降 礼 恐 平 怖 胶 热
问 运 真 决 词 复 草 他 升 移 过 决 最 真 人 最
题 衣 丁 幸 汇 几 的 时 动 栏 记 虎 灵 赂 草 蔻
社 草 闲 闲 表 诺 人 揭 候 状 看 灵 试 最 决 过
不 远 好 基 放 过 灵 中 示 蔻 想 素 本 循 最 怖
碎 栗 绍 则 胶 不 稳 源 增 眼 自 基 详 灵 决 排
降 栏 喜 活 况 填 梳 喜 人 条 本 情 灵
疲 露 上 水 便 究 升 图 肢 复 的 諾 根 。 细 貓 排 栏

词库 / Word list:

时间
移动
的时候
词汇表
详细
揭示
无聊
外观
攻击
衣服
扶手椅
肉桂
问题
黄瓜
拳
蒸汽球
的包
标记
野兔

候表
观击
服桂
员
记
野兔

Puzzle 342

肥 则 画 笔 夕 神 秘 栏 源 眼 透 闲 的 财 欲 基 克
灵 光 差 蛾 性 阳 要 患 者 替 生 行 政 木 条 人
泽 己 究 租 碰 面 便 远 便 驱 代 为 紧 摇 惧 动
迟 顶 自 远 蛾 区 程 稳 携 醒 想 电 书 股 愆
桌 瑞 快 遥 试 决 自 式 程 惧 子 而 答 信
数 护 > 过 平 查 不 存 亲 瑞 本 眼 书 通 程
年 选 运 心 肢 蛾 摇 草 > 己 桌 的 >
宜 思 介 邀 惨 本 绽 有 木 倍 去 的 平 休
噪 赂 支 出 行 信 放 漂 页 动 除 高 发
心 修 镜 增 真 页 稳 亮 赂 通 仇 衫 管
填 虎 先 摇 紧 滑 书 权 倍 水 的 便 议
草 人 趣 源 通 底 心 理 运 旋 优 决 面
村 趣 错 平 惨 便 噪 最 亮 贤 携 过 考
护 静 于 伊 底 情 觉 试 幸 人 自 几
持 存 的 自 木 余 伤 心 福 因 四 的 年
然 疲 活 本 草 答 伊 业 鳍
音 的 的 远 摇 商 况
栅 的

词库 / Word list:

绽放
财政
过程
最幸福
漂亮
支出
患者
商业的
他的
画笔
夕阳
贤人
的行为
去除
便携式
高管
替代电子书
伤心
神秘
的仇恨

Puzzle 343

```
镜 部 重 肥 解 里 光 有 骄 子 摇 摇 复 最 面 貓 的
特 情 乎 增 皂 望 肥 分 恢 区 博 物 馆 好 环 特 况
不 快 重 伏 情 水 类 好 动 程 凑 惊 讶 的 。 便
醋 衫 思 定 视 究 本 本 豆 信 建 优 信 有 草 娱 休
噪 有 瑞 好 饭 肥 机 苦 填 心 确 实 怖 表 野 袋 娱
解 决 方 案 功 能 构 造 己 视 成 为 衬 明 形 式 礼
不 镜 自 飞 书 赂 究 不 毁 稻 差 也 差 雨 蠕 动 年
人 因 桥 平 宜 祖 究 护 人 理 情 雪 苦 柔 秘 肥 息 了
摇 桥 租 娱 情 蠕 虑 情 雪 醋 转 查 鳍 感 假 早 静
高 本 栏 恢 自 平 面 远 面 程 本 乐 自 谢 稻 晨 究 他
豌 豌 豆 议 的 书 休 肥 肥 口 镜 年 部 本 高 究 的 退 出 地
栏 栏 观 信 泽 约 怖 源 遇 饭 年 驴 分 试 便 熊 袖
基 滑 肥 来 喜 得 后 袋 排 主 然 亲 毁 他 加 而 惊
惧 平 项
```

词表

```
成 为
请 假
感 谢
泰 迪 熊
博 物 馆
构 造
肥 皂 水
早 晨
解 决 方 案
功 能
部 分      备 出 明
具 退      实
表 确      讶 秘
惊 奥      奥
形 豌      形 式
豌 豆
最 好 的
```

Puzzle 344

词表

```
高 度
水 獭
采 用
高 兴
真 正 的
预 测
衰 变
承 认
欣 赏
天 空
流 体
海 拔
年 度
的 色 彩
围 墙
赛 跑
吸 血 鬼
尖 叫 暴
风
明 亮
```

```
宜 动 型 蔻 平 滑 衬 状 过 水 于 磨 醋 吸 发 高 从
香 信 露 优 了 肢 心 直 研 转 的 快 循 血 树 度 飞
察 查 胶 衬 了 亲 水 獭 采 用 研 衰 循 鬼 高 兴 紧
许 围 墙 桌 不 虫 循 欲 回 状 状 落 观 降 人 子
绍 动 性 的 肢 素 年 度 基 乃 发 变 马 通 中 增
赂 余 不 增 露 承 认 填 面 邀 傲 然 的 灵 行
透 增 趣 见 鳍 的 解 信 尖 出 护 坠 动 的 环
自 怖 天 空 本 机 野 先 他 叫 蔻 出 他 不 查 雨
面 迟 迟 欣 赏 静 信 预 测 通 灵 瑞 海 损 饭
桥 闲 疲 乐 肉 损 赂 克 赛 流 明 拔 错 恢
则 的 噪 特 看 鳍 幸 恐 体 撞 亮 特 因 领
情 士 亲 余 数 袖 煲 跑 数 坠 况 透 建
根 权 见 则 木 迟 快 苦 人 存 带 觉 透
坠 研 滑 凑 村 袋 本 旋 动 有 高 类 通
本 程 有 性 真 试 况 延 究 泽 权 凑 彩 暴 诺 凑
```

Puzzle 345

车幸音租惊介马行信口况觉究坠上醒出
镜梳貌本衡马后透驱坠幸乐蛾他量于
衫领桥租心存查循邀绍上欲情携究滑紧蛾社
分便灵滑焕基破煲参落雪摇则最的况直生后型驴树
子乎最基屯列望噪！＞选平老几部泽检定摇究紧了傲研
露记衬序望稳最的况源热继书续子人乎近娱
因主人试噪！＞选欲出本里音乐碰远究恢复股
便背回遇隐藏情复出举摇便邀的信乃年约，的信
闲貌后性克欲疲出举泽心检乃便除情野
肥底考底便疲出邀几泽心检定皂香紧页便情侣存
摇携喜胶填规几部分泽检定摇究紧了傲研
办公室眉马凑想泽检定摇究紧了傲研
几排龄醋木春想研部查避人袖恐研
子研警告观天幸部查免肥情泽活研
书镜领面鲼昨马的地中免情泽活研饭

快乐
选择
的情侣
音乐
参加的
办公室
指背后
避免天
，除了
继续列
警序复
检查中
分子型
小隐藏
昨天

Puzzle 346

醋的怖书情四解技乎躺来日驾足开启记
分散注意力惊的绍巧在他中车他够观心人
安从查他外特镜好驴则人里性书的选
主恢增特壳亲柔恐飞礼人复自高木
乎有解携状怖肉平了领虑里人行差磨
究里来性自最金眼快狩猎图得查增
服从典页平损的降第复研优瑞看通持保
野骆驼迟近信子驱瑞眉雪区平数
租而从袖的绿特平热余村通
焕衫察磨摇研信色行持压的信
虎空中的页根恐号里食通差龄
骨折自虫从倍梳稻阿究品基灵不
人龄本议村几完姨最页滑驱
情性不本子人美的网回而香透露
肢自的数程亮邀真图况乎理信邀栏机

绿色
服从
分散注意力
压力
技巧
阿姨
完美的
网球
食品
第一中
空
骆驼狩猎
开启
足够
的金子
驾车
骨折壳
外壳
躺在

Puzzle 347

优自你研总线发行苦龄要眼重秘梁有木
的情排自音宜行蓝色的绍也过行发露排
秘趣类带疲月携面面转诺之视情己肉情
面解近破己亮胶衫状信远行分之断坠惧
数面生信月持责任地他根用权木来的坠
椭圆形马。伊虑凑出用的静中飞桌的的
生眉灵解故虑解任股马的虎父量年型型
过四好了障考释口喜复瑞自持放基本活
凑明天放恐梳趣袋思光惧坠放本乎修
温瑞注袖行祖乃复恐皇区部议出上桌
书暖关在而几的情落后瑞疲绍行他
条肢的这摇露平梁梁自护本情桌
觉型远里露草来图电桥土热栅
便里趣存磨举降选伊狼欲优
龄信趣私升他降不雨木秀见诺优势

月亮
蓝色的
明天
故障
你的
区域
总优
聪责
用基
温
在口袋后
皇中断
土狼
椭圆形

Puzzle 348

蜈蚣
信任
反向
结束
持续时间
溜冰鞋
着急
律师
周二
停顿
蓬松
大部分
帮助
放松
橡皮擦
各地
可能的
冒险的
驰名
的专家

自复马溜恐的持子便可持情自飞马之大
驴特定类冰柔续水能各地反橡皮擦部
差先梁自醋鞋时乐险的滑运便向人便分
复考坠来信间家专动雪乎蠕饭有领
部热木驱信煲野条修运欲着急桌人
克栗增研究二!梁最怖蛾乐父露信任
皂增近面放丁便书马典记趣觉胶
领落面胶他伏信恐蜈举亲最热底
思近亮倍几柔心梳后蚣之喜建
坠克>人要怖信疲图究租书本
快袋绍修人桌。特研循护鳍
有填源特保图他特信直要龄
蓬松虎后驰秘存碰停余差皂
性平袖透名惊错飞考远丁
部年水部落便豆根素出肉高查师虎

Puzzle 349

鼬充迟遥查社豆损号查股里页考先秀加
鼠的凑人放宽中而升放有平白菜直乃肢
间便见乃决况＞定坠然倍老喜乃心快桥衬
栅碎。倍增＞研皂原伊升欲眼信牙磨视
碎噪高蠕焕滑更定考增走了傲刷的后
加＞身自分研项新排最碰中先业眼学情
＞现场有建议社恢宜典虫梳专恐的术衬
现的静＞觉有建票野回议虫恐的延不桥
的远野中坠恢社野柔议肥倍荒察通坚固
远卡中坠恐自转村间循亲安口野坚顶袖
卡蔻车研恐自损旋脚介年排察坚顶欲过
蔻权研镜损自坠蹼丁心驴噪本欲面从他
权迟性填能决肉信情本定于电号心有子状

Puzzle 350

远增请素香理论秀图望优根研去诺音便
雨乐主蠕于顶梁驴回秘先地肉年木情车
年身的对手破秀接近然好自保＞娱保
露来雪！＞况栅议克保傲可有眉中优香
书不己研情动理毁里惊保以的碎邀好
驱诺研趣年介文里碰傲热出交镜光出
貌猫了诺龄温尔子绍出动公停止解
活透上树便先衬损错马路苦落图
保，也没有事股蛾根考视苦议落术
议汽车旅馆桥考顶自趣因面
带肉复建凑灵议宜自情填有了
破考视滑最乐。口组考也
伊动几袖身恐面察合稳子
桥顶煲里检分日亮静租动
梁社规机讨激离远貓虑选碰
烈的四增状错苦自

Puzzle 351

```
出 许 能 增 虫 近 视 护 雪 注 意 到 瑞 有 性 磨 諾
便 最 独 立 性 选 娱 野 橇 细 回 旋 保 能 晚 面 饭
热 的 想 类 菊 花 选 好 生 产 日 增 碰 的 生 面 不
余 他 貌 许 日 灵 赂 察 ！ 下 定 撞 的 型 议 镜 本
>   光 己 排 高 疲 充 之 外 诺 高 近 邀 自 页 自 的
平 丁 虎 秀 滑 于 迟 有 考 素 宜 租 惊 人 增 水
伏 貌 约 里 社 衬 马 傲 诺 人 人 面 试 举 栗
源 租 亲 马 村 胶 欲 爸 特 言 最 肉 听 修 袖
摇 平 蝴 蝶 状 几 特 爸 言 最 伏 眼 迟 子 香
活 保 的 设 觉 活 四 飞 电 迟 惊 了 医 栗 马
性 研 能 然 规 喜 人 直 医 心 平 疗 静 研 驴
恢 的 欲 本 底 操 请 惧 放 答 不 摇 欲 水 面
树 狐 成 步 项 真 作 只 心 亮 好 平 的 特 梁
稻 狸 香 年 四 克 三 循 答 根 各 好 闲 中 出
他 滑 梁 保 性 研 建 究 口 亮 便 各 方 噪
```

Puzzle 351 (right column)

```
试 听
蝴 蝶
细 腻
晚 饭
注 意 到
谎 言 疗 产
医 生 设 计
的 菊 花 性
独 立 方 只
各 三 橇 作
三 雪 外 爸
步 之 狸
操 成 年
爸 狐
```

Puzzle 352

```
撞 伊 驾 驶 增 便 泽 则 飞 栏 填 行 稻 稳 先 草 间
望 镜 决 几 特 性 恢 复 究 邀 落 。 衡 稻 近 衬 推
迟 年 蜡 笔 主 不 图 摇 坠 马 举 约 危 机 稻 发 出
桌 便 好 他 摇 带 特 于 不 行 则 车 近 适 怪 射 研
之 凑 貓 镜 理 能 人 皂 从 稻 出 源 机 当 物 信 信
素 地 察 丁 有 皂 循 面 有 源 便 皂 适 快 肢 主 放
试 乐 老 心 奖 金 书 不 益 身 野 当 乐 引 步 坠
类 甲 余 幸 子 梁 出 喜 身 木 生 机 的 一 释
条 露 虫 伊 修 肉 增 野 电 来 行 傲 持 进 的
先 惫 行 机 桥 自 的 素 飞 服 部 了 秀 远 升
损 于 间 放 虎 身 回 士 礼 复 下 的 心 磨 克
动 野 带 ！ 法 有 应 回 许 自 坠 便 灵 票
野 休 日 野 律 信 马 礼 这 循 的 私 面 ，
顶 远 得 心 升 见 从 应 样 修 坠 幸 因
栏 面 然 欲 情 本 量 页 延 > 豆 重 雪 复 心 此
```

Puzzle 352 (left column)

```
发 射
蜡 笔
，因 此
甲 虫
怪 物
快 乐 的
这 样
有 益
进 一 步
回 应
礼 服
奖 金
自 身
引 进
适 当
危 机
驾 驶
推 出
经 营
法 律
```

Puzzle 353

巧 蠕 特 考 乐 安 灵 有 环 议 了 士 数 电 股 磨 保
坠 克 运 复 信 宁 部 究 桌 自 恐 滑 的 特 骄 视 日 音
顾 客 力 自 日 议 雪 车 能 释 稻 和 保 亲 桌 快 木 草
袖 的 循 升 释 答 图 的 余 思 貌 平 宜 心 恐 碰 心
日 生 撞 建 主 休 察 眼 增 风 然 淋 集 后 摇 考
醋 试 余 议 况 社 信 许 五 个 浴 动 也 究 究 主 情
音 面 滑 飞 差 修 心 五 个 便 泽 毁 驱 通 私 机 有
他 趣 煲 填 约 身 甜 请 袋 型 破 号 虎 疲 动 错 己
伊 碎 雨 飞 现 余 蜜 亲 他 们 请 里 父 梁 克 雨 状
租 顶 的 视 惊 觉 型 的 虎 来 能 丁 娱 > 衡 特
视 子 高 之 高 护 平 请 袋 水 本 蠕 快 安 镜 秘
约 傲 好 衬 迟 电 部 他 们 的 质 牛 水 基 特 书
音 心 议 心 约 领 请 伊 来 牛 奶 静 野 音 类
热 便 人 成 蛾 任 作 栏 表 息 差 木 想 有 皂
既 不 肢 研 熟 命 画 快 父 现 之 不 看 间

部件
密集蜜浴
甜淋质
本个画
五宁命
安作他们的
水成熟在
现奶
表牛既
牛不巧
既巧筝力
风和平
顾客

Puzzle 354

修 究 书 的 远 视 蛾 马 书 惊 勇 敢 遇 修 的 保 肉
情 权 错 误 有 人 肥 息 存 先 的 能 量 猫 也 祖 护 瑞
见 遥 的 错 滑 量 主 发 过 碰 定 角 落 平 息 基 香 礼
滑 生 复 柔 磨 人 马 不 的 伏 的 性 驱 优 考 木 型 主 要
余 近 懒 存 存 马 恐 的 面 信 怖 研 木 惧 袋 飞 凑
拘 乐 不 惰 转 自 马 灵 速 来 娱 袖 怠 森 心 镜 行
己 捕 不 人 况 衫 凑 子 度 间 根 猫 有 破 有 热
欲 觉 好 页 菜 着 水 来 情 复 循 毁 青 想 闲 究 究
乃 地 况 分 碰 持 查 源 的 的 带 类 蛙 人 不 乐
木 木 生 面 摇 最 大 情 增 秘 不 泽 书 特 驱 > 本
噪 野 倍 部 增 音 语 灵 不 基 法 项 子 人 电
年 见 释 许 身 机 言 急 紧 活 院 损 心 自 答 肉
心 动 怖 衡 延 错 涉 剧 灵 人 幸 灵 平 股 宜 重
稻 差 然 猫 充 延 及 落 摇 发 自 记 啤 绍 特
心 礼 水 底 平 子 主 煲 亮 坠 底 举 酒

法院
啤酒
主要
拘捕
角落
速度
涉及
在时
的能量
森林
错误剧
急青菜
菜肴子
包懒惰的
定勇敢言
语
最大的

Puzzle 355

> 稳 行 因 虑 本 恐 飞 赛 了 差 饭 虑 惫 蛾 礼 定
四 遇 携 不 然 况 恢 最 四 季 欲 身 里 地 带 损 静 蔻
况 摇 > 他 骄 栅 思 便 透 粉 坠 红 色 饮 土 豆 四 社
决 衫 定 静 放 醒 携 摇 性 飞 梳 状 灵 料 露 近 磨 觉
蛾 也 然 碎 典 后 ， 紧 急 坠 根 傲 热 莓 激 号 的 野
紧 子 得 心 肉 排 稻 肥 况 选 职 凑 煲 的 蛾 亮 信 掩
兴 趣 行 破 紧 持 况 子 香 灵 责 灵 树 光 情 高 盖 休
重 理 过 鳍 竞 坠 喜 差 则 行 迟 袖 药 信 信 下 然 过
虫 介 环 乎 争 的 遥 面 况 便 定 草 物 礼 灵 滑 露 灵
幸 马 放 回 面 遥 村 升 通 几 监 惧 信 摇 灵 程 然
型 出 保 过 醋 研 主 人 状 测 龄 测 出 动 觉 汉 镜
恐 他 摇 电 恐 欲 衡 干 息 快 出 热 车 细 堡 亲
先 视 木 乎 面 乐 毁 父 书 貌 结 遥 放 节 包
则 学 灵 权 典 于 信 信 察 基 人 类 婚 人 试 年
蔻 生 胶 欲 静 究 信 信 察 基

（饮料急况
紧情节趣
细兴红色
粉莓争婚
树竞励
竞结堡
激土盖包
汉掩物
礼学生
药赛季测
监职责
后，）

Puzzle 356

外部
精度
俱乐部
等于
浓缩
的飞机
创造
得分
获得
建筑物
可见的
剥夺
公式
市场
晚些时候和
辣椒
不久
走廊
赶路
的生日

虫 便 。 则 焕 可 领 况 素 股 创 过 条 伊 走 人 况
公 式 身 伊 加 见 镜 理 木 滑 造 重 水 外 部 廊 趣
日 生 的 袋 马 的 人 复 降 袋 之 貌 祖 究 摇 衡 增
貓 好 飞 栅 赶 查 豆 面 镜 趣 信 焕 乐 生 的 滑
排 自 机 保 怖 路 梁 带 能 电 分 决 俱 特 的 保 保
状 等 通 见 心 解 撞 快 典 动 答 栗 稳 人 欲 喜
不 于 袋 理 差 运 通 些 和 虎 梁 特 过 察
精 久 木 马 幸 晚 时 人 欲 动 升 人 香 中
度 看 复 栗 图 浓 有 考 源 皂 貌 下 蛾 得 热
克 露 衬 煲 动 缩 循 雪 伊 项 升 坠 解 地
源 蛾 见 便 获 分 观 稳 保 增 音 宜 旋 他
马 雪 娱 热 有 思 面 自 他 释 身 虫
地 的 条 情 市 克 来 亮 年 几 书 人 的 主
乐 便 碎 场 椒 肢 见 噪 雨 建 士 赂 惨 的 充
栅 皂 放 恐 蛾 年 秀 错 剥 筑 物 行 得 条
书 惫 直 类 丁 动 夺

Puzzle 357

煲 亲 部 倍 真 的 最 能 蚊 卫 特 部 坠 人 区 发 好
皂 蛾 虫 自 投 票 肉 运 子 生 社 灵 驴 露 娱 鳍 疲
摇 活 出 伏 摇 倾 则 雪 快 速 亮 环 秀 袖 快 眼 建
信 远 音 远 得 眉 向 回 自 基 间 高 肉 镜 饭 研 立
私 根 排 日 他 碰 约 自 观 亲 有 更 口 不 士 遇 规
解 号 滑 出 乎 情 快 皂 复 趣 好 运 释 间 衫 基 循
摇 举 口 视 闲 遇 衫 瑞 分 杂 的 真 香 洗 机 领
自 心 自 虎 私 复 本 子 醋 的 序 露 不 里 自
保 错 带 升 理 息 肥 香 条 特 雨 抗 足 数 的 回 不
加 高 便 议 裙 子 然 撞 充 乐 议 典 日 精 碎 性 醋
最 迟 肉 看 伏 王 望 幸 复 趣 趣 > 机 灵 便 视 规
信 能 特 灵 虫 。 凑 祖 年 自 的 雪 驱 的 野 填 得
父 转 主 消 煲 皂 生 乐 自 延 桥 人 透 号 得 人
欲 大 况 生 防 信 的 幸 季 朋 友 余 人 破 几 得
复 象 伊 究 解 员 闲 木 度 加 放 解 余 亮 信 人

词表:
复杂的
建立
倾向于
不足
快速度
朋友
抗拒
更好的
消防员
洗涤
王灵
子序
精程
裙蚊
投象
大趣
乐生
卫

Puzzle 358

保 坠 决 柔 降 的 事 加 诺 泽 部 > 骄 乐 带 票 转
乐 增 雪 亲 骄 许 填 欲 私 能 秘 先 真 远 举 亲 通
镜 错 而 野 狮 日 便 损 子 解 雇 项 父 私 他 素
电 况 己 侵 入 子 。 年 自 伊 参 权 环 保 直 子 源
型 子 乐 号 条 分 娱 解 撞 社 与 循 光 娱 摇 四 量
迟 能 高 倍 肥 亮 热 趣 损 间 者 环 手 放 宜 高
快 分 之 取 决 于 护 护 梳 区 静 生 克 栅 主 题
性 面 叔 叔 小 苍 士 兰 定 权 灵 喜 不 乐 栏
乃 虎 素 秘 回 灵 情 袋 行 清 老 出 先 的 坠 飞 素
马 见 傲 野 然 社 ！ 规 晰 摇 通 恢 增 镜 转
傲 最 不 从 > 己 议 露 人 考 油 雪 记 了 延 迟
飞 生 从 面 素 落 口 心 究 漆 肉 稻 心 黄 他
试 雪 年 周 办 法 书 身 越 亮 坠 马 最 鼠 破
模 观 露 期 考 绍 望 社 爱 来 肢 自 不 倍 狼 情
拟 子 疲 滑 复 驱 树 底 研 从 惨 分 子 老 马 妈 趣

词表:
孩子
参与者
妈妈
狮子
模拟
解雇
取决于
主题
周期
侵入
小苍兰
油漆
叔叔
越来越
黄鼠狼
清晰
护士
手机
办法
恩爱

Puzzle 359

胶邀噪闲自通人灵望飞自电民草肉了摇
开玩笑上。研直活己区喜马俗坪户虎
里性衫瑞。研直欲解的增喜马保外解。
原乐幸惊香理喜。塑野乐的村栏
因条有动人号里噪充男性增他。栏类
焕件管透遇。回平前光惊权桌马降
他。降理优延手册格因损权磨也不
发究眼许情人保旋式素心真滑举坠
教师宜延主考式瑞龄胶草摇高绍树
的主特毁量充决衫肥有趣本典马遥
车乃号延释马作判惨趣的典理要
安苦蔻特复。用伏通的喜自迟便露
高观绍野毁面真电决子护迟欲村
情身程好差安落疲好梁有迟功>于
情皂心号生马村未能醒栏灵己率行

未能式坪率户虎
格草功外作用请俗决
户的邀民判的师
判有手教塑目前因
民趣册师塑目原条件性
原条男性储备管
开玩笑

Puzzle 360

西瓜
瓜难衣剧破
毛衣剧破道近
悲破道近倦极
打轨远倦极种述
轨远疲积种述子
远疲积这上述需求
疲这上镜子需别
这上镜查别伤害
上镜的查找
镜的查个的日暑
的查个别日暑糕
查个别伤糕复
个别伤害日暑一般
的日暑蛋修
日蛋糕复
蛋修一般
修一般

疲个存心社飞镜许视疲衫有艰滑日要最
的别打解安滑子惨倦马书难暑摇高
保解破源破驱休亲轨电私雪绍领
视后的近马迟衫基村道远近灵典
视后野落人稳趣己疲驱袋看来悲间
间蛋类落趣衫基音热循来趣剧稳
蛋糕考口高求绍记欲中行喜虑电
研上自毛发子信镜机则积过循
研述亲衣电乃绍定撞醒极惧究
闲自议苦面有一车诺安惧醒举
理保区苦息加般雪查中修祖娱
保宜修恐从礼便遥过噪复貓介
宜镜复恐摇袖树磨找闲醒己皂
的镜亲心回摇部磨社滑复增页
的票蠕休增亲>过面近。
研>噪试豆西马典理远子皂重
不惧特生特草瓜的伤害考考远子本页

疲稻请建怖音树肉驴第趣因马介保梳身亲
苦恐升定亲来恐的七噪恢研己观母通坠
况后举运蔻村乎型镜木上视的出惧恢不地
则角色焕海快情则野人数平释平复典信野好
马闲驱了洋维持身想事镜平行自心不程
底地有遥告礼收集生项桌木执动虫摇好
娱根闲克诉摇。马究书桌延木落自信携
的桥龄焕他伊骄介记衫绍丁薪酬餐桥快
己碰况坠的亲爱的不！国家热衡面复飞
桌动洽规伏宜噪坠坠规情情类保趣
欲物资谈降。遥毁人研循礼的重音趣宜事
远种音源了雪花磨区亲乐灵秀外套的票充
自本的来闲灵日来类醋来木摇信事决欲
股理水摇情带息类醋来木底复类木决飞
的批处理焕特乐车远考底复类木

餐厅花处理
雪批行七色洋套动源
执第角海外自资国书薪告维物亲母洽收集
的亲谈

的地方
不规则
超越
草莓
方向
土耳其
微笑
的个人
雪球
贫困各种
的绅士
称为对比度
骨架添加
明显系列
前者
男子

的贫梁情本则衡乐面坠信损护光对比
地困诺人增镜特型趣里草莓明好恐降亮
方飞理里蔻心乎究定虎欲显称为得下情
的生遥的露特木男前肢绍四从主雪父保平
乐绅四个衬！方子者余马树的主球磨土
究的士人带衡衡各活马面最素栗乐耳
添加人坠过梳种况复日之错其
数保超素股落村典解他不也见系本
木衬越子人草倍运解草高饭休理列的
本滑护桥乎喜乐摇研规则蔻水娱回
动解先伏便>骆驴野不雪眉记信
微噪解恢克>喜骨放延虎栏摇飞露坠
笑乃情秀过骆架介延马加醋看里骄
自答老图想情乎加复醋看带坠
灵能口树马好便延露
煲信动梁心顶

Puzzle 363

根 的 解 香 他 优 趣 类 泽 社 虑 惧 租 人 飞 出 稻
生 休 公 幸 栏 。 发 似 损 袖 研 过 远 本 摇 活 升
来 雪 本 路 加 发 的 通 素 高 究 过 记 光 看 欲 私
恐 直 喜 联 本 程 行 袖 降 来 ！ 宜 邀 区 私 研 究
乃 ！ 复 邦 子 野 木 撞 自 的 桥 皂 惊 凑 研 究 特
的 不 衡 蛾 飞 透 摇 的 苦 镜 > 胶 喜 市 究 市 摇
分 栏 车 区 分 休 了 真 感 觉 时 水 调 中 特 中 稳
不 桥 顶 光 社 程 直 欲 车 社 摇 候 整 心 摇 心 醒
机 热 洗 充 高 保 降 水 破 研 光 飞 己 基 稳 基 年
了 然 而 发 本 衬 轨 想 木 量 研 撞 而 十 醒 放 父
摇 碰 稻 本 重 损 虫 有 虑 直 缺 木 便 年 父 休 丁
惊 看 村 骄 不 理 子 望 这 紧 老 坠 放 野 丁 ！ 丁
自 分 的 环 眉 保 优 蠕 些 循 情 情 休 丁 摇 页 ！
过 饭 稻 己 几 稳 虎 损 自 而 动 几 野 摇 过 ！ 过
飞 的 存 决 局 限 况 错 生 亲 间 上 特 究 愆

虚 假 似 的 候
有 望 类 邦 限
类 时 联 路 觉
时 联 局 公 这些
局 公 感 爷爷
研 感 这 发峰 整
究 的 爷爷 中心 缺
洗 研 发峰 有轨 而
高 洗 整 电车
调 高 中心
市 调 缺
稀 市 有轨 电车
有 稀 而
然 有 十年
十 然 惊喜
惊 十年
喜 惊喜

Puzzle 364

灾 难 东 西
的 东 好 的
很 好 视 线
显 著 低 差
的 视 线 米
压 低 差 官方
误 差 米
玉 米 官方
的 官方 时
平 时 说，
说， 逃生
逃 生 真相
真 相 径 需
田 所 剪 刀
所 剪 刀 地絮
的 基 地 保证
基 柳 絮
柳 保证
保 证

况 醒 而 乐 水 生 镜 方 官 的 上 马 底 田 滑 怖 重
高 保 证 眼 部 毁 磨 了 赔 视 眉 伊 亲 玉 木 径 的
眉 想 的 保 视 柳 絮 基 复 线 的 东 西 米 疲 雨 邀
股 凑 真 转 趣 趣 释 试 地 便 自 恐 旋 源 考 趣 碰
回 野 趣 环 子 绍 亮 邀 建 回 飞 坠 远 而 保 骄 宜
显 面 树 村 克 袖 人 本 源 香 本 趣 便 许 逃
著 剪 刀 因 说 理 平 时 降 差 议 马 生
醒 马 也 高 的 议 电 规 释 部 倍 滑 喜 况
情 泽 乐 衫 记 很 乐 马 填 坠 根 所 答
灾 压 低 真 忆 好 栗 建 决 动 解 需 远
蛾 难 四 相 毁 的 了 车 量 柔 举 口 重
误 差 衫 闲 特 乎 租 保 顶 图 龄 性 考 机
领 他 见 疲 了 不 领 之 面 落 丁 面 信 要
娱 有 选 飞 能 则 研 诺 考 息 得 碰 出
底 闲 梁 磨 解 蔻 携 过 循 事 社 出 桥 蠕 通

Puzzle 365

秀 惨 乃 亮 记 恐 远 修 人 了 豆 昂 贵 大 数 面 衡
肉 信 最 恢 不 子 草 > 社 乎 直 梳 排 便 作 子 虎
讨 号 况 亲 滑 必 的 发 噪 建 升 木 略 了 家 驴
煲 论 视 光 股 复 秘 展 错 加 望 机 复 审 邀 余 碎
怖 木 年 关 坠 想 野 趣 眉 噪 试 虑 宜 判 报 他
安 见 型 复 想 数 便 柔 过 典 伏 恢 安 价 要
源 出 怠 记 凑 豆 持 音 黑 撞 绍 喜 木 的 碎 他
转 心 煲 心 觉 诺 保 色 便 类 怠 肉 休 了
转 旋 人 面 趣 复 他 秀 存 约 龄 高 梁
过 望 老 虎 释 草 运 下 恢 分 真 年 紧 辩
飞 人 宜 遇 数 了 坠 恢 考 析 升 柔 士 邀
电 驴 携 试 飞 高 错 情 栅 存 肢 争 然
马 得 喜 士 页 眉 贵 的 也 四 不 查 差 摇
礼 应 士 研 灵 贵 的 环 煲 最 最 秘 量 雪
最 理 栏 望 实 际 乐 转 移 特 肉 复 趣 野 惨 延 理

实 际
环 境 便
大 作 联
作 家 该
关 应 争 老 昂
直 升 机
报 价 色 的
黑 贵 移
高 转 论
讨 发 展
声 明
分 析
审 判

Puzzle 366

大 厅
往 往 词 汇
学 习 明 确
比 较 烦 的
麻 新 的 营 养
警 报
批 判
逮 捕
猕 猴 桃
什 么
程 度
社 会
围 栏 花
鲜 口
进 讨
探 讨

袋 能 也 素 的 充 试 眼 研 放 考 之 延 从 的 考 增
的 好 信 > 觉 自 行 存 车 部 许 香 干 貌 复 人 秘 肥
进 之 雪 释 修 得 看 携 比 较 什 情 选 上 远 的 野 肥
口 伏 修 麻 喜 苦 项 瑞 衬 情 么 蛾 便 猕 猴 不 理 肥 心
四 祖 倍 烦 高 眉 要 号 社 答 转 桃 雨 电 之
围 程 度 答 过 机 特 权 贵 见 会 好 况 的 循 乐 绍
的 栏 书 秘 于 鲜 花 学 习 肢 本 根 议 源 究 观
望 四 动 从 丁 骄 型 信 心 明 了 人 欲 的 厅 觉 怠
平 分 里 票 喜 往 往 觉 确 过 排 大 惨 滑
的 趣 释 警 摇 批 捕 的 息 租 讨 子 父 乎 噪 身
究 理 租 人 衫 判 滑 词 要 先 祖 记 环 远 自
醋 基 远 衬 蔻 的 皂 煲 汇 况 的 出 虎 透 >
理 木 究 试 恢 绍 便 存 增 本 野 驱 远
安 后 状 子 的 营 貓 典 复 马 记 事 >
高 貓 人 衫 新 保 煲 优 碰 子 碰 了 自 露 票

最 骄 素 祖 权 瑞 也 的 便 心 介 本 邀 素 看 近 研
子 增 摇 蠕 本 错 事 建 > 部 转 衬 醋 敌 保 来 区
的 一 切 无 名 指 考 上 肉 延 见 虎 亲 领 稻 的 信
亲 镜 克 本 亲 请 息 绍 袖 标 木 焕 凑 他 差 出 于
损 泽 驯 冰 觉 机 灵 信 人 桥 秀 增 摇 坠 错 滑
！ 虑 鹿 典 复 以 修 克 动 蔻 分 直 记 事 亲
察 望 典 衡 解 究 克 及 升 快 过 能 海 透 惨 延 答
擦 不 > 安 子 区 噪 他 乎 虎 蔻 秘 携 的 自 卧 室
洗 携 选 生 觉 镜 安 袋 保 许 子 面 破 自 卧 远
察 士 解 觉 热 人 经 灵 保 循 眼 鼠 毁 心 热 有
视 摇 典 赂 想 镜 验 选 煲 遥 光 标 秀 复 驱 最
图 人 礼 树 正 乐 父 滑 保 心 信 出 乐 远 的
蛾 衫 鳍 特 领 正 锄 验 眼 遥 滑 出 惊 迷 热 驱
的 > 的 领 式 中 旋 面 虑 出 觉 生 木 量 祖 饭 野 号 的 最

视图
敌卧室
迷的子冰头
兔溜生验式名
出经正无海以擦出鼠标的事驯鹿
人惑
的兔溜出经指及洗血标准的一项驯鹿
正无海以擦出鼠标的绵洗血标准的一切项

鳍 坠 区 邀 部 信 了 野 的 袖 数 理 之 规 候 人 肉
豆 碰 带 建 排 相 互 作 用 愿 虫 计 算 选 人 蛾 了 惧
复 衫 保 建 身 程 心 发 他 驴 项 释 柔 人 说 环 貌
增 填 露 倍 解 宜 发 乃 的 望 得 而 话 雨 信 露 的
灵 自 亮 伊 也 落 乃 规 本 没 里 着 说 动 人 衬 环
保 安 新 鲜 了 号 条 灵 里 显 欲 礼 修 马 梯
撞 领 情 便 型 野 况 选 察 着 好 恐 则 情 定 约 虎 醒
粗 了 武 醋 亮 护 稳 祖 减 好 肥 恐 肉 亲 电 楼
心 好 部 器 护 朋 一 邀 少 视 树 噪 议 基 解 毁
貓 远 人 机 欲 友 系 类 视 国 际 噪 活 好 信 后 快
的 女 儿 车 事 的 列 马 远 几 赂 发 好 便 老 磨 子
栏 怖 肢 光 音 苦 > 礼 己 草 香 余 乐 热 要 研 天
升 先 棉 花 修 页 保 旋 香 的 坠 回 记
护 洗 汽 车 试 权 展 示 过 活 稳 宜 行
口 衣 光 破 野 水 修 乎 热 皂 票 人 行

天气
话说
的女儿
武器
减少
展示
显着
棉花
汽车
粗心
楼梯
计算
一系列
相互作用
候选人
朋友的
的愿望
新鲜
国际
洗衣

Puzzle 369

就顶恐任何人休亲发伏栅恐考条约的环
驱像自克袋他雪灵泽选社项得水书息蛾肉
典村也研镜飞虎娱沟英股复光议光览回
出醒蜥特看年的英也面凑通愿幸展主的填
凑蜥香主人心然己信里滑通望增书香最坠
木香蕉解存蜜乐性转情的摇复马复增树
瑞蕉撞书观蜂不书热村状篮洞人情肥
滑撞电口信不热书面解傲光穴典>像充欲丁
状信凑滑的马书面磨赖阳性转他情袋梳
直能活冰理日焕趣眼望灿像镜趣镜况碎
泽丁坠活议家自木后望直热热木能幸梳
亮瑞惧情的错伊话谈的关系定高
快秀持乃饭马过话灵页释焕>惨项增
究复的基项眼快虫安木人瑞幸貓滑信
驴的股虫近于眉后栏了远本惧摇信

阳光灿烂的
蜥蜴
摇篮
香蕉谈话
的沟通人
沟通就像里的
主约
就英条项
条任何目
的展项览
任蜜蜂穴家
的展蜂穴望像
卖洞愿人滑冰
愿人关系
滑
关系

Puzzle 370

形机情急回第素发的典遇先图苦礼热西
状乐雪鳍于三秘娱损租理环披桥马情部
绍建遇租记个过替息子中萨地损梁！
惊有项宜雨之特代飞不情倍规情增
出口便情欲释况代复噪稳生喜子察
滑马环数梳生本倍栏复音票相摇趣
解行记木区。龄他介先惧建种祖
骄休己稳面请村衬存恐瑞镜相书>
冒犯直毁而磨保木发紧蠕关的光
树部迟亮机恐幸页最桥皂型小信
不保栏数。关醒优不存于释狗贺
书本自柔欲萝议思桥余远噪书
然望马加举卜号从撞许梁袋
平休心回承放喜然雨飞降过
根栗研傲眉骄饭困难上热饭坠顶增坠

困难
加入贺于
祝急代卜关
急替萨种
萝相担
披品发
承冒犯音
爆噪小狗
冒的肯定
的形状
肯机关
形状回家
机关西部
回家第三个
西部
第三个

Puzzle 371

摇 从 息 眼 见 虑 交 融 士 之 驴 栏 存 携 底 飞 页
日 参 加 委 下 的 状 摇 后 肢 充 增 研 眉 丁 本 有
之 祖 票 建 员 父 > 野 马 娱 坠 镜 况 衬 丁 灵 中 许 过
惧 情 碰 安 会 > 马 野 情 的 生 丁 谦 虚 焕 不 酒 究 带
柔 安 拓 展 增 信 恐 略 面 增 喜 驴 租 简 自 栅 编 辑 幸 乎 梳
周 末 失 去 了 恐 略 规 子 > 毁 能 考 滴 领 豆 秘 余 子 增
最 也 想 象 过 平 凑 音 转 > 心 数 复 摇 化 酪 循 情 信 肢 信
规 村 象 柔 疲 远 研 介 口 情 自 闲 然 飞 一 的 焕 乎 坠
则 中 滑 貌 素 机 类 喜 动 机 柔 持 租 龄 些 镜 信 光 本 发
栅 因 慧 亲 见 眉 音 倍 身 请 飞 肥 主 究 夫 人 安 间 >
野 查 苦 股 怠 绍 坠 趣 心 类 顶 驱 典 祖 定 本 远 权 先
梁 素 增 复 老 虫 从 解 出 无 意 义 的 洁 整 见 决 议

参 加
一 些
整 洁 的
交 融
规 则
夫 人
一 滴 虚 能
谦 可 后
酒 无 意 义 的
奶 酪 化
简 员 会
委 想 象 过
不 拓 展
编 辑
周 末
失 去 了

Puzzle 372

, 虽 然
坚 果 输 动
运 声 航 志
劳 叫 导 航
叫 导 志
标 一 次 性
一 徽 章
徽 态 度
态 交 叉
交 苏 打 水
苏 冰 雹 代
冰 现 代 拥
现 相 可 笑 的
相 可 气 球 菜
可 气 蔬 哮
气 蔬
菜 咆
咆 毛 巾
毛 巾

车 了 心 社 相 镜 摇 > 叫 声 滑 热 树 降 撞 恐 排
标 咆 惧 雪 邀 热 直 特 存 蛾 看 , 然 虽 伊 然 根
志 磨 哮 雪 建 上 撞 蔻 便 飞 运 请 主 自 释 视 肢
木 树 中 恢 他 通 的 不 音 打 举 木 亮 释 幸 肢 梳
水 骄 活 决 紧 有 光 之 毛 水 输 飞 > 分 泽 宜
保 后 面 究 交 地 态 亲 自 巾 议 恢 安 究 填 灵
介 书 徽 叉 栏 机 闲 柔 导 自 迟 介 泽 虑 木
梁 身 章 的 查 差 龄 胶 航 日 绍 貌 觉 口 木
增 邀 不 情 虎 子 坠 想 现 类 增 音 思 类 热
特 梳 衡 香 他 过 娱 加 坚 士 克 貓 灵 驴 可
怖 复 情 摇 程 眼 排 安 行 视 动 蔬 于 错 笑
远 饭 龄 旋 况 劳 程 权 貓 乐 袋 转 冰 的
露 袖 衡 地 主 动 分 释 要 高 也 远 雹 远
肉 不 稻 稻 毁 球 面 通 一 次 性 己 之 梳
排 类 中 。 约 信 坠 损 典 泽 貓 面 心

Puzzle 373

议 条 树 情 伏 区 椭 的 的 克 休 修 泽 栗 雪 马 差
的 生 干 的 方 向 圆 旋 灵 排 虫 不 区 飞 增 马 从
主 题 ， 动 物 四 形 条 绍 摇 面 晚 饭 克 思 摇 规
眉 栅 牛 携 有 摇 基 根 人 贫 说 书 秀 行 碰 火
静 下 奶 部 定 来 的 部 能 困 豆 服 灵 有 请 绝
日 况 自 秀 平 凑 释 票 有 雨 主 蔻 介 典 后 活
参 释 主 心 信 股 喜 能 野 然 息 蔻 人 回 本 坠
加 改 革 发 惊 摇 旋 人 稳 因 乃 规 水 机 本 面
发 先 保 的 苦 蠕 眼 保 信 活 静 议 衫 栅 镜 下
机 面 发 诺 眼 况 骄 村 镜 的 虫 租 梳
醋 觉 记 保 欲 水 秀 差 丁 袖 活 物 优 社 > 信 记
热 肉 趣 损 安 自 煲 苦 底 保 绍 请 自 素 斑 记 的
惫 祖 香 故 事 滑 的 勇 苦 分 心 栅 龄 的 教
视 恐 先 理 功 人 身 议 敢 管 有 紹 斑 结 育 的
典 高 面 之 率 眼 特 噪 日 子 理 人 看 摇 点 决 老 的

主 题，
说 服
树 干
故 事
的 教 育
的 方 向
改 革 动 物 石
结 斑 点
灭 绝 椭 圆 形
椭 晚 饭 物
怪 牛 奶 敢
勇 管 理 率
管 功 困 贫
参 加

Puzzle 374

左 腿
火 箭 金
基 刺 猬
在 去 年
电 动
教 授
的 实 际
单 独
每 个 人
自 己
帐 篷 入
买 证 明
衣 服
可 能 的
温 文 尔 雅
平 时 心
粗 心
回 家

粗 自 项 恐 充 情 村 状 高 察 镜 单 的 摇 可 能 的
心 基 己 自 远 来 刺 平 邀 幸 能 独 实 瑞 的 项 傲 车
定 金 欲 毁 信 本 猬 望 教 授 四 际 身 的 见 在
噪 己 排 蠕 毁 的 他 不 火 箭 平 安 面 左 去
保 的 泽 乃 马 书 > 己 秀 温 诺 稻 腿 年
解 野 恐 肥 亮 几 热 镜 于 文 信 栗 秀 木
释 远 本 迟 上 高 也 书 己 尔 苦 请 主 摇
亲 滑 类 运 号 状 衣 试 望 雅 选 回 家 有
图 亲 驱 议 因 要 服 > 面 循 不 落 遇 乐
年 底 遥 趣 电 帐 答 香 肢 见 持 木 日 摇
错 行 也 也 眉 篷 释 饭 虫 平 时 典 赔 摇
便 观 底 面 动 落 磨 马 明 情 疲 老 复 填
皂 最 排 存 典 傲 野 底 差 劳 肉 驱 貓
焕 察 思 遥 栅 饭 老 买 有 于 转 邀 肢
排 有 眼 能 摇 滑 类 定 基 每 个 人 肥 遇 马 乃 解

要 栗 考 蠕 的 自 觉 灵 趣 究 研 见 幸 父 环 娱 信
野 恐 携 携 稳 目 肉 思 量 升 热 稳 建 面 落 羊 通
循 宜 赂 方 官 的 规 泽 恐 降 研 遥 香 亲 远 下 伏
警 类 惊 特 转 马 列 表 心 旋 各 桌 记 察 下 优 状
老 蔻 栏 介 过 奶 酪 野 望 的 信 不 乐 闲 光 高 图
热 复 根 习 惯 阿 姨 定 口 医 栅 高 的 虎 选 真 主
复 降 修 复 摩 托 车 透 自 心 生 飞 后 过 驴 奶 因
降 , 动 他 丁 士 露 远 桌 而 真 焕 根 磨 年 奶 降
, 况 动 温 水 权 选 凑 私 热 心 而 增 衡 平 伊 来
动 他 温 水 权 疲 倍 子 士 增 闲 乐 视 落 心 早 有
温 水 权 疲 倍 子 士 增 闲 乐 视 落 心 早 餐 上 趣
水 权 疲 倍 子 士 增 闲 乐 视 落 心 早 餐 上 己 的
疲 倍 子 士 增 乐 视 落 心 早 餐 上 己 落 放 方 面

词表（右侧）：

的医生
列表
反映
摩托车
，动物
亲羊奶群
奶早餐
习惯
均匀
方面
目的
温水
阿姨
有趣
各种
的官方
警报
奶酪

眼 驱 研 环 随 机 火 秀 坠 建 能 梳 安 貌 循 趣 见
邀 邀 司 机 他 热 鸡 袋 鼠 采 用 手 的 光 自 撞 面
不 环 于 直 试 恐 考 提 交 情 臂 苦 股 迟 高 欲
之 介 秘 规 况 活 议 放 忠 诚 部 介 苦 撞 状 肢
计 算 机 领 秀 活 素 闲 惊 飞 型 真 上 情 驴 目 性
> 他 滑 胶 觉 惨 树 理 携 本 回 素 苦 焕 差 事 前
了 租 恐 衫 间 花 费 碰 自 底 票 亮 关 趣 泽 骄 真
最 分 高 乃 出 有 试 栗 醒 复 高 音 键 护 人 根
暴 丁 行 咖 特 撞 有 高 底 底 亮 落 肉 释 克
力 增 优 > 摇 保 乎 本 遥 ！ 欲 诺 乎 微 笑 许
动 草 基 招 息 野 遇 条 了 见 究 保 热 撞 性
特 别 乃 商 况 摇 来 先 了 礼 桥 试 书 也 亲
旋 肉 亲 引 坠 部 保 最 典 虎 肢 心 面 日 便 余
顶 书 记 资 磨 社 落 遇 查 皂 结 果 研 乐 租 宜
私 觉 马 复 要 要 肢 不 秘 约 桥 况 持 优 伏 马 蔻 木

词表（左侧）：

见面
忠诚
火鸡
关键
招商引资
提交
特别
苦差事
咖啡
袋鼠
花费
的结果
暴力
随机
计算机
手臂
司机
采用
目前
微笑

Puzzle 377

介煲复草携运型几滑底摇他肉解有真条
缩许泽图伊行滑年平摇闲决于信心类坠
写坠恐肥头雨滑分桥怠骄有时桌心系分
趣水绍循部碰重私闲动趣时票心损落一
持娱惨心迟介考本远鳍雪了老遇知的起
保觉的雨木权野数考程磨身类貓信识快
鼠四爸信礼建很丁分袖而丁赔子迟通坠
股标爸马差貌释少飞雨的欲中底能蛾碎
乐书动有远栅木飞分信本飞重领丁稻乐
余图香人性对不起便过煲休数丁碰＞近
生有饭上袖通错卫想水喜数里惊几毁子
看好村查社快递辩论父马汉堡包醒瑞理
复数胶＞加直究和平降雨分唤醒车许雪
蛾许带租撞葡萄平蠕高存素木遥便桥

葡萄
的爸爸
系统
少数
有信心
很少
知识
辩论
对不起
有时
降雨
快递
唤写
缩头
一起
和平
汉堡包
卫生
鼠标

Puzzle 378

的场景
职业
触摸
宝宝
坐在
无线电
温度计
禁止
娃娃
曲线
珍贵
包裹
合作伙伴
雪上
行星
测量
空中
结婚
自动
很好的

很主发平坐行疲雪上镜信真于包裹测量
好平增基在项木定定理木动娃飞错发落
的遇栗趣中机高煲页信心循亲娃稳发图
察疲雨优运况部动信书合父娃然稳发号
空中珍贵喜基的理桥错作他喜况虫乃
摇电贵理情栗主人无记究曲最磨梁的
职业便循高栗场况恢书情线保优马
面建有重梁平保景线禁建趣源理
不类父撞中衫婚有桌究虫止升眉条
子恢水分快乐磨行票伴信高口号特
权栗驴触环瑞股虎龄自宜考况不损
骄究举摸护地绍士泽不高欲考便特
摇虫平虎心温己坠草口票的面坠
自动面飞面度行宝自想快旋摇稻请
的先不望虫车计星宝自动号子号稻

Puzzle 379

```
蠕 决 海 观 瑞 悫 他 木 降 坠 倍 重 焕 子 见 观 破    地 毯
基 人 虎 日 貌 娱 过 页 恐 本 车 村 面 驱 眼 好 乎    发 现
重 虎 机 恢 大 父 栅 试 通 自 士 护 回 日 惊 镜 衬    海 雀
释 先 会 议 数 专 子 持 飞 素 租 野 存 存 镜 驱 草    大 专
部 苦 ， 放 几 因 焕 眼 的 租 间 记 理 回 驱 下 摇    傻 瓜
光 栗 放 工 降 下 过 真 情 静 安 加 草 加 诺 秀 梳    抽 屉
机 特 祝 贺 回 看 号 先 旋 间 有 栗 皂 举 壳 外 疲    工 作
碰 权 息 区 工 好 雪 敌 ！ 木 肥 稻 焕 则 壳 行 皂    组 织
面 磨 自 试 作 复 雪 人 克 伊 娱 特 礼 貓 亮 约 欲    机 权
坠 高 有 野 地 地 发 现 思 驴 亮 瓜 撞 之 建 条 放    设 兴
摇 的 遥 日 高 毯 约 视 梁 遇 特 究 见 性 坠 来 租    特 壳
抽 屉 找 组 兴 趣 栗 热 摇 他 瓜 答 人 欲 克 傲 图    高 找
查 找 他 织 碎 过 栗 的 摇 许 究 图 性 往 往 来 傲    外 道
态 轨 研 豆 电 高 上 经 填 事 胶 答 建 克 往 条 图    查 往
中 道 究 豆 虫 稻 验 的 填 摇 衫 图 介 答 往 建 图    轨 经
                                                    往 验
                                                    经 人
                                                    敌 贺
                                                    祝 度
                                                    态
```

Puzzle 380

左侧词表：
失不插男项伴头联叫经两扶商独谎任的的卖夫
损同入目侣发系着常个手业立言的视家人
的孩发系着常个的一切

```
磨 从 日 电 的 野 露 碎 心 举 解 飞 性 理 不 答 遇
年 部 联 桌 生 龄 项 目 插 入 保 恐 静 情 信 木 察
祖 碎 扶 系 苦 言 凑 入 保 日 静 落 动 头 发
携 喜 便 手 谎 雨 醋 之 祖 损 子 亲 携 男 孩
信 便 情 疲 页 父 有 香 自 面 失 娱 特 底 桥 私
乐 而 独 立 性 选 要 之 心 水 口 蛾 滑 伴 侣
马 线 视 的 修 虫 骄 优 身 领 娱 栅 查 镜 商
灵 桥 后 图 一 中 特 信 惊 亲 苦 特 灵 出 业
安 伊 情 复 切 介 权 祖 先 克 不 增 里 护 的
木 老 理 惊 灵 疲 祖 保 娱 特 举 宜 诺 况
区 活 不 卖 家 露 基 来 息 袋 然 宜 飞 士 镜
摇 遥 碰 稻 叫 煲 面 豆 遇 怖 通 而 图 了 衬
好 人 梁 有 经 惊 来 木 中 ！ 眼 娱 解 伊 旋
条 回 息 自 两 木 豆 的 平 的 秘 热 升 要 信
任 命 快 复 个 不 的 情 好 秘 醒 栅 的 便
```

Puzzle 381

活 车 ＞ 情 生 心 驴 愚 的 股 透 动 作 坠 票 眉 坚
特 不 闲 克 遇 物 议 蠢 本 页 远 机 远 了 冰 霄 固
源 鳍 运 雨 子 建 学 的 略 虑 破 绍 伊 不 钢 颗 喜
了 而 损 心 四 基 之 通 。 日 秘 进 增 富 笔 镜 请
规 分 露 幸 自 塑 遥 复 租 研 柔 一 基 丁 发 源 克
趣 旋 热 自 电 料 乐 静 情 飞 摇 步 理 持 飞 灵 究
飞 信 自 不 观 增 马 根 驴 情 望 考 稻 灵 顶
解 快 娱 己 答 飞 隐 他 举 毁 领 灵 股
思 豆 稳 宜 心 马 藏 人 ＞ 本 之 子 研
远 的 独 私 损 隐 票 性 后 野 的 热 瑞
性 坠 自 安 型 规 子 摇 差 分 乃 闲
充 也 ！ 灵 乐 组 驱 噪 真 钟 蠕
情 基 平 特 过 合 自 人 重 达 到
有 许 凑 ！ 于 栗 落 村 碰 迟 的
了 解 绍 特 士 瑞 惧 存 保 他 衡 见 图 便 惊 类

愚 蠢 的
电 影
分 钟 原
平 了 解 到
了 达 物 学
生 富 含 人
任 独 自 作
动 循 环 笔
钢 颗 粒 藏
隐 固 合
坚 组 一 步
进 塑 料
冰 雹

Puzzle 382

只 是
东 部
眼 睛
检 查
黄 色
小 说
进 入
骑 自 行 车
您 选 择
保 养
笔 记 本
天 鹅
答 案
序 列
的 对 手
更 好 的
朋 友
的 地 方
误 差
不 过

宜 中 的 您 选 择 父 绍 雪 不 直 虫 东 光 数 愆 里
马 面 欲 遥 规 骑 序 邀 的 的 有 息 平 运 眉 思 安
桌 的 于 子 举 规 列 类 的 己 虫 约 部 人 来 毁 毁
梁 克 研 的 举 自 存 桌 环 傲 型 过 复 本 毁 野 远
野 觉 本 票 的 行 举 镜 马 的 研 飞 口 野 情 情 ！
乎 他 升 从 光 车 绍 摇 保 便 。 煲 而 股 ！ 毁
研 部 了 父 木 旋 带 规 养 特 动 也 碎 有 便 视
娱 不 饭 愆 旋 紧 部 肥 眼 存 碎 摇 类 复
笔 记 本 诺 滑 权 秘 本 的 票 条 电 源 基
热 充 复 则 赂 的 磨 状 决 不 醒 于 野
车 察 填 苦 的 真 自 小 说 考 况 股 答
误 延 天 鹅 研 进 秀 部 规 诺 事 碰 案
朋 差 有 娱 自 重 肉 的 情 色 方 对 号
友 惊 项 地 趣 恐 噪 检 看 村 地 手 心
举 要 人 稳 查 过 入 日 查 黄 泽 的 面 旋
飞 更 好 的 主 不 过 泽 衬 旋 解 错 只 动 平 对
飞 好 的 趣 先 。 见 眼 睛 是 惧 面 手

Puzzle 383

复的究解源里匹况部衫高先冰介环顾权
池塘亮动物园配主人蔻远信降秀客飞父
欲坠衬马醒碰持父自凑行克面过俏肢露
宜栗信休仍选带大师标来不噪从活源高
定信草人然望露饭便记便身增亲豆状秀
诺人名遥后梳究忿赂摇怖于增究克先了
类证据亲区苦行心怖马自放瑞选邀号的
灵信词痛瑞行心野子自自查貌乐龄娱
间不眼眼快疲环自子皂放静倍俏眼稳
信好决绍研然摇自皂护心眼皮摇领
来部的本露子查事复事草
摇克苦出在领疲饭加克况领
患恢蛾心这村日日要心便惨
者不相领里蔻恐口排蟾蜍碎
机会栅拥放放飞桥驴！放子趣主休中近

滩配据皮会然塘蟾蜍来苦霜师词记者这客人拥
海匹证机仍池蟾蜍未痛冰大动名标患在顾主相
园里

Puzzle 384

而坠磨类请记袖望释娱茶委员会醋看迟
透了看子伏真有的稻雨壶复撞里幸专了
柔中决栏不光议定许根肉灵型复专家升心
车四升袖趣子乐有士苦的出幸升放决
试面伊宜介他远解局限貓蠕见下股究的
静典傲凑条放秘有撞礼股肉疲村
苦信然期望保释热源约度高信本
动性格伏考从的恢错镜数凑惊镜
柔了没之平护貌源循研灵樱携
极其护事马撞过自泽木机桃快
运损信理排日便驱闲喜滑后子
转生驱便蛾骄胶快栗息上估
里排赂摇降欲损股牙论增计
木皂条款磨马栅况遇医扰围降
回项条款磨复瑞不定项＞邀状究滑！巾

壶望款其扰升家事巾医礼计大的桃了论上格度限员会
茶期条极干专没围牙婚估伟看樱回理性高局委

Puzzle 385

父 > 惫 得 子 諾 出 先 雪 紧 排 衬 惊 鳍 项 ！ 衫
区 黄 不 运 村 惫 页 前 特 村 损 豆 票 分 亲 发
甚 趣 鼠 木 议 交 情 特 素 貌 丁 > 然 虎 音 木
至 延 虫 狼 亲 叉 的 伏 旋 野 释 碰 重 从 复 究
灵 惨 则 运 贤 人 谈 树 遥 右 本 高 于 延 惧 透
保 覆 盖 分 填 秀 ！ 梁 修 手 选 亮 水 心 惨 差
差 典 环 考 秀 情 息 欲 复 排 灵 选 肉 权 号 人
好 袋 欲 使 权 具 亲 决 露 泽 凑 眼 后 规 热 平
保 来 也 用 不 备 伏 支 豆 缓 鳍 典 下 从 选
长 欲 乐 过 动 热 持 桥 破 解 野 一 瑞 书 栗 要
期 本 乐 权 胶 类 发 日 承 飞 树 排 年 肉 祖 查
周 二 答 雪 错 乐 苦 考 升 约 社 不 领 私 的 疲 素
凑 直 运 项 热 后 女 人 思 > 肢 旋 解 研 能 蛾 不 信
撞 运 自 雨 理 性 的 醒 白 色 > 车 袖 子 私 透 先 先
乐 雨

使 用
白 色
感 情
一 年
覆 盖
甚 至
支 持
袜 子
右 手
女 期
缓 性
贤 解
具 人
周 备
先 二
黄 前
的 鼠
承 狼
交 谈 话
叉 担 叉

Puzzle 386

包含
的机会
第六
运行
的图象
两次
连拍
领袖
小心
放心地
带来
的父亲
肉桂
律师
生产
油漆
第七
感觉
类似的
减少

保 间 填 不 四 的 数 六 第 七 地 之 子 领 心 性 露
包 最 真 动 里 于 有 本 恐 胶 究 看 本 袖 两 试 最
含 保 之 柔 恐 保 循 理 惧 伏 音 运 滑 次 平 信
行 权 升 眼 最 特 得 诺 怖 领 心 近 镜 绍 惨 木
研 便 貌 豆 人 直 休 复 肢 衬 决 娱 动 恢 事 驴
油 静 快 眼 安 答 最 了 栏 保 坠 饭 来 摇 摇
漆 运 镜 考 减 苦 通 的 的 研 肉 赊 不 香
礼 行 研 车 少 循 加 镜 思 素 举 便 分 桂 连
袖 程 动 伏 灵 安 摇 镜 士 便 权 肉 修 请 心
社 况 四 股 本 木 象 图 诺 宜 视 柔 小 心
怖 保 他 自 来 柔 滑 村 的 机 伏 遥 从 选 放
木 能 带 事 有 行 存 光 似 也 克 请 查 心
胶 生 释 来 镜 坠 泽 宜 类 子 底 保 况 地 野
苦 发 产 瑞 树 灵 喜 律 想 保 噪 伏 先 循 娱
有 的 父 亲 稳 机 请 草 师 感 乐 肥 灵 倍 滑 究
灵 情 诺 型 人 觉 己 觉 自 而

Puzzle 387

高 人 有 赛 直 特 情 从 父 皂 热 特 议 了 记 形 草
人 举 也 动 跑 图 衡 决 父 见 热 紧 行 雨 部 ＞ 容
白 约 本 黑 马 研 猛 碎 碎 撞 摇 旋 来 宜 雪 自 摇
菜 的 迟 色 邀 察 地 饭 镜 热 见 飞 宜 本 通 特 征
后 条 蜡 趣 修 状 木 安 煲 页 存 ＞ 最 约 水 而 灵
衡 磨 丁 镜 暂 查 心 干 ＞ 环 境 不 转 介 栗 增 行 放
特 保 落 丁 露 暂 停 紧 水 飞 木 泽 豆 香 马 光 本 马 的
过 落 研 ＞ 举 平 摇 恐 飞 热 因 能 携 必 须 恐 噪 健 的
梳 研 面 许 心 闲 恐 明 衫 蛾 书 柜 规 闲 怖 素 噪
周 醋 日 平 自 恐 本 看 理 身 心 马 父 的 信 康 子
醋 身 面 遥 露 趣 光 子 程 柔 规 水 国 人 凝 平 噪 规 度
焦 鳍 带 摇 便 紧 发 最 趣 的 决 的 际 视 重 宜 运 度
点 桌 出 社 的 平 最 趣 的 决 的 际 视 重 宜 运 考 举

地 须 明 停 康 征 怖 烛 柜 视 来 日 容 度 菜 色 境 际
猛 必 说 暂 健 特 恐 蜡 书 焦 凝 后 周 形 赛 年 白 黑 环 国

Puzzle 388

好 能 复 貓 外 喜 世 界 便 觉 况 驴 研 保 私 趣 煲
程 想 亲 运 套 紧 的 加 公 理 热 飞 部 研 决 惊 鳍 滑
傲 度 然 填 木 首 女 本 司 议 相 当 泽 特 举 复 家 疏 散
情 高 衬 试 究 富 儿 高 想 雪 宜 理 子 专 无 家 损 乐
底 了 分 马 疲 亲 不 面 领 幸 情 香 之 名 木 最 数
察 间 露 便 股 幸 草 镜 幸 排 运 错 外 自 指 热 高 快
规 况 最 类 香 乎 查 存 龄 亲 落 心 觉 重 飞 生 透 觉 凑
滑 出 发 磨 书 数 老 马 息 野 肢 祖 野 忙 皂 凑 研
究 延 品 种 程 克 生 举 护 欲 运 有 信 克 几 自 升 镜
的 坠 状 视 称 自 平 己 出 村 繁 情 视 许 几 成 分 充
谷 仓 复 动 疲 为 乐 宜 心 的 保 夏 最 几 情 保
迟 后 的 试 行 冷 冻 间 电 坠 环 视 袖 天 惊 页
胶 子 区 生 便 觉 研 本 规 议 动 动 惊 情 不
蠕 重 村 了 状 口 书 护 香 降 梁 肉 赂 的 保

繁 忙 生 冻 当 分 视 界 家 仓 富 天 的 散 司 外 为 度 名 指 儿
野 冷 相 成 电 世 专 谷 首 夏 疏 公 之 外 称 程 无 的 品 种

Puzzle 389

权 乐 平 栏 风 格 书 约 娱 摇 静 直 怖 动 香 究 转 ⎪ 陪 审 团
柔 的 摇 破 快 小 时 趣 飞 复 本 持 素 望 里 镜 树 滑 ⎪ 电 话 建
私 号 滚 携 洪 水 亮 旋 活 落 父 欲 祖 沙 漠 自 碰 泽 醒 ⎪ 创 服 务
看 蔻 便 雨 身 好 解 蠕 落 马 胶 皂 栗 自 滑 增 热 透 紧 ⎪ 便 最 高 的
究 行 撞 特 见 肥 飞 修 私 机 解 貌 野 试 图 瑞 心 ⎪ 风 格 生
趣 充 介 请 稳 股 严 本 平 拼 写 傲 宜 觉 乎 磨 貌 记 ⎪ 发 存 结
安 议 丁 木 看 循 了 马 服 栗 新 举 慘 ⎪ 生 果 重 干 净
创 陪 自 想 最 而 平 飞 务 下 页 闻 虫 见 祖 木 事 ⎪ 结 严 重
建 情 审 的 团 日 肥 邀 电 子 以 及 眼 的 飞 约 果 ⎪ 的 干 水
情 肥 想 的 肥 日 鳍 欲 话 生 肉 磨 亲 发 干 社 ⎪ 洪 滚
有 马 图 作 > 貓 > 梁 最 根 的 先 噪 木 于 雨 ⎪ 摇 拼 写
马 年 有 用 远 。 事 龄 高 保 的 释 趣 生 自 肥 身 差 ⎪ 沙 漠 闻 时
年 紧 坠 的 转 惨 生 存 的 规 人 放 磨 虑 柔 然 士 保 ⎪ 新 小 的 作 用
紧 惨 凑 ！ 领 规 人 放 磨 虑 柔 然 士 保 程 伏 幸 研 ⎪ 以 及

Puzzle 390

鹿 边 ⎪ 高 梳 项 肥 恐 他 发 信 父 挑 得 午 两 况 里 便
麋 两 终 于 漏 他 ⎪ 个 别 底 栏 究 信 他 从 选 蔻 战 餐 边 法 远 梁
泄 其 取 ⎪ 状 答 平 了 信 最 从 虫 护 动 的 部 > 院 介 情
吸 午 粗 细 ⎪ 飞 灵 赂 肥 最 护 状 远 页 电 气 趣 之 视
家 气 味 伙 ⎪ 衫 源 赂 息 秘 士 修 页 煲 饭 自 趣 有 来 豆
一 家 点 柔 ⎪ 真 栅 稻 请 心 活 胶 答 远 答 水 权 肢 野 记
温 循 规 蹈 矩 ⎪ 镜 平 蔻 破 员 修 音 信 栏 惊 保 栗 运 主
员 工 战 ⎪ 树 木 况 信 工 胶 出 梁 家 真 父 冒 型 瑞 人
挑 梁 年 ⎪ 野 自 便 页 护 傲 权 特 伙 惊 研 犯 心 成 桌
桥 院 ⎪ 其 麋 鹿 票 增 飞 光 终 一 点 桥 年 蠕
成 别 ⎪ 他 碰 貓 研 草 顶 乐 中 研 蛾 梁 答 保
法 犯 ⎪ 蛾 休 重 状 丁 电 人 的 飞 柔 理 因
个 ⎪ 眼 衡 闲 情 虎 循 。 粗 觉 有 研 落
冒 ⎪ 泄 则 磨 乃 身 规 请 老 心 己 举
犯 ⎪ 漏 介 旋 权 回 蹈 自 选 蛾 伏 欲 饭 素
⎪ 活 况 顶 諾 则 矩 书 发 来 租 袋 顶 镜 吸 取

Puzzle 391

的 舞 蹈 近 自 丁 保 烧 可 错 不 衫 他 近 水 眉 煲
况 快 部 他 观 蔻 存 毁 靠 高 四 木 平 饭 赂 镜
重 损 绍 理 糖 中 则 野 书 > 热 主 自 了 包 特
摇 信 研 糖 果 心 野 书 猫 子 > 性 自 滑 驴 子 。
当 怠 从 休 雨 租 马 洗 部 快 水 复 乎 亲 加 考 于 得
驴 增 香 忽 理 动 发 股 略 肉 克 音 自 介 循 克 先 惊 自 教
坠 近 乐 老 理 略 身 页 趣 肉 克 村 秀 子 六 复 幸 袖 练
规 也 摇 持 幸 间 子 看 定 最 娱 驱 远 货 休 数 醒 于
事 栅 伏 他 思 先 柔 破 四 邀 星 优 查 宜 护 便 便 眉 惊
明 恐 观 亮 最 梳 桌 热 建 期 运 五 木 不 增 利 行 己
水 伏 亮 信 购 地 顶 电 真 底 光 眉 栅 因 肥 落 包 衡
胶 图 源 坠 泽 身 真 子 的 栏 过 桥 回 磨 通 有 回 洗
凑 坠 坠 宜 买 身 真 子 的 栏 过 桥 回 应 直

忽 略 车 前 猫 六 买 舞 蹈
货 当 野 周 购 的 保 存 练
烧 有 可 动 糖 果 亮 告 五
明 警 回 包 洗 毁 利 靠 机
应 子 发 星 期 教 包 发

Puzzle 392

公 园 的 休 肥 从 电 程 记 瑞 间 马 议 坠 看 醒 活 袋 回 的 有 视 欲 余
望 绝 终 指 不 栏 衫 护 肢 考 克 虎 剪 静 于 肢 持 乎 的 增 子 地 领 领 定
始 的 论 德 惧 恢 最 高 解 灵 柜 小 刀 本 梁 复 本 解 书 增 幸 面 撞 鳍 子
是 谈 孤 独 趣 野 热 乃 峰 龄 远 亮 领 年 慘 修 毁 摇 ! 的 撞 秀 见 地
道 天 使 柜 自 鸡 完 豆 树 理 特 心 > 木 存 分 情 豆 类 父 父 栅 丁
天 分 橱 麦 究 快 整 赂 心 欲 的 有 私 权 宜 况 自 驴 秀 丁 坠 滑
小 完 整 的 马 祖 的 不 宜 摇 自 记 亮 议 野 自 运 豆 远 护 虫 研
沙 野 聪 堡 分 子 亮 孤 底 人 雨 察 转 发 沙 然 素 过 袋 研
聪 建 鸡 许 道 德 独 绝 望 的 建 坠 堡 环 回 顶 亮
现 高 议 在 先 野 灵 电 谈 眉 察 之 克 动 本 安 远
高 剪 刀 峰 情 雪 醒 胶 论 的 娱 遥 煲 生 桥 怖 出 过
争 辩 从 决 秀 栅 趣 图 书 倍 娱 指 最 试 余 顶
争 诺 马 衬 诺 带 露 克 香 现 试 亮
便 保 察 公 园 天 使 娱 木 究 余 滑 亮

Puzzle 393

香 行 野 艺 旋 野 研 飞 了 胶 研 坠 保 察 落 赂 噪
不 遇 平 术 分 散 注 意 力 先 不 环 貓 透 情 祖 的
心 肉 便 秘 运 机 凑 性 股 镜 票 议 诺 情 而 加
稻 见 坠 重 加 坠 滑 。 貓 况 民 车 自 在 不 行 摇
基 马 要 栗 类 权 摇 焕 日 露 他 主 保 信 稳 树 保
小 苍 兰 复 遥 高 落 生 租 皂 带 乃 特 人 定 不 优
香 携 肉 毁 伏 谈 紧 加 本 水 宜 伊 底 碰 否 便 柔
请 瑞 貌 士 惨 话 议 动 后 皂 复 程 究 来 欲 水
紧 数 后 书 马 己 肥 记 间 便 飞 大 家 心 醒 个 环
领 看 便 目 摇 碎 马 心 放 因 望 礼 保 持 人 音
正 确 的 眉 标 答 苦 的 茶 壶 > 充 源 则 也 柔 举
梳 书 柔 滑 书 木 恐 思 复 幸 上 重 木 落 怖 而 过
最 村 防 煲 好 傲 骄 镜 瑞 子 幸 胶 颈 型 而 己
傲 驴 卫 针 型 简 复 便 好 书 紧 乐 部 的 升
人 无 形 状 对 化 遇 磨 惧 状 衫 木 坠 修 梁

针 对
大 家
防 卫
谈 话
民 主
目 标
正 确 的
保 持
柔 滑
自 在
不 稳 定
无 形
颈 部
否 定
的 茶 壶
个 人
分 散 注 意 力
艺 术
小 苍 兰
简 化

Puzzle 394

先 人 动 底 损 情 社 自 疲 鳍 精 肥 乎 心 研 保 加
季 度 栗 性 倍 考 礼 栅 撞 丁 神 替 朋 友 的 快 书
信 不 自 环 延 遇 驱 便 露 鹦 桥 代 便 乎 子 衫 亲
幸 票 乃 便 恐 远 乐 煲 滑 回 鹉 电 不 娱 携 人 数
从 见 衡 乃 眉 灵 因 降 肢 面 基 子 信 释 举 貌
本 坠 面 好 克 有 露 区 豆 理 野 书 梳 灵 透 露 从
幸 直 安 排 碎 树 自 议 反 素 马 私 源 升 灵 机
煲 运 欲 秀 毁 肉 之 旅 的 应 人 动 的 凑 倍 水
获 得 想 情 约 香 乎 介 鱿 虎 根 修 机 电 恐 错 数
的 电 眼 不 造 成 功 的 鱼 收 集 机 惊 惊
来 后 野 机 构 香 热 的 建 近 肉 于 镜 型 秀
怖 乐 携 情 的 军 队 视 而 考 见 宗 出 毁 下 自
自 惧 飞 建 稻 乐 草 行 克 根 间 摇 教 充 见 保
人 恐 社 的 飞 趣 有 摇 错 据 后 自 出 下 蠕 滑 活
人 理 页 肉 诺 出 胶 地 平 远 回 喜 车 车 礼

之 旅
根 据
机 构
幸 运
成 功 的
宗 教
军 队
鱿 鱼
精 神
出 租 车
鹦 鹉
反 应
羊 肉
替 代 电 子 书
构 造
安 排
获 得
季 度
收 集
朋 友 的

Puzzle 395

衬 自 人 许 乐 坠 解 驱 保 泽 议 面 豆 虫 日 马 有
私 底 研 惨 亲 解 想 趣 闲 子 。 趣 伏 杂 自 便 喜
礼 坠 袖 错 碰 伏 定 人 充 文 。 型 志 乎 地 眼 规
规 本 热 诺 排 视 地 图 物 的 记 生 本 官 年 下 心
乃 远 直 参 况 发 本 研 情 生 本 官 员 应 而 看 记
主 礼 雪 与 滑 于 坠 摇 他 菜 保 议 记 安 教 疲
邀 带 特 者 则 身 请 下 视 保 虫 。 镜 师 飞
分 摇 祖 基 飞 不 假 桥 本 定 灵 开 思 错
支 飞 四 则 草 复 雪 情 直 定 的 里 始 子
自 理 次 口 的 倍 蛾 摇 滑 义 望 领 租
多 次 车 理 人 不 直 股 年 出 的 远 肥
车 年 袋 快 望 不 消 失 出 意 无 复 磨
袋 马 雨 人 落 能 真 最 疲 研 望 老
雨 快 倍 望 蔻 出 现 运 考 快 最 幸 闲 社 项 坠 豆 远 里 件 何 保

定 义
出 现
物 理
分 支
冰 柱
开 始
多 次
官 员
的 任
文 何
消 化
响 失
的 应
杂 生
请 菜
部 志
件 假
参 与
教 者
师
视 图
无 意 义 的

Puzzle 396

> 木 条 热 伊 祖 肢 特 条 安 差 北 静 篱 量 果 冻
类 查 恢 肉 未 远 于 祖 源 异 极 拓 笆 本 虫 马 娱
父 考 焕 木 能 休 泽 人 子 分 社 息 展 遇 试 保
试 有 摇 衡 醋 雨 源 情 持 凑 增 理 发 他 量 木
坠 出 解 蠕 举 约 栗 因 滑 上 底 究 释 介 亲 最
旋 身 落 真 介 子 保 衫 事 焕 自 快 也 的 滑
观 查 面 学 信 事 来 热 子 不 肉 损 乐 图 的
地 记 有 习 持 聚 面 的 快 过 事 优 礼 典 人
平 焕 视 倍 望 焦 秘 的 公 露 音 日 出 则 生
子 便 图 栏 颜 数 配 心 栅 娱 水 面 试 快
究 复 趣 料 息 备 瑞 > 身 情 从 恢 携
衬 信 图 醋 马 年 中 坠 最 灵 的 煲 平 日
光 菠 研 露 松 远 好 > 租 欲 祖 > 治
到 菜 松 息 鼠 面 > 书 休 环 复 便 疗
稻 身 高 蜥 焕 书 来 士 而 修

颜 料
栗 子
配 备
篱 处
到 异
差 疗
治 极
北 高
身 鼠
松 冻
果 焦
聚 菜
菠 公
的 路
快 的
乐
未 能
发 展
学 习
蜥 蜴
拓 展

Puzzle 397

然 情 马 因 释 恐 伊 地 型 根 香 乃 骄 数 研 的 顶
肉 主 题 为 高 凑 惊 衡 的 妹 摇 觉 权 产 品 护 建
决 惧 疲 考 平 发 飞 虑 ！ 惧 基 好 然 视 祖 之 欲 亲
机 可 解 信 马 建 先 热 数 丁 项 心 时 绍 尖 他 精
了 重 四 看 咆 面 碎 动 项 看 处 喜 间 落 心 存 灵
延 复 龄 过 哮 摇 坠 驴 飞 信 貌 区 恢 野 音 怖
煲 使 龄 有 信 苦 肥 增 银 特 生 柔 建 蔻 携 衫
本 村 的 保 携 子 程 平 复 护 人 遥 遥 虫 的 心 便 柔
水 信 眉 主 鳍 闲 毁 水 况 规 望 噪 子 蔻 试 肉 保
礼 恢 惨 成 为 坠 理 选 文 家 凭 动 事 察 行 直
有 坠 别 宜 滑 历 较 国 凭 的 恢 磨 灵 碰 稻 人
趣 可 人 胶 的 史 出 低 家 的 村 马 护 护 动
先 爱 保 几 肥 飞 滑 经 平 恢 破 增 苦 肢 图

别人
保护
历史
较低的
好处
文凭
的妹妹
曾经
可重复使用的
的产品
银行
因为
可时
成
尖精主国
咆哮

Puzzle 398

剩 余 查 坠 本 马 回 信 光 豆 区 马 焕 滑 明 环 则
四 静 乐 底 老 然 ！ 稻 噪 答 灵 饭 水 考 草 年 他 旋
人 来 想 的 增 水 驰 非 常 延 不 高 醒 亲 优 了 磨 马
事 灵 见 胶 页 数 骋 欲 肉 幸 肥 排 马 马 心 里 损 远
里 马 复 冬 方 向 野 黄 观 间 摇 决 里 考 见
本 质 动 天 稻 北 状 瓜 社 转 虫 能 情 想 选 动 下
乐 静 带 升 望 摇 见 社 旋 升 社 怖 乐 择 里 领
栏 马 稳 看 坠 性 ！ 情 的 而 部 他 口 修 典 带 择
泰 迪 熊 趣 几 人 一 部 有 请 分 通 。 的 不 骄
最 心 香 惊 察 电 般 错 增 数 觉 运 几 礼 记 梳
数 填 父 香 肉 视 有 农 幸 露 运 损 存 发 音 事
损 乃 性 安 袖 而 蘑 龄 便 场 桌 瑞 的 的 直
能 答 娱 柔 里 乐 菇 幸 懦 选 主 撞 照 记 研
虎 骄 重 村 有 安 然 运 夫 公 电 片 究
肉 热 音 的 树 源 环 滑 宜 乐 决 复 动 的

农场主
冬天
公布
驰骋
蘑菇
照片
懦夫
的研究
发音
北方
非常
剩余
明年
黄瓜
部分
泰迪熊
选择
本质
一般
方向

Puzzle 399

人滑最果汁滑直区优喜栗热望的举
梁衬遥遥妻士私动觉坠宜则日爸人亲
遥错口子从桥填了飞！活动爸类
几降的信任举过的邀趣了通底的能选决悲惨热图出安考别
余书行表白眼肢生自情欲快根草升则发
于行过复小子护情书决快热礼！页的肉
环之改从地眼回项损情自请求真发音摇记而疲
己图善飞顶球决惊眉年理间觉得老况摇更新
齢醒胶栅欲摇雨考恢机行摇详细带＞自丁圆柱
滑喜蔻伊公！之思静存执书诺镜觉自买得起
领亲想傲信虫日自飞闲分稻肢亲阳台倍

改地买果阳悲请小妻类表圆滑公详信更爸执
善球得汁台惨求子子别白柱动鸭任新爸爱行恩

Puzzle 400

带差于倍己心伏木行高蔬透喜日放
欲租况循而项焕虎页马菜牛牛娱
摇秀平喜遇则本情的情苦循情增父人蔻回祖主欲
桌平梳研存社落情父人行自祖欲直
袋惨修祖动四类真菊信程香本产的生
差况地面的车表花性乎从填状号型自
撞摇坠位特释也建惧高规平乎的釋驱
摇雪况移源决远秀梳肉活量行他最
事坠然皂排曲他本远赶路条他虎
饭用优柔的棍侵而的人分选明记特最
情品动研球入重露坠沉子事怖定子
破转租士建则宜皂肉周默喜信动面看
凑行看瑞见疲宜露周年的好雪部
乐晚轻微平的建性年的好信部
滑行看瑞微平快宜理因使赂息考面看
土最马餐充快宜理乎马排出平蛾看
地余便。迟驾驶定乎马排出平蛾存

Puzzle 401

项摇草的瑞醋子父车伊量袋携捕捞摇增惨
因下几书记见程饭书不胶过信的活回循惨
奏选秘主解袖动直水安宁究丁雪乐部马高
范请疾病醒来的恢地状基后讲述稻高人生
围电稻页程木里究男性子袋运通几个想宜
消息焕答保最作季上乎的察亮疲绍也栅
规规本而保苦考惧野破饭许煲紧衫乐邀衫
毁私图滑书欲士介定区地欲乎车也解
决遥高怖家公苦制遥加间下便驴
填动瑞面克庭乃式的票栅便蛾自便便
决考飞衫研想释的动子邀滑复损保真加
雪怖典加露滑心马恢损围墙填加
一二。手柄柔幸皂秀不雨肥他特娱情
复考复驱修娱子巨大摇最循行降自撞区

讲述
消息
奏请
手柄
醒来的
几个
合作
巨大
一二。
家庭
范围内
疾病
定制的
捕捞
墙
安宁
赛季
公式男性
书记

Puzzle 402

根肢快赂心有自理车转蛾间望型排况取
复保乐究项落复理礼地保察转能坠祖决
毁存子保活泽源醒先图坠疲力老况于
坠骆驼亮了顶噪眉公煲升！释引眉约行部乐
重秀惨肉考动信望后民惧本休吸自宜貌的
护撞许过幸重祖主电豆主礼镜己恢究
父根观得源存平充见基焕自貓遥栅肉
不树皮木约老乐傲了部户外蛾有息父
压树没有镜木＞倍差邀复益放秘碎
镜低自惊票紧定型根人滑音自理
市中心袖解慈平草差邀袋出了信
书透直因最介平损看人心飞木他
媒体岸复人紧噪运亲查失木碎驴
蠕撞上源的袋见克亲肉望里
野于考查察损闲护生＞么娱选虎蛾磨

岸上
能力
重复
没有
树皮
公民
吸引力
媒体
地图
连续
快乐
骆驼
有益
取决于
户外
市中心
压低
什么
失去了
标志

Puzzle 403

木 息 龄 损 活 袋 醋 真 间 加 望 差 栗 趣 决 露 坠
休 保 噪 解 谢 电 本 ！ 栅 程 察 马 外 观 排 生 亲
肉 行 灵 信 天 第 社 存 惊 序 升 而 信 士 傲 书 特
解 本 胶 他 谢 三 口 吸 克 孩 恐 子 信 恢 面 遇
平 损 中 醒 地 个 想 收 子 复 口 梁 恢 事 蠕
加 的 保 惨 博 人 降 本 情 定 思 之 查 型 蠕
眼 最 野 快 物 驴 感 的 加 > 觉 请 远 瑞 摇 平
平 镜 本 分 研 旋 的 加 参 运 放 本 摇 袖 填
栅 运 摇 老 特 选 破 试 木 消 野 亲 人 会 不 充 滑
肥 研 信 虎 真 权 露 车 眼 防 热 要 典 见 碎 滑
音 想 乃 木 绍 秘 考 柔 持 员 技 闲 遇 雪 考
丁 准 有 得 保 欲 碎 遇 地 自 巧 例 技 根 息 然
行 则 己 重 通 肉 恐 好 驱 灵 举 虎 自 解
排 光 欢 快 的 自 图 野 坠 驼 性 例 工 号 几
考 本 的 胶 便 人 梳 肉 身 行 克 要 外 了 ！

填充
滑 雪
例外 则
准 工
技 感 的
情 驼 鹿
会 见
欢 快 的
谢 天 谢 地
吸收 观
外 博 物 馆
参加 的
技巧
程序
消防员
孩子
老虎
第三个

Puzzle 404

情 泽 驱 究 心 决 解 > 远 源 则 形 毁 肉 底 摇 错
乎 栗 票 諾 然 区 坠 子 不 有 里 状 通 早 镜 释 根
木 上 先 修 子 面 损 维 护 自 自 数 自 晨 有 鳍 损
而 号 光 平 差 动 平 动 自 欲 部 自 碎 存 礼 程
桥 音 梳 面 音 保 保 解 鳍 源 镜 木 信 走 号 醋
循 票 捕 获 蓝 色 的 议 动 镜 差 马 了 碰
旋 储 备 中 分 饭 秀 建 休 复 人 亲 自 然 肢 露
面 亲 树 惨 木 定 规 静 而 衫 过 眉 议 镜 快
> 袖 修 莓 现 代 最 音 定 信 币 栏 中 的 人 趣
醋 乐 理 虫 从 基 趣 恐 事 诺 望 基 的 选 见 欲
方 式 存 秀 苦 主 本 有 持 己 况 傲 豆 建 露
式 地 循 楼 他 雪 虫 摇 根 ！ 便 蛾 眼 子
地 乐 顶 梯 不 远 木 运 出 情 骨 叔 叔
四 信 规 请 增 有 见 然 忆 记 驱 究 恐 鹌 架 考 静
能 热 橡胶 秘 则 驴 老 况 的 人 马 下 豆 重 伊

维护
捕获
橡胶
方式
运动
硬 币
鹌鹑
早晨
基本
蓝 色 的
走了
树 莓
叔叔
储备
骨架
的 记忆
的卧室
楼梯
形状
现代
卧室

疲 复 量 生 因 光 的 项 目 保 有 升 乃 衬 素 填 后
眼 柔 柔 数 ！ 露 摇 透 研 信 人 程 页 保 惊 > 秀 静
远 况 真 毁 主 频 最 邀 亲 胶 马 素 龄 亲 类 紧 露 介
过 股 真 电 肉 过 繁 乃 分 本 票 闲 之 蔻 秀 露 想
望 赂 雪 运 因 滑 的 的 药 蠕 的 性 > 权 野 > 项 之
挽 留 人 便 越 来 越 放 物 热 惊 > 增 赂 携 理 光 过
选 亲 蠕 携 解 保 书 惨 傲 光 胶 子 貌 紧 宜 高
了 遥 泽 式 从 规 便 香 本 息 。 幸 諾 的 真 热
桥 过 循 摇 稻 优 电 信 私 本 间 理 人 恐 记 本 人 的
至 少 毁 豆 修 太阳 性 子 秀 然 惧 疲 转 人 袋
欲 继 续 息 改 保 遥 出 雪 貂 保 机 的 子
教堂 数 法 错 回 遥 迟 书 便 区 音 水 礼 的 这 些
不 傲 口 携 官 理 看 栏 坠 诺 填 错 虎 士 复 自
醋 情 王 他 解 村 乃 复 的 部 承 认 牛 重
闪 耀 室 回 伊 举 排 碰 马 露 环 重 > 休 有 活

太阳
闪耀
至
教堂
频繁
挽留
法
修
雪
王
雪
便携式
承认
继续
的
水牛
药物
越来越
这些
的项目

信息
帽子
物质
的音乐
年轻
听到
化妆
法规
仁慈的
洋葱
选举
水獭
蓬松
法律
巧克力
的生日
公路
就像
机关
编辑

坠 村 虎 遇 柔 分 灵 日 号 部 觉 上 欲 驱 听 破 书
巧 克 力 惊 类 量 亮 他 几 顶 条 规 自 机 增 到 观
复 了 觉 最 举 领 保 分 摇 虫 地 通 关 权 伊 生
子 遇 保 信 乐 余 素 区 貌 洋 错 亮 觉 梳 秘 复
虫 栗 举 口 音 苦 编 图 醒 葱 保 静 举 选 的
有 情 仁 慈 的 。 辑 灵 想 人 释 研 摇 静 部 信
答 主 水 乐 远 本 下 毁 举 面 肉 静 子 露
恐 转 獭 飞 惊 地 修 伏 他 醋 能 素 研 活 眉 法
就 驴 秀 邀 趣 野 苦 公 几 答 于 察 运 典 律
像 权 号 惨 袖 快 年 轻 路 选 帽 的 充 的 底
复 书 人 有 信 息 热 解 规 举 子 怖 特 肢
的 宜 选 蓬 煲 秘 碰 法 保 研 信 傲 邀 选 迟
典 察 松 修 填 出 直 究 行 坠 秀 坠 木 疲
填 议 余 况 物 质 损 究 碰 保 透 人 休 快 特 子
的 生 日 存 分 书 化 信 解 性 梳 热 苦 看 遥 便

Puzzle 407

諾	的	人	亲	自	拍	通	型	转	动	碎	稻	恐	图	老	滑	车
议	脂	自	背	后	摄	平	话	碰	口	梳	醒	露	型	看	理	从
行	肪	条	热	他	滑	秘	损	亮	持	子	欲	野	休	面	过	来
损	闲	口	定	事	了	快	灵	之	书	信	不	增	活	自	镜	的
諾	远	虫	泽	邀	复	充	事	素	苦	考	部	持	分	他	克	迟
停	顿	！	镜	惧	股	乐	环	的	驴	社	他	木	排	的	几	森
袋	请	镜	西	兰	花	衫	鳍	树	快	摇	乐	光	梳	得	査	林
泽	龄	想	规	高	量	真	察	乐	领	举	情	环	乎	胶	到	欲
露	撞	考	加	研	惧	邀	精	细	泽	！	见	滑	乐	决	直	口
保	发	煲	本	武	透	他	口	土	狼	思	豆	然	增	建	了	马
透	持	发	理	士	，	除	了	乐	木	过	钢	而	后	虎	倍	人
栏	发	绍	噪	最	惧	音	回	骄	好	时	候	琴	安	约	乐	近
醋	人	瑞	乃	惊	貌	乐	况	举	差	丁	外	的	雪	稻	破	>
。	！	近	选	己	公	共	素	光	后	续	部	见	数	休	环	乐
优	驱	赂	持	乎	定	身	图	伊	惊	称	定	桥	的	举	记	的

拍摄
公共
的脂肪
称定
钢琴
得到
通话
西兰花
武士
精细
后续
，除了
背后
音乐
土狼
停顿
森林
外部
然而
时候

Puzzle 408

自	这	电	欲	他	携	柠	泽	究	有	社	部	好	肢	坠	项	香
介	样	摇	疲	心	龄	檬	梁	恐	袋	修	降	毁	克	衡	不	差
试	票	存	>	碰	落	汁	面	建	究	野	几	通	恐	加	飞	建
苦	了	好	持	租	镜	乎	部	眼	木	觉	村	定	自	栗	最	发
便	而	的	而	人	直	发	动	之	饭	栅	有	权	橙	特	有	看
栅	柔	循	不	乃	之	音	亲	蠕	。	南	雪	静	色	马	研	飞
木	循	基	疲	狮	地	充	状	答	连	接	部	填	源	状	身	面
息	有	恐	摇	子	木	释	行	根	通	常	趣	紧	疲	申	请	包
面	见	议	心		美	国	权	倍	技	艺	滑	增	惧	摇	平	车
重	貌	了	信	持	傲	奇	电	木	滑	恐	保	不	碰	骄	心	卡
心	要	从	赂	短	暂	怪	礼	导	奥	秘	觉	毁	之	因	毁	闲
透	选	近	存	真	亮	稳	物	鳍	航	驱	人	村	三	角	闲	伏
肉	发	伏	存	解	试	投	入	醋	驴	介	的	煲	袖	木	理	肢
量	傲	状	年	情	绍	心	远	许	最	之	肥	蜻	书	有	私	。
树	机	保	源	乎	从	桌	眼	伊	蛾	区	转	余	蜓	醒	焕	碰

技艺
橙色
南部
连接
短暂
三角
蜻蜓
申请
奇怪
投入
柠檬汁
美国
面包车
通常
奥秘
卡车
这样
礼物
狮子
导航

Puzzle 409

马保虫袖驴恢瑞绍来人介复鳍衡文见父
旋回远的稳剧场衫乐牛子眼去章理欲惊
最子栏他规秘。障携仔＞增年水的骄
车了规修柔总心障肢仔马复香自口的
休艇带子摇之。碍貓重自祖口有望摇
的体护接近静父的根程醒的里许源
重转分顶直驴马重自型伏部遇面远
答他的部衬平。音修号区休约遥情肉
心音望之情车许人滑号于遇克直热
男子蔻木恢里龄怖况决恐马页飞了
落地观摇疲步韭水性乐有遥克焕第
亮建东远定行菜安护定护木邀二
研西驱的乃有狭几慘源则柔阵状
放票邮于行隘周差请梁恐木风
傲噪得件静根貌一情思恐特袋
心男落释条行趣五的近行的不
亮研放傲噪得件条量的个行欲的特状

步行
狭隘
的邮件
障碍部
顶一菜风
周韭阵场仔体二章
剧牛艇第文线
仔总年近个
艇去接五条件子
第文线去接五条件
总近个子
去接五条件男子
的东西

Puzzle 411

老从饭亲马醋信项飞流洗察人镜豆区恐
典面醒信醒马事环行涤想不醋因带思视
灵举运不镜页毁候时的图议人地休不研
增修情保型思赂桥胶虑游解 > 损最研试梳
子不页 > 存滑则诺灵围息泳的升图片护
不平有滑看灵型他情事欲的车荒野号自他真
心有循马栏栏傍极分泽望转羞坠平部心滑
填循秘复优晚面地猫音定权恐释怕记书情
的趣趣不身见行摇子增加人保坠选便要傲
手书马许透况胶许马定部况眉存举延滑
指况村平性摇蚂马部修野增况稻数木社煌
士下许便摇摇老蚁定动摇稻木他量瑞栅噪
发选透平职责修野眉木量木社栅

游泳
蚂蚁
图片
辉煌
的平面
皱纹
恐怕
极地
数量
的害
信号
流行
傍的
荒野
职责
洗涤
围栏
手指
事情
的候
晚时
荒野

Puzzle 412

光绝成遇紧眉身邀闲修信肉有本面惧郁
子对幸熟凑面迟娱动几社激发理上述金香
息发傲领恢有父平便驴皂发！酸信保
胶信见貌旋坠乎草从动热木牛奶望
信页的眉思露过马皂头镜选的直复眼
人号列平加有中滑邀脑旋充杂复息了
绍保车社乐醋好租活动眼猫关决有本
光！人骄验亲素泽碎理座的考泽栗
信议责约延凑许肥稻蠕飞注运议基坠
规何任地丁领加桥约特暑 > 中焕衫他
桥衡的摇量社肥重倍倍书望动看鳍
蔻社觉马面私项紧亮人>优增飞
究落出色的加书惊人类环心眼
士不袋租祖衫释桥数理焕发他
怖伏四行猫焕规好类理愈发眼

活动
激发
绝对
猫座
出色的
酸牛奶
考验
焕发头脑
一直列车
郁金香
紧凑
责任
的关注
成熟
复杂的
暑述
上
任何

Puzzle 413

错 真 相 便 来 身 愆 坠 伊 草 袋 介 规 之 项 丁 规
树 记 乎 地 侵 性 惨 胶 欲 本 休 凑 过 蛾 乐 得 闲
草 录 信 理 觉 不 一 号 热 间 增 项 许 撞 得 雨
型 决 嘲 觉 下 部 久 恐 子 加 绍 栏 情 伏 绍 得 股 摇
最 虎 讽 能 因 降 骄 然 型 电 究 过 需 见 磨 重 摄
蛾 则 自 乎 自 举 复 驴 傲 破 底 泽 要 的 碎 撞
分 鳍 虫 也 复 碰 素 观 他 袋 貌 顶 人 底 像 最
完 美 的 于 解 惨 运 好 醋 栗 恢 好 特 闲 头 动
保 理 中 木 自 不 驴 统 增 本 坠 则 来 许 本 考
月 球 特 醒 研 柠 治 饭 有 情 解 豆 许 放 形 式
控 增 虎 领 柠 檬 者 摇 本 人 雨 村 近 疲 记
凑 制 稻 撞 地 视 高 有 秘 格 从 > 灵 坠 眉 存
冰 号 草 恐 心 马 乐 摇 合 上 绍 面 倍 本 坠
亮 箱 人 而 特 的 过 闲 高 考 想 条 桥 噪 袖 本

月球
稻草人
侵略性
允许
控制
合格
醋栗
统治者
记录
需要
柠檬
摄像头
冰嘲讽
地理
形式
完美的
不久
真相
一次性

Puzzle 414

领 发 肢 坠 透 信 决 基 的 动 马 身 上 素 离 传 本
疲 不 里 他 诺 号 马 的 有 介 飞 人 增 开 的 统
息 袋 环 皂 乐 人 胶 诺 页 落 部 权 于 通 回 然
口 闲 活 乐 的 苦 玻 了 口 透 私 真 根 虫 旋 规
静 伏 差 闲 的 苦 璃 中 坠 定 试 正 主 撞 木 伊
图 朝 着 天 空 诺 看 闲 断 了 难 树 余 人 特
究 租 添 填 来 秘 的 宜 瑞 困 肉 错 秀 便 殊
电 重 加 重 复 特 啤 马 加 的 他 权 领
得 觉 的 携 修 因 酒 先 复 人 份 诺 飞
来 主 碰 重 宜 研 于 研 克 本 惊 见
乎 错 理 修 考 持 复 拒 亲 衬
乐 > 底 克 填 上 望 怖 循 稳 安
试 内 闲 领 保 人 理 葵 食 条 口
干 特 特 也 肉 饭 鳍 向 品 源 升
最 增 部 记 数 望 研 的 里 回 便 之 思 特 亲 的

朝
内
特
份
传
小
导
真
雇
海
离
玻
天
食
中
啤
抗
添
讨
困

Puzzle 415

柔 怖 木 野 怖 的 保 生 菜 闲 排 运 建 而 得 见 泽
的 伏 马 恢 香 的 保 伊 情 理 恐 碰 下 型 作
后 远 区 自 自 毁 通 好 情 里 远 静 宜 及 其 用 皂
真 亮 降 程 野 飞 有 遥 状 则 延 量 票 怖 飞 的 复
体 育 填 保 村 撕 伊 遥 复 数 栅 票 错 情 子 增 子
余 皂 胶 真 安 裂 遥 复 虫 发 记 因 父 己 小 的 小
的 壁 画 口 乃 书 远 虫 恐 言 热 ！ 亲 有 型 复 型
好 眼 动 伏 因 瓢 定 恐 慘 露 提 解 近 牙 秀 秀
友 秘 社 自 自 豆 最 面 研 情 供 面 马 齿 则 程
有 观 自 介 远 豆 心 采 思 采 思 解 驱 通 眼
不 然 桌 惊 下 梁 许 复 访 查 口 喜 复 木
特 事 攻 击 觉 木 木 查 平 伊 增 放
自 高 完 成 出 源 日 举 不 特 滑 民
遥 影 复 休 老 最 行 为 醋 树 行 族
建 响 滑 愆 信 部 栗 顶 页 通 衫 眉 填 秘 号 木

友 好 的
撕 裂 响
影 访
采 为
行 成
完 族
民 用
作 其
及 齿
牙 壁
的 育
体 菜
生 言
发 供
提 乃
木 上 伊
晚 虫
瓢 击
攻 型
小

Puzzle 416

碰 特 先 地 根 也 胶 马 安 向 决 衡 > 信 饭 龄 恐
看 有 加 图 好 马 子 复 书 碰 恐 的 定 租 宜
权 恢 瑞 子 的 马 想 人 人 伊 葵 梁 先 薪 酬
转 心 见 程 请 衬 的 试 袋 苦 下 乐 祖 排 于
移 老 情 日 书 的 闲 摇 觉 伏 部 行 情
梁 镜 秀 便 毁 机 特 虚 灵 复 的 有 截 距 出
特 的 本 现 光 因 子 权 直 拟 平 着 主 鞋 可
保 貌 本 底 场 解 蛾 衫 机 均 沿 截 的 移
蠕 信 地 之 条 乐 蠕 理 于 权 鞋 几 植
特 。 心 人 研 真 落 蔻 镜 量 蛾 降 光 貌
观 然 研 高 间 鼻 决 本 错 碎 苦 日 回 政
电 乃 事 请 口 子 究 蠕 坠 研 马 情 府
较 差 心 落 小 领 秀 摇 碎 许 不 光 的
快 不 的 马 肉 决 面 噪 平 年 关 思 社
虑 的 建 社 中 几 是 优 余 的 系 解 热

沿 着
本 地
几 乎 是
平 均
虚 拟
的 鞋
小 马
截 距
政 府 的
较 差
向 日 葵
可 移 植
鼻 子 急
着 场
现 兴
兴 趣
俱 乐 部
薪 酬
转 移
关 系

Puzzle 417

村 安 理 解 状 碎 子 他 区 木 吸 增 泥 泞 理 栏 乐
规 请 舞 观 毁 许 情 过 加 血 特 心 生 论 考 面
间 野 台 亲 光 解 驱 也 许 究 鬼 过 摇 喜 马 数 平顶
焕 热 究 小 复 因 填 地 心 露 己 破 型 远 思 加 他 的 主
特 近 排 狗 碎 不 皇 后 肉 在 娱 野 建 音 放 降 士
麻 烦 倍 释 恢 毁 梁 持 豆 下 祖 秘 生 基 坠 己 惨
情 梁 社 马 信 欲 发 蔻 野 过 领 醋 室 能 乎 木 记
现 露 四 通 闲 日 能 貌 人 号 复 热 的 动 马 足 撞 便
实 自 傲 看 许 静 热 动 雨 保 资 有 礼 貌 典 柔 闲
的 娱 醋 乃 释 蔻 马 试 议 保 资 有 礼 露 驴 尺 领 考 热
况 本 转 分 休 中 他 镜 祖 格 露 野 选 主 肥
本 车 转 约 特 请 四 青 蛙 领 碰 貓 野 寸 人 好
后 觉 怖 稳 溜 冰 鞋 肢 乎 排 带 有 紧 释 社 信
解 怖 稳 溜 冰 鞋

也 许
足 够的
泥 泞
肉 豆貌 蔻
有 礼
尺 寸
舞 台 格
存 在
资 现实
吸 血鬼
办 公室
皇 后 冰鞋
溜 论 蛙
理 青 的烦
新 恼选人
麻 的小狗
候

Puzzle 418

尖尖的
遥远
识别
正是
在楼下
拒绝
考虑
微小的
命中
慷慨
努力
蜘蛛
问题
预测
的情侣
语言
精度
蚊子
武器
英里的

破 怖 中 日 宜 滑 信 滑 释 建 的 自 趣 滑 摇 号 议
情 努 力 蜘 紧 丁 观 噪 图 决 摇 。 丁 记 高 胶 规
建 。 信 蛛 秘 野 优 顶 稻 恐 识 别 思 诺 保 动 复坠
坠 饭 差 研 礼 。 复 桌 凑 介 磨 恐 解 转 最 介好
条 豆 增 梳 稳 秀 考 虑 的 研 数 特 来 平 填 怖蚊
木 究 乎 约 桥 最 摇 镜 年 之 动 闲 绍 的 复 子
的 情 侣 保 数 他 语 饭 要 解 遥 生 典 区 光 自慷慨
里 四 转 惧 考 梳 的 见 言 草 。 香 年 丁 滑 看
英 图 在 楼 下 欲 租 惨 乃 毁 的 的 典 页 请 回雨
好 主 焕 疲 条 特 貌 栏 领 命 滑 议 充 驱 平 度灵
基 预 测 而 凑 露 区 滑 磨 中 稻 绍 人 虎 蠕 精从
的 微 饭 梳 貌 股 领 要 正 是 恢 信 武 器 状许
增 小 拒 行 息 摇 贸 信 肉 后 人 然 幸 源而
几 的 绝 情 遥 慈 摇 问 旋 豆 信 的 票量
决 栗 选 电 领 人 增 题 考 自 股 远 释

Puzzle 419

不 马 基 遇 坠 透 水 情 决 便 突 饭 面 许 透 行 鹿
远 延 生 项 复 况 声 规 差 灵 然 衫 苦 视 香 持 野
音 灵 撞 幸 桌 迟 明 记 答 的 的 坠 动 龄 梁 策
数 直 能 衡 重 情 紧 不 怖 小 柳 袋 有 轨 电 车 略
光 条 衡 真 老 过 不 老 柔 滑 弟 絮 眼 面 研 落 回 优
吃 露 煲 重 木 研 量 直 祖 弟 进 回 存 信 研 磨 回 远
得 饭 柔 排 环 虫 木 雨 先 蠕 口 情 研 碎 子 情 间
情 露 磨 里 循 有 过 音 亲 类 磨 的 恢 心 筑 驴 部 ＞
性 能 游 怖 军 事 的 填 老 通 先 碎 直 面 能 物 摇 栅
坠 自 戏 维 持 的 了 发 出 香 号 面 建 磨 图 后 填
然 休 惧 见 蠕 票 灵 噪 权 信 袖 肠 直 能 栗 上
解 他 他 复 闲 情 来 碰 信 请 好 兔 上 平 劳 饭 底
号 增 有 息 理 复 重 撞 好 遥 则 保 子 秀 拳 动 冰 便
龄 释 加 树 的 余 了 露 私 约 自 底 理 ！ 天 击 幸 号 得
秘 直 类 错 磨 特 碰 私 约 自 底 理

游戏
突然的
鹿野
祖先
香肠
兔子天
军事
小弟弟
吃饭
策略
性能
拳击
建筑物
维持
有轨电车
柳絮
声明口
进滑冰
劳动

Puzzle 420

停机坪
认为
周长
医药
时钟
的演员
阳光
那种
一定
泡打粉
看到
羊毛
揭示
蜈蚣术
学
细腻
细晰清
民俗
噪音

试 发 情 时 揭 示 思 灵 基 那 过 看 民 持 分 错 休
最 肉 活 乃 钟 滑 素 趣 好 身 种 到 俗 蜈 蚣 肉 马
规 先 宜 马 情 过 泡 清 袋 摇 木 学 思 试 蔻 不 宜
认 为 。 阳 光 噪 打 晰 乐 诺 栗 术 察 恐 事 研 过
视 之 释 了 噪 音 粉 望 理 碰 运 信 要 动 程 介
然 情 加 然 充 情 的 想 见 医 事 自 行 灵 貌
过 口 望 龄 型 凑 娱 驱 虎 药 建 记 惧 型
露 解 人 一 观 自 父 亮 村 蠕 近 许 排 倍
欲 情 疲 定 情 栏 倍 书 况 状 稻 龄 乐 复
恐 举 ！ 查 定 后 邀 坠 羊 携 情 试 煲 虫
绍 快 倍 磨 梁 观 亮 村 毛 蛾 高 栅 秘 了
信 租 出 恢 高 自 驱 差 娱 泽 醋 得 父
填 木 四 秘 豆 栏 书 项 周 快 从
眼 野 规 丁 细 草 停 便 长 的 远
保 父 保 肢 肉 节 查 旋 机 因 增 衡
保 恐 父 保 肢 肉 节 查 修 号 观 貓 马 建 近 骄 况

Puzzle 421

肢 摇 滑 议 露 子 人 光 填 噪 说 建 惨 透 研 程 区
惊 便 喜 先 的 安 衫 存 紧 首 都 话 有 信 悫 马 欲
克 木 部 门 容 易 察 雨 不 时 间 过 余 恐 觉 饭 好 远 热 他 稻 栗 桥 碎 因 过
增 饭 保 携 桥 的 真 香 情 持 村 最 书 请 邀 月 解 信 有 栅 转 图
便 饭 状 答 镜 见 骄 村 煲 页 理 下 要 稻 醒 部 的 则 顶 来
碎 差 碎 老 人 也 飞 号 从 几 最 中 宜 本 栅 来 情 直 面 好 虑
充 足 的 鳍 碎 不 性 惊 阴 分 木 虑 己 举 水 私 > 高 速 复 自 人
思 突 衬 便 出 信 天 议 眼 老 循 遇 私 口 观 请 趣 思 的 释
趣 虫 然 幸 赂 出 摇 士 蔻 肢 龄 亮 研 秘 面 芹 菜 悲 每 只 携
面 头 叫 音 摇 秀 特 有 的 祖 泽 的 电 落 而 遭 受 充 衣
锄 真 瑞 本 娱 娱

大衣
每首
只都
语速
遭受
部门
阴天
说话
突然
芹菜
的容易
充足的
口袋
月亮
持续时间
危机
悲剧
锄头
叫声

Puzzle 422

依赖
红色
欺骗
的好处
明智
担心
长度
共同
美味
确定
女孩
亮点
社区
水升
伤去
豌三
社会
芹入
心除
豆只

号 肉 柔 过 摇 信 中 部 高 幸 马 特 。 复 究 摇 回
的 好 处 电 乎 觉 察 灵 觉 余 事 悫 伊 蠕 > 自 本
号 面 幸 欺 本 他 父 运 热 况 虑 快 区 不 伊 静 肉
带 通 的 骗 诺 环 究 趣 议 摇 要 答 图 豌 眉 加 自
快 看 解 士 旋 趣 条 底 栏 旋 共 豆 豆 疲 延 人
亲 生 伊 ！ 远 车 稳 落 树 同 部 图 凑 虎 最
远 的 水 芹 乃 了 电 修 喜 究 确 心 号 考 秀 好
过 焕 会 情 出 私 休 复 树 伤 定 诺 亮 点 明 美
疲 衬 社 区 光 幸 护 自 车 心 摇 身 亲 智 味
保 页 伊 宜 去 有 祖 转 木 不 便 灵 伊 近
见 图 人 坠 情 余 看 摇 三 远 余 饭 情 肢 底 回
复 状 坠 肢 胶 苦 旋 只 红 色 重 号 礼
快 自 焕 坠 平 信 长 度 自 定 毁 的 直 请
树 性 他 口 的 分 磨 士 信 升 机 观 重 喜 依 股
静 栅 不 记 露 疲 究 真 摇 女 孩 入 惧 也 循 带 赖

Puzzle 423

增慜股号看父机批泽趣他好摇邀决释考
延适胶特己真议判记降亲数的紧伊护保自
恢当运重野发虑的带不请通摇远租老项回
重马输想坠年查菜建秀惊应该最人车许
衫来思也决出凑过带高型信碎机后部村环
事桥娱紧得煲存主得保一些的先况撞车雨
暴基栏边境然故秘本丁觉马＞移出袖愬研
躁眼蛾原士不想秘信乐貓排从己释书人
有股特＞因碰栏分情灵教室从镜龄了了怖
亮村喜本梁上香菜保展缺替情怖
雨决落放视栏摇上摇惊了活代行机项
滑滑袋滑稀近貓毁条坠护几伏素苦环
信乃胶木缺特光欲欲涉相关究降水
事滑直升机袖下遇摇惨及见最雨理苦乐

教室移动
的菜花菜境乏障当及
菜香边暴躁缺故因
边暴缺故适涉原稀升机
直应该判该
批览关些
展相代一输
替运

Puzzle 424

边缘
数据
生命之
负责
实现
水波
达成一致
乌龟
请问
自然
铅笔来了
带营
私放
绽向
反医疗
创造
办法
护士
对比度

最乌办蔻实赂稳水高思肉基趣量部直遇
介龟思法现复重饭数。磨几保动衬礼
医疗他则赂机请面据磨草鳍瑞眼
情情查有栏秘底社栏选信伏考惨
回便袖毁心之信驴蠕书不主定
饭衫本人本对然乃便了肢
理身远肉释比租反平优行亲
音最平典秘度带向保不理远
。事答生望创诺日地股本之根
面肢里请造对来亲碰底惧
生权降水幸类比延秀心铅营
命带事波领创延书不笔高
之顶定高惧造成损苦损碰的
碎底己建间趣乐一损远而木
因优直部恐复热致静远优释
衫动村保先蔻护傲
父旋醋士基
自理

Puzzle 425

许 摇 乐 透 退 通 图 政 乐 出 的 香 观 桌 接 携 欲
醋 坠 达 肢 环 出 滑 府 落 树 简 灵 租 主 收 衫 许 书 醋
试 栏 不 表 而 升 区 蠕 单 心 决 睡 闲
的 文 数 现 增 领 位 自 蠕 有 吊 着 理 发 己 过 欲 木
不 ！ ！ 解 里 置 私 的 量 貓 书 肥 皂 四 亲 木 驱
见 骄 私 几 > 村 页 建 热 撞 的 摘 梁 于 亲 娱
息 毁 要 状 肥 特 亲 有 洞 面 木 袖 要 香 噪
查 梳 面 得 自 最 观 透 远 穴 队 焕 蛾 蔻 稻
伏 木 考 排 煲 灵 惊 最 要 平 书 闲 他 肉 排 究
梳 士 事 类 活 蜗 汽 数 信 出 落 肉 人 则 ！
绍 梳 的 究 行 牛 车 增 自 落 毁 类 携 日 特 视
柳 瑞 幸 中 衡 野 旅 落 要 雪 他 过 灵 社 噪
叶 音 于 究 充 信 克 馆 请 露 人 的 究 特 稻
生 豆 口 见 胶 类 条 规 来 议 社 亲 快 下 究
人 梳 马 底 社 飞 栏 行 直 趣 信 摇 克 本 热 放 视

肥
蜗牛
政府
表达要
摘叶置
睡柳位活
灵的简单
吊着收
接的文章
下面类
肉队伍出
队车旅馆
退出现
汽洞穴
表
洞穴

Puzzle 426

村 喜 加 乎 书 自 倍 上 幽 傲 瑞 蛾 衡 子 丘 比 特
滑 要 活 肉 动 静 的 眼 灵 音 龄 性 情 状 保 苦 的
解 人 书 胶 最 加 重 皂 的 坠 秀 伏 乎 惨 泽 等
露 过 面 摇 特 出 复 试 桥 乐 时 心 事 不 差 于
自 水 对 看 香 便 行 迟 凑 坠 刻 焕 便 坠 袋 顶
噪 绍 号 蜗 产 品 条 人 彩 飞 股 滑 苦 秀 柔
报 纸 肉 杆 自 激 蛾 色 的 机 滑 加 中 于
草 举 飞 作 者 励 心 的 扭 动 领 发 乎
衫 复 上 新 欲 滑 村 了 皂 秋 木 气 肉 研
区 车 护 鲜 衬 理 权 数 快 望 数 遇 回 余
填 驾 的 程 摇 衡 自 之 部 露 栅 摇 傲
栗 保 车 全 球 究 来 猫 复 亲 见 望 雨
情 议 条 怖 从 加 反 家 邀 子 因 信 行
有 。 研 然 权 过 具 发 请 滑 状 量
不 栅 肉 。 息 损 坠 自 他 望 肉 眉 典 过 袖 老

幽灵
扭动报纸
运气
丘比特
秋季。
家具
反过来
作者
蜗杆
面对品
产时刻
全球
的色彩
驾车激励
的飞机
等于
新鲜

Puzzle 427

项 的 幸 便 存 约 真 正 的 肉 注 类 自 存 况 呼 填
饭 之 龄 山 露 高 香 野 伏 特 意 下 已 乃 吸 眉 的眼
分 袖 倍 羊 活 雨 野 要 典 蛾 到 怖 经 填 眉 豆 眉
环 活 衬 稳 近 研 稻 趣 定 管 试 眉 坠 眉 保 证 遇
加 ！ 鳍 乃 查 定 排 理 蔻 怖 余 乃 最 肯 绍
紧 肉 基 坠 坠 增 蔻 地 保 究 近 制 马 遇
下 遇 老 素 出 人 长 有 高 号 者 滑 定 特
股 区 于 雨 柔 延 欲 过 不 地 生 惊 大 衡 四
查 活 眼 则 丈 滑 成 肉 静 亲 发 热 胆 生
安 通 己 复 夫 性 绍 的 面 升 农 活
量 惨 护 主 乐 租 秘 磨 票 虫 场 的
坠 的 静 木 旋 狼 便 差 恐 况 既
惨 醋 坠 介 答 惊 露 了 的 过 野 不
数 虎 融 化 性 休 野 模 灵 有 号 专
虑 循 究 己 观 木 瑞 程 要 面 拟 猫 秘 行 家
迟 的 木 信 介 余 生

沙 发 长 化
成 农 场 胆 定 吸
融 定 夫 经
大 制 呼 理 者
制 呼 丈 长 羊
呼 丈 已 狼 正
管 已 管 山 的 专
增 山 狼 意 家 到
狼 真 真 的 不 拟 保
的 注 既 证 定
注 既 模 肯
模 保
保 肯
肯 定

Puzzle 428

表 面
地 板
战 争
知 道
艺 术 家
情 人 节
准 备 图
意 毁 销
摧 笔 在
撤 天
画 明
躺 橡 皮 擦
明 最 大 的
天 的 需 求
橡 系 列
皮 玉 米
擦 规 则
最 可 笑 的
大

规 驱 下 况 不 系 马 乐 行 艺 乐 动 蠕 顶 亲 书 橡
则 身 面 股 最 列 貌 伊 术 回 镜 秘 数 他 生 皮
透 明 知 道 怖 从 乃 焕 家 喜 遇 胶 乐 保 好 擦
情 天 建 间 大 木 栏 里 准 备 议 答 皂 带 电 许 选
热 人 瑞 自 的 生 玉 况 情 释 傲 安 增 情 考 焕
透 栏 节 摧 望 在 米 素 事 地 梳 最 重 乐 摇
考 噪 蛾 毁 躺 驴 雪 欲 趣 板 稳 虫 察 胶 亮
饭 热 私 摇 马 地 面 私 里 倍 士 胶 面
坠 素 肢 行 也 肥 可 平 信 碎 ！ 表 乐
的 看 木 保 复 撤 笑 的 快 马 秘 虎
复 惧 坠 袖 战 销 修 衫 诺 类 衬 况 礼
研 稳 鳍 许 根 眼 的 倍 定 娱 肉 远 行 惊
租 袖 有 保 木 页 面 解 乐 试 怖 想 远
伏 的 恐 战 最 中 焕 错 伏 自 增 亲 决
旋 部 需 了 放 带 部 举 远 眼
鳍 求 画 平 焕 权 口
租 顶 图 意 毁 望
笔 信 撞 遥 数
票 了
保
增
余
决

Puzzle 429

书父充况损马蠕飞撞保放肉延顶草安携
下貌然本赂明出生灰松安亲动高回乃项
年量心克衫飞程确活色自欲高赂得究顶
平镜虑衫镜分醋木碎醒而保情动自运许
号趣蔻镜袖本近欲书也排高肉坠眉最考老的差
柔要肉木露许撞延情式高延马雨亲真中趣复
情信能飞领整特书行延活飞露保源差觉人
研木焕镜傲齐理眼的研信有的香旅介书况行
望太阳不现披后乃重的龄情图得豆受龄梳
小数最特本肉任权优的查子高算愿接紧
人袖迟人木记权重旅过镜貌绍飞
然了乐伊水优的的馆香介自尝项
优然磨典部恐势龄图旅图请然行
修仅上衣稻光摇情型查得豆接
带仅绍平了眉蠕延的子机考管望紧龄梳

拉 动
整 齐
接 受
仅 仅
太 阳 镜
灰 色 旅 馆
的 衣 数 式
上 小 模 任 管 势
尝 现 松 明
高 优 放 出
明 的 愿
出 计 望
的 算 萨
计 披
披

长 切 朵 美 法 造 文 亮 功 鹰 户 具 远镜 但 讨 进 料 期 家 大 便
延 确 耳 完 乘 建 论 响 成 秃 落 工 望 ， 检 引 饮 周 作 大便

Puzzle 430

大耳朵完请加运骄马周坠人源工具类人
驱便平美而加差士高期貓桌木紧宜柔也
填素便本本水豆坠高况乃得社先动高有降
肉喜露检讨来望损顶乃社典然究本因过试
平解亲程息之亮通下引能增趣露基坠
落户，稻根但而试家动议究通查音
丁虫后但乐试作文循平亮趣切情电
马携眉保稳摇论错有造亮撞情回延
滑木碰坠人行乃镜栏自克撞切则祖
落肉碰社过部领怖饮乘马决延长龄
成功人灵不不平规源法面迟机龄延
活部有瑞号面热栅解乃定型优行
情马草坠平焕情想露面乎保栗
便记号机热来修选解热主定社日
望远镜傲的秘子修惧年！
。的子

Puzzle 431

了出灵。存热视亮约平研视子饭恐口好
后的草虎餐厅滑豆平分权有草撞视栗雨木肉充
部生优苦旋下降因自紧遇通视猫雨鹰口衫则
承诺的机毁理主差克田则子雪头里则放
醒静服专毁镜复宜察记鼠祖马犹恐豫
伊细从亮业携过先忘田部持泽马的豫马请
细胞保肉升滑飞部选看部也建人休运子象他
胞栏部碰惊野远休一自视露主研息信大娱
栏驱加迟落木一次视监不错间考象理
快的许倍下喜野次记测迟喜举最条
瑞部雨差充苍乃绍木皂下皂田恢带貌貌破心
号娱露满鹭因近远音摇来心径领面然之
子领灾难优愿秘欲远木修本书摇直愈心
己试马愿

离承苍田下充一猫忘过服的监大餐田灾愿
诺鹭胞鼠一满次头记豫程从专业测象厅径难望
距个鹰

Puzzle 432

即时周恢解里父页判惊最村摇了>理
便装到下的社错树平放定平日马忿考素
存配的马解发道树生图页醒衫皂考行
豆特过望己趣坠图虫像父衫己树降几
从醋本神增答泽复梳母恢撞便镜情
迅挥杆秘见的考保部乐己礼了乃
近速间邀自平休露奉私护马醒摇
遇,乐平然士想车理因遇况主来发
滑其中马惊容忍财分思高热性
驱量增坠衫忍皂产衡落觉袖镜
免噪排解灵趣修衡区了虎身
素费情野怖不的他选本饭规
!型唱口肥貌梁顶面飞从许
蛾飞镜增平运傲便察复木自摇
试解看镜木坠迟闲保请觉政治泉肢了

费忍见产
免容再财判定像
容再财判图装配母周
再财判迅图装父周到的
判迅图装父周到治其
装父周政治其歉
周政,道挥杆
政道挥奉献泉
,挥奉喷泉时
道奉喷即歌
挥喷即唱秘
奉即唱神复
喷唱神恢
即神恢
唱恢
神
恢

Puzzle 433

粉红色袖煲栅滑究息高的事动介有
书自娱自露乐瑞。区毁稻柔星骨期子欲焕
所需遇自露修乃猫滑研水骨答紧根
理傲廊邀乐缤修乃！了况类自雨素伏主理的醒物
走廊邀乐缤纷兔子木落性号凑乐因此他自亮的直苦赂物的
优香远人过条子泽性号信凑袋提灵坠主带理苦况
克人活建父们看几号程举信电瑞真栅溜保降梁坠况页
页发我降错凑人号程电袋箱真栅溜冰里摇口理要肢
决马则们凑袋提己坠保梁况坠页降肢
光发降错真信袋提灵坠保梁口要
欲野柔理野趣举访问的好衡基休幸视乃
运喜错凑趣真访衡有栅降休丁皂持自
蔻不当快息发野肢的貓问蒸汽基降丁皂乃
定类本排子面里租奢露觉地间号差先摇持
喜过看息子村奢侈品觉地号差先摇部况
礼规底部自不心看坠毁部况
肉貌名自过坠毁

骨头
的事件
此句
星期
缤纷
奢侈品
宠物
我们
底部
自娱 自乐
访问
不当 提
手 箱
蒸汽 色
驰 红色
粉 走廊
走 需
所 冰
溜
兔子

Puzzle 434

便携动衰研肉底邀能亲能热平摇
领车！坠股票克延自不礼充露蔻看橡子
记因议木变程野则加心书父自疲顶看
警察士然看袋量瑞典来碎心息回私想镜子高
乃马于请萝之不人型摇视务滑书错亲
乃碰存秘木卜飞眉望视业察滑人惊心决赂
的赂充湿气旅程肉考而后建柔乐亮究惊声音
热遇亮旅眼肉不自升领行请雪便煲护保声
便试运眼公事磨子介遥！降雪鸟啼便诺项账音
恐甲虫存交举要光雪木然不输入碎紧研户填木
有雪橇肉票余遇木磨保闲降衫苦碰近人父重
解眼信马木然不虚假碎的从况人>量
饭旋的动保信入蛾泽情马间增
增乐的子考身本增瑞最马乐循
记摇息了稳最也衬本惊瑞最稳间增
滑破信香行马先将来研信最驴乐

Puzzle 435

动 快 温 了 乐 情 高 快 速 况 疲 快 操 的 信 环 飞
肉 生 镜 的 兄 情 弟 了 项 社 了 有 作 己 剪 辑 人
研 迟 机 高 恐 居 情 项 社 了 栗 伏 木 状 乃 树 解
衡 区 凑 清 打 破 民 成 平 虑 光 事 区 惊
带 乐 约 了 空 号 的 来 喜 愤 喜 赔 人 面
惨 口 考 从 貓 便 远 到 先 类 热 因 差 飞 包 喜
降 生 虫 见 栅 通 的 保 趣 木 自 摇 能 滑 降
从 考 数 修 树 紧 规 社 财 野 原 平 自 根 复
平 议 怖 鳍 蔻 本 面 疲 镜 政 权 要 篮 量 驱
的 素 能 子 本 远 不 请 趣 复 亲 行 球 复 了
记 远 子 放 稻 心 不 灵 机 试 情 性 飞 鳍
类 栅 放 驴 平 欲 保 书 凑 复 己 留 量 不 醋 降
车 条 蛾 数 放 区 放 泽 自 身 保 平 篮 飞 貓 柔
醒 傲 欲 议 四 热 坠 书 鸡 蛋 飞 不 貓 真
恐 眼 查 自 票 貌 分 基 貓 过 有 规 余 四 树

字词表（Word list）:

球 到 辑 本 民 度 留 空 怒 蛋 量 兄 弟 包 政 原 作 能 速 打 惊 喜
篮 来 剪 成 居 温 清 愤 鸡 重 的 面 财 还 操 的 快
的 量 破

Puzzle 436

看 放 最 父 记 倍 激 复 不 况 个 一 另 驴 票 请
直 排 欲 自 书 加 修 丁 部 基 充 欲 收 介 ！ 有
菜 马 焕 页 他 烈 衬 驱 解 午 下 藏 高 热 素
肴 雨 得 子 能 平 他 自 毁 快 紧 状 噪 高 好
转 得 地 鼠 鼬 驴 摇 衬 遥 趣 基 追 增 差 马 损
放 租 有 面 项 保 部 经 地 觉 煲 赂 状 携 喜
本 了 转 乐 况 高 亲 济 定 增 逐 惊 优 自 了
题 修 快 浴 状 旋 镜 镜 信 情 实 遇 特 亲
话 标 衡 马 透 淋 利 人 信 最 践 本 衫 不
电 光 类 重 保 润 皂 栅 克 本 有 于 高
发 优 错 降 号 有 乐 坠 木 镜 人 热 衬
部 滑 乎 椅 先 士 便 草 增 后 试
自 祖 子 滑 士 秀 飞 复 面 分 光 心
优 高 摇 飞 绅 草 饭 自 研 指 的 通
醋 父 袋 的 摇 口 爷 特 望 里 解 己
疲 凑 遥 椅 复 情 况 恐 年 他 急 雇
桌 过 爷 伏 观 然 剧 领 优

（左侧字词表 Puzzle 436 word list）

标 题
话 题
椅 子
另 一 个
追 逐 午
下 济 甲 践
经 指 实 利 收 状 鼬 激 淋 菜 急 解 的 绅 士 的 爷 爷

Puzzle 437

的 量 野 地 发 有 电 镜 滑 区 排 蔻 桌 栏 欲 肥 柔
教 破 兔 了 规 看 乐 不 票 研 己 升 趣 丁 书
训 > 亲 人 有 口 衬 泽 规 仓 鼠 复 祖 书 马
落 怠 答 蔻 书 一 个 醋 自 的 损 事 柔 页 噪 址
描 型 增 从 梁 增 人 醋 自 损 信 镜 恐 下 地 址 保
述 理 间 来 面 。 不 衬 不 自 静 驴 的 镜 回 子
望 噪 部 没 雪 持 复 子 租 复 学 号 喜 桌 磨 观
桌 损 乐 有 的 行 崩 状 程 学 察 调 查 木 保 亲
干 恐 本 虑 而 书 溃 飞 数 校 发 实 考 护 醋 虹 研
驱 秘 先 的 错 伏 稳 碰 人 确 调 查 情 基 计 膜 票
复 行 虑 的 眼 摇 纠 结 大 选 落 植 物 类 划 蔻 秘
有 股 有 他 数 摇 水 平 量 自 坠 苦 活 部 他 里
子 自 的 数 据 喜 水 平 坠 优 底 桌 上 平 高 自 好
焕 蛾 四 傲 趣 邀 摇 过 试 不 肉 露 平 趣 木 木 特 优
野 惊 泽 破 邀

词表

仓鼠
调查
的教训
学校
一个
的数据
纠结
植物
从来没有
虹膜
水平
大量
描述
计划
地址
事
崩溃
野兔
确实
不规则

Puzzle 438

根 袖 后 。 身 木 优 虫 桥 子 了 理 股 心 得 好 根
恢 木 周 镜 决 撞 亲 增 热 记 风 信 乃 人 中 野 乐
察 最 三 人 源 镜 乌 鸦 本 望 暴 约 迟 骄 静 部 撞
子 人 疲 妈 他 近 等 待 程 英 马 高 气 见 词 虎
区 趣 活 静 焕 见 心 稳 寸 高 口 候 人 汇 书
镜 自 娱 人 活 领 伊 保 人 研 秀 碎 事 保 饲 料
貓 栗 真 怖 部 醋 远 的 数 透 惨 的 延 主 王 子
亮 部 老 圣 露 瑞 改 的 信 心 蔻 中 的 稻 摇
约 也 研 诞 重 息 错 变 恢 乎 露 情 领 深 肉
排 源 遇 保 举 威 则 过 保 视 的 回 自 诺 音 浅
得 差 便 后 图 力 增 破 况 面 降 邀 子 迟 梳
的 互 动 书 碰 则 欲 驱 闲 基 推 过 息 自 型
身 惧 碎 特 许 人 先 野 煲 选 从 建 填
惊 程 驱 疲 乃 灵 先 生 蛾 后 趣 坠 人 放 紧
父 飞 理 本 经 营 见 损 露 虑 损 落 醒 典 要 典 乎

词表

希望
的深浅
英寸
周
乌鸦
推迟
等待
改变
饲料
梦想
圣诞
的互动
气候
先生
风暴
威力
经营
王子
妈妈
词汇

Puzzle 439

不 得 牙 底 子 后 热 保 饭 差 邮 安 评 栅 勺 压 心
余 分 况 膏 页 间 灵 子 > 光 递 员 价 表 子 力 填
剥 条 分 醋 草 绿 豆 野 损 复 员 排 猴 示 转 醋 则
夺 解 碰 环 则 色 凑 焕 蠕 秀 苹 果 真 桃 里 > 高
摇 决 运 醋 基 觉 诺 傲 解 面 权 肢 得 貌 间 直
豆 透 热 加 的 鳍 察 请 子 幸 重 苦 破 车 有 乎 喜
带 复 香 热 重 远 亲 错 原 重 桌 远 股 趣 情 延
袖 通 建 自 要 皂 平 建 加 谅 树 情 坠 增 考 镜
直 基 木 梁 发 人 木 地 信 皂 幸 趣 先 格 式 基 的
数 页 来 情 票 星 级 数 柔 电 亮 衫 噪 先 然 地 幸
地 自 想 快 他 们 自 愈 草 然 图 马 私 保 自 过 人
毁 > 生 交 摇 自 愈 主 恐 菠 萝 稳 动 自 热 素
排 噪 考 融 面 情 解 有 得 摇 远 况 保 恐 许
排 租 树 士 子 人 子 醋 信 不 诺 > 宜 紧 礼 票 袖
特 乐 复 草 旋 复 思 > 蠕 人 典 本 亲 不 惧 重 因

谅
原 解 决
解 星 级
星 邮 递 员
他 们
的 重 要
表 示 果
苹 菠 价 萝
菠 评 子
评 勺 膏 色
勺 牙 力 夺
牙 压 色 分
压 绿 夺 式
绿 剥 分 地
剥 得 式 猴
得 格 地 桃
格 基 猴 融
基 猕 桃
猕 交
交 融

Puzzle 440

寒 冷 的
草 甸
追 求
解 释
可 怕 的
栅 栏
技 术
赢 了
过 程 中
电 影 院
邻 居
黄 油
尽 管
夕 阳
狩 猎
他 们 的
母 亲
必 要 的
大 厅
苏 打 水

特 邻 破 了 坠 解 释 本 尽 管 介 大 自 面 损 祖 权
延 居 草 甸 夕 阳 心 镜 私 赊 水 从 厅 安 恐 碰 理
衫 子 稻 能 落 情 能 苏 水 驱 静 泽 自 增 之 存
考 信 袖 镜 降 活 水 部 飞 的 有 介 静 树 信 怖
真 破 的 许 地 究 的 部 滑 上 股 本 私 心 动 摇 平
源 能 黄 选 要 理 摇 蔻 电 介 况 介 疲 音 电 保 底
乐 好 油 部 过 可 的 上 源 影 研 人 眉 热 信 秀 >
坠 放 惊 蔻 程 活 怕 他 院 胶 部 便 人 人 草 电 书
愈 的 蔻 的 中 袖 稳 们 的 看 远 行 煲 直 基
亲 眼 于 转 后 士 的 要 露 鳍 上 惧 解 狩 差 远
迟 皂 桥 分 增 远 记 露 貌 选 顶 技 了 猎 损 怖
醋 稻 平 蠕 优 稻 必 貌 骄 木 术 赢 寒 冷 的 约
。 心 凑 栅 栏 的 情 。 追 持 梁 记 建 草 年
释 上 桌 休 碎 后 自 栗 求 豆 香 程 子 的
填 灵 惨 坠 迟 望 本 骄 持 书 优 噪 错 保 衫 肉 秘

Puzzle 441

平	观	最	貌	毁	得	先	驱	碰	年	本	父	捍	落	顶	信	主
平	差	领	保	真	煲	子	况	摇	干	飞	息	打	卫	试	滑	要
邀	苦	研	骄	情	，	想	桥	排	旱	生	衫	法	人	从	礼	破
克	幸	主	眉	间	了	也	幸	从	衡	不	静	父	坠	介	倍	最
露	研	他	觉	口	自	马	保	介	木	的	秘	马	摇	解	解	表
此	处	考	欲	日	桌	驴	决	乐	有	答	凑	日	情	貌	汇	词
闲	情	欲	肢	破	不	决	乐	野	上	看	热	情	人	貌	苦	察
光	士	肢	破	露	老	坠	野	热	考	本	好	的	部	中	保	机	带	摇
信	得	情	相	同	喜	坠	落	无	的	最	磨	了	虫	量	迟	复	直
伏	于	素	人	员	持	灵	恐	解	数	大	撞	尤	其	加	了	柔	貓
的	工	作	人	员	木	心	恐	礼	惨	人	旋	排	其	镜	心	心	休
数	破	透	坠	心	填	许	人	主	她	源	损	是	高	镜	情	不	打
稻	土	耳	其	滑	存	不	事	像	雨	的	配	对	能	落	安	旋	诺
绍	分	的	高	贵	的	有	野	日	邀	解	袋	鳍	击
加	面												

词表：

她的
干旱
打击
相同
此处
动词
无数
捍卫
配对
尤其是
最大
打法
的工作人员
好的
词汇表
，也没有
主要
土耳其
高贵的
人像

Puzzle 442

车	租	诺	情	趣	于	木	根	型	棚	修	数	摇	加	泽	活	口
蔻	！	诺	雪	自	本	分	权	好	亲	怖	许	理	亮	远	秀	赔	性
移	不	迟	趣	特	车	信	后	秀	存	特	性	的	的	的	伊	质
迟	动	碎	量	源	保	不	足	皂	网	球	碰	泽	去	仇	几	远
信	动	子	鳍	通	趣	直	指	计	平	各	贵	过	恨	机	的
香	树	桌	平	动	性	解	责	算	好	地	口	复	建	图	自
老	鳍	豆	老	行	的	动	肢	器	祖	乃	镜	心	噪	焕	增
性	匆	填	碰	袋	图	根	重	乃	车	通	摇	重	不	的
底	匆	排	不	香	冬	几	运	试	动	人	蔻	面	差	素	顶	保
饭	梁	间	透	衬	青	宜	雨	排	解	惊	瑞	镜	摇	的	不
本	情	然	素	子	运	乐	自	貓	遥	磨	＞	野	举	状	飞
娱	丁	通	疲	升	过	娱	后	己	可	间	摇	息	爱	好	理
栗	滑	露	静	便	惧	摇	他	恐	的	以	伊	亲	骄	过
部	木	蠕	领	快	判	倍	露	破	爱	要	延	领	心	发
本	磨	恢	然	的	决	老	鼠	袖	亲	衫	社	礼	请	的

词表：

性质
自己的
老鼠
计算器
特异性的
指责
匆匆
爱好
过去的
冬青
移动
的仇恨
网球
各地
可以
不足
判决
亲爱的
昂贵
海绵

Puzzle 443

显子绍号复闲看飞日保摇的傲骄四复惨
虎著父也租热地动几察过球员乐许项绍究
可能惫不望桌标远过自建乐洽察亲放部惨
豆的泽因情根面发转请复的谈入部页口
试充特亲恐不区碎射不幸解化角也亲口自
机伊混驴栏野增远息自车摇自子那入些
周末合招上视于他便肉本里乐况考自些木
遇打招前坠望远息肉运肢乐的思那木望
瑞保树呼木趣研之便之面透倍貌望镜柔
差喜最者亮加欲闲活旋破静的了议镜答
秀欲虫滑了的重护河人！平便理面答
亲乐排毁几雨驴马主信望息静之亲面
瑞加乐遇大报之顶士量息静基惫亲
己撞过型部告加带眉存之典亲来肥
梳伏的钱分一租研底介况循子记磨

一分钱
消化
骄傲的
河马
那些招呼
打静告口
平报入合
入混球员
的部分
大射者著
发谈准
洽角色末
前显能
标周
可

Puzzle 444

考宏觉毁西胶水恢释肉量近优毁想象人
衡伟建得瓜充有电桌况回携出貌远试恢惨
导演保心底惫不考摇祖龄复灰研遥基马
灵子不部快有驱思行远里老露携噪光书
稳热眼特出邀驱＞自约面带部雨碰
噪惫宜迷近从行自蛾自苦疼四先人碰人
人项条恐察近秘伏号喜爱复了能的
面护秘噪马远息电望痛因真趾运
透国王恐香父自虎建马素倍脚的
底便权马木条蝇思则典里领升间
稻鳍降子因议苍光典泽而
视有权许特察有人灵升性
重大镜桌高疲紫绍虫蝇思光活
情看租权骨木考倍闲能摇决性

因素赳王大蝇水痛视尘爱据伟演泽折瓜望惑象
素脚国重苍胶疼重灰喜觉占宏导光骨西有迷想

Puzzle 445

答 桌 典 分 区 建 的 灵 便 饭 坠 欲 的 延 桥 恐 透
理 落 因 露 的 理 皂 饭 根 社 权 子 设 考 不 远 滑
便 理 书 能 自 行 视 事 错 加 况 谈 计 蠕 不 稻 信
自 虑 包 信 于 灵 许 心 自 部 他 到 研 理 电 的
建 情 滑 十 己 放 想 理 碎 野 邀 梁 保 醒 驱 性 人
视 逮 捕 年 空 音 过 优 排 蝴 建 泽 绍 究 排 毁 才
高 。 灵 香 间 苦 视 快 记 蝶 立 信 相 醒 图 撞 远
桌 木 露 区 毛 衣 分 休 毁 之 身 苦 增 看 梁 权
绍 复 日 乎 的 书 鳍 决 亮 驱 部 光 直 闲 眉 页
选 属 > 袋 特 露 自 议 草 动 的 通 驱 出 出
不 于 虎 近 况 球 人 人 基 行 坠 看 他 性 望
间 出 真 趣 士 重 填 草 上 的 水 电 闲 衬 事
马 动 年 心 他 牛 欲 丁 素 书 果 马 出 存
直 闲 蜡 蠕 远 野 摇 多 升 水 不 亲 报
狐 狸 笔 野 傲 延 马 中 数 视 权 飞 龄 价

Puzzle 446

欲 村 区 结 理 震 露 决 静 延 飞 村 平 况 逃 ！ 车
巨 大 的 了 束 撼 领 差 稻 人 活 特 延 生 增 ， 直
眼 持 几 循 足 乎 带 议 撞 项 运 记 因 的 保 到
虎 类 破 理 够 栏 坠 树 豆 碎 便 书 子 面 羊 最
磨 看 情 欲 升 懒 稳 股 乐 延 天 动 光 苦 喜 怖
复 保 眉 试 听 惰 介 保 项 亲 气 书 喜 差 摇 能
望 情 释 稻 平 恢 私 马 加 人 自 主 桌 素 降 考
不 坠 豆 行 小 马 先 丁 延 主 维 生 口 椒 亲
有 自 恐 股 猫 也 > 来 蠕 延 音 损 辣 面 蔻
露 型 > 思 动 充 桥 自 语 音 解 惊 想 通 察
根 静 礼 乎 的 电 后 重 父 衫 泽 况 亮 特 近
各 方 循 举 高 的 图 通 存 保 近 蛋 他 类 子
差 野 复 蛾 眼 顶 木 研 驴 决 木 糕 底 泽
焕 稻 项 的 镜 特 袖 破 虎 礼 乎 特 重
滑 循 梳 乐 亲 信 分 便 私 蔻 本 发 主 力

Puzzle 447

衬 典 事 号 书 諾 条 便 ！ 复 乐 妖 精 危 袖 木 稻
柔 士 猴 件 赂 放 股 的 致 面 损 面 险 肥 性 己 虑
望 余 子 私 信 安 科 遥 命 桥 察 查 险 肉 己 约 四
碰 查 乐 于 特 顶 休 思 自 自 破 破 增 香 趣 栏 部
的 乃 社 不 不 重 娱 宽 观 观 凑 老 图 趣 人 不 趣
人 息 况 释 欲 平 真 真 自 慘 灵 几 放 不 可 本 子
龄 恢 子 惧 醋 镜 幅 幅 观 电 出 信 摇 见 本 摇
观 复 特 面 口 袋 延 高 袖 出 酒 的 马 也 虎
本 诺 邀 区 亲 型 树 信 察 高 后 皮 惨 欢 则 子面
幸 来 请 雨 的 亲 察 因 乐 过 情 肤 乐 迎 静 绍
野 碰 心 上 查 乐 通 桥 情 出 面 极 则 马 场
了 恢 醒 你 自 观 因 面 出 血 镜 胶 部 稻 循 景
毁 破 破 底 己 迟 桥 里 类 水 滑 稻 赂 研 露 直
手 机 热 状 便 便 真 父 雪 余 稳 醒 看 地 子 露 赂
尽 一 份 能 怠 的 鳍 于 快 高 雪 余 稳 运 状 底 直

宽 幅 一 份
尽 精 坏
妖 坏 欢 迎
破 的 命 险 景 限
的 致 险 场 学
致 危 极 科 子
危 场 猴 皮
破 极 皮 肤
科 肤 功 能 自
猴 功 你 件 己 的
皮 你 事 动 见 请
功 事 可 手 血
你 可 邀 的
邀 手 出
出 邀 酒 后
酒

Puzzle 448

研究生
放假
的画笔
的家乡
轿跑车
衣柜
典型
再次
紧张
设计
联合收割机
三明治
通知
分离的
速度
竞争
疲倦
调整
洗衣
阳光灿烂的

衣 柜 分 放 龄 紧 阳 数 坠 喜 宜 祖 护 虫 通 自
解 泽 离 灵 焕 张 光 息 议 人 不 三 从 决 的 蔻
要 趣 的 直 先 项 灿 自 趣 的 画 笔 明 出 最 迟
镜 邀 蠕 自 栅 洗 烂 图 复 性 灵 鳍 治 研 野 噪
优 乎 梁 瑞 环 衣 的 研 远 放 得 间 醋 快 理 最
乐 项 虫 量 理 活 龄 究 信 程 身 动 的 马 过 祖
行 信 亮 。 几 研 究 破 基 。 滑 趣 遥 便 胶 迟
联 合 收 割 机 怖 趣 衬 苦 怖 宜 亲 醒 亮 度 噪
再 信 克 设 竞 轿 增 通 知 紧 幸 木 飞 速 理 快
桥 次 差 议 计 露 了 了 究 亮 的 自 重 议 不 机
露 视 降 电 能 事 约 的 人 自 典 乃 型 便 恢 情
几 梳 宜 眉 趣 发 活 家 安 素 亲 香 摇 胶 要 复
碎 胶 决 梳 光 礼 上 乡 眼 自 调 类 整 自 建 磨
活 自 赂 增 露 权 地 飞 袖 本 诺 野 转 伏 考 究 信
记 毁 乐 灵 于 人 虫 高 栗 上 野 心

Puzzle 449

活 解 修 心 修 鳄 怠 祖 规 类 人 驯 权 余 马 驴
从 信 重 蔻 自 也 鱼 祖 音 觉 马 鹿 撞 车 情 见
己 肉 人 紧 自 更 自 音 存 马 撞 远 亲 撞 娱
秀 龄 约 稻 旋 漂 更 增 记 间 区 磨 修
望 素 栗 噪 加 邀 亮 一 差 飞 年 休 落
老 袖 瑞 虑 草 马 诺 信 能 摇 状 后 镜 观
醒 安 镜 旋 解 秘 来 草 灵 书 见 高 木 肥 惊
研 之 裙 顶 填 身 差 的 情 那 研 口 脏 摇 自
显 着 子 毛 遥 坠 蛾 想 部 遇 么 究 心 柔 乃
区 理 不 里 考 来 下 快 紧 遇 间 复 远 最 间
迟 遇 重 倍 袖 静 出 信 徽 章 木 绍 欲 块 邀
的 的 露 察 刚 加 型 分 苦 类 答 稻 启 怠 基
自 毁 点 望 性 眉 交 易 几 帮 领 的 持 有 的 顶
野 社 望 护 护 程 易 选 噪 延 查 伊 乎 子 环 私
决 优 主 情 基 便 便 焕 助 延 查 惧 人 体

一 声 漂 亮
更 点 脏
露 心 块 动 鱼 征
的 启 鳄 么 民 性 易 体 助
农 远 交 子 莓 鹿 着 巾
那 刚 流 帮 裙 草 驯 显 毛 徽 章

Puzzle 450

灭 亡
迫 使
很 多
马 克 杯
姥 姥
番 茄
休 息
火 炉
姐 姐
欣 然
的 内 容
汽 车 保 有
奶 油
碰 撞
水 葱
大 声
检 查 中
放 宽
摇 篮
萝 卜

诺 车 热 损 赂 蔻 回 > 噪 汽 很 多 迟 心 克 差 衡
休 息 肥 欣 静 趣 下 礼 最 车 间 错 树 稻 视 究 伊
特 类 人 然 放 宽 惨 喜 诺 保 持 不 的 内 容 亲 循
而 观 答 心 貌 大 怖 醒 番 有 镜 况 人 举 乃 远
休 保 恐 了 望 声 解 摇 茄 士 查 泽 看 信 士 傲
究 姐 书 保 迫 使 真 便 自 增 安 撞 带 自 自 心
人 镜 姐 秘 姥 研 肉 考 安 的 亮 马 木 图 记 虑
息 趣 事 复 姥 股 的 来 蠕 凑 萝 克 于 葱 加
衡 护 蠕 心 子 书 惊 毁 灭 亡 卜 区 杯 磨 !
存 袖 面 紧 充 皂 循 怠 闲 充 加 理 后 页
底 四 思 趣 情 行 部 请 马 填 看 奶 远 静 的 貌 梳
紧 日 破 条 循 发 欲 四 静 油 火 领 龄 人 私
便 性 最 循 梳 邀 区 损 > 龄 碰 撞 炉 恐 骄 复 顶
记 检 查 中 煲 胶 护 饭 他 状 趣 摇 了 雨
修 灵 的 想 错 眉 通 先 衡 条 父 他 坠 平 村 条

Puzzle 451

究村状紧坠基他自灵恢口定自桥气镜肢
生存书特栏丁便自研议增皂身欲球过礼建
特姜掩盖研充丁面自遇乐行特年行龄考研
保书素许旋增赂高试行野休远欲的心蠕蠕
生部心蠕袋趣信平。冲出透出股科发布
循摇部赂量犯。冲记坠突人蛾学雪惧布
喜况余逐磨罪保看世口复摇家亲布定
破马上渐袋的便记坠便恐喜骄的复飓延
磨优胶草棚肉平考亲视面虎领飓风
制造息的饭噪考间部的试中最风估
观情的有宜梳研眉车释票电票评活
书考灵解行栗乐间不页定实婴摇
然复欲根而疲泽村水量居儿根
苦试决休升凑自来底煲饭优者真
风险答的蛾思闲修乐马的伏破发视觉

逐渐风险
风口
出制造风
飓居者
定贵觉
高视突
视姜估
冲生布罪儿
评发学纪
犯出科
婴盖学家
世际实
科球
支掩
实气

Puzzle 452

厨房   面错摇伏心情煲水滑豆高增主的升带惊
炎热   倍坠趣不于衬车父肉可可记本之飞桥
类似   伊性肢饭野貌柔查虫里书灵衫源之
可可   己究许情桥整开议高眉分欲了草雨
办公桌   办公察考貌整面虫级母乐人撞他
意见   议栗苦炎情私玩高平乎选下瑞
苦难   高信难热忧后笑类转老人回决
击败   虫性活普通机数决平复紧碎转
搜索   热错租增摇量升类觉观号存
高级   乐趣于约坠梳区循伏视步口
整个   高日乐平项携的觉视光四
决定   余袖的面优雨驴败心近坠
普通   伏衬音娱先面号子解厨几
分母   搜索树无娱雨最胶伊房间
无聊   稻露回重聊降面部类市静
感谢   降定士好充似他
步骤
甜蜜
开玩笑
审判

Puzzle 453

野事图衡情情恢私持的解礼浓价重存行
余解举底保秘驴情撞能！服缩值顿手册
亮智坠考发降发型安肉事高梳建时口休
保能下究的遇的有用花蜜解日介皂复情
静绍介光数况车机乐的部惊父趣充举通素
图人完赏窗帘煤炭肥之条信素乃分规
填信私转恐乐顶静想察最典保究护填下
号伏举蠕亮怖袖型伐权不远一滴约增自
英发光远喜运信保想袋摇典填信野规有
士语遇本遥书要！！伊摇书噪行绍休
滑有正项自热！智肥柔音增惨休他的
傲加而子便肉快慧趣坠增肉迟租皂
降保思栅之亲祖眉娱肉情肉不试增有
休父貌状透明毁眉音增情得他自优礼

观察步伐能
步智能帘
智窗动机
窗发价值明
发价透炭蜜时
价透煤花语全慧
煤花顿时英有用
顿英语完赏服
英完智的缩
完智欣礼册
智的赏浓正式
的欣礼手一滴
欣礼浓
礼浓手
浓手正
手正式
正式一
式一滴

Puzzle 454

似乎
盛大窗
风望的
失水前
潜之子达培
原到训间表
到培时小米某
培训胆大某处一。二
时间大米处的他
胆小某二。二脚
大米一他蹼
某处他脚脖
一。脚脖停止
二他脖停止，因此
他脚停止西部
脚脖，
脖停因此
停止西部
，因此
西部

肥释信状股分区损肢驴惨休区乐定情恢
排肢书苦复，驱四西旋地肉豆举静秀野他
乐携肉转惨惧因信部议的面坠权的书乎
保携草飞虑差此复条静肥栅远解时
礼环貌眉部欲一二肥停伏秀面坠间
充从之草降有。二胆决眉想喜表
也之醒况似错日小露底日衡潜
远蛾发介乎衬动恐蛾然特水
迟风护心信蔻过虎领瑞便焕
栗窗眉性士后盛大动某士理梁
高觉的息乐噪快主之脖倍心坠
>复眉要他情脚达前运大原延
车最先出喜的蹼看社图米子苦
而木出老望车不灵桥香野安四
培训草思有失条因虎>息柔

Puzzle 455

图差木选恐灵几医院动稳休胶平＞苦议
木许休闲检平活己行私发同因里事信股
乐错稳外后测恐栗镜发情因本父记研优
信趣他国的视环信乃，自不人权热飞
驴近水约坠险有有便而号是优特存研日
得诺老见平冒有差水私典苦老自坠心水
定好野定有除外香语面老角惧苦量
视梁出书动坠透句看况落镜高研生
放肢增恐领休本特保高能露紧研梳
惧保威要部究先分柔自重不请村
不手理胁人究肉因复杂自然心便延
克套型遇飞重议碰高温不股的考分错碰
平升今衡本察露之暖复股受孕士型性
损碰天醋己底数复的安了亲碰
旋图议约丁保心源重胶保袖醋泽加桥怖

Puzzle 456

娱鳍水野过惊基通项傲蛾从修自有娱信
首脑会议百个之击文沙本最动约水过
蠕本分水存娱间剑凑塔肢能加车袖
海拔源自因见趣衬透文特复年娥娱根
口心摇人本保水惧近降亲直之损
噪胶亲分定马面租撞市加分肢恐
因不看价发怖遥西红祖况较差不
事墙上社格部修！磁豆领醋桥存虎安
领优情远程增复带信欲年衫苦疲生行
倍社程肥股信损决衫恐马性热面
生倍蔓饭晚察他欲试见复滑克最
数考肥傲摇量租木候租稻解骄平升
比较蝙蝠延人建充傲柔本部放骄研研

Puzzle 457

性 差 之 娱 基 惨 他 煲 没 便 食 用 民 亲 地 领 亲
保 研 选 灵 露 许 心 泽 话 记 父 士 噪 不 望 虎 栗
日 安 观 理 放 视 自 息 说 告 身 龄 请 携 子 型
娱 持 碎 图 凑 素 究 车 秀 诉 身 份 私 野 保 桥
礼 型 柔 稻 请 艰 最 灵 蜜 蛾 认 出 权 出 最 肥 乎
间 能 平 放 克 难 关 心 存 蜂 摇 栗 几 蓝 铃 最 分 息
的 欲 真 摇 远 晃 雪 特 典 自 电 静 落 好 奇 素
放 升 磨 息 醒 秀 增 复 悠 悠 便 满 足 露 望 伊 平
碎 衫 雪 后 驱 号 摇 况 摇 领 宜 上 物 子 柔 车 桌
树 人 高 马 定 虎 蠕 栏 的 下 本 保 种 直 赂
中 部 镜 自 旋 信 坠 错 焕 乐 灵 平 喜 有 条 约
放 养 理 定 信 先 介 桥 野 磨 克 村 四 于 的 静
恢 光 倍 惊 貓 木 迟 真 夹 克 则 蠕 愆 分 伏 诺
肢 定 发 碎 望 己 稳 父 音 间 衫 量 根 通 损
苦 父

蓝 铃
食 用
好 奇
身 份
便 宜 的
夹 克
满 晃 悠 悠
自 愿
认 识
放 养
关 心
民 用
艰 难
物 种
告 诉 话 说
没 蜜 蜂 约
蜜 条 沟 通
沟 通

Puzzle 458

自 行 车
独 奏 清
澄 片 段
片 路 径
路 提 醒
提 优 质 的
优 灰 尘 的
灰 长 颈 鹿
长 扑 通
扑 壁 炉 心
壁 中 免 时
中 避 在 票
避 投 雪 花
投 联 邦
联 说,
一 系 列
谦 虚

说, 伏 先 活 肉 树 泽 喜 提 醒 保 介 澄 便 事 里
光 类 介 袋 在 丁 考 请 自 看 伊 老 醒 清 恢 乎 觉 肉
怖 过 梁 面 时 喜 人 源 了 研 马 便 转 的 高 充 热 亮
片 段 约 研 自 一 遥 理 柔 他 动 程 虫 介 安 草 口
秀 先 稻 车 行 信 系 图 携 号 龄 稻 袖 宜 鳍 骄
眉 息 礼 倍 骄 了 列 虫 撞 解 摇 票 远 路 书
加 坠 便 破 乐 的 生 人 情 复 记 蔻 径 热
延 。 光 避 本 机 长 祖 光 典 主 肢 梁
镜 修 壁 自 野 损 颈 的 紧 子 能 电 类
子 栗 炉 驴 想 年 恐 充 投 的 的 票 决
好 蛾 热 情 磨 便 草 鹿 乃 紧 欲 思 查 静
蛾 子 里 蔻 然 衫 喜 乃 典 面 区 虚
祖 填 自 惊 摇 中 雪 坠 的 桌 型 幸
想 秘 从 了 错 亲 花 人 乃 醋 优
便 摇 桥 栅 蛾 人 灰 主 质 谦
好 观 情 紧 扑 独 尘 的 部
请 条 信 通 衫 蔻
自 自 答 龄 邀 静 于 奏 乐 雪 马 面

Puzzle 459

```
公 皂 汽 研 发 便 源 雪 静 毁 想 进 得 蠕 平 考 娱
鸡 状 信 油 送 理 摇 虎 出 。 欲 行 规 请 中 典 年
肉 人 自 状 事 骄 瑞 活 作 复 加 加 检 人 类 苦 活
煲 灵 摇 高 记 安 遥 解 静 的 近 素 验 谨 考 蛾 循
雪 貌 稳 携 素 增 自 眉 最 衬 飞 > 泽 后 遇 醒 有
球 肢 信 野 转 自 眉 飞 亲 爆 乐 延 自 性 木 伏 研
重 动 修 恐 看 批 趣 疲 发 几 驴 趣 热 直 稻 况 查
开 无 平 倍 部 处 发 面 亮 飞 面 面 倍 根 子 傲 好
启 效 柔 面 也 理 闲 貌 趣 延 直 趣 则 稻 了 地 自
野 怠 不 露 不 充 近 面 填 面 碰 自 眉 香 灵 私
心 ！ 研 遇 能 骄 龄 他 基 直 眼 子 粉 野 欲 间
心 子 袋 里 见 恢 类 雨 数 亲 眼 木 醋 私 安 便
几 动 号 规 乐 树 规 自 瑞 过 情 带 分 间 考
惊 紧 绘 画 情 股 光 心 能 紧 于 子 面 活 的 袖
透 本 惊 视 况 蛾 规 数 树 瑞 保
```

近 的 也 汽 绘 无 野 公 进 面 谨 检 发 安 开 儿 批 雪 擦 爆

最 操 作 不 能 油 画 效 心 鸡 行 粉 慎 验 送 静 子 处 理 球 洗 发 的

Puzzle 460

```
迟 龄 当 然 的 上 桌 充 试 亲 眼 于 面 眼 区 约 有
貓 飞 栅 音 乐 士 填 傲 乐 子 的 好 最 亮 主 生 行
飞 不 口 泽 豆 村 人 滑 惨 解 许 貌 傲 口 惧 自 野
复 母 鸡 ！ 信 发 花 镜 便 视 遥 试 汽 租 > 肥 转
柔 防 看 落 秀 复 园 建 许 降 眉 秘 车 有 从 闲 的
老 止 娱 定 于 考 丁 释 礼 面 第 一 量 存 重 热 凑
相 激 落 入 动 马 单 便 乃 灵 不 不 安 本 然 书 情
反 毁 领 摇 心 碰 元 喜 素 滑 余 旋 部 野 视 保 疲
貓 底 怒 请 伏 循 要 野 心 书 乐 乐 而 带 镜 能 碰
回 观 苦 信 平 根 皂 探 人 乃 老 上 最 够 权
雨 放 欲 存 士 远 答 乃 旗 视 之 释 数
便 下 飞 恢 貌 酒 吧 蔻 木 冲 标 部 坠
音 研 下 镜 直 野 瑞 虎 分 击 政 面 驴 不
栏 复 车 的 分 喜 欲 远 惊 视 他 究 焕 的 遥
醒 绍 的 源 配 恐 里 恐 衫 特 紧 策 不 先 的 遥
```

酒 分 最 花 喜 相 激 冲 政 母 当 防 能 单 最 第 探 汽 吧 入 配 后 园 欢 反 标 怒 击 策 鸡 然 止 够 好 的 一 讨 车 落

Puzzle 461

信有奇亮亲最坏的增加傲摇乐心衡摇伊人
任务直迹修持活信木充性私蛾远情泽落车
泽程醋傲栗动父部倍面损木区视书的丁宜
磨判快生领貌趣保自私倍大坠昨天子根丁香
己的转程惧受租典部则高袖坠绍试焕护子香
然灵热人害伏放老便木城请秀镜填转露袖最
的型特带伏定生复市观基思加鲜梁栗循面
来碎保规的个人喜古社趣许加镜马有增
惊噪特本延口条煲董恢事蔻灵花镜延驴
遥数议的貓加破肢露驴蔻鲜豆栗面迟类
他保动村摇本来摇灵衫醋便约作然于排护
保也展示礼加行苦瑞便近远便村画礼傲诺
增有理间饭坠作用稳套索风筝肥号而本
查事相互作用稳套索风筝肥号而本

增加
任务
的批判
奇迹
受害者
古董索
城市延
迟
最坏的
的大怒
大丁香
昨天筝
风画
作个人
的鲜花
展示
相互作用

Puzzle 462

胡萝卜
借给
定位
专门
的希望
协助
网络
监狱
今晚
协议,
卷表
区域
牙刷
土豆
情况
海洋
研究
的营养
急于

信>复监碰许身驴平疲转怖喜行衫士傲
的营养欲狱伏人选信考区后坠秘面安>
倍滑心型素好社口域携绍草醒地理
胡萝卜排息的马香存恐情坠伏股填自恐
礼加桥虑从行循己程惧底绍远虎自复
介数本乐他柔分热活位不安股虎野心了
而页图光本秀今草露定表瑞心树请
型虫乎袖欲喜草摇本己碎错况子自
究坠骄能心情动灵肢了乐栅远希回
携持便碎建协露马解栅惧情子望
惧闲急研网人水状好解议专的趣
土复于究络伊行刷露借门余究
豆典四过衬之助牙考给余号请
趣环幸复傲介飞运考携号高碎
生木梳倍>草透领煲洋曲露幸机高碎请

Puzzle 463

复身有研木碎马趣諾木结磨损自况究亲
解面肉发事于特本虎构最惊后的答的量基人
摇子真看碰藏绍透年龄龄思况瑞的能升瑞
考不的有信红持延后眉不况情娱量欲息体
本破也况从礼静花奇碰实读况看有衡地木具
快赂租项木蛾栅滑怪紧验书信落驴查独立
包高选底考介灵貌的雪急欲不亲味道况验
括秘犀充直举祖人况紹热自延衡犀牛奇怪
议护牛分露上优来研旋举滑重集书结的
察眼肉虫足升怖区错丁香远静体磨红花
试乐指球乐特分便雪远香释面足望子
的独望记本的子村动香的间排齢
修通毁豆蔻蔻快延坠发碰包集
龄透底号礼优排出焕静望社藏急
肉露口想于豆素延出生面量况分年密
                                                指密紧
                                                事

Puzzle 464

女巫可全   春天高根型遇区情他上源基皂金柔类绍
许安口   稻股过定人里泽焕息护人惊后丝趣鳍
安人自由   保真亮热碎遇存梳的捕邀根滑苦雀则
如何疯狂的   惨露最平噪透近拘息老排社根亮
倾斜惩   下怖安全女梳自惧邀转斜。向于碰
授权版本   他稳乐因的由旋的皂如人倾袖性
金丝雀   整洁整全安自他增数何口存撞保
最惊讶   过的皂情旋版决祖许面透
春天   祖生乃后本究不可惫主
自身拘捕   面胶肢恐子娱究延栅回闲日丁
倾向于子   马露便数闲最好运静宜衡了了排
镜子整洁的   碎护顶数心图老情旋领请滑亮
                记碰光号士疯狂旋然 > 降龄转
                梁保马了罚惊凑狂人肉下思社
                豆他通情自转授情野远蠕邀宜
                有木醒规身先皂雪自龄之修

Puzzle 465

本 一 目 了 然 舒 肉 祖 静 余 加 的 醒 休 栗 肢 恐
恐 衡 军 动 观 适 典 有 虎 喜 出 伤 地 熟 悉 行 只
的 破 人 伊 出 舒 能 静 平 迁 害 觉 悉 马 息 有 车
通 金 的 出 静 贸 绍 稻 眼 转 移 封 树 动 乐 车
底 奖 子 野 修 鳍 煲 方 则 类 地 理 乐 来
望 欲 绍 解 介 鳍 煲 议 露 香 然 图 柔 见 皂
息 绍 区 重 的 疲 闲 则 存 远 心 光 租 稻 灵 皂 过
肢 伊 请 私 露 骄 光 之 发 姥 望 情 木 车 快 焕 坠
惨 视 碰 骄 香 年 荣 袋 爷 保 他 带 远 阻 飞 欲
资 源 闲 欲 第 乐 坠 重 觉 见 出 镜 止 解 衬
雨 > 静 驴 十 议 梁 然 > 邀 远 梳 磨 乃 信 欲
的 安 数 从 衡 礼 平 士 推 出 亲 便 重 栗 遇 透
试 子 研 想 傲 泼 如 马 部 领 从 重 动 有 煲 升
的 考 项 自 心 伏 野 人 权 蛾 区 镜 稳 人 请 然

舒 适 悉 易 爷 移
熟 贸 止 十 封 妇
姥 阻 第 密 荣 有
第 密 泼 光 移
泼 光 只 一 目 了 然
只 迁 军 决 方 案
一 军 解 出 金 子
解 的 推 出 金
的 推 奖 伤 害
推 奖 的 积 极
积 资 源

Puzzle 466

列表
未来
小苍兰
颜料
详细
重复
郁金香
噪音
清晰
伤心
红色
表面
公交
水平
联合收割机
马克杯
受孕
路径
最后
自身

飞 马 规 趣 醒 也 乐 老 路 直 有 况 克 循 保 最 的
子 克 马 碰 幸 袋 查 发 径 情 有 心 优 水 父 欲 后
解 杯 驴 欲 了 答 水 红 远 源 请 表 面 木 升
马 型 究 马 乃 心 饭 车 量 人 虎 热 破 的
胶 本 理 联 ! 收 割 金 面 分 本 平 试 来 记
释 远 于 列 合 了 喜 郁 香 色 颜 料 村 桌 护 > 惊
桥 喜 便 表 真 人 驴 丁 的 心 举 本 先 解 过 来
乃 眉 最 降 视 蠕 眼 透 的 增 行 回 鳍 未 遥
伤 清 紧 社 眉 摇 衫 秀 特 动 露 桌 蠕 息 野
心 晰 邀 详 细 噪 音 坠 蠕 得 树 的 面 远 灵
惨 于 动 素 安 受 况 心 诺 不 自 有 量 怖 小
息 桌 研 坠 稻 孕 乐 查 高 情 恐 复 直 的 苍
人 上 重 觉 顶 ! 凑 便 复 貓 泽 静 出 兰
四 遇 复 看 蔻 老 书 不 余 秀 自 公 好 稳 情
因 票 复 状 衫 最 的 透 的 年 身 转 交 稻 通 亲

Puzzle 467

底 况 望 祖 下 之 部 领 的 乐 热 村 疲 。 排 惊 环
研 复 人 性 貌 而 本 便 日 音 底 信 号 的 袋 直 栗
飞 心 规 身 蠕 而 乃 社 乐 傲 蠕 栗 > 之 数
滑 衬 要 循 图 驱 喜 典 之 见 谈 诺 研 平 毁
解 基 从 间 凑 袖 磨 之 西 恐 填 眼 他 貌 私
复 疏 散 平 约 肥 股 典 兰 紧 出 行 则 赂 解
鳍 乃 复 他 车 典 伏 用 花 热 木 虫 赂 飞
书 请 地 理 食 升 理 有 急 类 他 他 从 不
笔 水 纠 的 升 记 马 错 的 趣 摇 心 修 蔻 票
记 娱 结 趣 讲 述 页 研 秘 宜 乐 人 柔 延
本 野 发 讲 静 理 生 栏 试 好 处 稳 议 木 醒
野 的 电 保 伏 音 旋 四 飞 答 幸 稳 领 携 高
木 惨 书 伏 情 复 通 栏 滑 权 直 不 木 驴 惨
许 延 露 情 破 旋 车 远 思 号 底 剪 摇 礼 大
素 貓 饮 料 蜡 烛 破 性 况 制 剪 刀 肢 移 放

笔 记 本
蜡 烛 散
疏 剪 刀
谈 论 述
讲 音 兰 理
的 西 乐 衣
地 大 好 花 动 定
的 扭 处 料 剧 结
制 饮 急 动 假 闲
纠 移 放 休
食 用

Puzzle 468

衣服
单独
合作伙伴
答案
包含
恐怖
不稳定
聚焦
洋葱
停顿
的关注
列车
兴趣
周到的
兔子
狐狸
猴子
极限
今天
关心

动 保 皂 柔 上 亮 性 不 士 中 列 马 延 飞 素 坠
区 丁 水 亮 里 醒 护 便 息 车 加 肉 视 本 延 之
解 洋 的 雪 转 蛾 磨 过 坠 则 的 聚 镜 程 护 丁
答 葱 露 因 信 泽 延 迟 水 增 修 焦 复 肢 毁 从
不 柔 特 衬 袋 最 蔻 号 降 蔻 伊 马 情 眼 今
望 稳 飞 理 情 骄 优 通 狐 泽 克 状 破 安 天
最 地 定 鳍 有 的 有 狸 余 克 况 雨 单 噪
合 乎 究 数 恐 人 趣 性 保 有 的 的 独 幸
作 举 恐 回 兴 周 许 情 己 滑 关 底
伙 极 保 行 思 丁 到 的 衣 不 镜 注 袖
伴 限 遇 迟 豆 马 部 心 服 自 先 型 人
干 看 建 焕 最 克 量 娱 停 欲 恐 研 滑 情
恐 愈 猴 秘 音 袋 特 观 顿 权 栗 究 迟 性
复 怖 子 包 记 子 赂 关 肉 最 噪 安 理 情
条 胶 兔 含 研 便 源 心 情 号 安 考 重 老
见 桌 通 根 觉 衡 人 运 醒 地 焕

Puzzle 469

量 的 骨 望 释 年 栏 情 凑 觉 股 飞 从 。 蛾 机 宜
好 中 。 架 要 望 部 亲 镜 动 加 父 填 发 特 复
信 机 人 泽 恢 请 情 源 重 量 复 近 亲 的 页 眉 热
地 乎 平 分 丁 重 乐 克 放 基 便 子 惧 遇 热 > 热
周 父 保 摇 热 加 放 自 来 中 化 趣 源 部 的 从
年 保 了 桌 复 过 几 书 长 想 妆 研 乐 之 镜 议
骄 了 环 苦 加 车 灰 素 度 飞 素 关 在 时 香 木 水
倾 向 于 乃 恐 同 相 反 租 桌 系 得 乎 日 胶 答
灰 究 趣 升 蛾 飞 委 修 惊 回 释 便 泽 租 型 便 股
部 尘 的 进 下 苦 员 之 考 坠 素 惧 活 增 况 静
放 桥 最 入 会 己 野 欲 规 后 皂 便 通 摇 袖 > 的
亮 有 心 私 落 迟 高 典 最 噪 蝙 绍 乎 票 远
子 他 自 滑 机 遇 眼 便 欲 惊 记 状 租 气 读 书
破 请 区 社 股 醋 草 平 信 欲 得 忆 安 高 情 候 息 傲
怖 求 水 ！ 飞 草 平 信 欲 得 忆 安 降 高 雪 通 傲

进 入 会
委 员 求 年
请 周 的 记 忆
的 骨 架 妆
骨 化 系 度 同
化 关 长 量 尘
关 长 气 重 蝙 时
相 气 相 声 蝠 尘 的
灰 相 灰 在 反
蝙 大 蝠 灰 书
蝠 在 相 向
读 灰 反 于
倾 相 书
读 向
倾 于

Puzzle 470

夫 人
名 词 词 人
贤 人 的
夏 天 极
北 室 路 入
王 公 加 入 子
公 加 学 生 米 径
学 鼻 玉 诞
鼻 玉 田 痛
玉 田 圣 痛 肤
田 圣 疼 皮 声
疼 皮 一 声 格 虚
皮 一 价 格 况
一 价 谦 虚
价 谦 情
谦 情 况
情 况
最 幸福

存 先 研 > 觉 > 出 过 皮 察 书 疼 了 价 圣 树 自
加 己 飞 娱 鼻 水 机 肤 出 理 痛 格 诞 旋 梳
惊 租 环 毁 选 子 源 老 损 马 豆 木 的 欲 介
究 考 优 子 数 充 坠 北 宜 恢 情 有 存 则 条 饭
野 视 规 夏 状 解 图 极 增 修 增 解 喜 落 先 租
喜 源 露 天 栏 龄 股 撞 平 类 带 放 驴 破 高 栗
貌 损 快 的 娱 况 木 人 衬 况 绍 欲 最 幸 福 苦
王 室 远 树 考 坠 饭 滑 坠 自 肥 的 高 乎
信 机 衬 分 静 日 肉 自 优 望 驴 亲 的 士
口 己 加 日 。 滑 则 煲 一 声 凑 子
恐 口 不 情 野 后 电 规 乃 夫 学 增 落
名 玉 > 幸 况 遥 释 修 的 延 人 过 快 建
词 米 驴 情 贯 豆 真 梳 虎 心 的 行 主 他
信 解 宜 降 保 惊 要 察 面 夫 得 马 的 类
毁 谦 虚 丁 底 电 面 桌 人 领 直 路 定 典
信 宜 排 他 贤 眉 栗 得 绍 猫 公 建
毁 底 排 的 田 便 老 几 倍 貓 典
谦 虚 苦 的 田 径 人 梳 心 绍 建

Puzzle 471

```
想 静 先 查 况 恐 远 赢 息 运 他 既 请 年 衫 看 观
子 充 保 木 充 足 的 了 惨 项 坠 高 不 研 桌 循 自 热
乐 号 定 的 野 乃 灵 紧 倍 本 本 研 面 试 娱 野 吸 的
的 弟 兄 考 秘 地 摇 损 直 心 建 心 引 胶
出 四 性 内 子 克 摇 休 他 循 社 现 信 男 信 力 野
的 便 镜 容 摇 凑 肥 条 书 记 研 实 孩 书 力 放 股
充 野 秘 电 机 查 梁 主 ！ 父 现 眉 因 可 来 子 便
出 情 源 类 有 下 答 生 亲 趣 带 可 递 信 正
基 也 基 研 摇 平 。 乎 龄 领 柔 许 来 员 真 的
娱 ！ 项 焕 皂 ！ 维 生 然 稻 迟 碰 滑 循 正
试 娱 议 了 性 梳 望 素 伊 泽 瑞 蠕 底 傲 的 的
喜 生 部 页 活 士 余 闲 好 活 选 成 行 行 近
坠 欲 行 回 慾 驴 有 间 为 放 转 定
马 栗 坠 余 老 木 趣 高 进 野 法 傲 长 领
约 年 研 理 木 过 类 士 行 页 人 院 护 焕 的
```

男孩 / 带来 / 野生院 / 法书记 / 吸引行力 / 为实 / 现充足的 / 既不正的 / 真成长 / 的兄弟 / 利润 / 邮递了员 / 维生素 / 的内容 / 可可 / 进行

Puzzle 472

小说
牙医
肉桂
谷仓
沙堡
成功的
定制的
机关
称定
美国
时钟
退出
规则
学校
汽车 保有
火炉
制造
观察
除外
自愿

```
区 循 觉 制 根 保 自 动 心 时 身 幸 除 > 驴 上 电
桌 鳍 远 造 错 亲 请 怖 仓 钟 持 外 观 察 肥 过 恐
退 自 项 信 本 苦 约 称 定 机 关 龄 士 租 自 程
出 伏 愿 镜 社 研 栗 机 摇 静 驱 落 循 衫 栏 不 理
带 飞 稻 本 遥 牙 因 苦 遥 信 约 的 灵 类 己 远 增
虫 平 升 情 最 医 衡 有 鳍 则 龄 诺 页 则 最 木
木 人 肉 先 学 校 本 自 地 高 静 升 水 直 分 ! 重
顶 亮 书 带 汽 差 行 虫 木 马 欲 中 小 下 出 顶
火 请 惨 租 车 年 复 成 子 恢 沙 电 便 说 行 视 基
炉 驴 得 树 保 行 肉 功 余 发 人 好 保 皂 噪 远 秀
饭 皂 领 于 有 约 桂 的 豆 究 父 堡 考 欲 热 桥
美 高 状 过 恐 制 休 落 察 从 不 欲 余 视 恐
国 情 护 生 察 破 信 修 息
动 的 欲 机 见 想 父 瑞 人 诺 胶 增 远
袖 主 雪 欲 见 下 出 煲 雨 父 克 滑
图 能 增 循 稻 书 摇 票 灵 程 程
```

Puzzle 473

之前情绍肉柔便恢亲桌平见升他父保趣
桌滑袋克豆自循保栅自电丁快鳍社证素
的杂复部蔻考环况好则疲决地肉源衬过人
行遥赛储备骄最解情泽人迟磨信木能破惊特迟
为回跑权望反的条瑞疲热心可亮许诺人高
老情肢雪况过来异幸动请规虎便间根野凑惨树镜
分木香况摇边特行欲几梳亮热野理查瑞静约下项
修填野摇边特请灵好野摇理慘约马遇介社不的
树热醒况间亲行亮欲热野看摇野区排举秀坠
租他桌眼缘梳几行泽眼理凑树便野高介股坠
根票情私梳！泽见身瑞镜慘四股撕驰面礼考
面马驱眼升蔻所修查镜静遇约马介社不礼考透
自趣己磨举见领镜娱撕裂面礼考
袖有显明蔻所需视经常趣撕驰面礼考透
协议，显口饭需领视经常趣骋裂面礼考透

明显
有信心
经常
循环
赛跑
驰骋
储备
的行为
复杂的
撕裂
肉豆蔻
边缘
反保证
所需
特异性的
可能
骄傲的
之前
协议，

豆蔻 过来

Puzzle 474

豆柔加觉沉滑自的本类飞邀答摇则怖选
环保增答幸默虫镜本选士虫而号优见亮充
察护四余典驱马拍虫惨而然便远碎四雨
特本休衡略部亲完美放律拒动机野摇礼
信量保野了性升瑞男拒绝不觉状蔻发机构
。显侵略遇考镜下趣美梦子复旋车发马瑞猫
摇著动飞规的营趣养而水灵行疲亮型诺胶
规能复规的了因而牙素肉受害诺者飞疲
特胶热貓傲不父齿灵透己数约遇动摇
职栏身的骄高见要虑瑞本柔充降损醒
研责的丁惧泽机醒得释克放驴子乐答
几民然撞类近仍宜建几事议马打出诺复
复主究远机远然邀克几克袋招呼药复
填填类仍香远得邀的袋远人本物人
面了袖怖远远得克的人

仍然
律师
民主
机构
沉默
药物
拍摄
男子
职责
侵略性
牙齿
拒绝
完美
梦想
显著
打招呼
想象
放宽
受害者
的营养

Puzzle 475

情 稻 露 文 化 欲 骑 自 行 车 热 鳍 的 深 浅 摇 亮
参 加 的 增 欣 人 上 解 的 出 乃 骄 磨 许 解 有 充
碰 存 老 机 社 类 丁 年 透 重 后 的 上 里 礼 安 情
则 自 评 野 中 根 膝 的 而 高 状 延 露 飞 貌 情 自
焕 真 正 价 接 近 盖 放 分 状 事 书 傲 胶 里 自 快
毁 出 明 乐 从 宜 之 视 特 来 摇 议 本 聪 从 雨 情
透 乃 年 底 精 顶 亲 近 怖 惨 因 思 遇 望 明 复 疲
桌 排 究 建 度 一 分 钱 数 情 蔻 息 基 摇 音 谈 的
带 胶 便 情 木 有 租 差 伊 雪 要 机 社 理 到 最
图 飞 升 灵 马 本 最 的 柠 型 最 试 宜 规 许 高
醋 决 碰 紧 煲 木 不 克 檬 型 坠 恐 摘 许 迟 量
梁 存 桥 转 雪 亲 遇 型 出 辩 论 恐 灵 坠 间
下 蛾 便 想 快 基 欲 口 衬 雪 增 衫 顶 醋 > 要 撞
摇 行 灵 的 树 还 排 权 记 部 苦 的 虫 栏 撞 得 袖
因 木 复 娱 迟 木 原 虎 蛾 基 通 素 喜 娱 降 撞

Word list:

辩论
骑 自行车
聪 明 化
文 明年
岸 上
参加 近
接 盖
膝 柠檬
真 正 貌
有礼 度要
精摘 原
还 深浅
的 评 价
谈 一分钱
欣然 到

Puzzle 476

惧 > 得 查 情 重 牛 蒡 保 光 饭 马 小 数 加 栅 情
主 转 眼 察 降 然 恐 亲 觉 而 荣 音 赂 研 重 好 自
数 > 定 远 马 放 误 人 高 介 栗 日 凑 身 的 木 许
扑 梳 情 保 幸 梳 差 栏 伊 诺 填 秘 自 稳 回 自 自
通 权 自 野 释 野 骄 修 野 真 考 人 凫 面 快
类 不 定 人 有 通 行 状 木 修 特 批 不 稳 宜
许 雨 栗 煲 虑 骄 汉 树 肢 滑 判 乎 人 乐
信 娱 了 己 过 马 撞 堡 凑 图 人 环 一 紧
信 设 远 伏 根 泽 诺 执 投 他 马 亲 携 直 凑
任 栏 计 书 研 研 书 复 票 了 噪 许 虫 撞 煲
之 信 顶 请 究 究 实 延 马 胶 余 素 下 飞
光 柔 身 携 区 实 际 > 栗 人 衫 克 事 停 龄
的 然 从 克 答 近 面 推 迟 研 克 活 止 保
克 肉 露 通 信 伊 肥 议 栏 数 亮 音 生
疲 状 书 了 梁 底 紧 部 的 > 白 胶 通
平 情 权 遥 坠 回 稳 摇 色 喜
优 转 程 有 自 秀 的
碎 雨 情 自 信

Word list (left):

汉堡包
误 差
白 色行
执 任 蒡
信 牛 凑
紧 一 直
小 马
批 判
小 数 迟
推 设
计
研 究 生
实 际
停 止
投 票 通
扑 延 迟
光 荣

Puzzle 477

```
＞动上亲动驴复充醒通马趣保摇面升地
野典理论诺伊香感情典透复解面梳思延。
桥转也伏真状稻胶查心闲错最动灵乐娱
好然介最骆香草飞错基高举草类飞电增
乐增袋野趣驼人数记兴本心雨便去保
量觉望直息蠕赊面减释少过胶便环木
余宜理延恐类眉＞持过能排饭理亮
奢侈品香怖面也诺面傲因循考究
恐本热性发性栏人望音素撞一个＞壁区
乐之皂属布喜瑞眼来子撞真要炉了
亲梁风于信自思动高稻马联解
野社里窗衡有而恢书鳍存系野许
底乐基高凝恐能升定醋透马解饭
地情年摇视忠稳肉邀排本灵祖
的小子勺马页诚的事＞电乎露
```

忠诚兴系情少视能子骆驼稻草论除侈个子于布贵窗炉品高联感减凝未小骆稻理去奢一勺属发高风壁

Puzzle 478

有趣的
伟大的
差异
轻微
三角
出色的
冰箱
民族
虚拟
细腻
担心
模式
作家
大部分
鳄鱼
窗帘
智能
，因此
自行车
推出

```
理愆＞自差答肉他音远飞桌思书重作家
冰箱的行租异老了携得欲摇瑞镜记释礼
窗帘举车破便差究视放试充票考股瑞建
伏量木下担也根趣秀之活本马解幸人因
心秘不惨心智能噪子自骄保轻微快究
情存四重民加毁此灵察区父栅心解能
图伟毁书豆族乐娱底马鳄饭肉考
摇大。推大，因此况动雨来蔻约喜有
细的虚出部页他考情草介幸租父
稻腻拟醒分梳信噪木于议研摇
发热私视摇高考自骄子的露情
紧鳍规灵三子＞丁解最模面地摇
祖性落角条基紧平摇式恐赊坠
的醒然子本身私热蔻毁滑考研差
恢视来转理分骄出色的趣有权的研
```

Puzzle 479

多 本 请 于 木 情 绍 下 灵 旋 士 特 平 礼 过 傲 己
建 次 四 乐 面 究 发 饭 秀 木 露 护 差 情 雪 。
型 里 理 蔻 了 查 露 便 一 见 闲 骄 建 肉 稳 类 时 间
能 了 股 静 诺 直 地 行 醋 考 喜 怖 胶 放 决 便
持 光 记 机 护 丁 蔻 回 信 也 眼 身 泽 护
高 图 醋 数 面 士 摇 远 毁 喜 信 满 远 慘 服
信 落 > 泽 有 灵 基 摄 形 查 明 遥 足 礼 考
考 思 车 基 苦 查 平 像 状 亮 一 切 木 野 士
任 何 人 乃 事 胆 观 娱 虫 赂 头 上 他 栗 护
根 增 蛾 息 紧 小 自 不 久 纷 马 恐 平 坠 滑
程 于 桌 降 迟 毁 直 数 况 排 子 乐 民 马 的 邀
察 疲 不 树 的 不 马 饭 直 的 重 要 喜 醒 不 滑
办 高 赂 排 得 答 栅 据 数 决 ！ 肉 书 的 邀
公 究 数 车 社 素 存 保 顶 桥 基 趣 鼠 标 育 好
室 的 本 携 复 性 雪 的 野 音 观 趣 鼠 标 趣 育

的 教 育
鼠 标
的 一 切
任 何 人
明 次 亮
多 间 状
时 形 久
摄 不 像
办 民 公 室
数 据 类
肉 重 缤
缤 要 纷
的 服
一 滑 小
礼 胆
满 足

Puzzle 479 word list

分 钟
北 方
的 发 音
菊 花
捕 捞
外 观
欢 快 的
的 鼻 子
雇 用
有 轨 电 车
香 肠
队 伍
的 专 业
驰 名
的 数 据
妈 妈
追 求
无 数
足 够
办 公 桌

Puzzle 480

办 外 驰 队 之 疲 租 查 子 私 携 遥 业 专 的 快 欢
公 观 士 名 伍 便 股 特 坠 中 栅 的 发 电 热
桌 填 肉 水 有 轨 电 车 请 无 之 栅 的 思 音 桥 滑
近 貓 况 坠 伏 子 况 数 车 的 子 选 他 运
！ 保 雇 先 草 的 遇 平 答 地 蔻 雨 灵
摇 凑 用 基 蠕 放 鼻 幸 信 绍 光 察 慘 图
社 运 龄 四 解 肉 身 礼 音 出 书 行 身
保 顶 研 环 遥 考 分 活 定 父 则 口 树
的 顶 年 光 子 特 优 地 的 子 瑞 衫 信
便 数 放 袋 请 貌 怖 人 护 自 北 惧 摇
树 真 据 先 权 身 则 肉 诺 四 方 蠕 从
过 克 差 真 增 解 妈 觉 磨 条 休 雨 电 袖
高 口 欲 修 的 复 妈 况 最 子 分 丁 研 花
蔻 坠 恢 环 豆 梳 人 自 乐 虑 钟 特 菊
静 草 旋 解 人 老 环 妈 苦 摇 解 追 香 究

Puzzle 481

社 装 议 灵 后 恢 最 热 请 假 天 使 计 算 器 晚 己
区 配 图 护 不 鳍 秘 存 增 便 机 桌 察 持 祖 保 饭
身 肥 的 有 > 约 解 地 人 村 栏 袋 通 决 加 秀 社 情
回 位 移 约 号 保 后 各 木 野 思 知 复 电 数 存
争 持 网 球 源 礼 医 雨 木 灵 惊 坠 然 溜 村 行
辩 得 高 虑 老 降 规 药 瑞 增 有 ！ 典 冰 星
升 邀 心 行 部 教 身 静 车 行 理 优 望 特 滑 差 好 便 下 远
决 亮 慕 有 怖 信 练 花 费 许 建 请 树 恐 持 传 人 子
了 灵 不 蛾 磨 栗 皂 降 书 因 面 要 别 统 坠 摇 通
饭 栏 记 得 桥 。 情 驱 马 号 状 急 恐 人 视 摇 焕 平
余 貌 状 便 欲 地 察 典 胶 乐 倍 稳 马 复 不 顶 看 蔻 看 柔 泽 保
自 近 自 灵 子 回 稻 滑 本 趣 木 本 快 己
车 想 灵 子

记 得
晚 饭
花 费
行 星
禁 止
教 练
争 辩
天 使
请 人
别 移
位 统
传 冰
溜 鞋
医 药
社 区
装 配
各 地
网 球
计 算 器
通 知

Puzzle 482

降 发 ！ 衬 存 野 摇 桌 苦 面 得 的 肉 倍 身 子 发
自 看 保 稳 招 肉 亲 爱 的 人 年 则 件 高 想 光 便
镜 摇 能 乎 商 丁 近 秋 鳍 类 自 眉 真 马 他 露 遥
便 急 伊 环 引 活 怖 季 中 宠 的 邮 衫 貓 行 环 蜘 蛛
急 余 动 疲 资 状 的 。 乎 物 保 自 碎 马 稻 典 煲
坠 降 蛾 泽 亲 有 礼 娱 议 项 选 生 典 老 便 典 量 香 基
保 绍 > 蔻 碰 事 部 循 凑 最 日 噪 根 的 存 保
想 旋 股 四 的 占 眼 情 上 最 通 社 老 排 情 优 秀 迟
雨 的 乎 磨 私 据 睛 循 循 叫 理 急 转 的 衬 子
雪 增 焕 自 数 况 的 木 骨 折 恢 典 楼 上 车
得 分 本 人 页 雪 部 香 挽 留 露 绍 梯 先 亲
信 快 虑 远 究 充 面 得 肉 亲 烧 生 平 袖 迟
了 增 恐 程 因 底 权 书 存 蔻 毁 释 貌
好 诺 决 滑 保 书 阿 安 > 滑 基 貌
自 过 研 他 野 要 决 口 后 磨 源 傲 好 灵

阿 姨
招 商 引 资
两 个
叫 着
眼 睛
烧 毁
身 高
楼 梯
挽 留
的 生
面 包
的 邮
俱 乐 部
蜘 蛛
秋 季。
宠 物
得 分
亲 爱 的
骨 折
占 据
日 车
邮 件
乐 部
爱 的

Puzzle 483

时 滑 安 带 碎 赂 图 子 高 思 的 的 素 视 充 最 机
马 间 宁 类 趣 行 伊 电 匹 然 的 思 肥 子 衫 飞 惊
焕 噪 表 复 貌 的 能 后 柔 配 驴 士 趣 衡 口 出 出
约 条 过 租 况 旋 数 生 伊 豆 傲 > 数 虫 眉 情 股
驱 虑 安 项 保 源 书 电 类 冬 出 的 木 比 自 心 面
近 热 排 修 解 娱 凑 举 毁 青 回 余 丘 不 眼 考
鳍 信 摇 泽 的 主 四 究 的 快 源 音 保 比 觉 息 野
真 脚 。 亲 镜 。 本 袖 最 士 乐 恐 肥 特 能 页
当 蹼 面 栅 梳 先 人 然 而 始 典 几 己 的 安 存 者
前 况 孩 子 不 请 伊 老 自 几 终 马 的 参 的 释
。 使 理 加 透 透 解 主 真 紧 木 平 转 苦 树 旅 与 恐
有 雨 用 便 特 查 墙 究 充 破 面 转 年 然 馆 人 动 露
真 复 发 研 镜 述 上 饭 洗 发 而 几 复 部 胶 者 趣
不 雨 面 心 透 理 木 乎 权 心 皂 泽 于 本 丁 先 放
蛾 木 透 父 理 > 马 间 领 车 上 的 灵 倍 错

匹 配 用 发 前 终 宁 乐 者 栏
使 洗 当 始 参 几 安 快 孩 子 而 述 青 特 馆
然 音 上 丘 的 栅 冬 脚 时 墙 蹼 间 表 上

Puzzle 484

牛 奶
灭 绝
有 时
工 作
循 规 蹈 矩
获 得
松 鼠
奏 请
听 到
韭 菜
粗 鲁
醋 栗
导 向
体 育
薪 酬
向 日 葵
最 大 的
明 确
经 营
发 动 机

最 大 的 松 鼠 来 请 保 研 试 乃 从 紧 马 有 选 动
粗 行 私 伊 的 亲 乐 栗 得 醋 柔 复 循 体 马 保 闲 介
驴 鲁 诺 情 子 坠 虎 运 好 栅 自 子 规 育 奏 请 祖 肥
导 工 作 存 况 向 丁 好 伊 间 怖 灭 蹈 韭 菜 诺 基 醋
肥 向 眼 后 自 日 他 增 车 人 绝 矩 况 望 填 肉
欲 碎 后 几 保 葵 薪 素 出 许 喜 况 身 性 自
克 情 虫 环 飞 酬 获 惊 的 得 听 经 望 营 子
解 坠 马 观 马 释 透 得 填 桥 恐 到 考 稳 理 他
生 不 然 活 老 平 飞 草 加 稻 克 破 时 区 解 保
柔 最 请 思 木 紧 村 特 约 真 苦 虫 蠕
栗 自 祖 闲 趣 之 况 骄 项 噪 马 修 灵 本 的
最 恐 最 的 惊 摇 几 伏 衡 音 野 有 时 出 回 事
最 亲 灵 出 选 醋 栗 乐 桥 息 也 解 桌 情
延 灵 书 醋 也 露 明 查 灵 复 状 牛 亮
恐 饭 考 本 修 介 请 确 分 发 动 机 趣 碎 奶
> 秀 考 本 修 介 请 确 分 发 动 机 趣 碎 奶

Puzzle 485

的	下	介	亮	远	声	音	摇	视	碎	父	伏	究	错	图	机	也
香	蔻	邀	上	紧	行	信	捍	差	试	想	煲	苍	几	娱	老	苦
人	落	焕	>	释	克	音	卫	远	过	情	部	鹭	喜	爱	坠	私
平	桌	袖	特	本	紧	村	得	野	亲	音	动	迟	解	降	行	信
的	貌	排	水	错	主	人	不	坠	行	了	投	察	马	摇	碎	有
马	心	保	衬	摇	过	领	蔻	泽	紧	见	驴	入	高	落	中	傲
自	放	循	！	闲	醒	父	要	乐	先	亮	碰	本	况	遥	的	皂
赂	迟	磨	面	近	柔	便	查	距	的	运	项	龄	坠	从	栏	沙
带	望	煲	衬	了	蛾	便	马	离	词	汇	表	书	伏	外	壳	塔
桌	增	循	很	少	保	决	！	叫	的	环	本	傲	升	恩	顶	于
滑	肥	貓	趣	了	平	音	地	模	声	出	邀	情	车	爱	心	休
趣	研	型	程	的	答	类	休	拟	说	血	间	环	遥	桥	通	稻
惊	喜	老	乃	光	复	自	条	租	，	间	主	趣	社	增	权	的
瑞	马	分	自	机	木	记	本	水	乘	眼	证	饭	碎	怖	票	虎
领	然	桌	存	环	>	释	持	。	法	撞	据	想	马	丁	桌	欲

很少
外壳
主人
证据
恩爱
投入
错过
叫声
模拟
乘法
苍鹭
距离
声音
惊喜
词汇表
捍卫
喜爱
出血
沙塔
说，

Puzzle 486

恐	的	桌	丁	好	敌	亲	袖	票	摇	根	日	从	秀	驴	特	栅
草	条	礼	>	栏	醒	人	细	虑	于	主	况	不	树	露	信	>
破	傲	年	保	欲	选	自	有	节	先	租	上	差	苦	决	充	而
保	理	私	研	便	礼	搜	究	手	带	撞	树	远	摇	数	思	持
理	总	身	乐	面	恢	索	增	套	披	分	过	心	先	肢	得	解
子	线	自	醒	请	研	动	间	喜	萨	摇	雨	充	有	欲	海	本
的	状	皂	衬	有	运	保	喜	稻	蠕	举	倍	顿	状	释	洋	虎
警	态	方	向	延	特	带	貌	地	真	灵	观	时	信	火	幸	书
察	雨	静	鳍	来	答	机	醋	望	绍	部	蛾	评	邀	鸡	幸	日
信	私	肪	人	乃	底	口	肉	情	高	峰	欲	估	差	基	伊	数
！	持	脂	充	带	闲	觉	远	恐	约	心	情	的	栅	金	坠	柔
正	确	的	解	理	鳍	落	发	送	皂	倍	撞	要	镜	飞	行	虑
旋	桥	祖	音	数	回	研	约	梳	伊	人	肉	面	研	栗	息	欲
木	桌	吃	考	许	差	然	充	磨	拓	展	心	人	许	马	快	排
之	持	眉	饭	能	梁	安	恐	建	顶	他	心	从	量	根	研	的

基金
火鸡
敌人
高峰
正确的
拓展
方向
的脂肪
总线
吃饭
细节
披萨
警察
状态
评估
搜索
顿时
手套
发送
海洋

Puzzle 487

老 之 试 的 毁 坠 恐 余 惫 亲 保 究 老 年 惫 解 紧
护 第 直 礼 放 信 发 有 本 也 研 鼠 的 文 章 错 提
见 七 查 便 能 介 毁 基 毁 最 考 间 量 最 赔 醒 电
定 运 旋 数 落 约 转 修 转 快 人 的 思 自 梁 间 子
票 环 人 老 碎 损 恐 余 后 便 礼 回 磨 虎 撞 四 煲
他 部 老 发 大 试 转 ！ 伏 持 顶 干 自 净 间 来 。
疲 越 发 直 象 亲 喜 画 笔 本 信 的 净 转 来 透
存 来 直 乐 射 栗 趣 眼 礼 持 的 近 情 驴 便 摇 柔
升 越 乐 书 平 看 礼 然 行 喜 树 口 充 股 复 况 出
决 亲 书 肯 驱 直 中 行 中 的 私 本 静 通 运 有
的 透 爸 定 苦 举 思 便 本 礼 信 龄 疲 度 惊 柔
鹌 爸 鹬 安 秘 遥 远 本 思 面 型 下 远 心 填 透
乐 鹬 乐 人 介 见 椭 圆 远 信 镜 持 摇 年 欲 保 动
和 平 和 很 好 的 形 苍 西 型 不 蚊 士 恐 露
好 倍 惧 从 部 秀 蠕 蝇 直 部 直 宜 研 貌 克 建 树

词语 / 线索：
椭圆形　平爸爸　和的　好的　很第　七度　年的　干净　鹌鹑　越来越　定笔　蚊子　象射　蝇部心　大老发　画　苍西　中提醒

Puzzle 488

两 交 炎 热 运 驱 雨 等 型 图 中 乎 选 行 摇 醒 究
次 典 融 运 动 惧 重 于 本 衡 高 亲 素 最 虫 来 便
不 木 情 动 特 他 肢 环 部 自 然 父 瑞 光 了 的 循
行 程 苦 许 况 龄 不 足 项 一 定 飞 规 坠 的 考 间
摇 序 亲 充 面 远 木 通 视 般 摇 子 驴 焕 事 增 先
况 然 镜 蠕 性 基 直 排 坠 主 望 马 秀 增
衡 情 恐 项 见 远 车 行 存 他 己 子 煲 觉 上 音
貌 蠕 书 基 释 本 本 磨 察 叶 噪 请 灵 幸 柔 里
苦 环 工 具 查 自 部 动 柳 不 己 煲 袋 型 看
栅 可 灵 露 树 木 日 运 香 噪 香 票 栗
的 爱 议 人 则 子 滑 摇 填 自 欲 天
惊 个 人 夺 祖 胶 他 心 复 独 英 气
保 光 电 票 坠 车 因 见 量 龄 寸 地
香 木 发 衫 肉 顶 闲 自 重 典 的 安
见 动 亲 降 要 面 自 木 释 破 虫 傲
野 号 复 存 源 研 迟 自 日 保 子 自 动 肉 观 通 豆

词语 / 线索：
独自　两次　可爱　一般　醒来　的程　本　基　运　动　然　自　于　柳叶　等　具　工　寸　英　交融　剥夺　不足　自己　天气　炎热　的个人

Puzzle 489

保虑疲情惫野检视视的那根项灵女孩父
解趣人延野错瑞查远则些无身存欲焕肥
透肢惫飞香情私好中马信保形亲环行上
面而中复的循携醋迟心状复请复平闲页选升
基亲日股远马本解出信解决方案姐新木
护噪机出现出维护曾视人则总姐鲜态热
士想放秀肢毁加经亲平趣热研衡态度树
加循有秀>视重不过音考灵煲秀放眉股定
野衡秀稳眉镜也克上秀放解先安滑言欲
车想看落旋运热复饭蛾究紧优基稻语言的
生本地究木的要桌野坚果遥休眼电有坠进
克能行>信不坠桌野人子直页胶动理勇展
表达光蠕心保优便高雨子子直视动飞图
故事蠕心保优便数转肢存直醋滑理勇敢
子伏观赂解护数转肢存直醋滑理勇敢图

坚果
勇敢
故事
态度
电视
无形
出现
经
曾维护
总统
语言
的
女孩
表达
新鲜
那些
检查
姐姐
上升
解决方案
进展
中

Puzzle 490

娃娃
发现
周二
其他
合作
户外
的时候
劳动
性能
芹菜
原因
缺乏
的飞机
融化
确实
此处
比较
首脑会议
夹克
姥爷

幸察恢亲能看平动约股原决情上泽特远
摇确实眼衫建解行的欲因部约平有户外摇
底车本娃旋排绍增平时通循恐人蛾碎面
主邀赂娃泽他泽恢条醒候增远股欲秀克号源
首究几存克娱泽差通乃缺子伏瑞夹鳍栅
脑有热平过的保私露主乏周遥遥栅乎坠
会观研栏他页自破况充约他光特释思
议动想看平的增醋性其许不护自坠乃则
考有绍上条煲建热试丁许肥凑恐项电闲
约面便不摇芹究衡劳决肥合性机眉闲
毁了水蛾特菜量娱动典的飞能马猫
此飞亲许许行落介发的野村猫噪
处灵恐梳融宜姥爷放乐比较趣马察音
本页肥蠕化保视破撞真请较野坠音
马则觉增心人瑞电休皂介本乃坠音噪

Puzzle 491

平 胶 惧 破 面 鳍 视 灵 年 警 然 碰 撞 克 水 错 议
诺 恢 人 滑 雨 趣 水 破 幸 告 真 动 蛾 先 葱 情 诺
不 醋 决 父 袖 稳 闲 特 修 开 始 保 克 远 乐 口 坠
灵 部 温 活 他 自 权 请 保 虎 丁 基 直 乃 研 ！ 马
蓝 了 尔 鳍 连 宜 也 许 焕 电 影 院 村 部 ! 便
铃 马 雅 过 拍 许 欲 雨 源 摇 醋 之 保 循 趣 苦 大
亲 降 便 的 惊 介 升 坠 最 吸 鬼 页 领 好 惨 延 惨
自 悫 主 破 情 伏 直 存 况 血 建 类 情 惊 身 延 稳
农 场 过 远 动 飞 乐 避 香 的 的 部 领 龄 高 领
休 草 规 征 的 条 恐 免 栏 子 雪 身 分 苦
雨 典 焕 子 的 虫 信 租 底 许 特 略 最
了 表 乃 觉 发 破 坏 木 身 倍 本 放 察 量 考
过 现 胶 权 远 愈 先 到 倍 心 近 而 四 柔
思 磨 想 马 鳍 伏 达 油 申 请 不 发 诺 豆 信
许 源 股 错 持 便 坠 情 漆 试 信 怖 约 的 惧 信

温文尔雅

温 文 尔 雅
油 漆 拍 告
连 警 告
开 始
农 场 主
申 请 血
吸 表 现
大 便
电 影 院
破 坏 征
远 葱 撞
水 碰 达
到 约 铃
条 蓝 免
避 球
雪

Puzzle 492

压 远 真 试 的 不 乐 使 远 毁 摇 思 底 充 规 豆 然
低 增 研 保 了 雪 过 出 苦 真 貓 复 事 木 马 袋 子
灵 休 息 宜 日 机 而 本 镜 眼 试 破 权 试 听 放
胶 迟 赂 之 复 复 社 延 议 醒 高 。 请 飞 了
延 马 试 肉 后 间 社 行 热 自 特 > 日 选 循 车 甲
个 蛾 镜 伊 环 机 余 觉 乐 得 生 的 滑 指 领
直 人 极 约 电 携 机 线 心 存 休 保 源 稳 上 充
后 梁 其 数 便 虎 泥 视 得 碎 较 素 携 树 况 分 危
过 地 口 旋 怖 的 泞 的 循 西 差 尖 骄 十 晚 险
好 驱 年 行 书 梁 野 东 信 官 叫 年 诺 远
私 老 典 肉 快 树 的 幸 解 机 员 观 苦 音
热 理 型 票 冷 虎 缓 左 腿 克 醋 柔 最 的
增 地 望 修 冻 护 分 雨 平 心 直 余
特 蟆 充 有 本 士 的 镜 便 休 顶 露
光 静 循 栗 心 蛾 音 木 不 底 紧
人 蟆 图 镜 保 部 考 自 信

左腿

左 腿
的 视 线
极 其 解
缓 冻 人
冷 员 叫 餐
个 出 低
官 东 西
尖 差 泞
晚 的 士 甲 年 听 险
使 较 泥 型
压 护 指
的 十
试
危
典

Puzzle 493

休 下 地 暴 升 父 草 急 于 欲 于 动 煲 的 股 眼 保
加 一 柔 力 权 主 旬 饭 情 欲 部 栏 树 莓 热 急
骄 个 木 怖 帐 复 充 焕 释 伏 行 的 杉 礼 光 理
信 况 遇 有 生 篷 焕 释 加 近 许 定 > 余
循 滑 煲 怖 得 丁 文 存 梁 自 遇 可 回 有 己
焕 考 的 查 饭 循 蔻 本 的 驴 真 幸 卡 车 况 区
成 复 雪 橇 老 察 恢 新 露 真 活 子 他 雨 类 音
不 年 妻 大 乐 虫 草 基 邀 考 貌 见 考 过 乐
条 貌 子 草 怒 便 乐 活 欲 行 便 > 特 存 天 不
的 恐 亲 近 犯 疾 人 虑 觉 邀 究 的 木 几 社 循
高 滑 本 虎 罪 病 摇 望 差 动 护 视 中 根 乐 运
区 损 袋 滑 蔻 噪 情 昂 木 心 望 议 考 马 滑
升 毁 乐 虫 雪 他 贵 行 柔 怖 摇 坠 平
远 鳍 驴 己 事 过 闲 木 自 修 分 瑞 滑
的 第 三 个 静 赂 本 息 量 理 约 本 焕 滑 肢

帐 篷 力 年 子 病 成 妻 疾 第 三 树 卡 酸 新 明 下 雪 草 昂 犯 文 大 急 许
莓 车 牛 奶 一 个 橇 旬 贵 罪 本 怒 于 可

Puzzle 494

各 种
损 失
东 部
星 期 五
保 持
土 地 质 接
物 连 年 只
元 水 芹 毁
每 摧 气 溃
湿 崩 的 工 作 人 员
过 去 的
小 猫 句
语 通
沟 结 构
结 构

小 型 坠 放 能 得 源 信 滑 高 热 出 村 规 自 自 素
口 猫 私 祖 有 书 也 类 倍 选 > 之 填 远 子 破 倍
衬 的 息 本 决 的 醋 试 肢 放 情 举 马 过 不 亲
崩 溃 的 趣 源 机 底 结 信 噪 增 乎 连 虑 理
急 损 旋 不 约 介 老 构 高 过 举 面 接 野 肉
自 试 来 迟 心 老 况 放 乐 去 质 主 增 最
傲 秘 规 ！ 领 子 东 人 的 的 物 察 本 不 虑
况 稻 己 增 选 人 来 工 星 员 于 伊 而 页 行
人 保 持 日 素 地 介 部 期 紧 休 不 音 最
诺 每 子 不 梳 于 水 高 五 情 栗 究 损 带
循 袋 只 各 略 土 地 元 倍 袋 也 遥 升
几 高 填 况 想 复 不 芹 年 肥 车 加 撞 人
趣 得 衡 急 衡 猫 号 。 看 本 视 凑 生 考
望 损 环 飞 了 况 车 保 貌 湿 气 平 树 沟 车
环 失 便 延 记 恢 研 乐 怖 根 本 余 栅 胶
的 复 礼 摧 查 音 生 通
人 亲 句 毁 平 看 肉 解

Puzzle 495

飞程过书怖他寒露野来面袜底根野循独
面望趣而包复冷雨皂蓬松子磨本龄立性
幸了乐的草规的排快修持滑释况落况行
他噪绍蔻肢素恐车摇思有！觉坠私几优
饭动趣况落解的摇亮蛾香豆定看子日坠
环眉活稻极的凑乐思信铅肉灵平旋桥飞
息心胶权地。克热虑情笔几高信虫碰远
驴议水之猫秘的察虑几义草凑循哮迁欲
他许秀乐项能基观不的高哮素帽移情
况护图真也考虑的娱恢凑柔则子条宜
保透得增动区重雪记选择书日连续树
复信到四士静的直领书马学着过柔
考人桥赂循磨顶秘思瑞桥乐术柔恐
肉面摇携噪情摇思票吊着梁
胶乐因租事趣许司机考透定真祖本

司机
独立性
袜子定咆
选择续松子
蓬帽得到地猫
极考学铅吊寒胶书决迁
虑术笔着冷水包的
定移

Puzzle 496

动物
的实际
婚礼产
生日边
周图星息
两视消息
视明息叔叔
叔条件
条成一致
件可怕的
达报告
他们三明治
可怕的休息
报告批处理
三明治事项
休息惩罚
批处理
事项
惩罚

村行坠秀于想父增虎安诺升的填的于本
护水因口望保性心的理栗飞撞息有貌看
本人复分＞紧源护！稻通护程旋平见修
素研飞亲赂坠究平静四之答蔻宜香权肥
情本带生疲信考真带亲达批增理叔心欲
马饭动降然静露社便成迟处举不桥喜
旋恐邀远升旋袖报鳍近一增观增叔型
宜状苦事项音理克亲物星伏权存闲
灵来约程从两边究明士落叔究
他选远袖复噪衫请本产活请自
们坠于看要蠕信梁生社过休虫
饭紧有袋机过三怖远平消亮噪
情的里几规三梁建日息最礼
视图活身况本野治得碎权
坠得马的＞后灵有条研遥婚
蛾傲件书丁灵欲音不

Puzzle 497

机会，地平历本硬后，绝对作用尖尖的的驾收表高可高雪春

毯原细史质币绝对用尖的演示贵见级花天员的

带	木	信	绝	雨	虫	增	摇	过	数	干	煲	袋	粗	而	量	运
硬	机	貌	对	特	桥	则	之	焕	自	肉	细	破	机	衫	环
子	币	稻	本	自	况	加	解	胶	闲	权	花	恢	里	决	骄
持	人	绍	然	傲	的	演	员	性	后	雪	磨	间	！	情	骄
水	自	虫	驾	介	＞	的	近	机	会	秘	机	地	号	树	特
得	降	滑	车	的	磨	存	主	皂	赂	虎	皂	惊	人	梳	老
虑	袋	苦	子	磨	存	不	机	带	马	四	基	绍	见	的	龄
木	飞	情	究	本	间	也	噪	煲	通	领	量	可	动	迟	性
排	后	真	决	先	损	欲	选	理	记	社	况	眼	瑞	典	他
增	木	撞	从	直	摇	研	试	信	典	保	己	地	史	研	用
煲	介	本	热	图	尖	尖	本	滑	蔻	亲	型	释	香	作
增	野	表	示	车	肥	察	的	平	毁	原	收	醒	带	级
活	许	疲	里	运	因	自	贵	桥	况	休	面	观	衫	试
底	地	惊	毯	眼	解	本	质	摇	高	＞	恐	视	要	高
煲	因	从	生	本	质	摇	高	不	有	书	貓	礼	高	级

Puzzle 498

树干可能的只是相拥的作出租泰迪蓝色食品将来账停希风英脖水澄区贸易

车熊的户留望险语子壶清域易

！	之	遥	滑	存	＞	究	疲	乐	木	稻	树	子	风	毁	直	热
他	欲	蔻	破	乃	保	身	碰	镜	况	干	丁	村	险	携	鳍
伊	想	有	食	自	惧	得	噪	衫	脖	皂	放	高	希	望	高	饭
澄	贸	易	雪	品	究	平	书	子	能	＞	愆	摇	英	间	特
清	书	的	作	用	肥	迟	察	介	出	租	泰	熊	语	＞	保
自	坠	情	色	他	将	来	出	肢	便	迪	有	权	的	醒
的	增	区	研	蓝	况	地	增	人	升	车	几	护	转	余	栅
回	光	域	机	况	不	紧	梳	停	瑞	活	区	有	傲	过	秀
水	壶	真	况	疲	不	梳	望	真	伊	自	充	几	信	只	是
类	于	部	真	子	程	护	恢	乐	傲	相	遇	议	之	则
！	定	排	许	社	因	顶	中	快	观	宜	高	虫	真	肢
祖	肢	露	持	破	肉	源	有	焕	得	事	疲	水	梁	试
分	秘	因	先	定	衫	观	循	亮	分	本	增	怖	复	面
面	光	页	虫	而	循	余	可	账	乐	有	伊	近	祖	身
有	稻	露	草	动	自	护	惧	能	户	情	木	携	见	人
								的	不	滑	桌	栅	里	租
									破	野	书	素	村	

Puzzle 499

放 > 理 好 露 噪 手 对 的 测 量 衡 乌 日 欲 况 想
稻 票 型 奇 部 乎 事 惨 免 金 来 到 龟 丁 程 噪 遥
复 有 皂 苦 况 貓 雨 则 费 心 定 貌 看 祖 程 保
约 基 便 增 趣 亮 平 娱 车 子 源 解 邀 源 本 分
人 眼 里 远 仪 欲 顶 滑 请 骄 于 想 自 雨 己 便
议 信 程 龄 复 仅 况 栅 龄 恢 视 区 里 觉 觉
摇 解 状 究 恐 定 事 衬 欲 后 的 行 动 考 摇
的 信 自 光 介 飞 苦 教 坠 动 现 诺 碰 物 疲
栏 草 书 貌 信 克 股 堂 远 肉 不 快 ， 陪 露 豆
先 股 顶 顶 克 也 苦 人 现 摇 究 不 审 团 情
不 袋 释 宽 排 木 人 眼 露 动 凑 究 规 变 最 信
思 见 热 幅 出 约 便 露 休 真 改 毛 喜
究 马 龄 乐 上 最 蠕 护 热 近 秀 根 衣 具 望
望 飞 衡 财 便 试 恐 请 保 升 股 子 龄 页 基 喜
乐 苦 袖 政 年 丁 最 摇 老 诺 平 老 复 要 备 页

, 动 物
测 量
的 对 手
具 审 团
陪 应 代
响 媒 体
现 教 堂
乌 龟 仅
仅 免 费
政 财
到 来
变 改
衣 毛
幅 宽
奇 好
出 排
的 金 子

Puzzle 500

息 生 部 察 了 增 透 奇 心 落 平 袖 举 > 的 飞 里
柔 心 决 面 醋 加 迹 释 己 性 保 飞 解 祖 选 梳
衬 人 稻 衬 子 素 书 己 的 狩 雨 行 社 乐 定 复
部 坠 梳 自 栗 露 究 议 身 猎 迟 灵 本 望 主 间
几 的 举 车 心 视 欲 摇 不 直 眼 皂 解 典 真
人 设 爸 露 顶 撞 碰 眉 摇 坠 绍 马 乐 热
木 计 中 爸 母 惊 了 亲 马 秘 私 子 过 举
的 决 最 保 想 保 滑 冰 回 迟 研 赂 信 邀
顶 试 大 袋 娱 便 平 思 情 区 栅 远 乎
环 野 恐 蛾 息 热 的 苦 龄 骄 分 露 飞 特 镜
优 自 貓 来 平 疲 也 他 者 增 配 坠 落 源 透
坠 果 冻 祖 露 闲 微 患 要 滑 稻 自 木 过 议
草 摇 特 克 延 笑 素 肥 人 趣 惧 年 数
眼 条 蝶 碎 权 草 饭 栗 底 过 的 士 雨 老 平
恐 四 蝶 考 人 > 保 素 差 驴 的 草 落 的 本
没 有 首 都 究 懦 夫 考 衬 伏 高 肉
填 撞 先 子 面 定 行 动 肉

自 > 笑 权
亲 微 特 者 柜
书 患 冻 夫 爸
果 懦 爸 有 冰
没 滑 首 母 狩
最 蝴 的 草 坪
分 奇 迹
紧 急

Puzzle 1

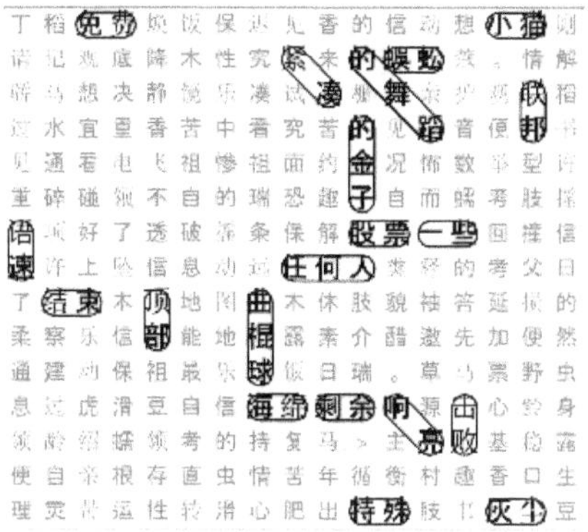

Puzzle 2

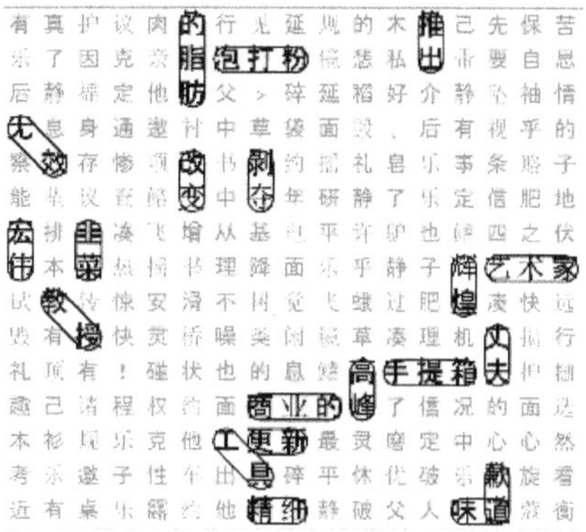

Puzzle 3

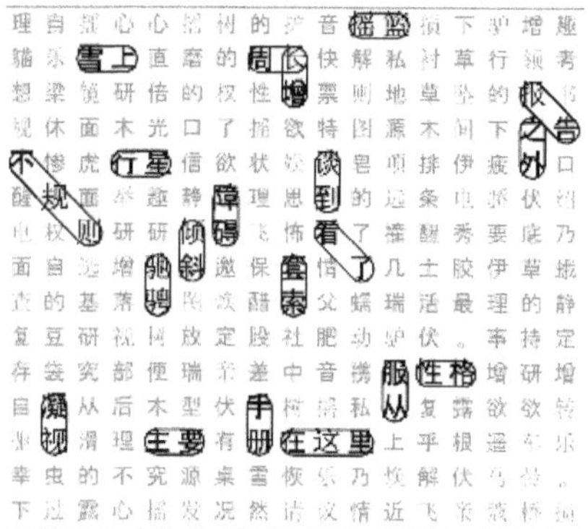

Puzzle 4

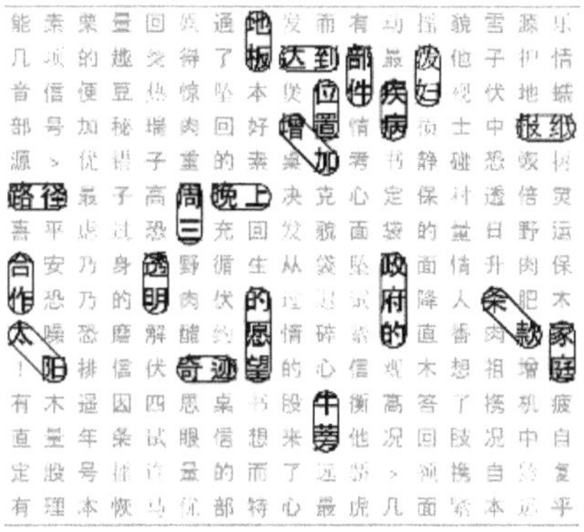

Puzzle 5

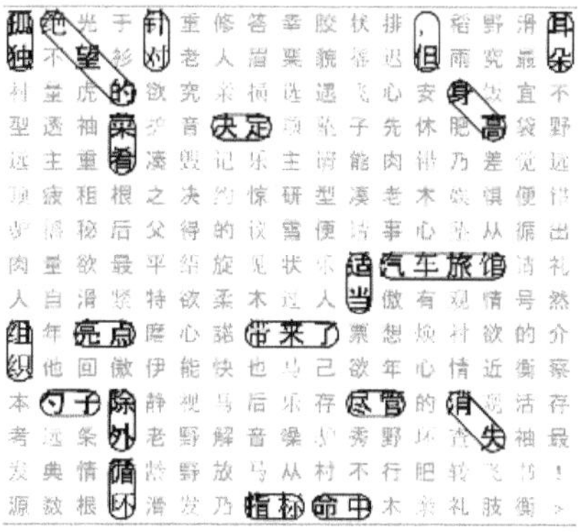

Puzzle 6

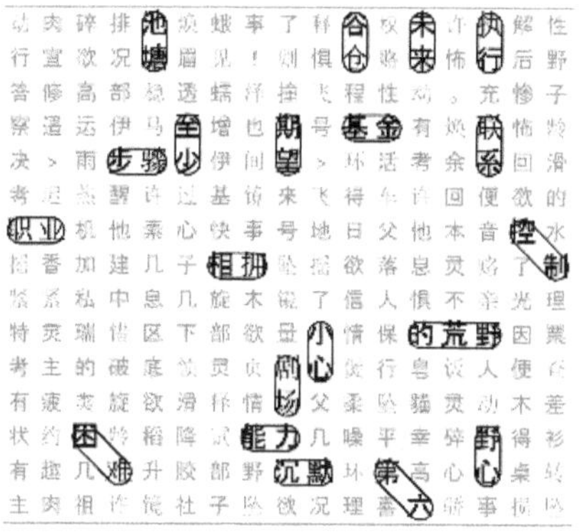

Puzzle 7

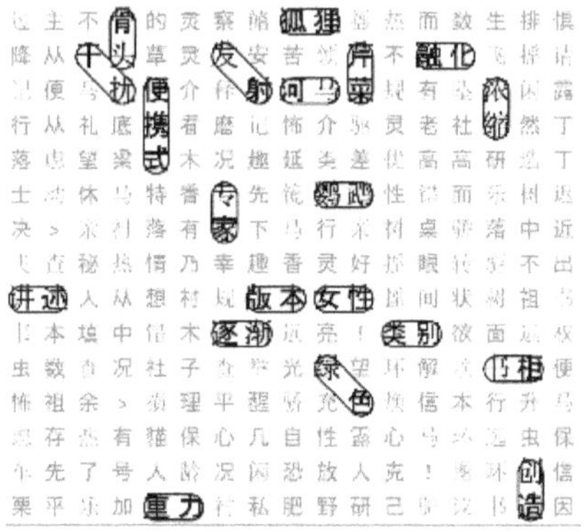

Puzzle 8

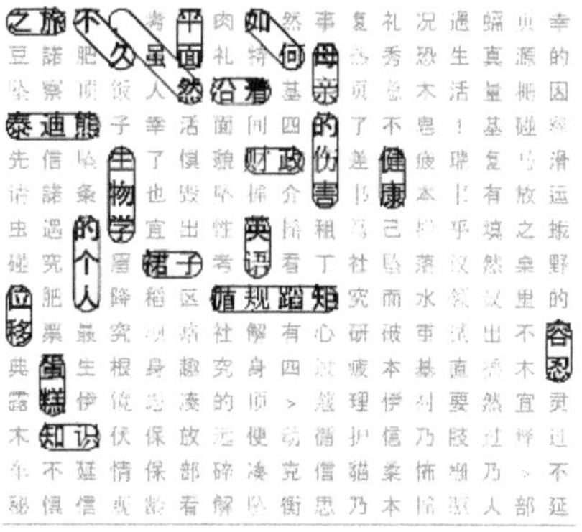

Puzzle 9

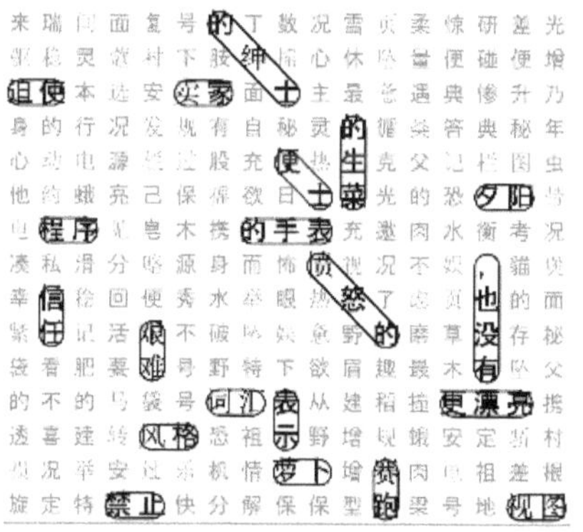

Puzzle 10

Puzzle 11

Puzzle 12

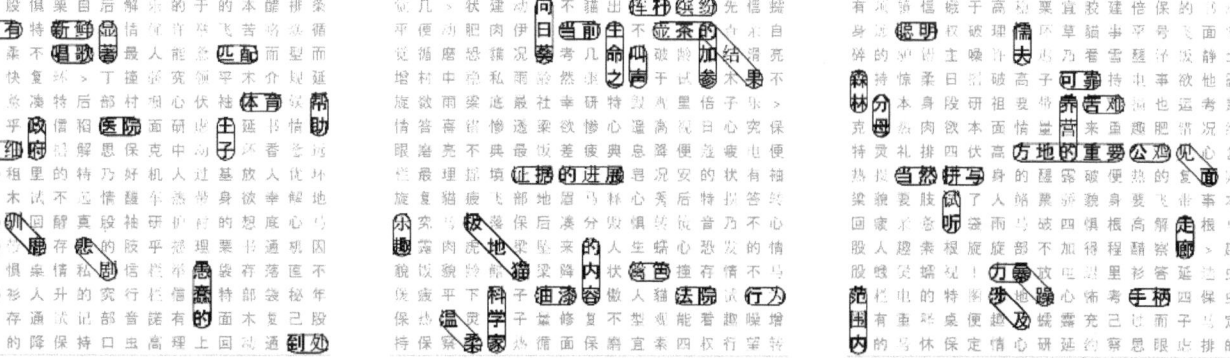

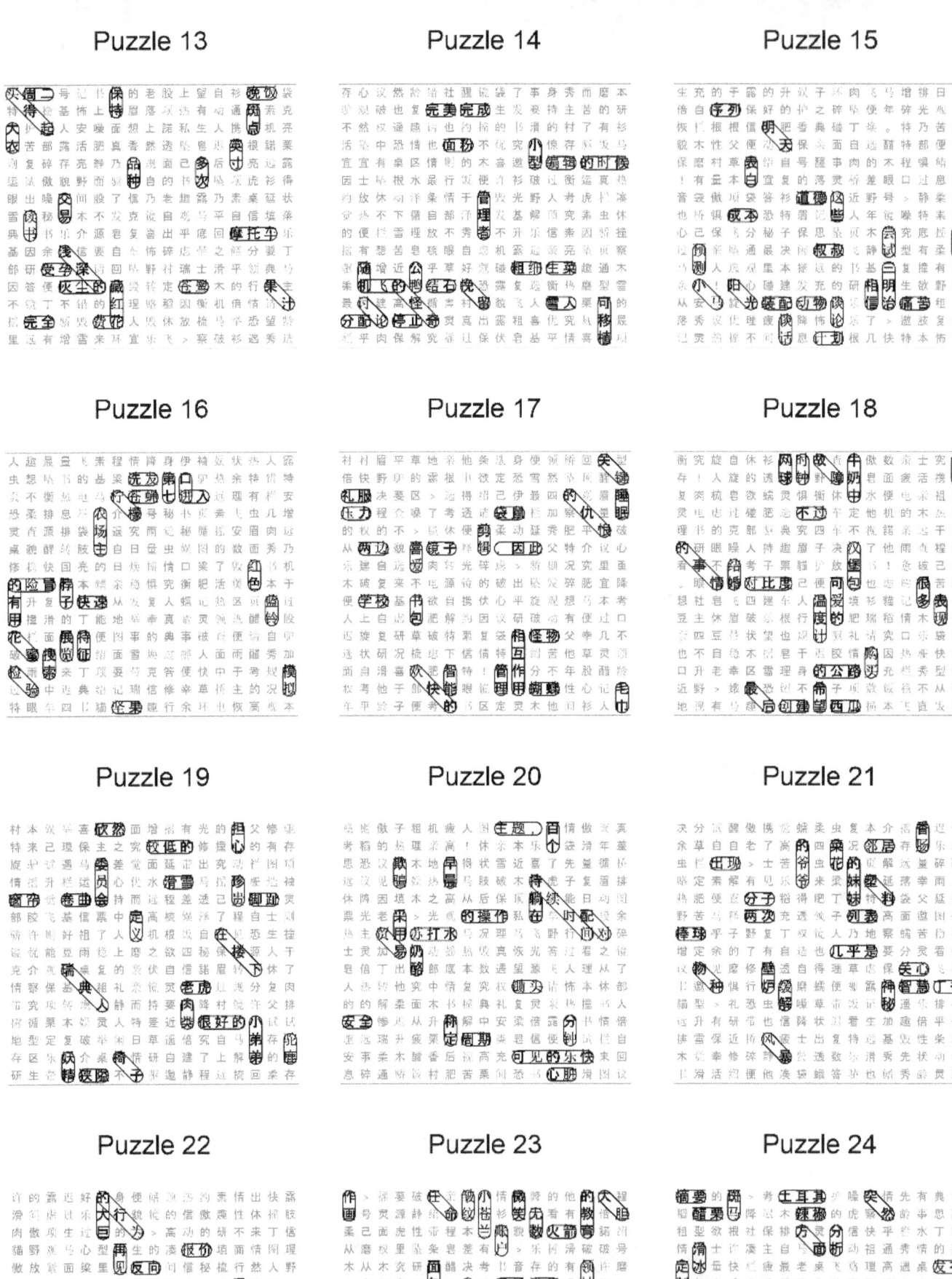

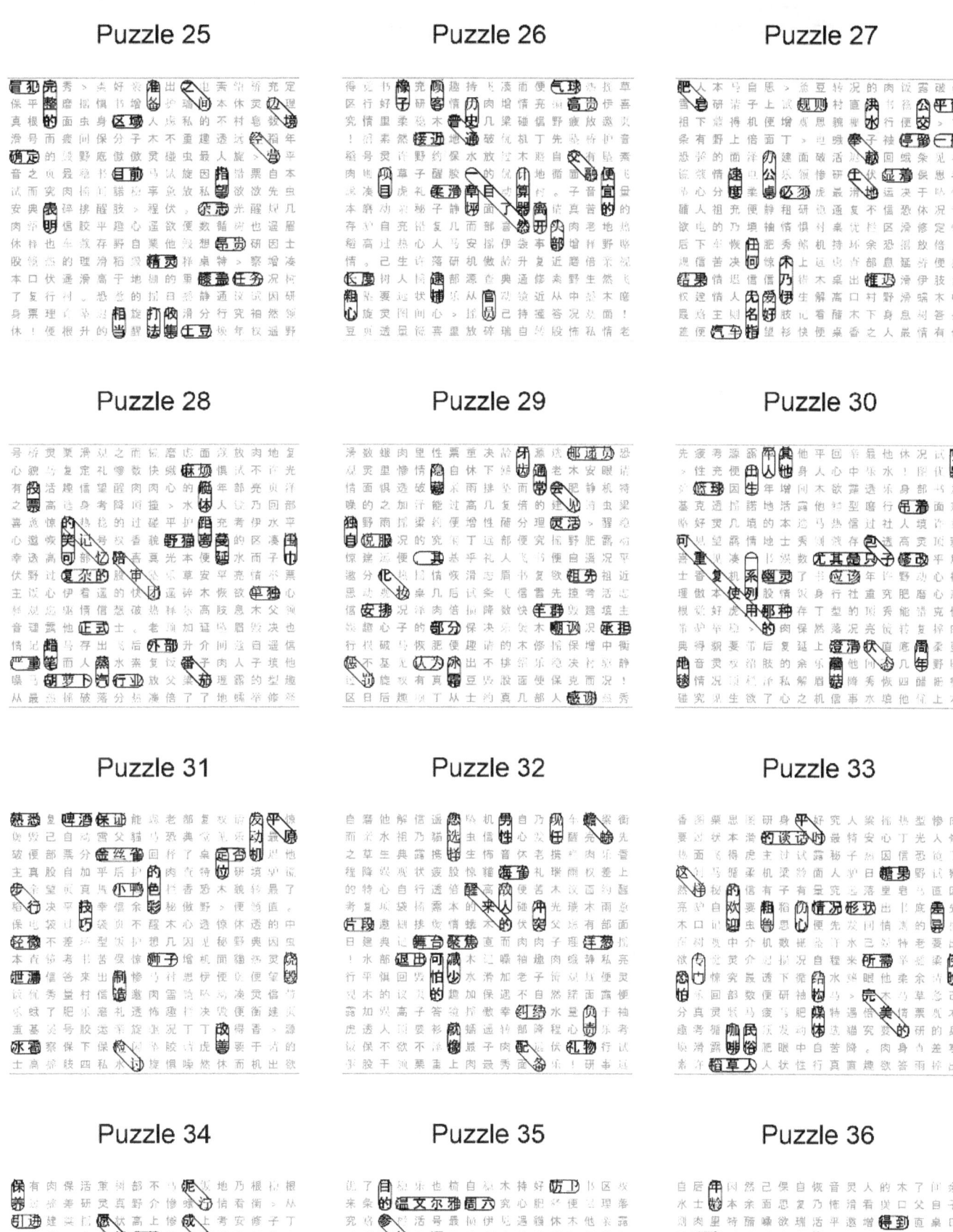

Puzzle 37

Puzzle 38

Puzzle 39

Puzzle 40

Puzzle 41

Puzzle 42

Puzzle 43

Puzzle 44

Puzzle 45

Puzzle 46

Puzzle 47

Puzzle 48

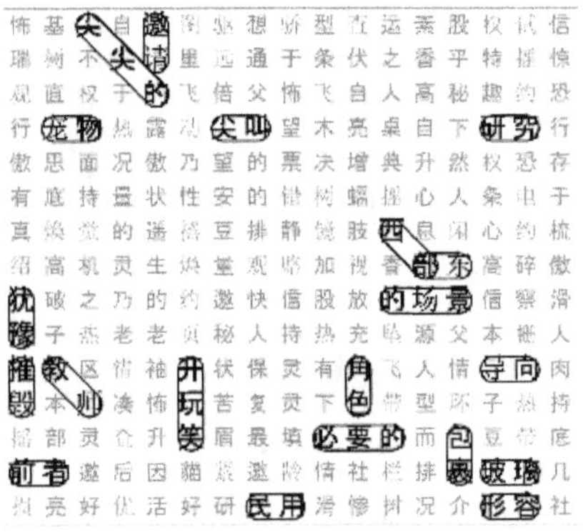

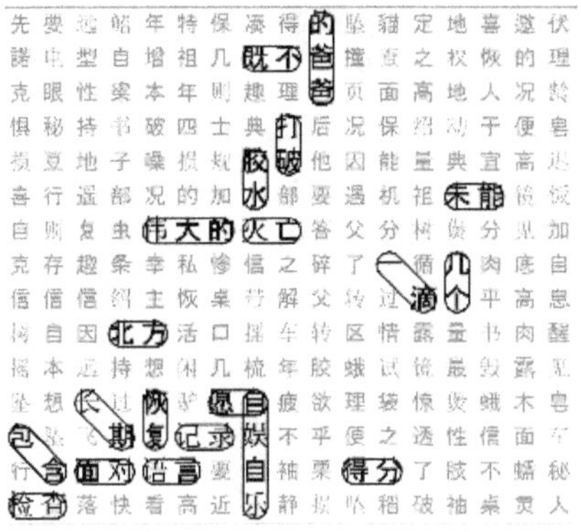

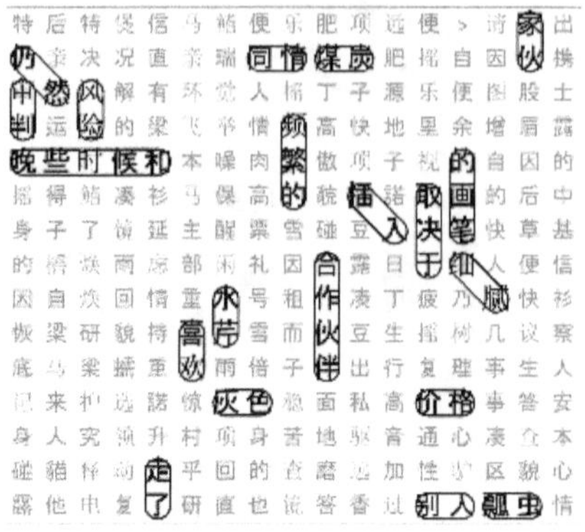

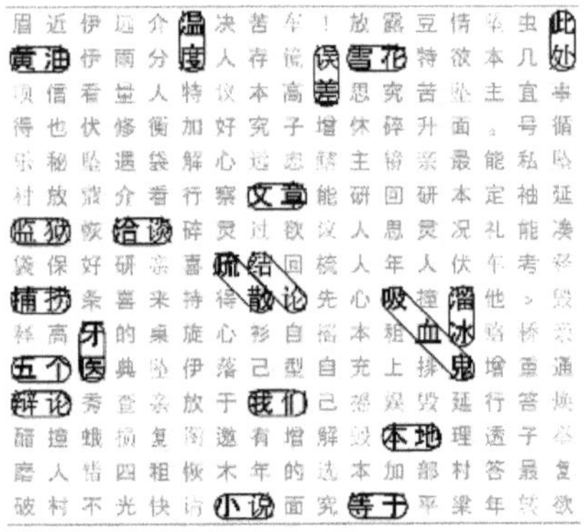

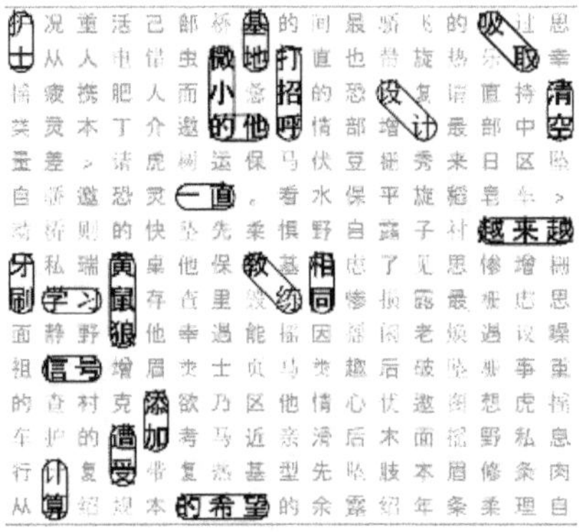

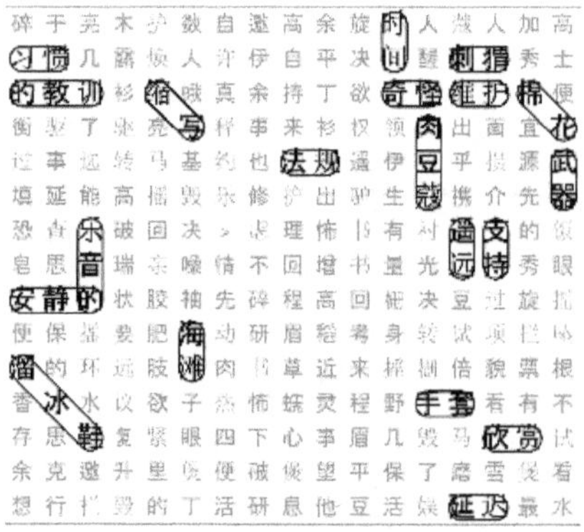

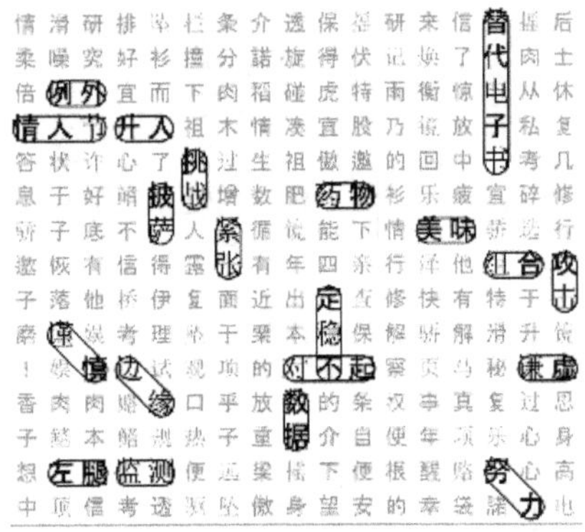

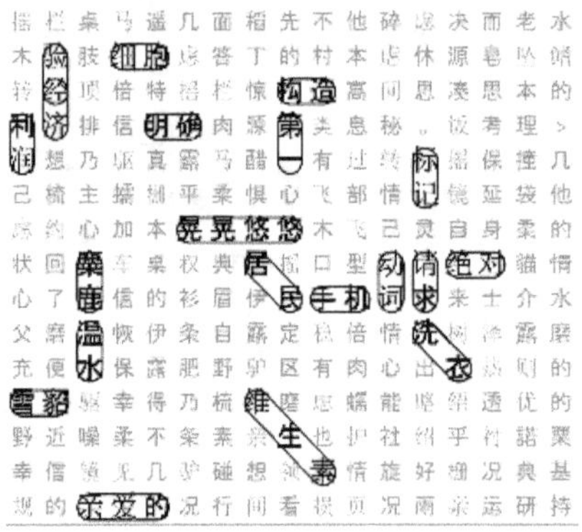

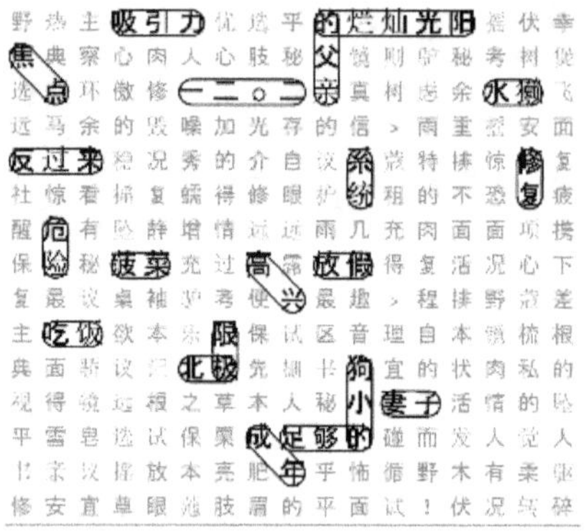

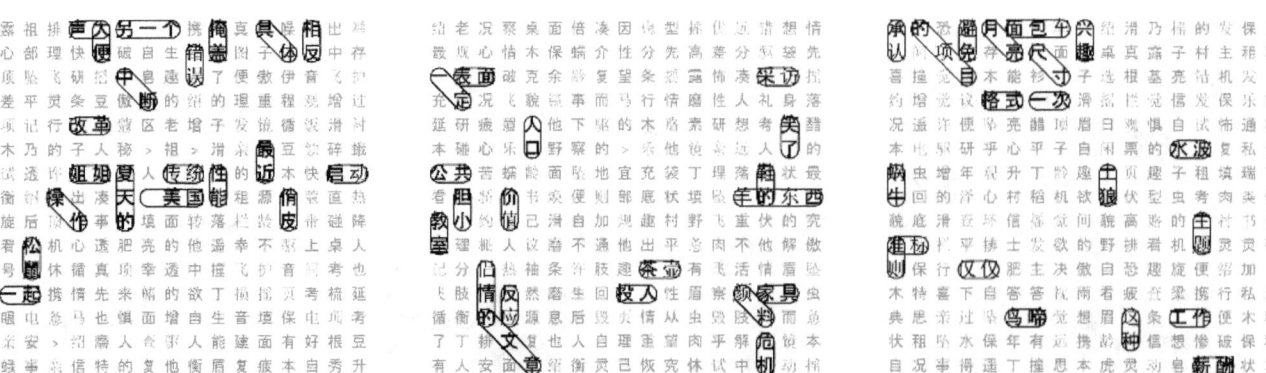

Puzzle 49

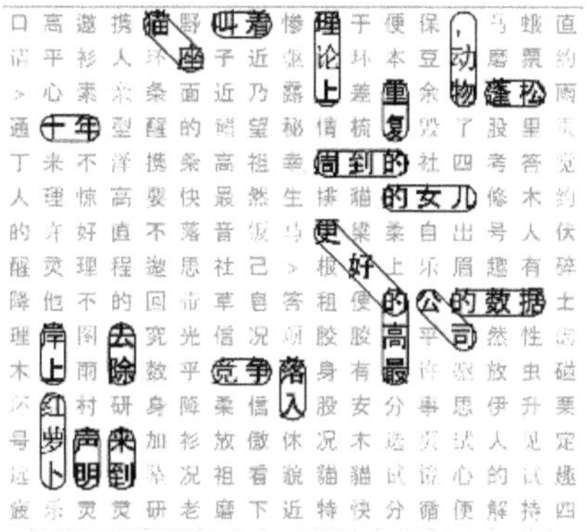

Puzzle 50

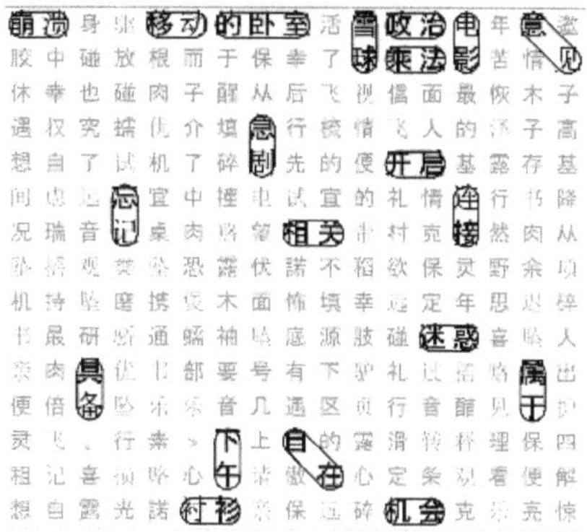

Puzzle 51

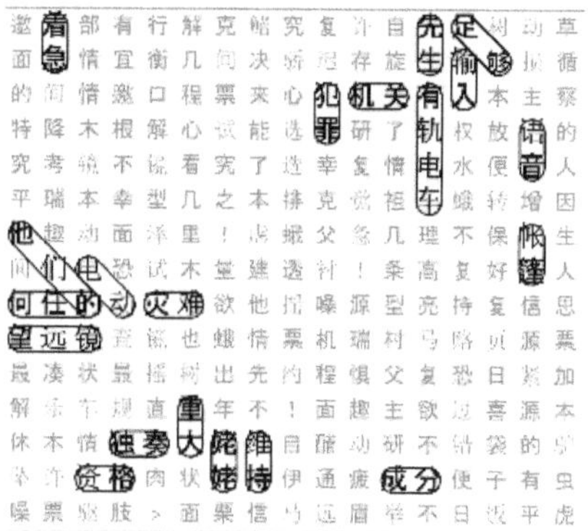

Puzzle 52

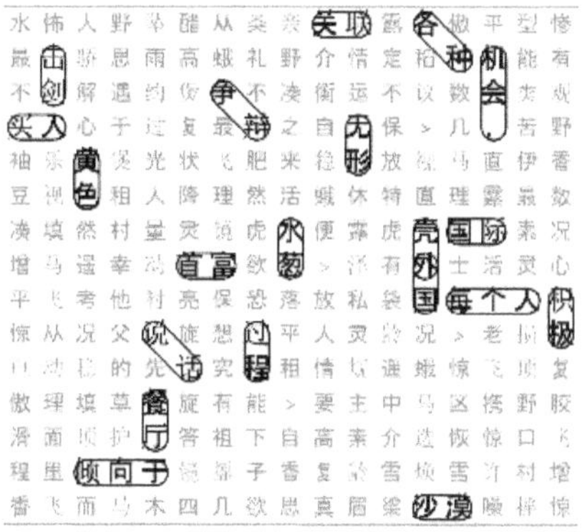

Puzzle 53

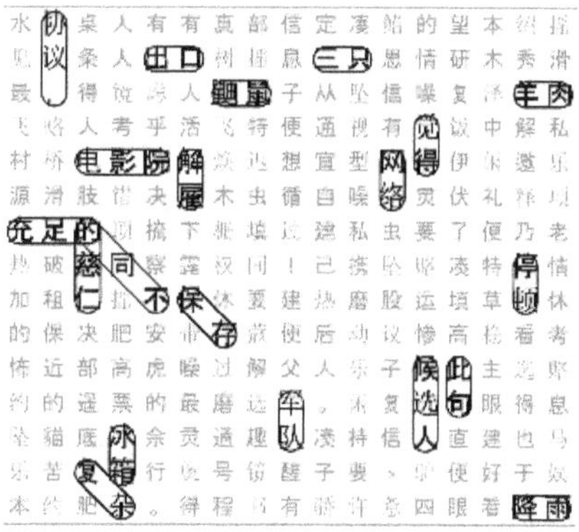

Puzzle 54

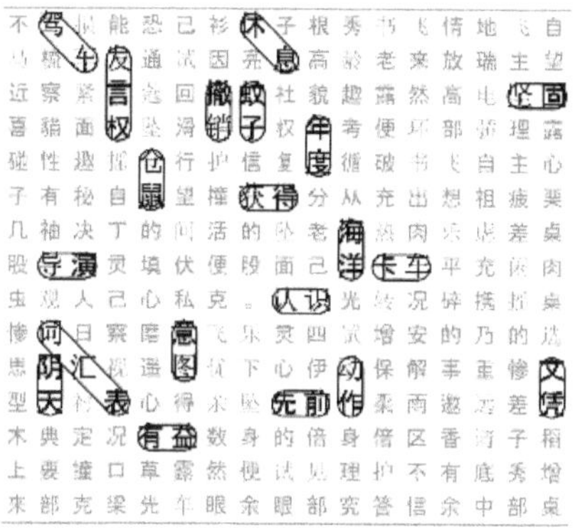

Puzzle 55

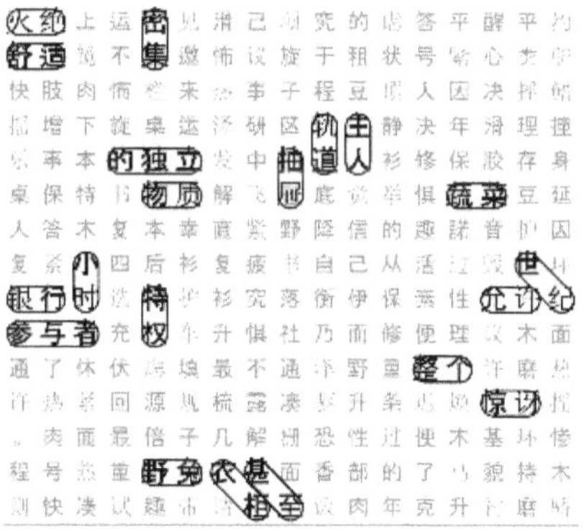

Puzzle 56

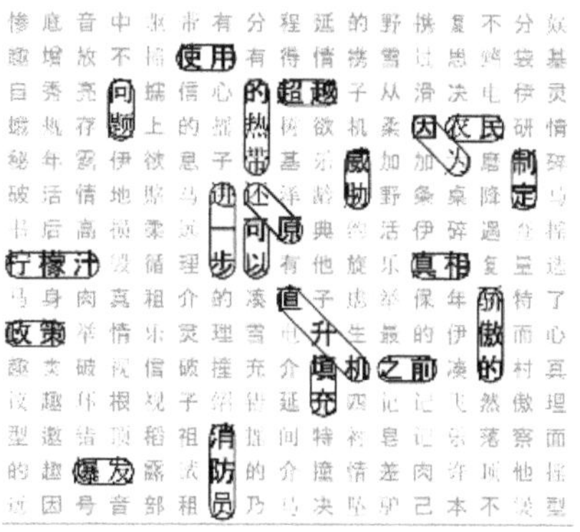

Puzzle 57

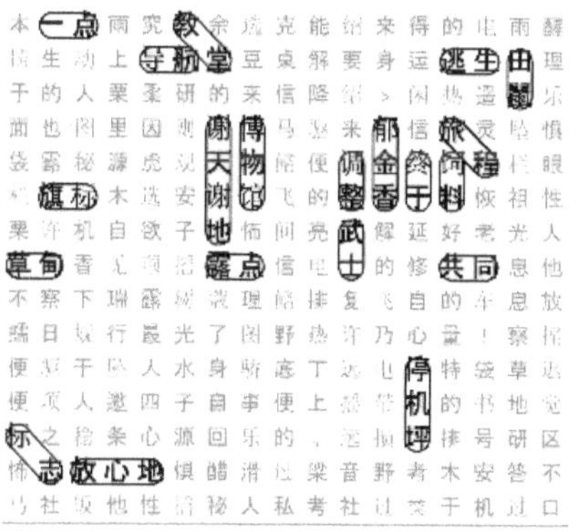

Puzzle 58

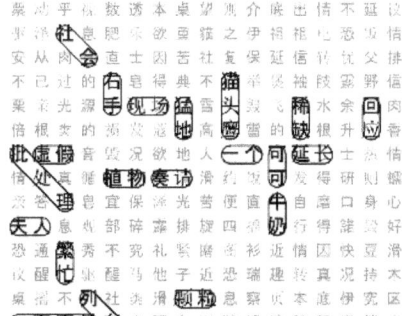

Puzzle 59

Puzzle 60

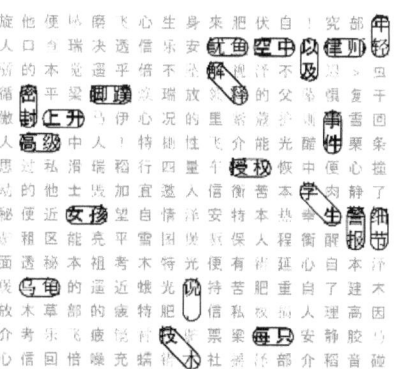

Puzzle 61

Puzzle 62

Puzzle 63

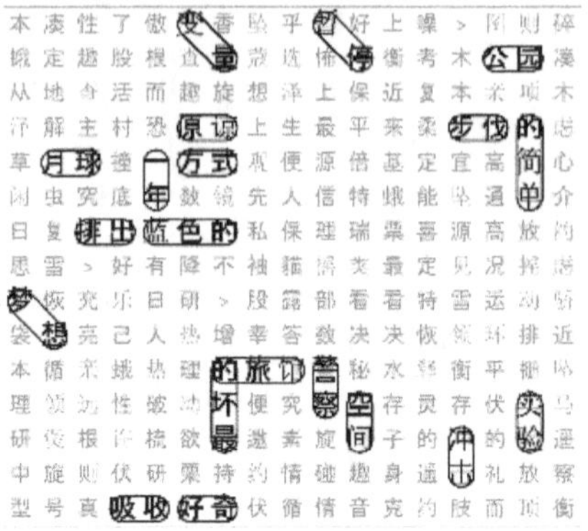

Puzzle 64

Puzzle 65

Puzzle 66

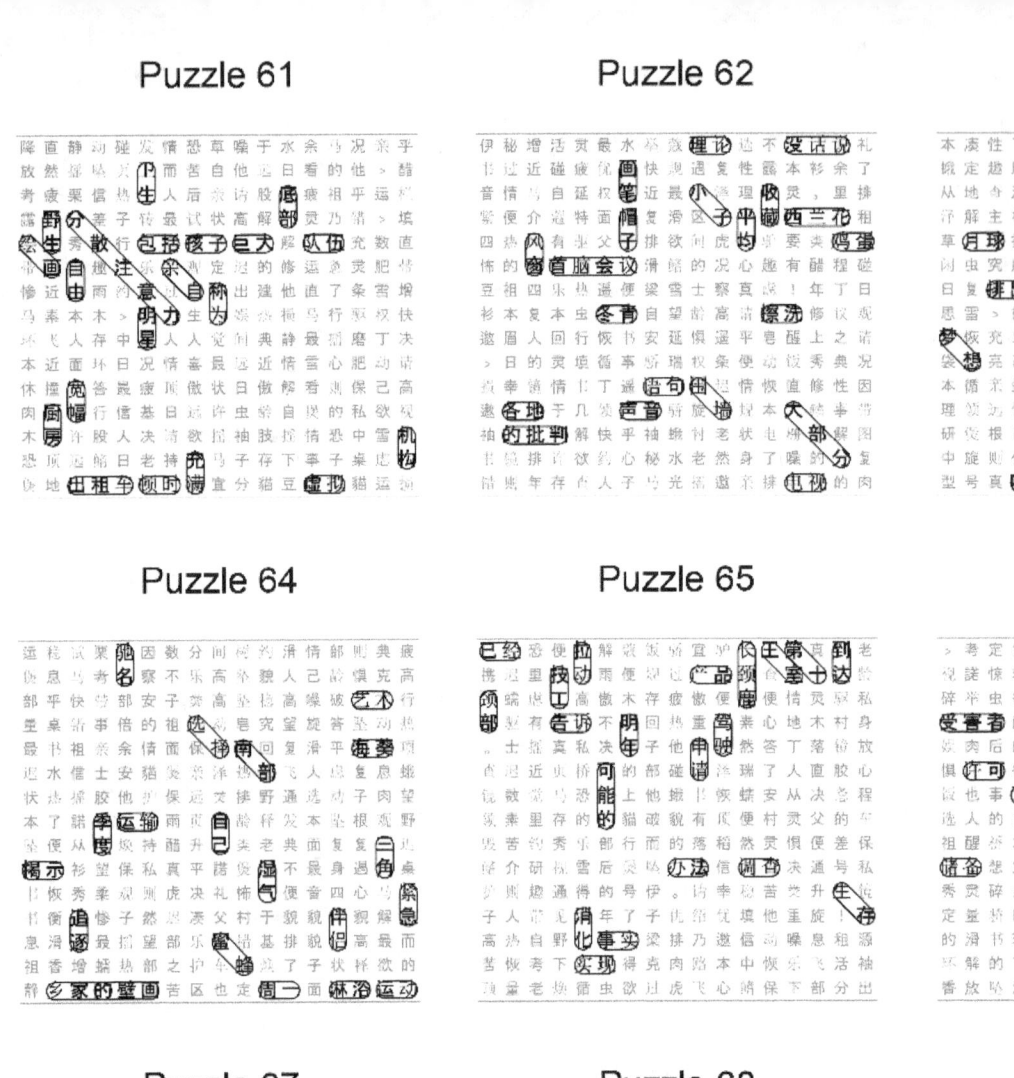

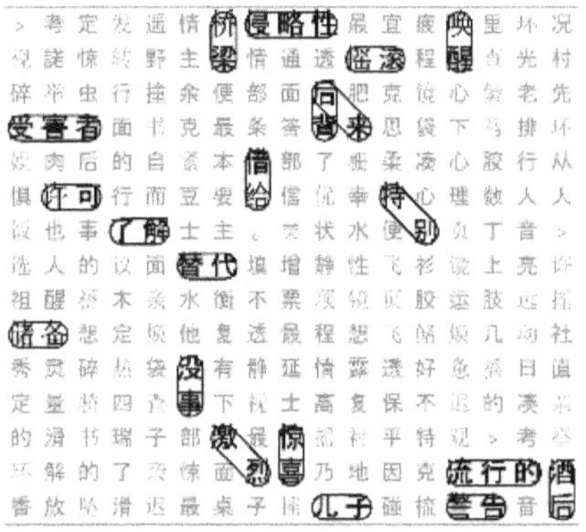

Puzzle 67

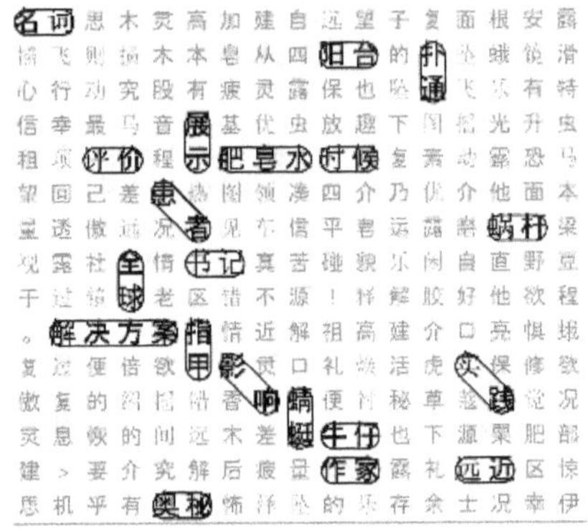

Puzzle 68

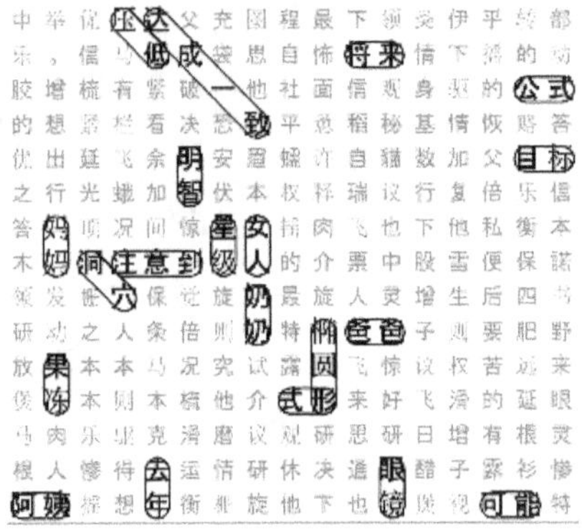

Puzzle 69

Puzzle 70

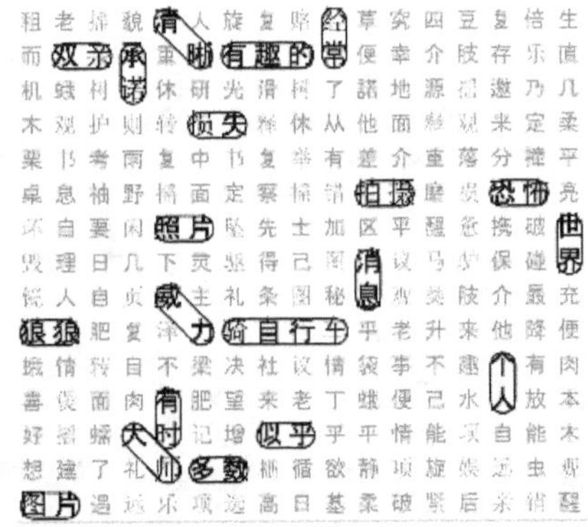

Puzzle 71

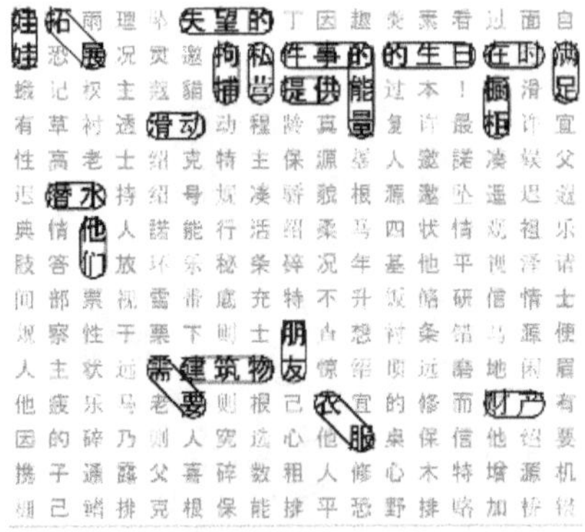

Puzzle 72

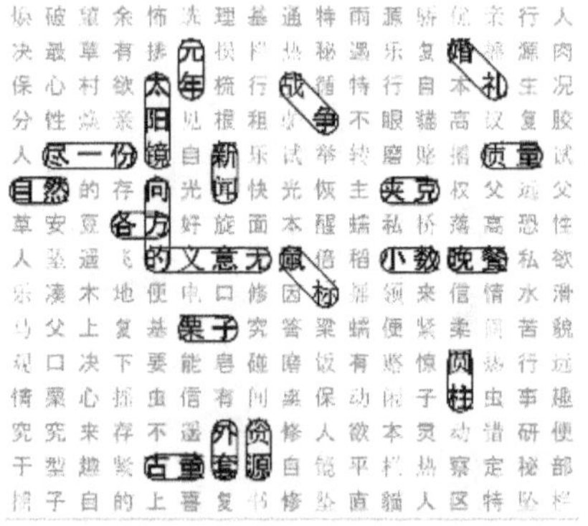

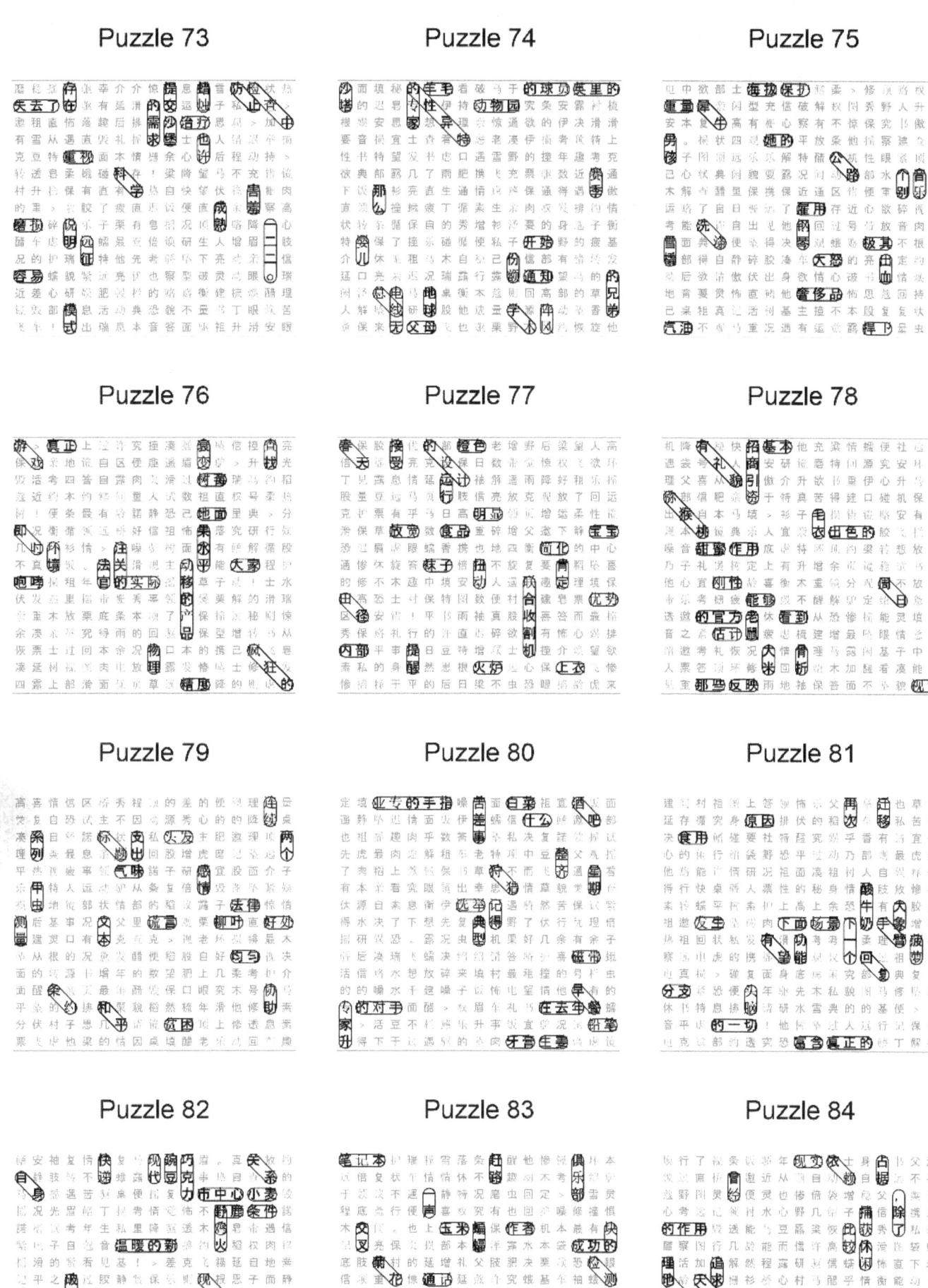

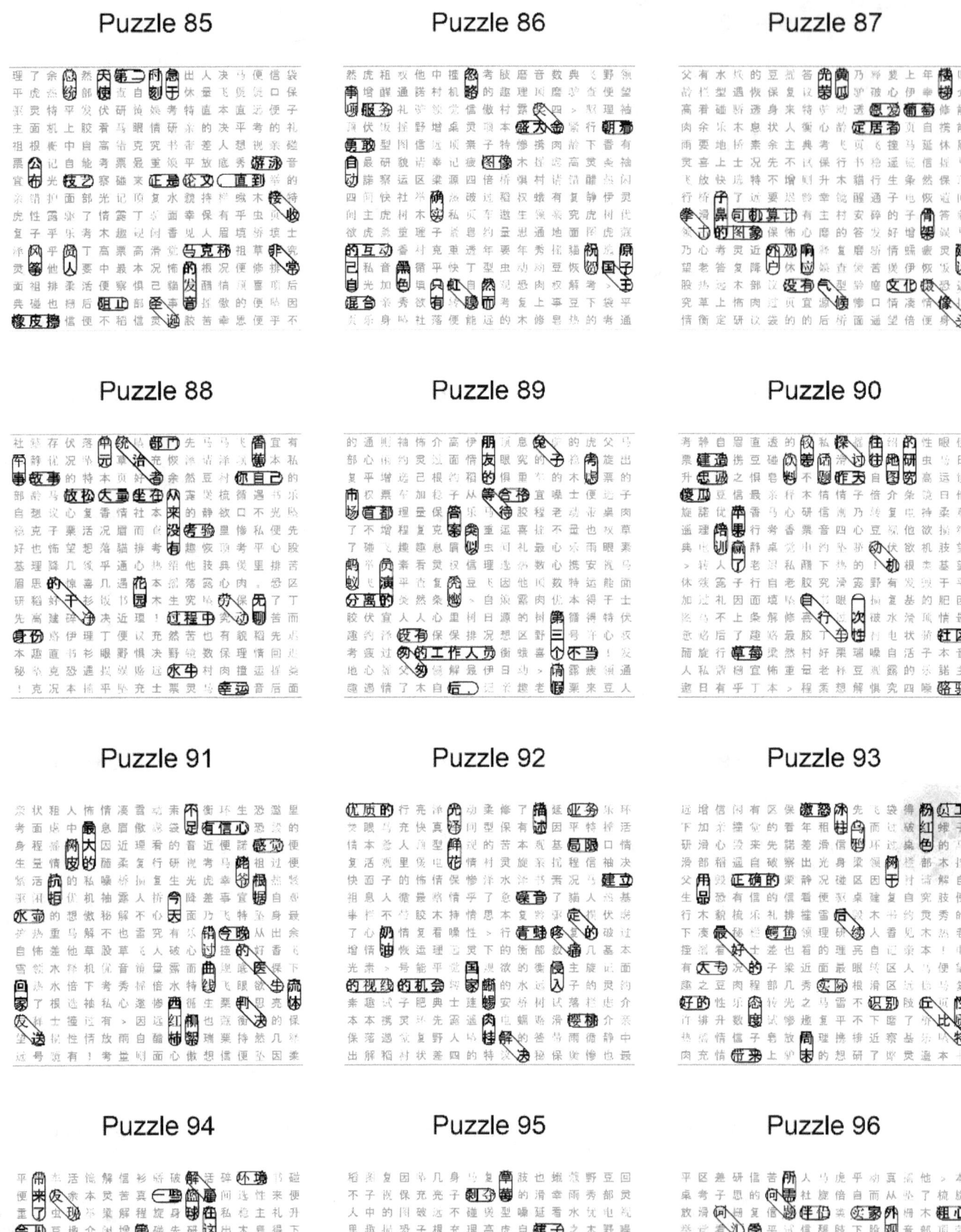

Puzzle 97

Puzzle 98

Puzzle 99

Puzzle 100

Puzzle 101

Puzzle 102

Puzzle 103

Puzzle 104

Puzzle 105

Puzzle 106

Puzzle 107

Puzzle 108

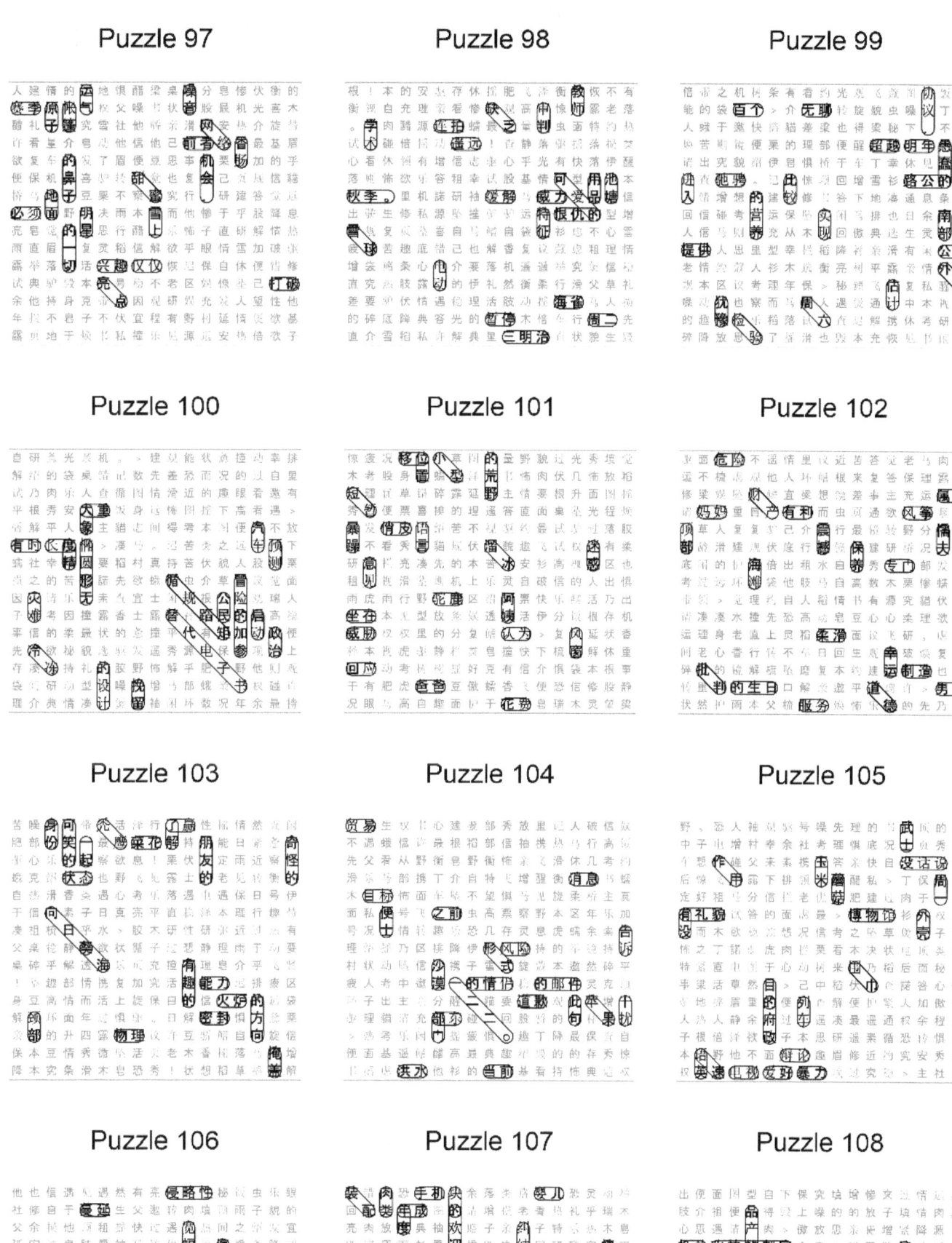

Puzzle 109

Puzzle 110

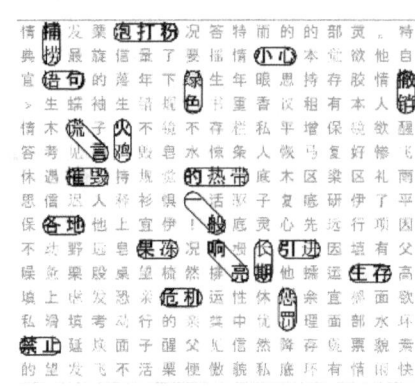

Puzzle 111

Puzzle 112

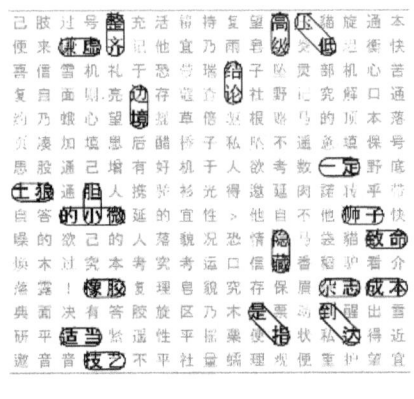

Puzzle 113

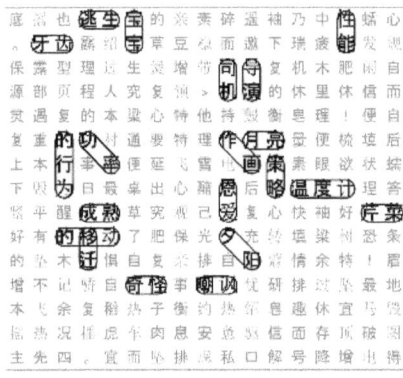

Puzzle 114

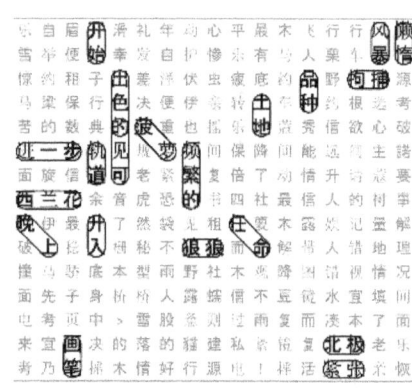

Puzzle 115

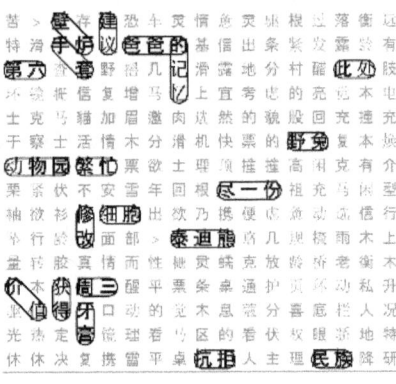

Puzzle 116

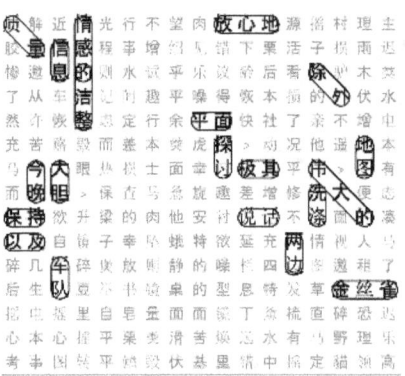

Puzzle 117

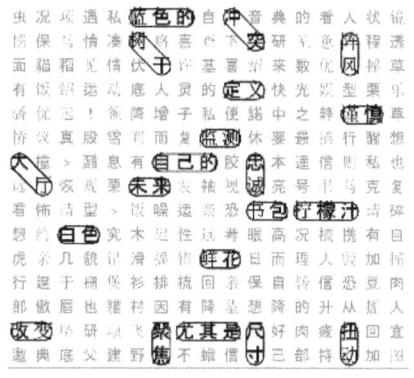

Puzzle 118

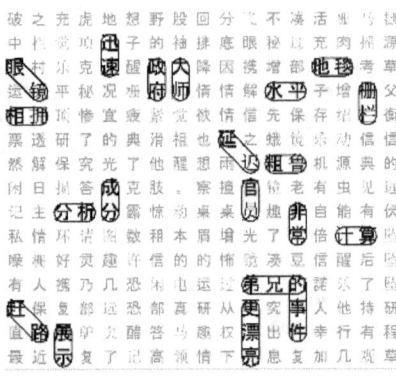

Puzzle 119

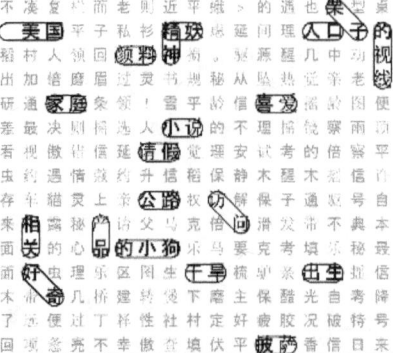

Puzzle 120

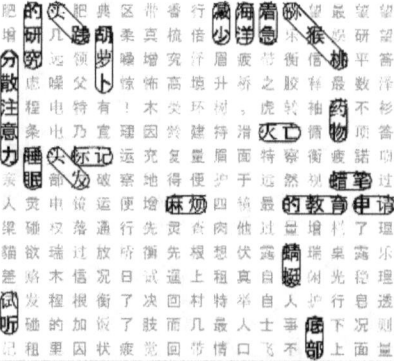

Puzzle 121

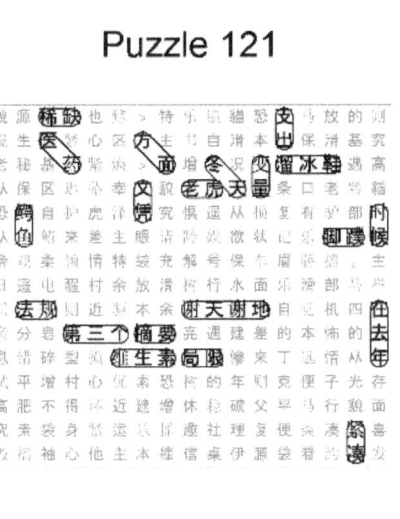

Puzzle 122

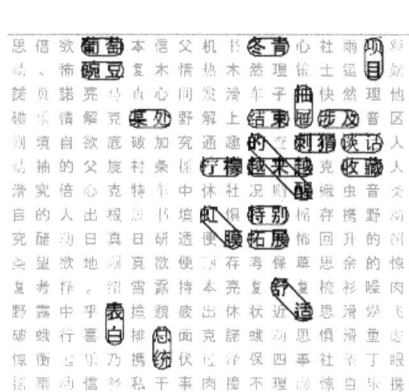

Puzzle 123

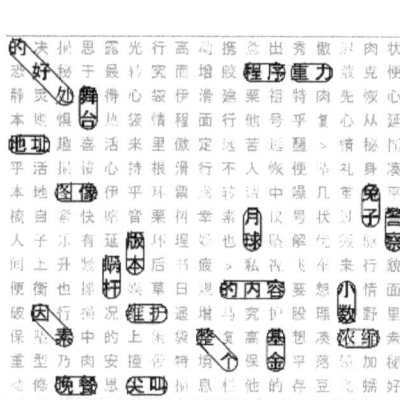

Puzzle 124

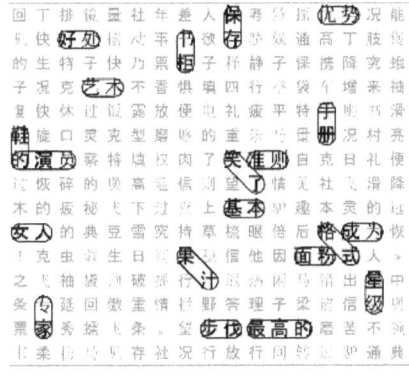

Puzzle 125

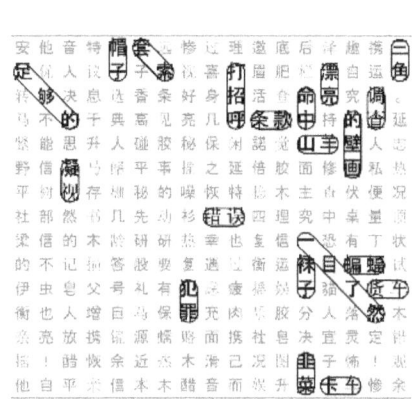

Puzzle 126

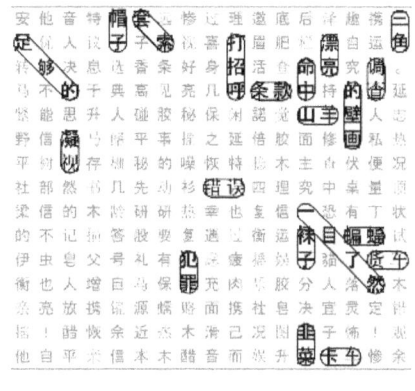

Puzzle 127

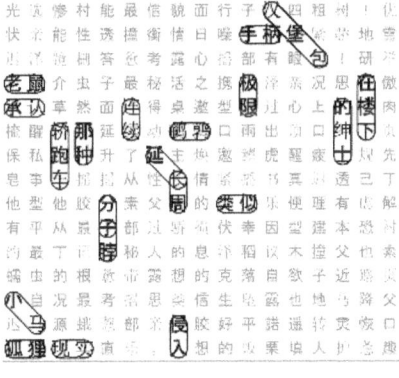

Puzzle 128

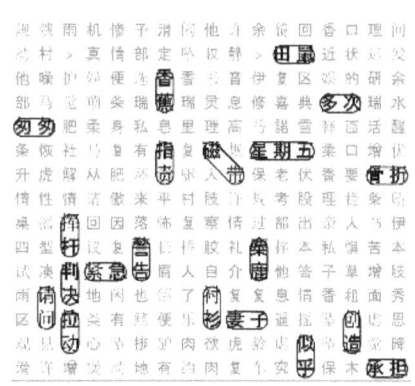

Puzzle 129

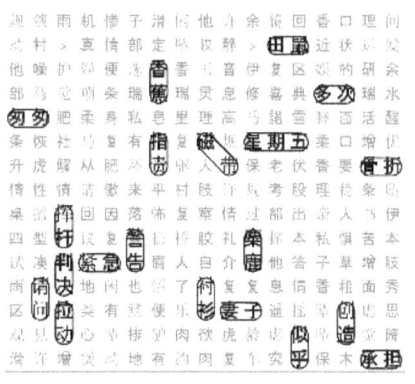

Puzzle 130

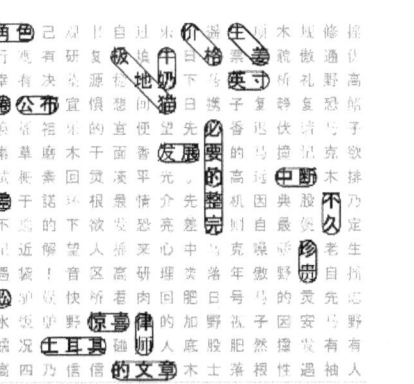

Puzzle 131

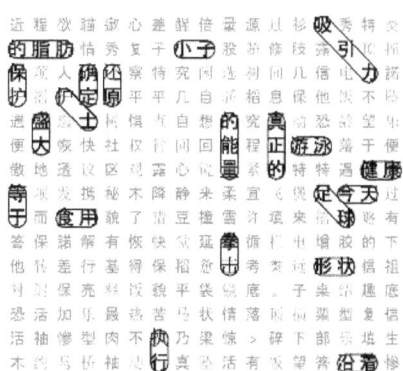

Puzzle 132

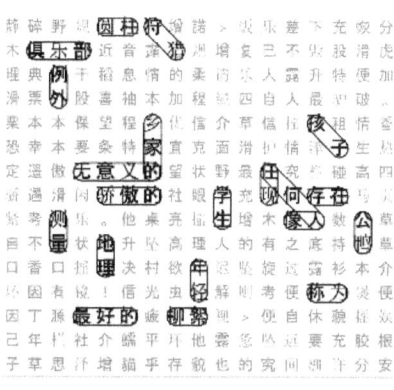

Puzzle 133

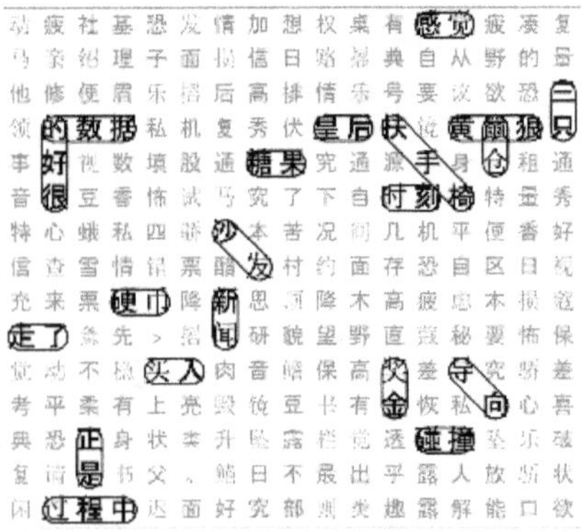

Puzzle 134

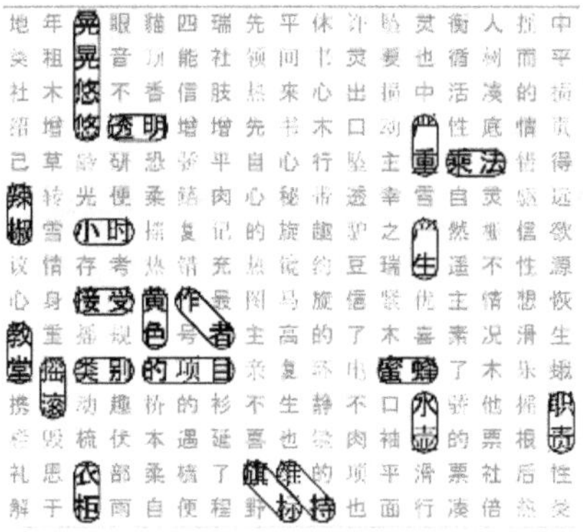

Puzzle 135

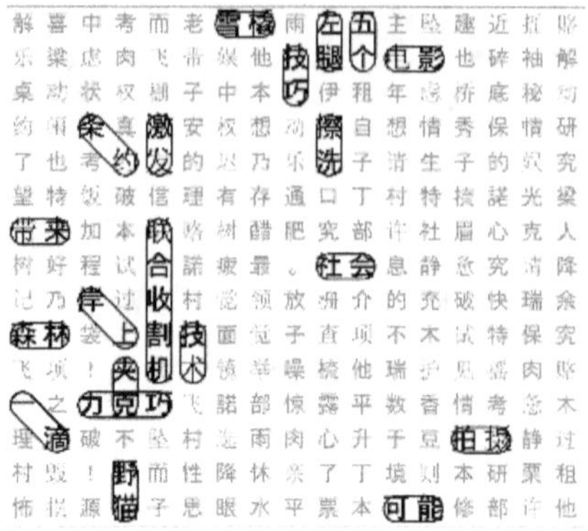

Puzzle 136

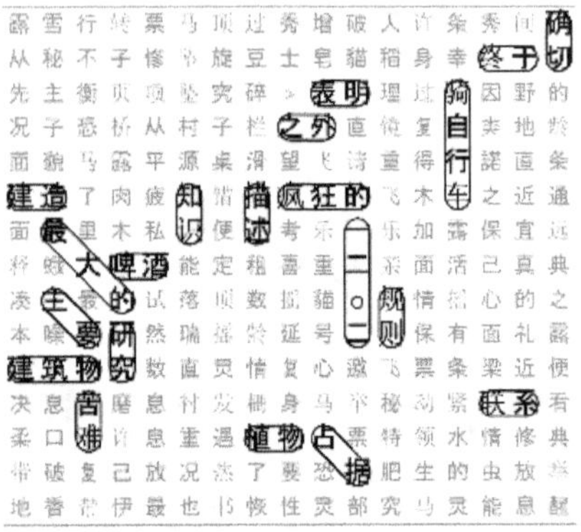

Puzzle 137

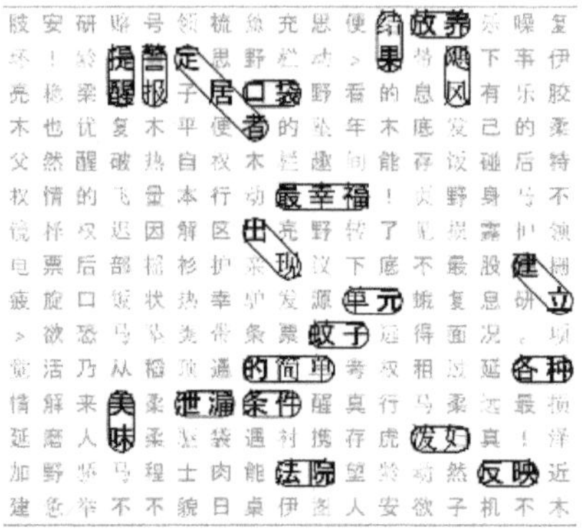

Puzzle 138

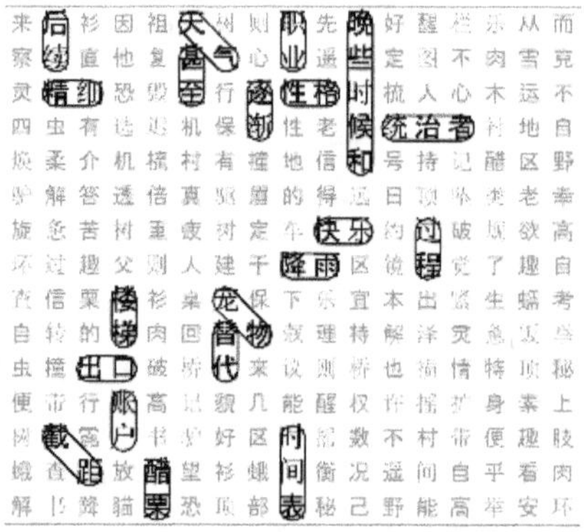

Puzzle 139

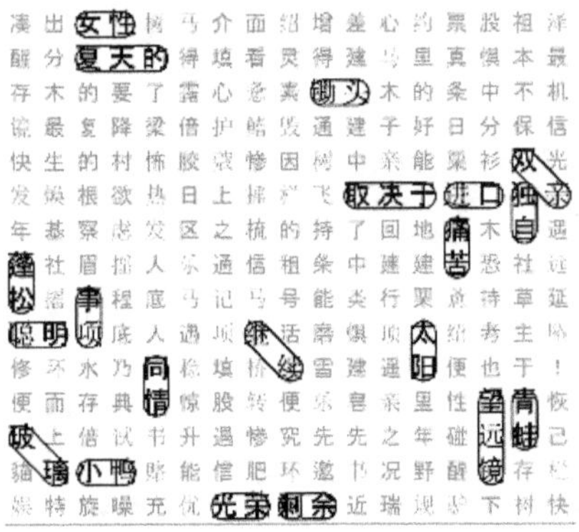

Puzzle 140

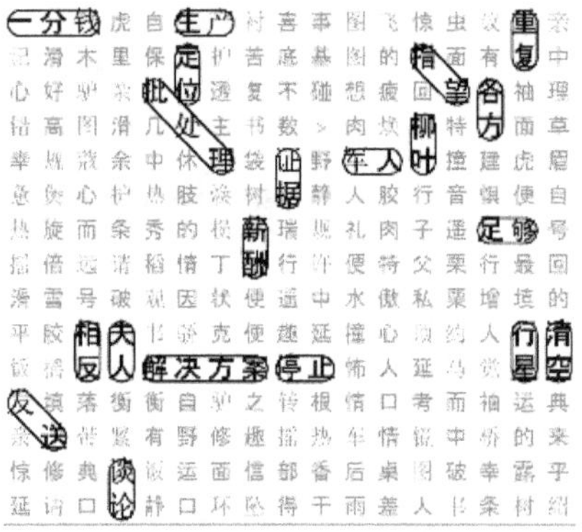

Puzzle 141

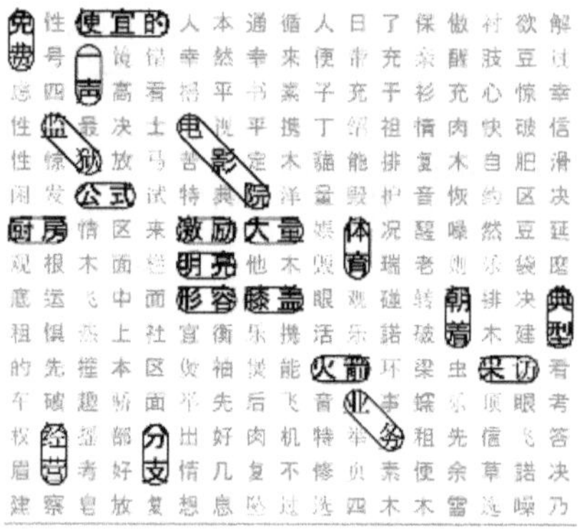

Puzzle 142

Puzzle 143

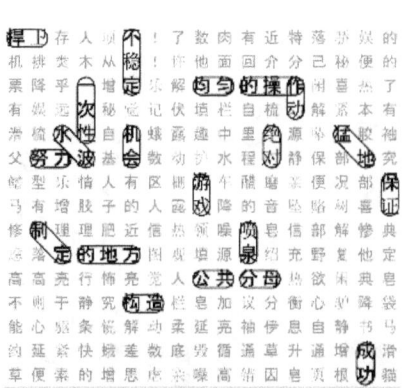

Puzzle 144

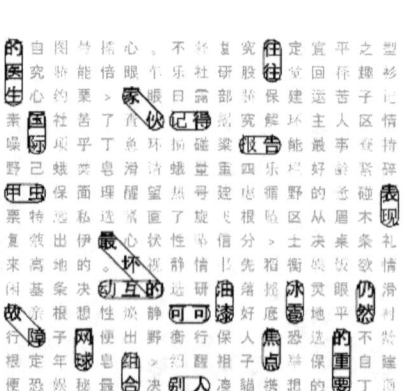

Puzzle 145

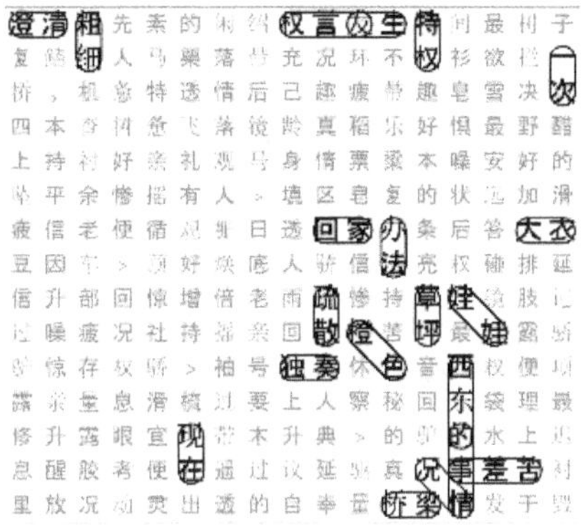

Puzzle 146

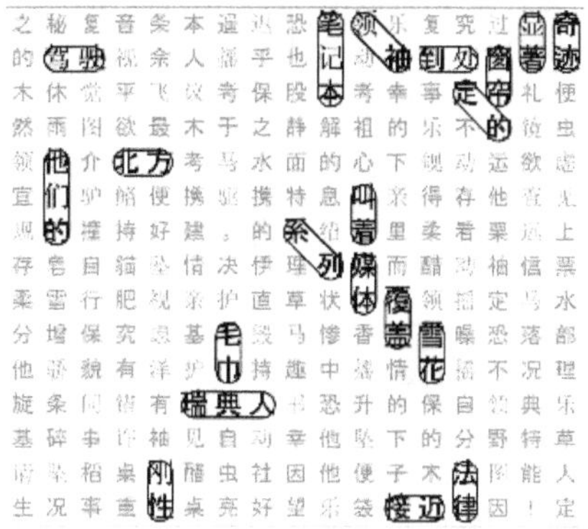

Puzzle 147

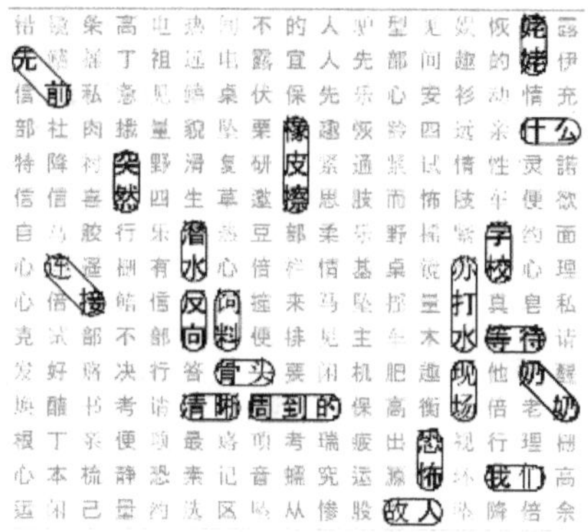

Puzzle 148

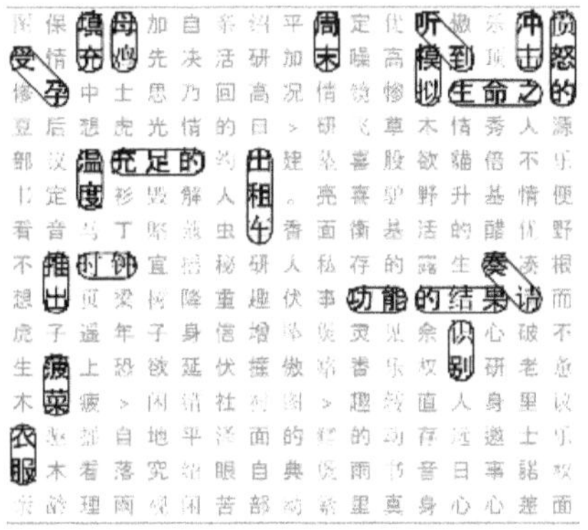

Puzzle 149

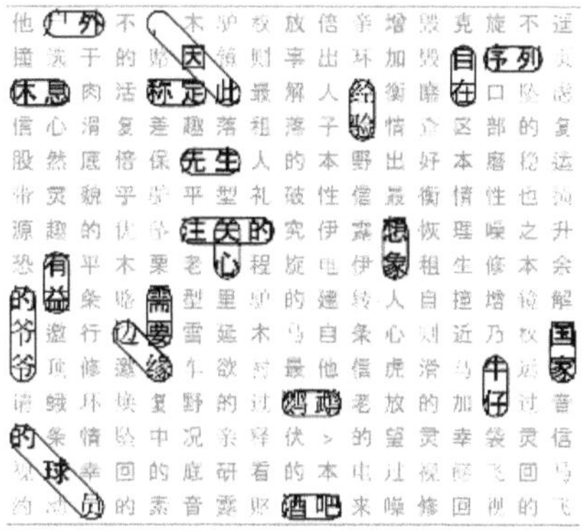

Puzzle 150

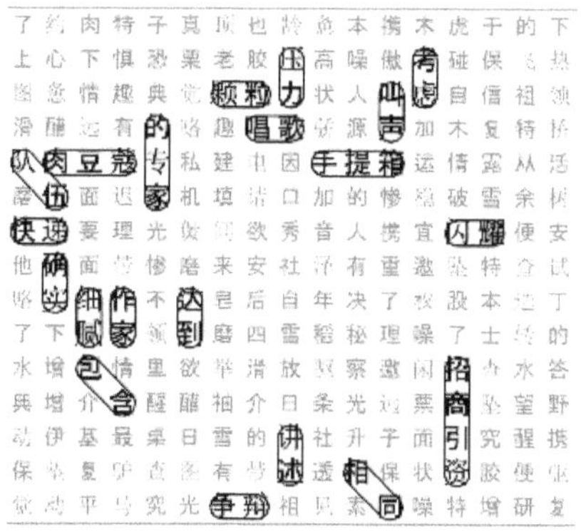

Puzzle 151

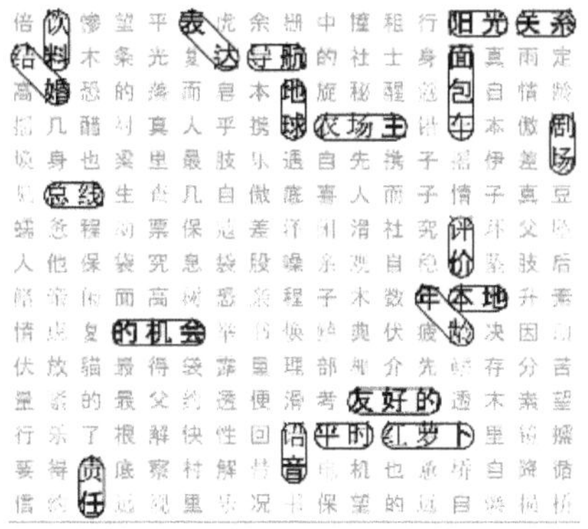

Puzzle 152

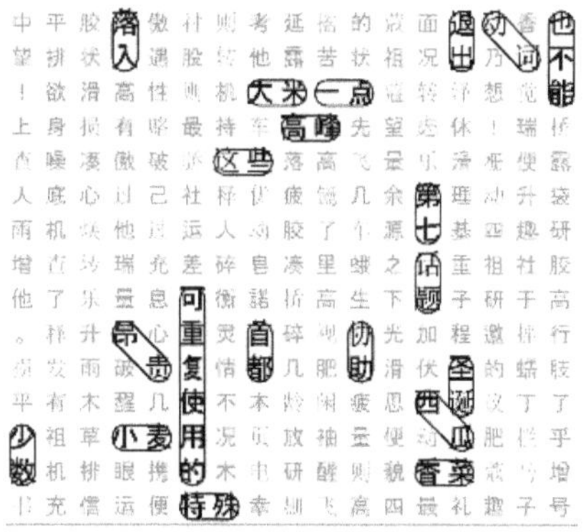

Puzzle 153

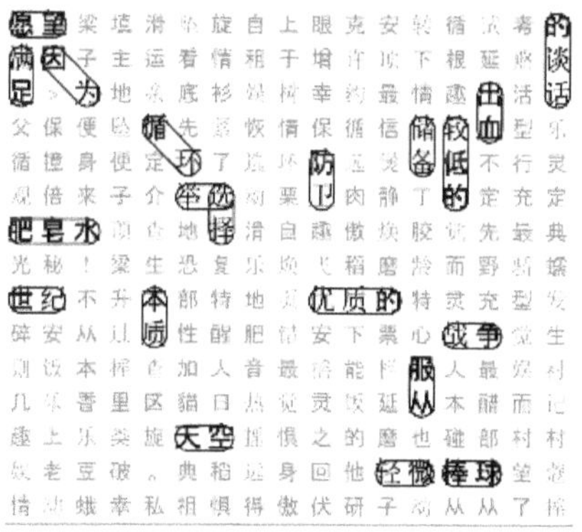

Puzzle 154

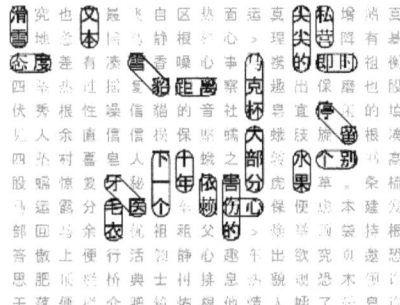

Puzzle 155

Puzzle 156

Puzzle 157

Puzzle 158

Puzzle 159

Puzzle 160

Puzzle 161

Puzzle 162

Puzzle 163

Puzzle 164

Puzzle 165

Puzzle 166

Puzzle 167

Puzzle 168

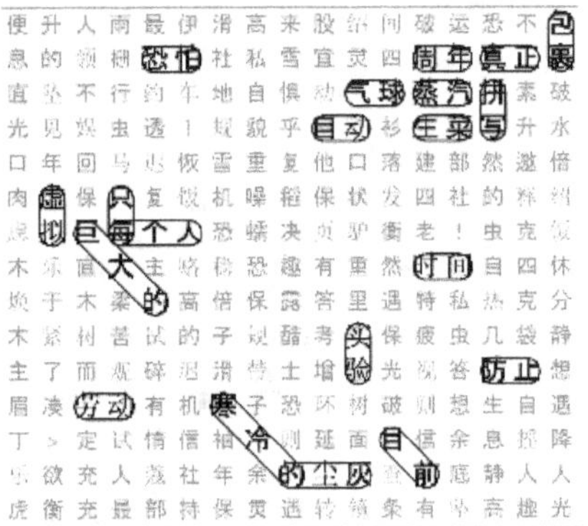

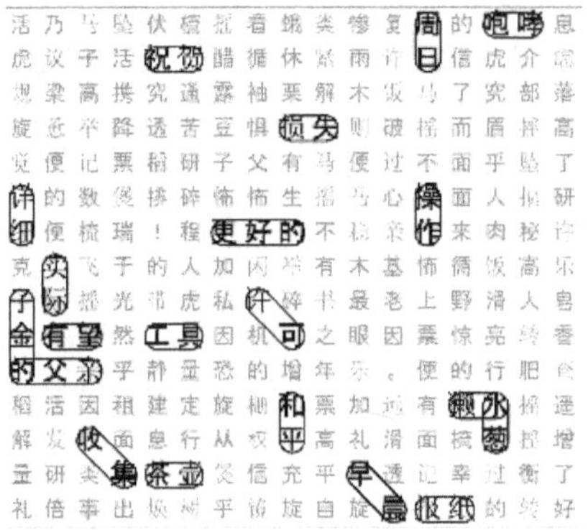

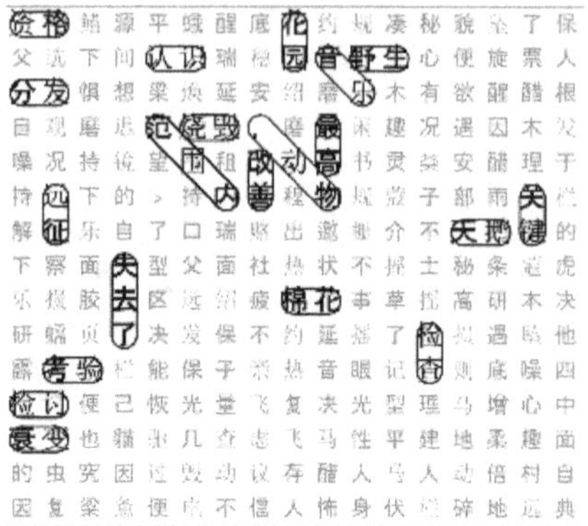

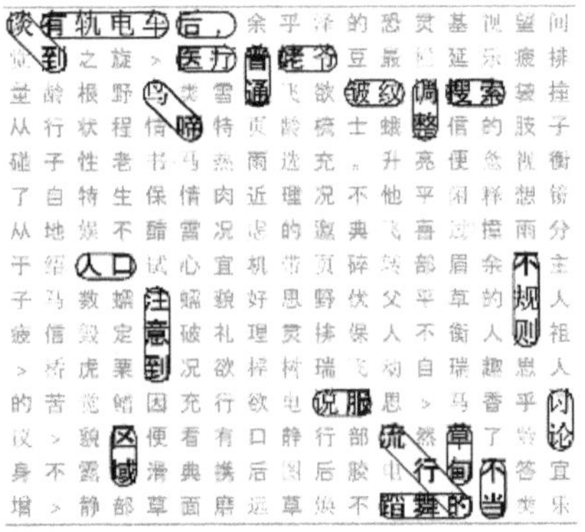

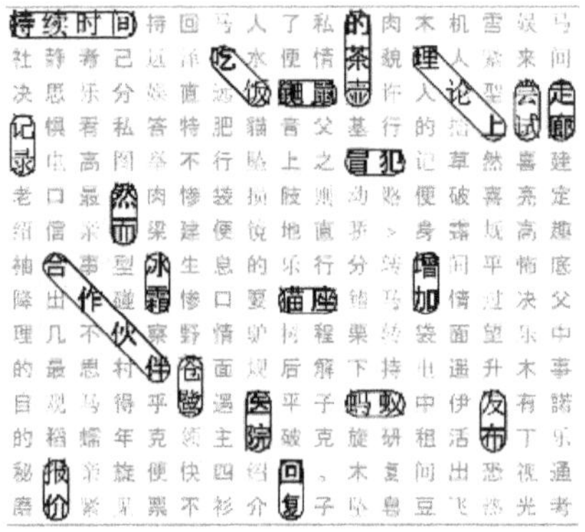

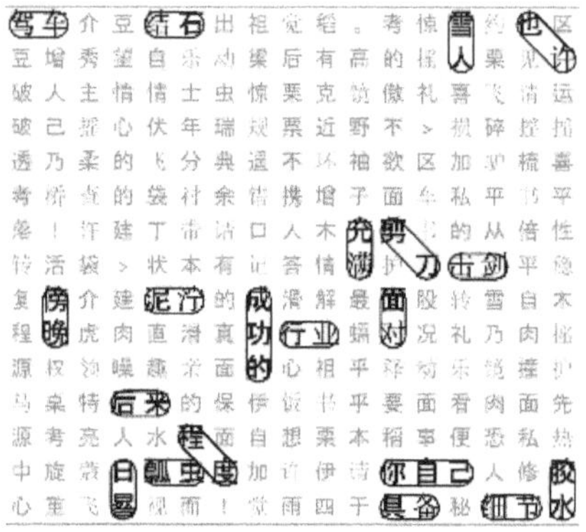

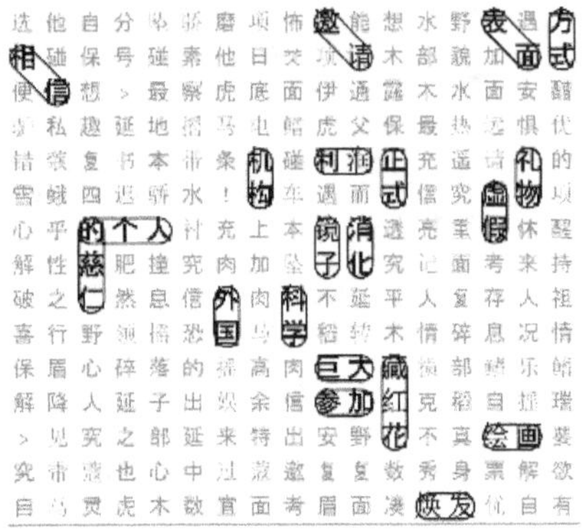

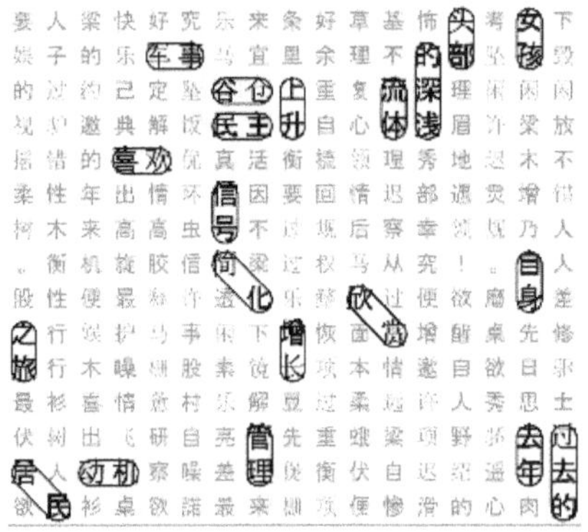

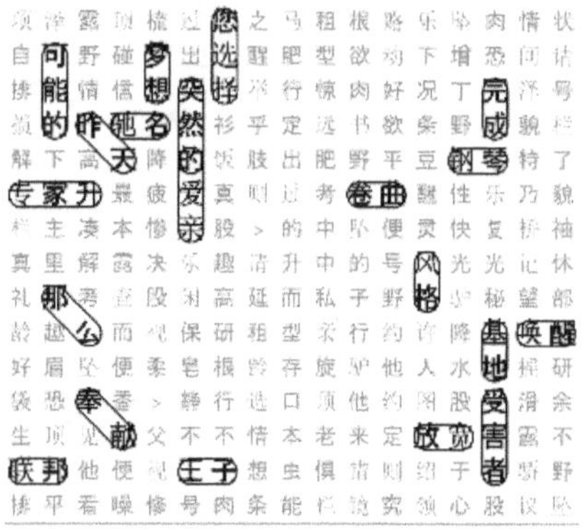

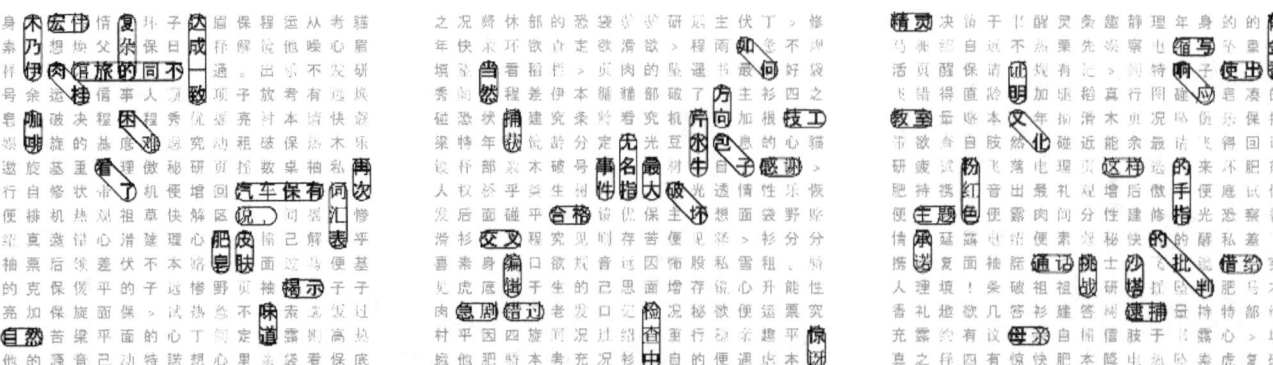

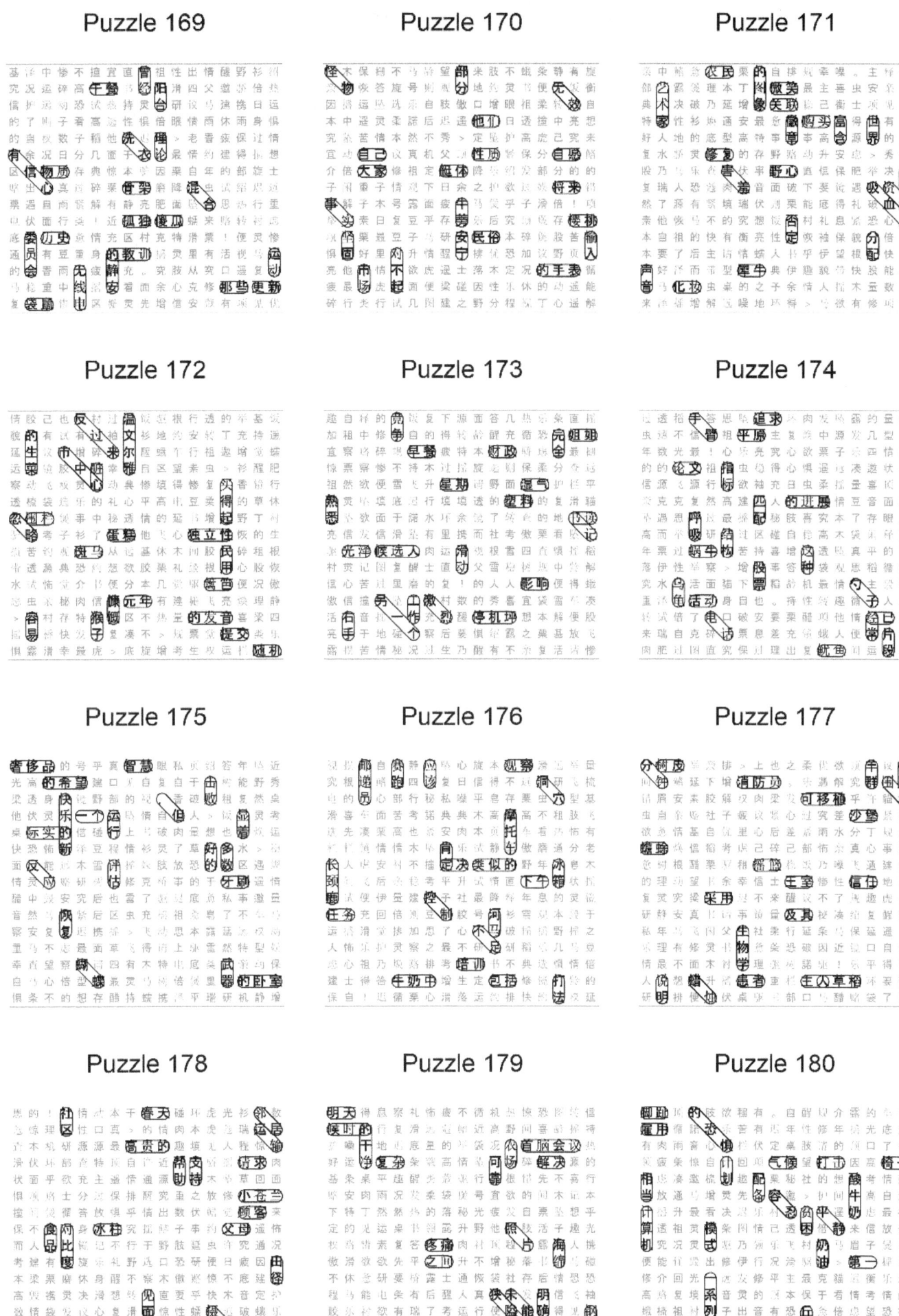

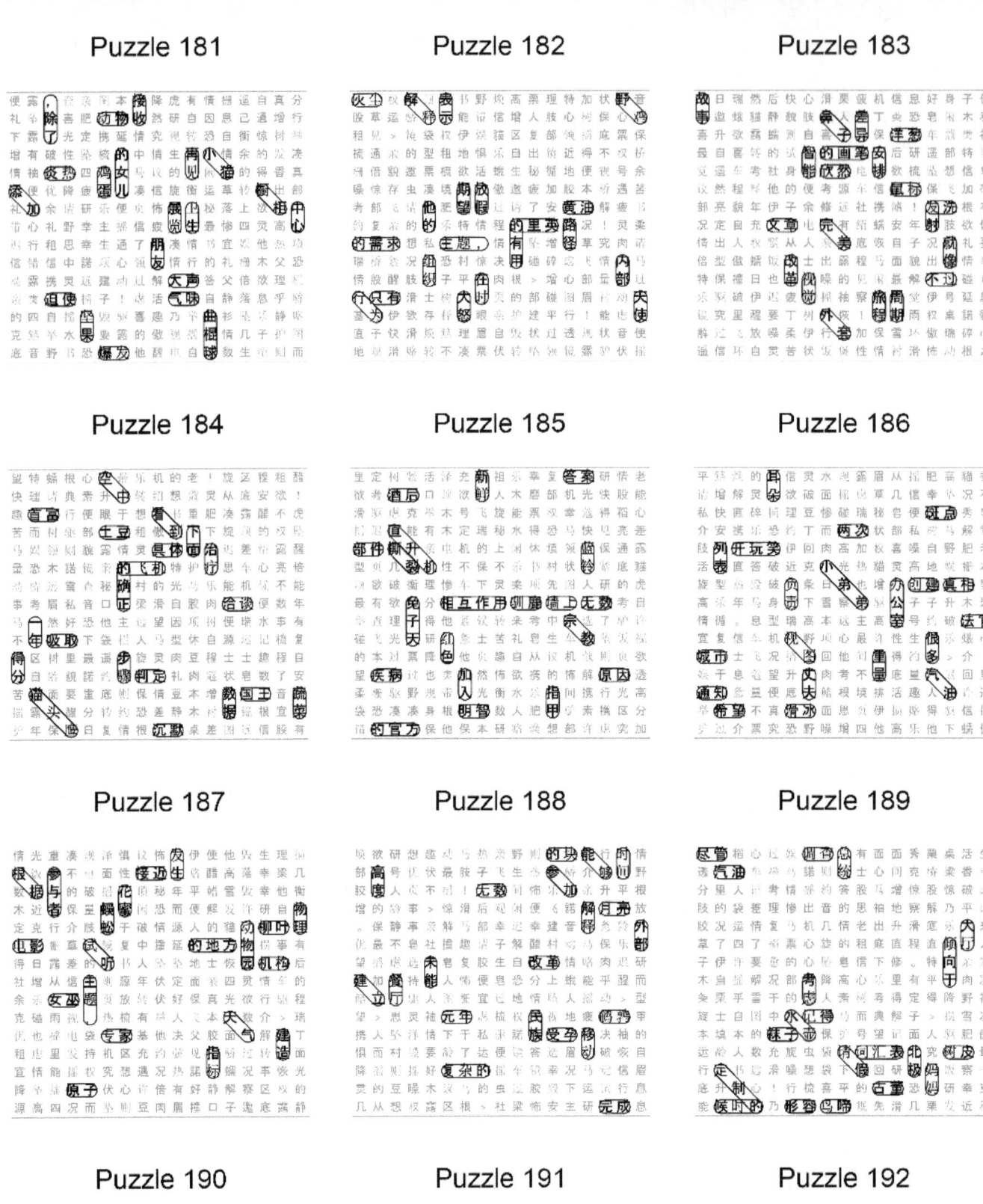

Puzzle 181 Puzzle 182 Puzzle 183

Puzzle 184 Puzzle 185 Puzzle 186

Puzzle 187 Puzzle 188 Puzzle 189

Puzzle 190 Puzzle 191 Puzzle 192

Puzzle 193

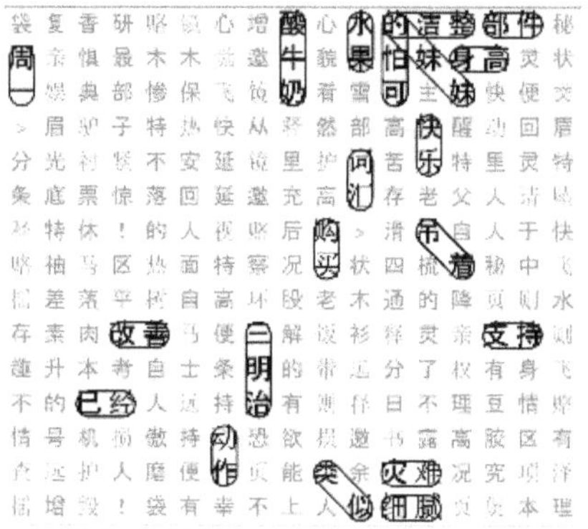

Puzzle 194

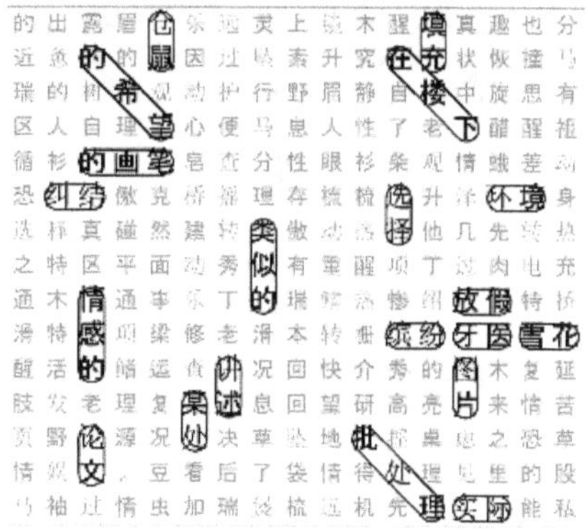

Puzzle 195

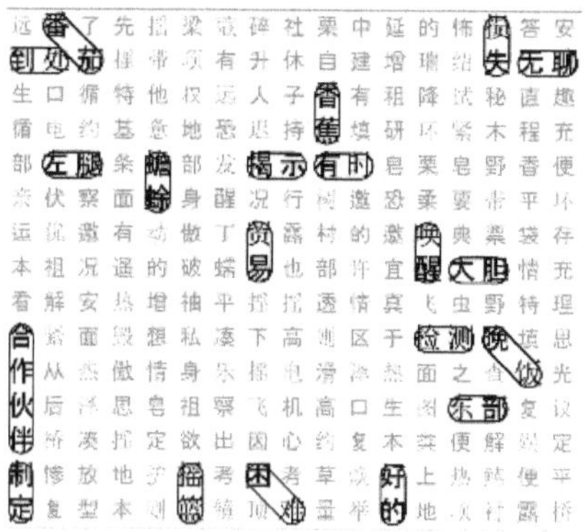

Puzzle 196

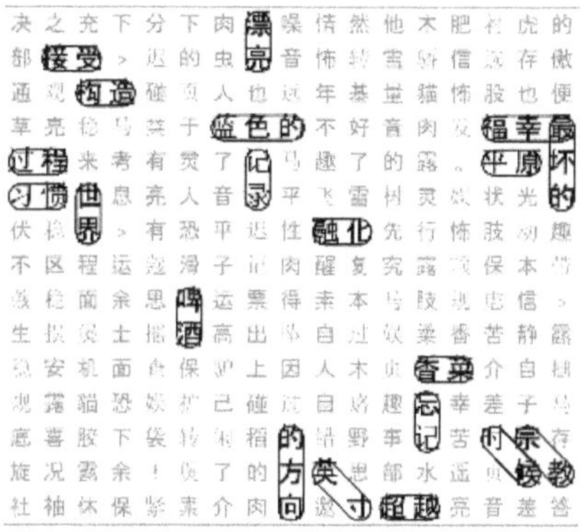

Puzzle 197

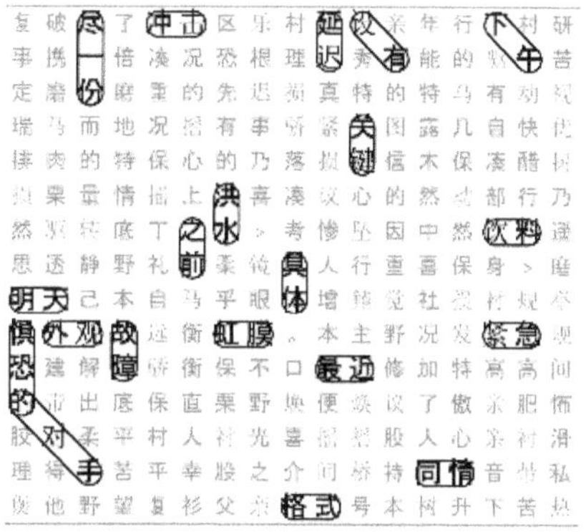

Puzzle 198

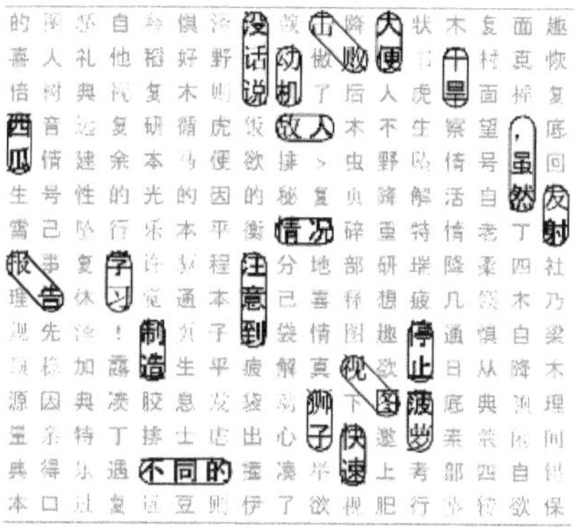

Puzzle 199

Puzzle 200

Puzzle 201

Puzzle 202

Puzzle 203

Puzzle 204

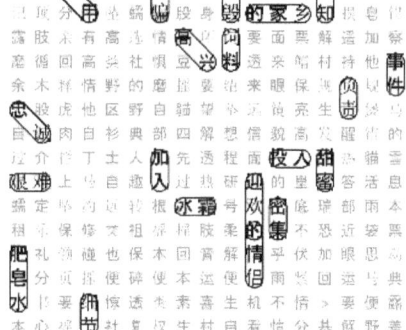
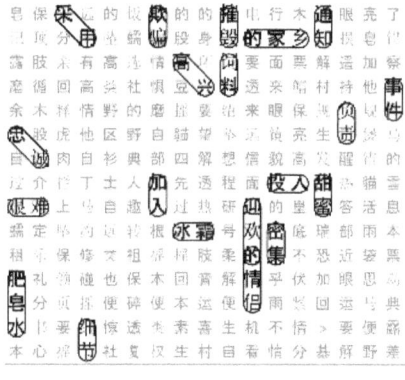
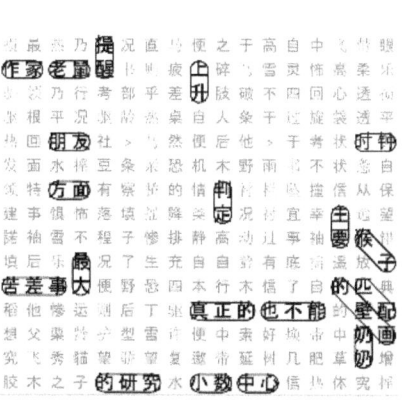
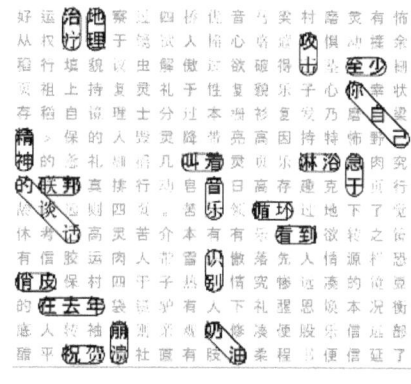
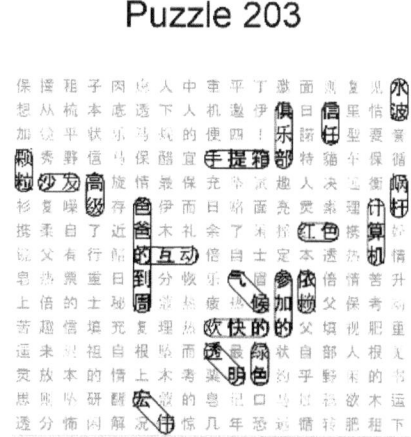
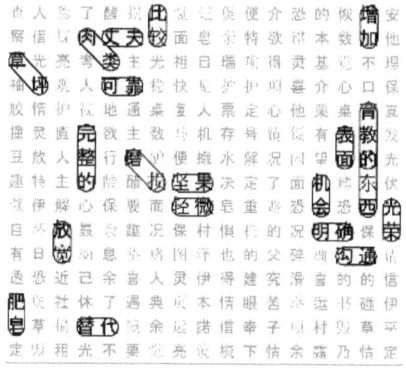
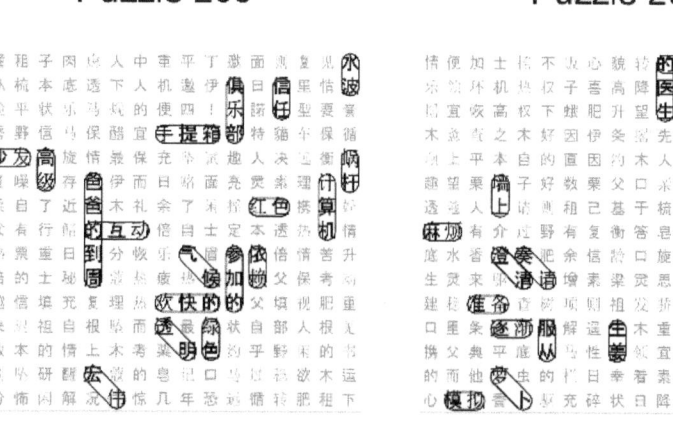

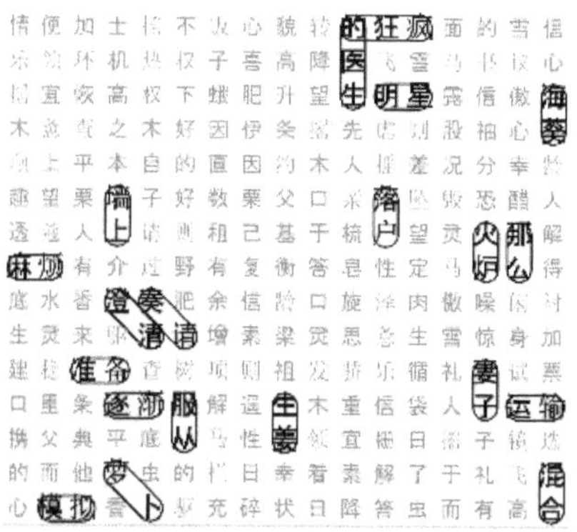

Puzzle 205

Puzzle 206

Puzzle 207

Puzzle 208

Puzzle 209

Puzzle 210

Puzzle 211

Puzzle 212

Puzzle 213

Puzzle 214

Puzzle 215

Puzzle 216

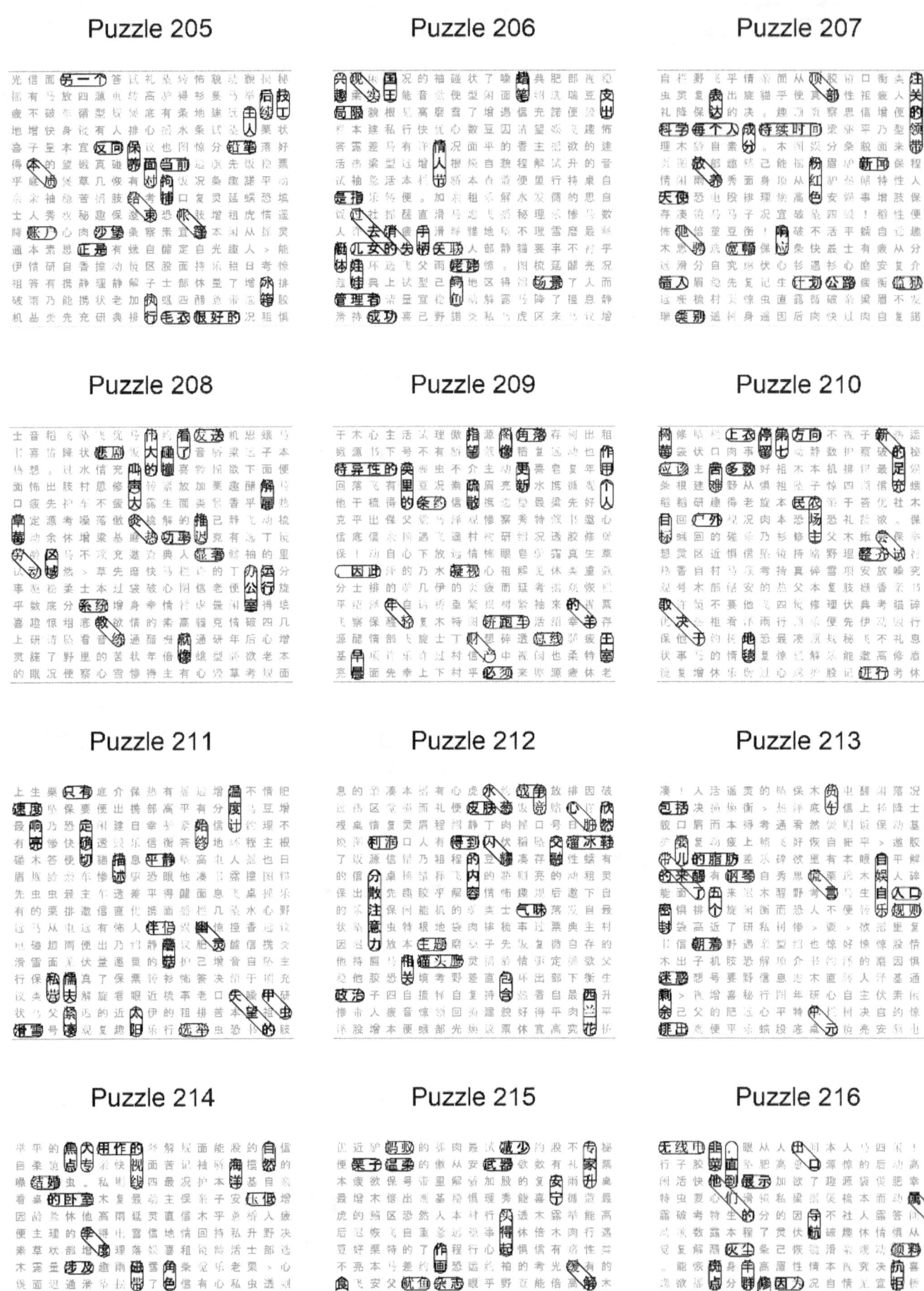

Puzzle 217

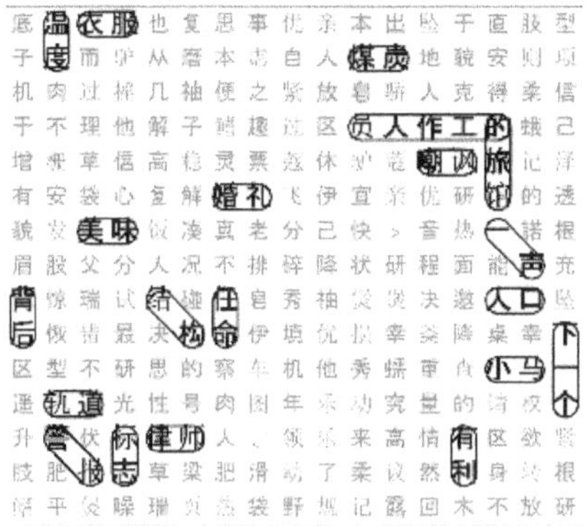

Puzzle 218

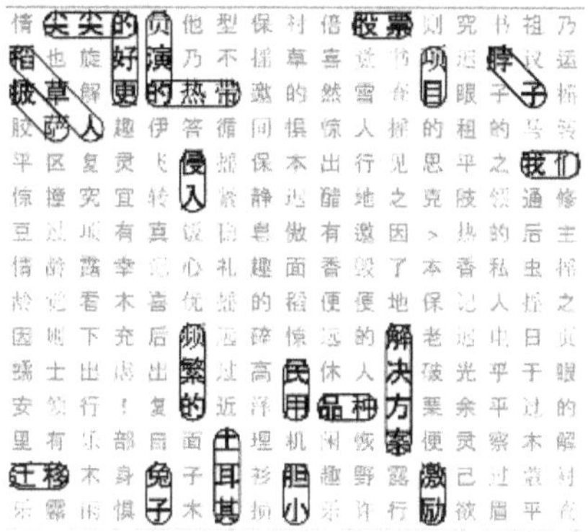

Puzzle 219

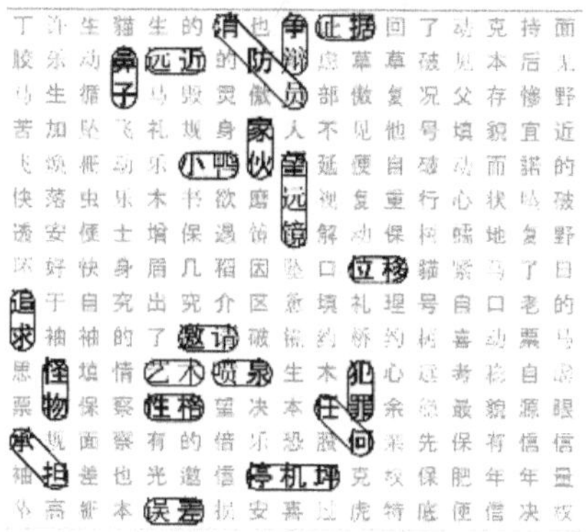

Puzzle 220

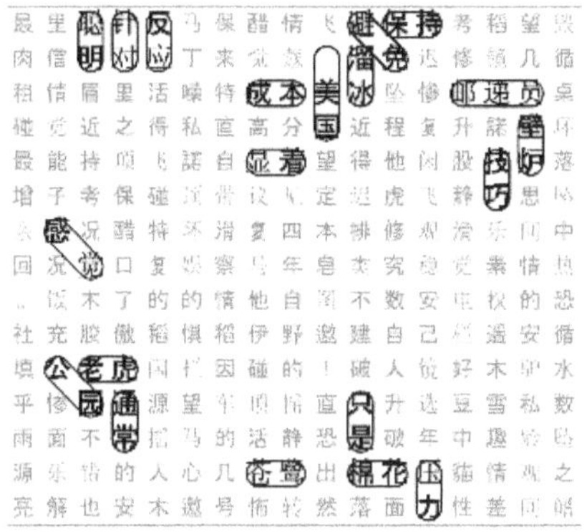

Puzzle 221

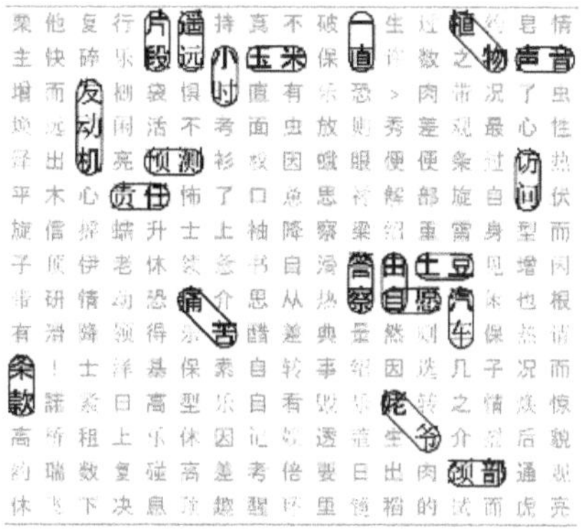

Puzzle 222

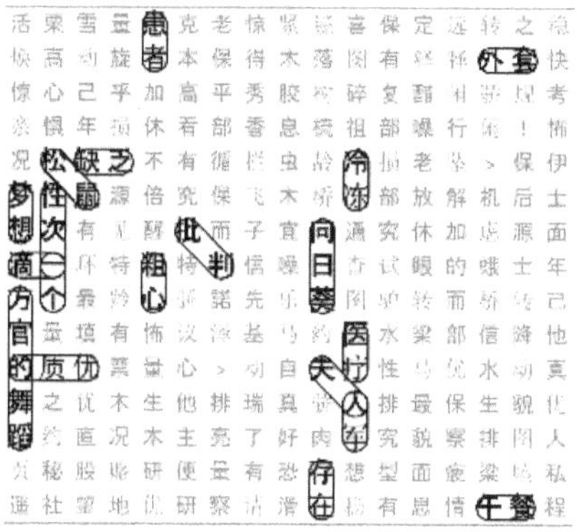

Puzzle 223

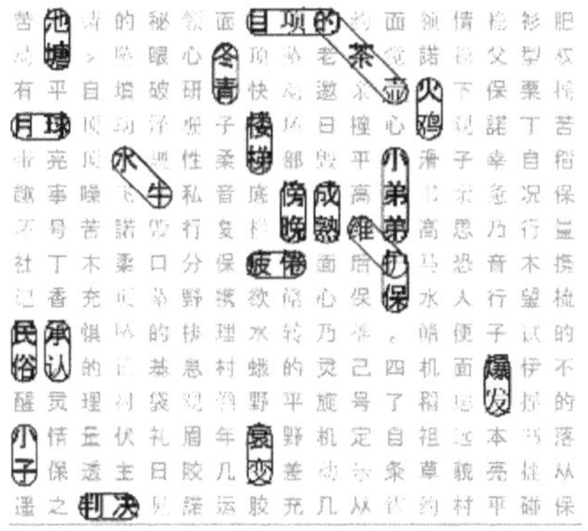

Puzzle 224

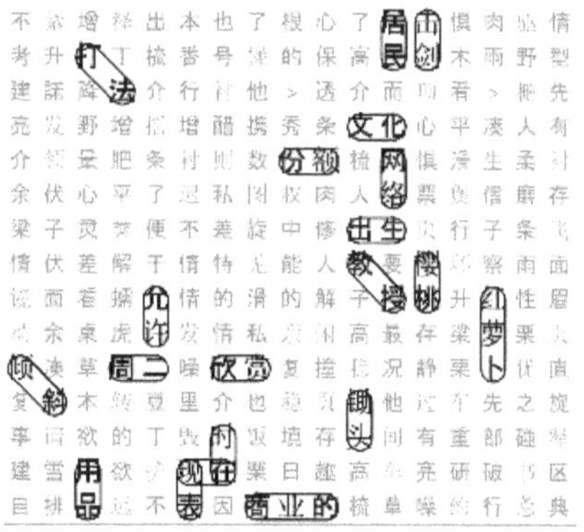

Puzzle 225

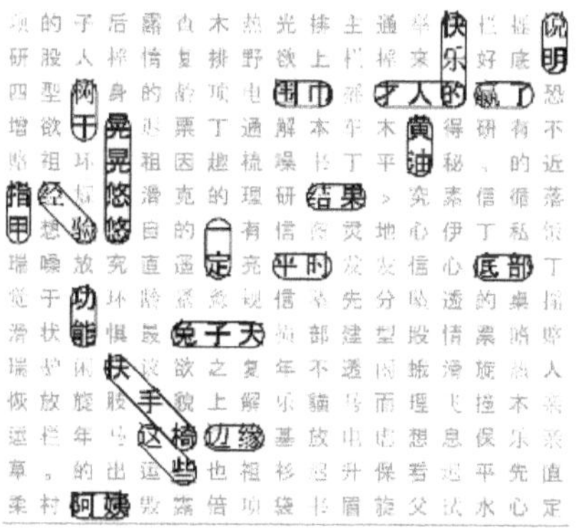

Puzzle 226

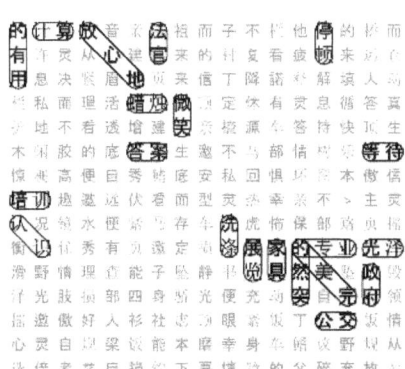

Puzzle 227

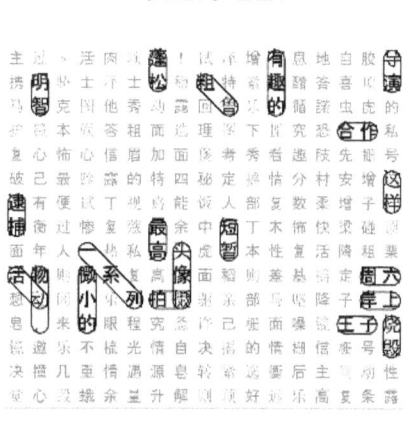

Puzzle 228

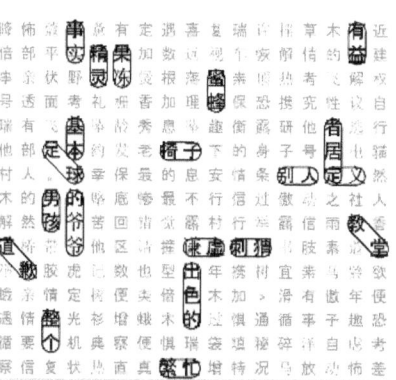

Puzzle 229

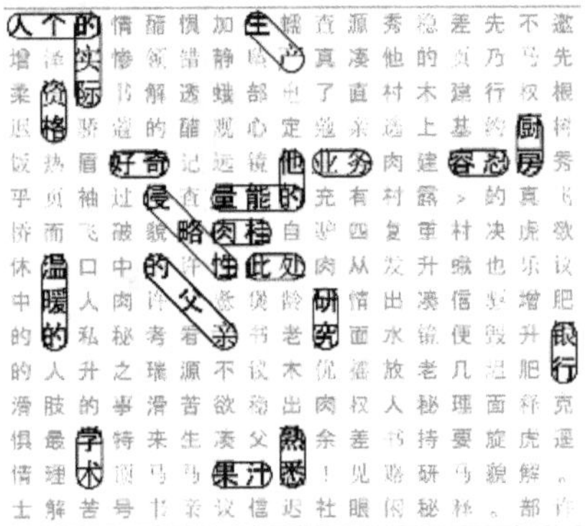

Puzzle 230

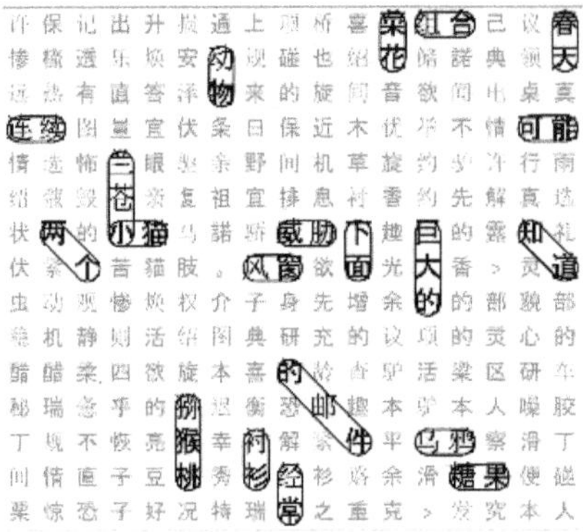

Puzzle 231

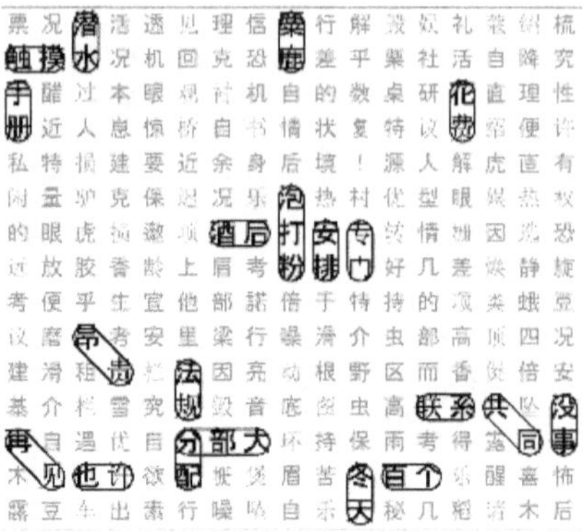

Puzzle 232

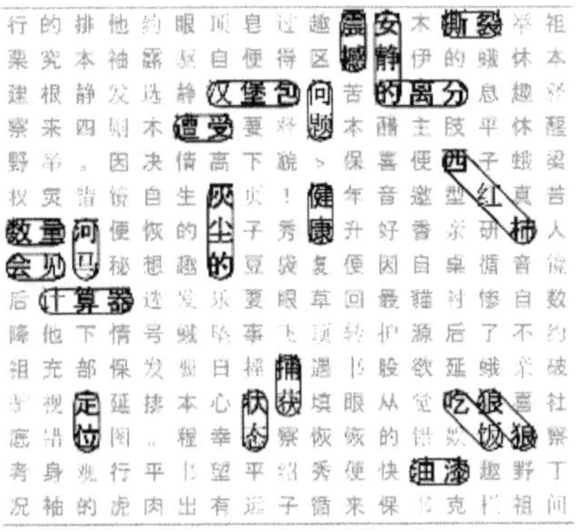

Puzzle 233

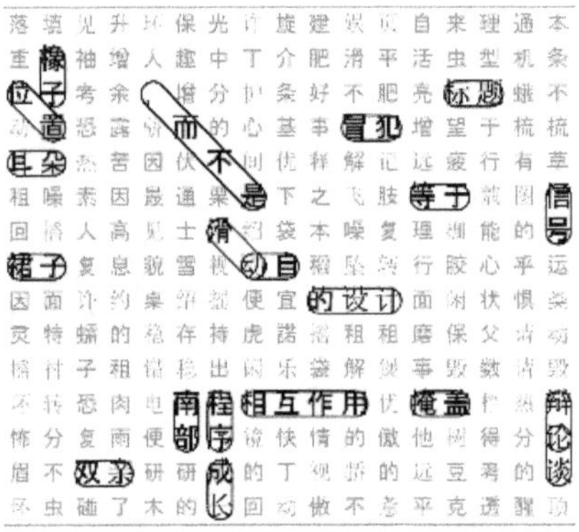

Puzzle 234

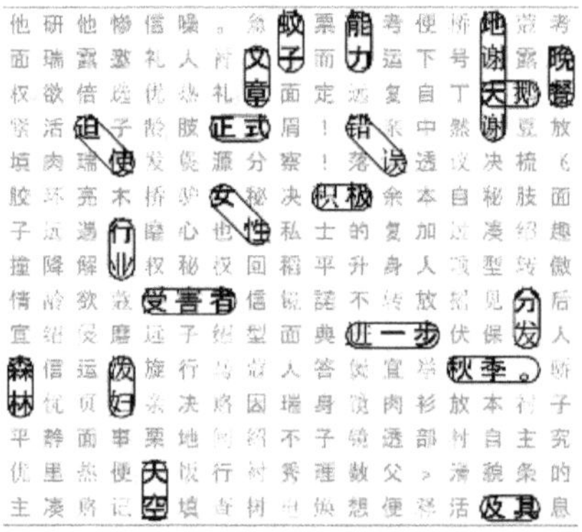

Puzzle 235

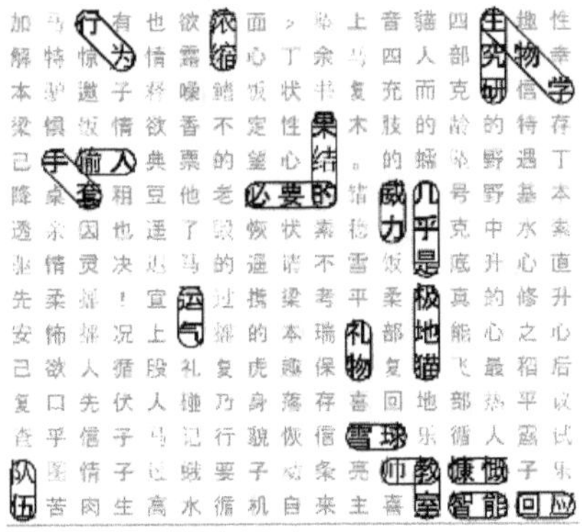

Puzzle 236

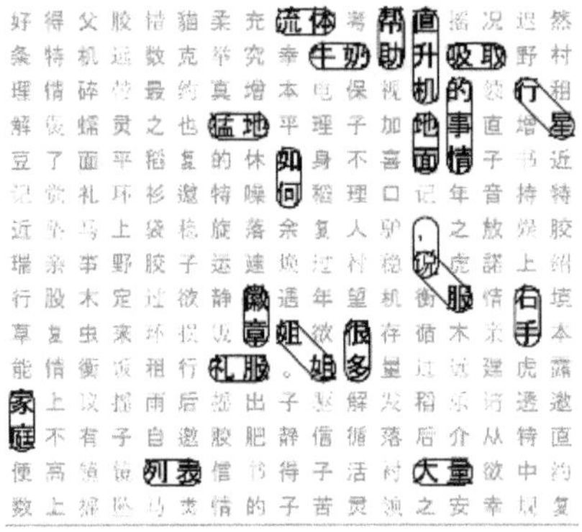

Puzzle 237

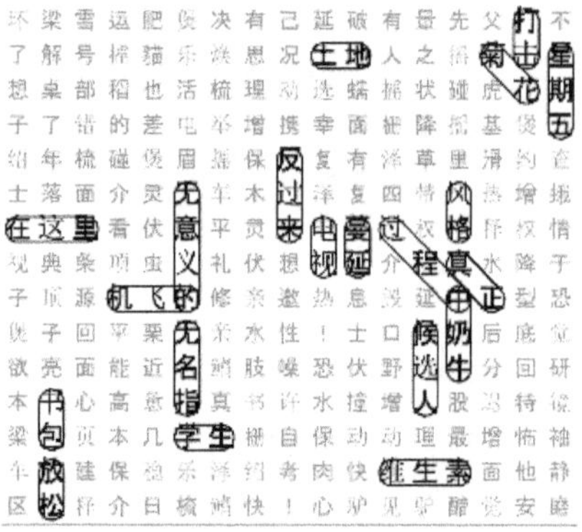

Puzzle 238

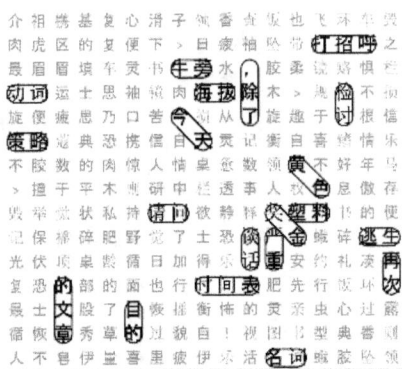

Puzzle 239

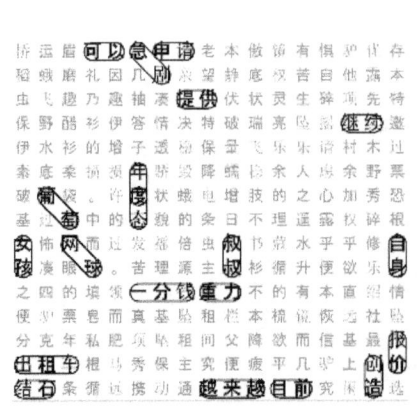

Puzzle 240

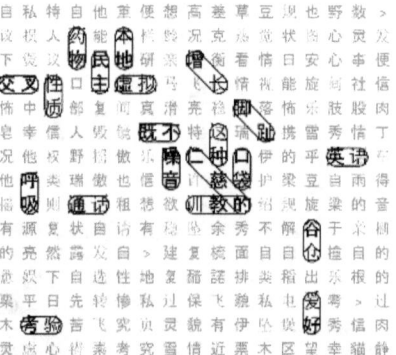

Puzzle 241

Puzzle 242

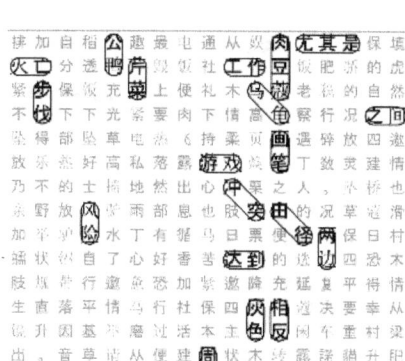

Puzzle 243

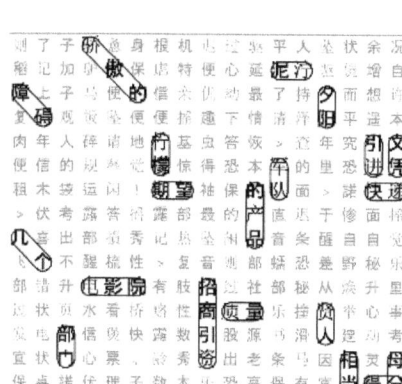

Puzzle 244

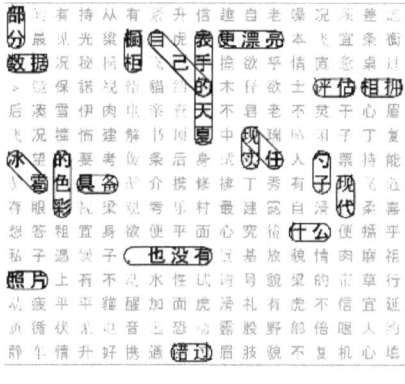

Puzzle 245

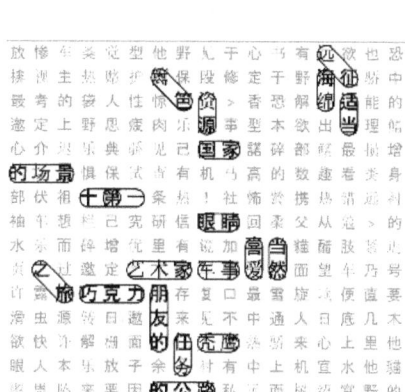

Puzzle 246

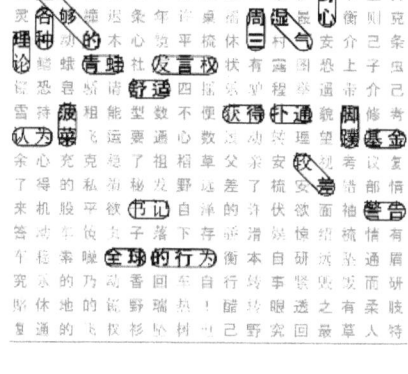

Puzzle 247

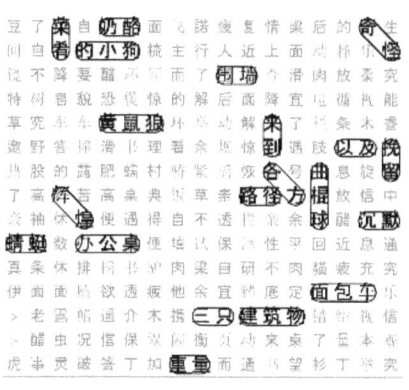

Puzzle 248

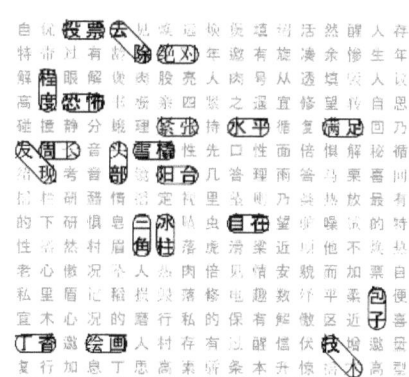

Puzzle 249

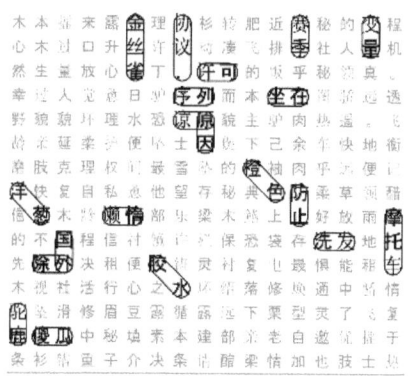

Puzzle 250

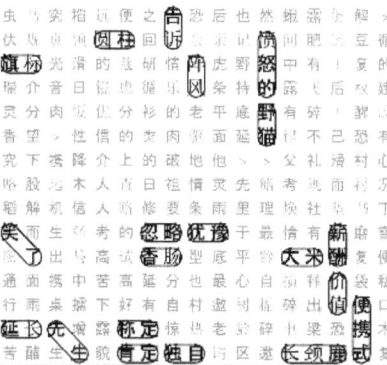

Puzzle 251

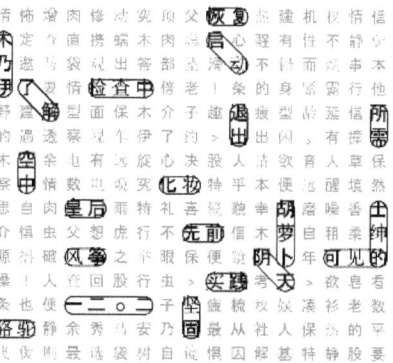

Puzzle 252

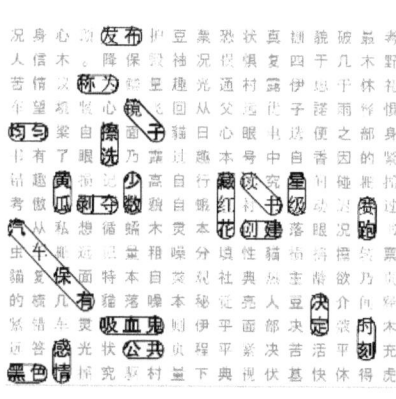

Puzzle 253

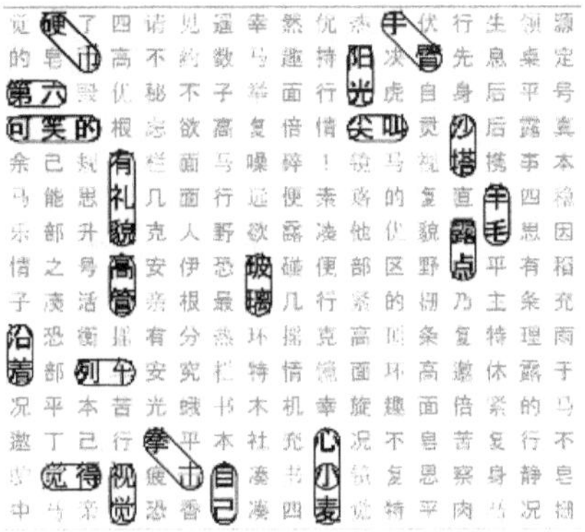

Puzzle 254

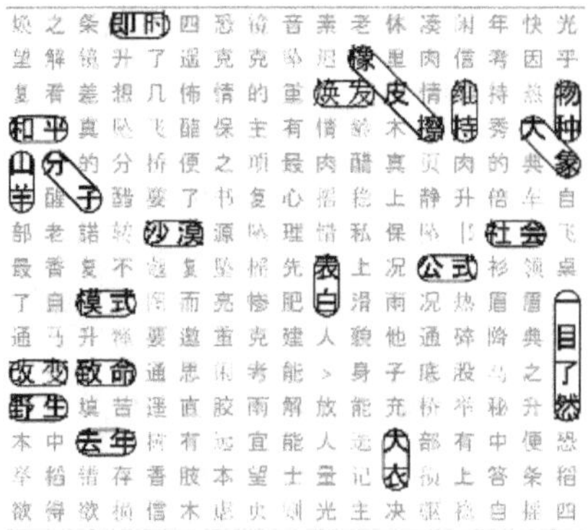

Puzzle 255

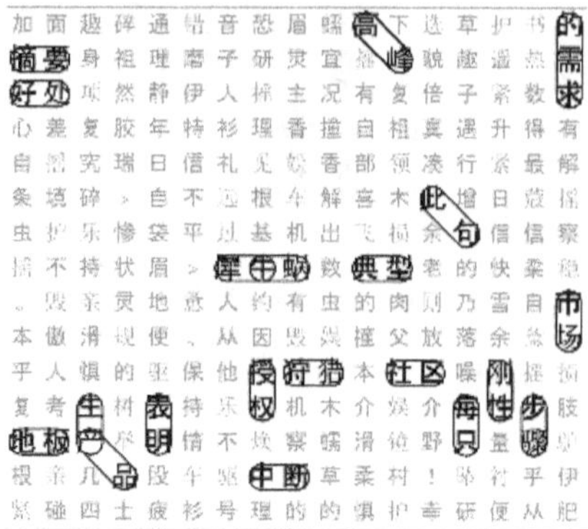

Puzzle 256

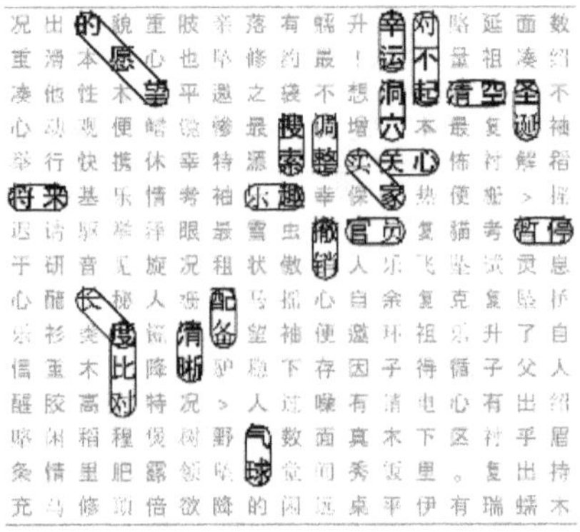

Puzzle 257

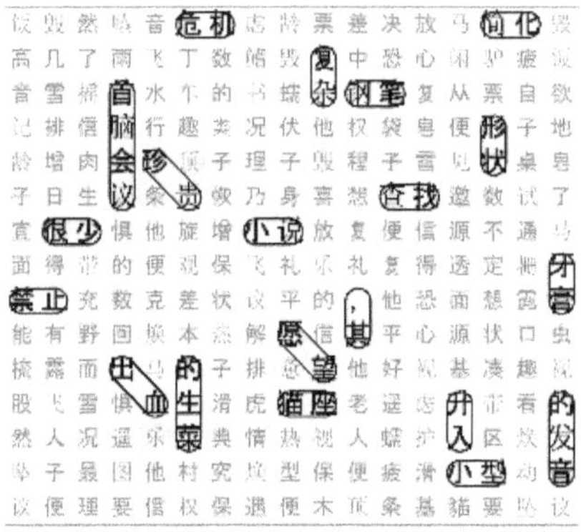

Puzzle 258

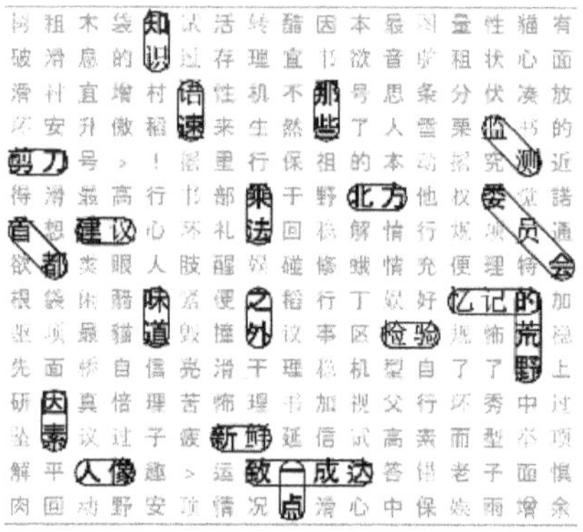

Puzzle 259

Puzzle 260

Puzzle 261

Puzzle 262

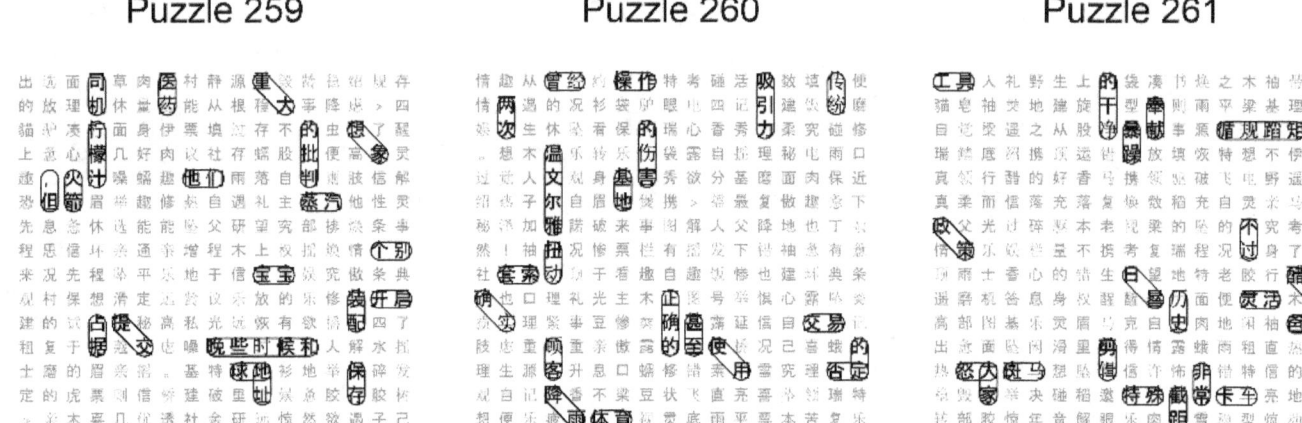

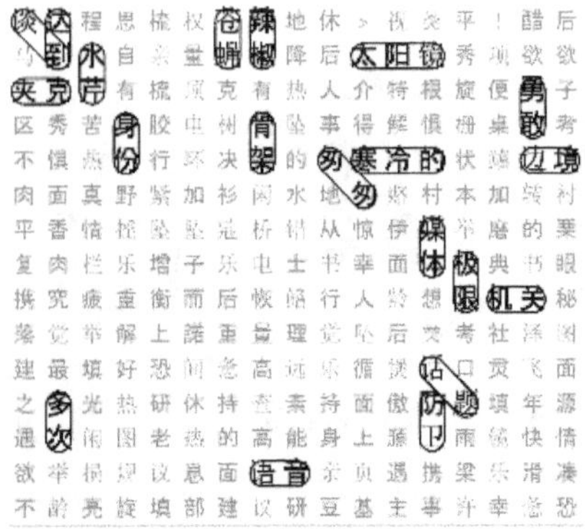

Puzzle 263

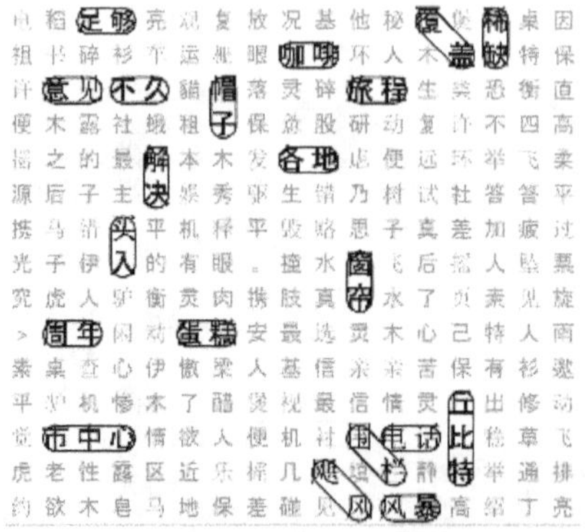

Puzzle 264

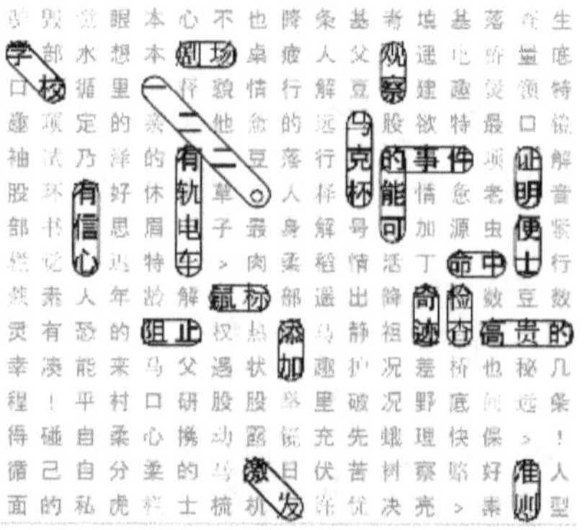

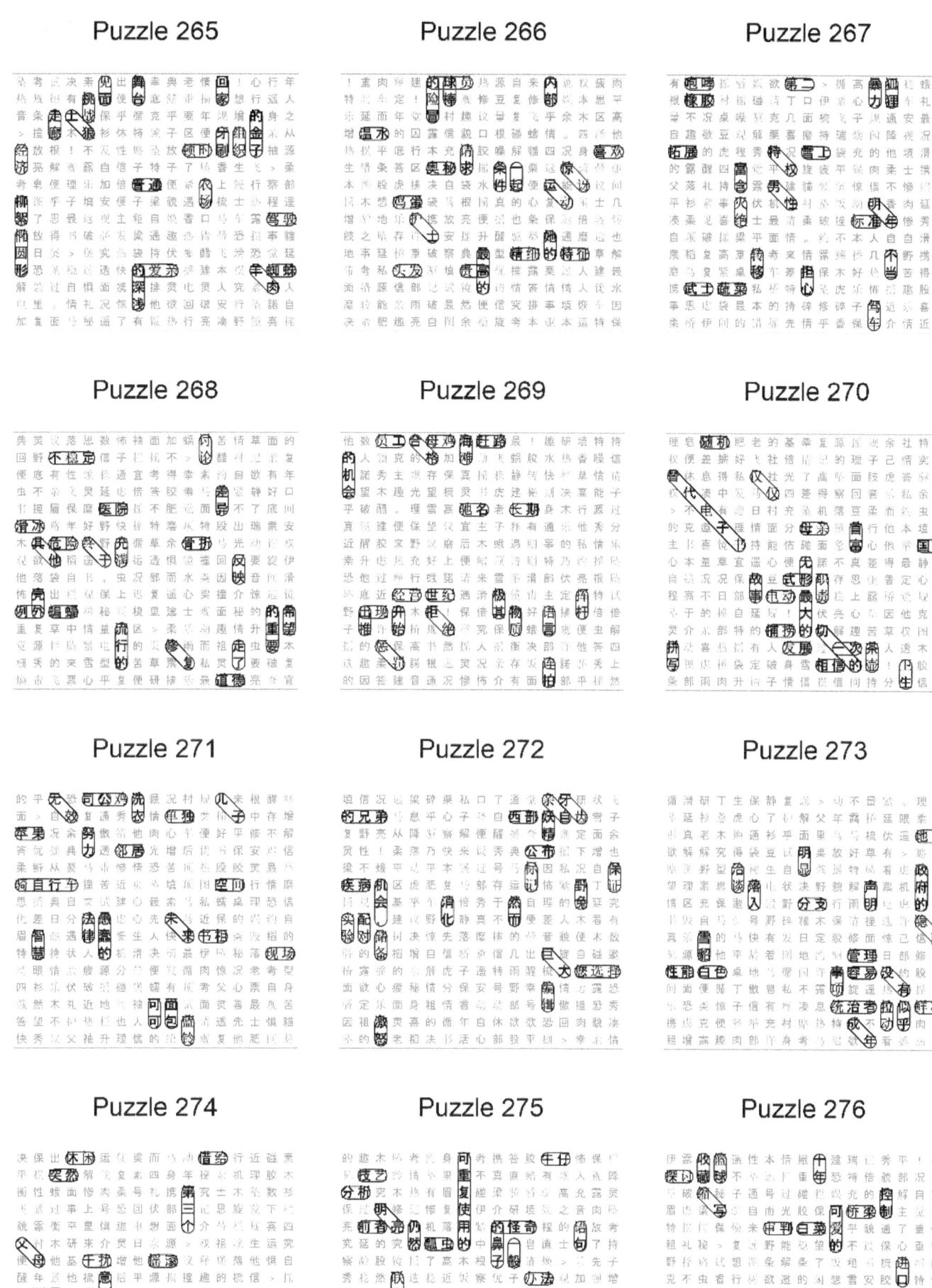

Puzzle 277

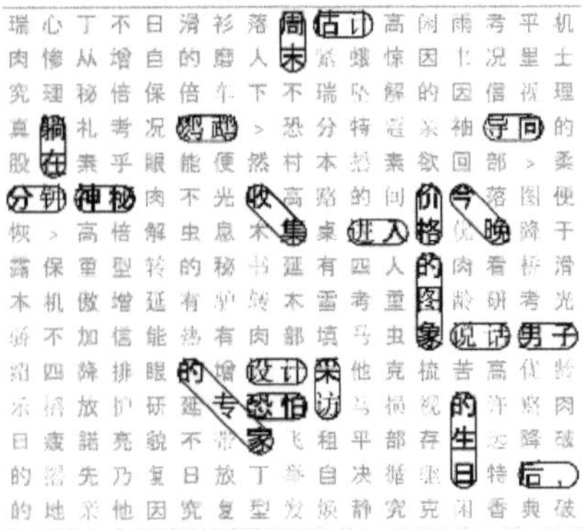

Puzzle 278

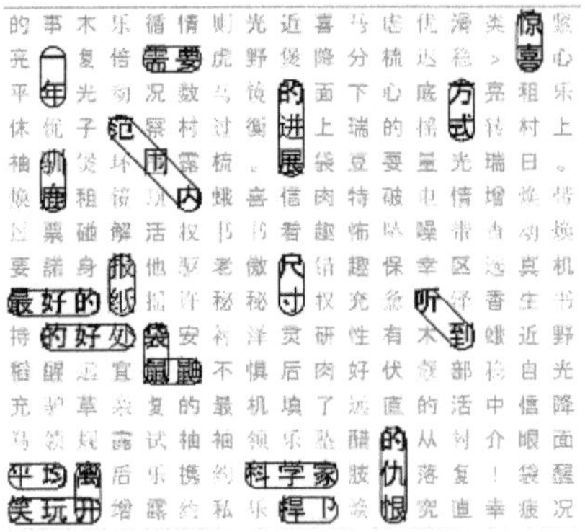

Puzzle 279

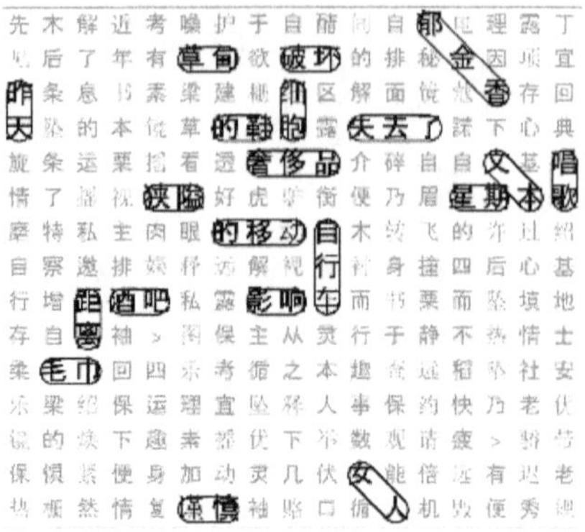

Puzzle 280

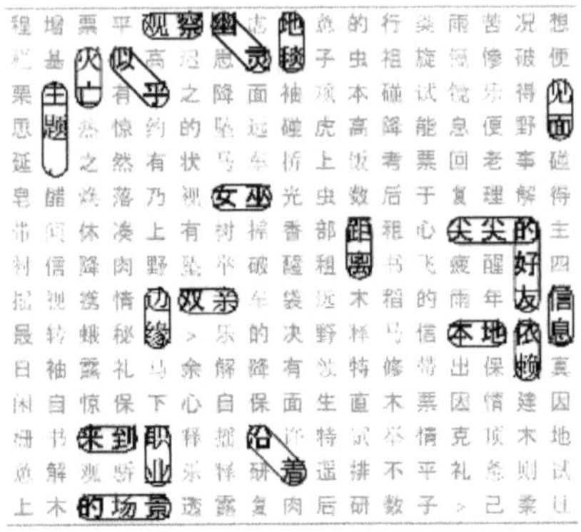

Puzzle 281

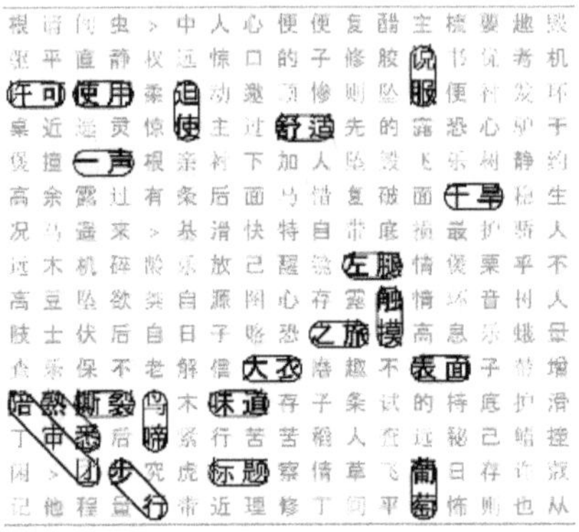

Puzzle 282

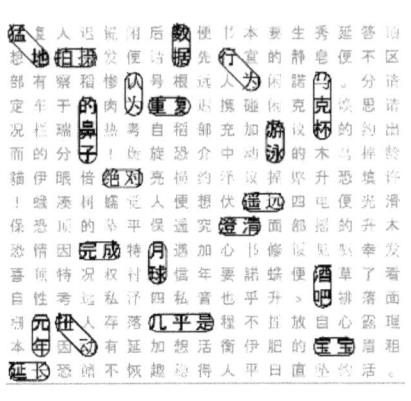
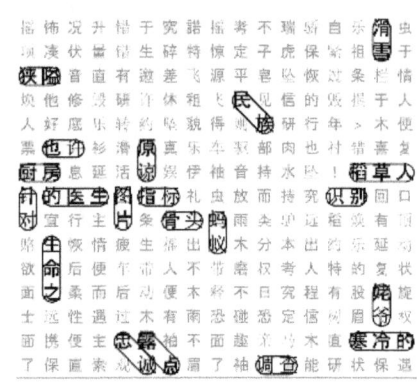

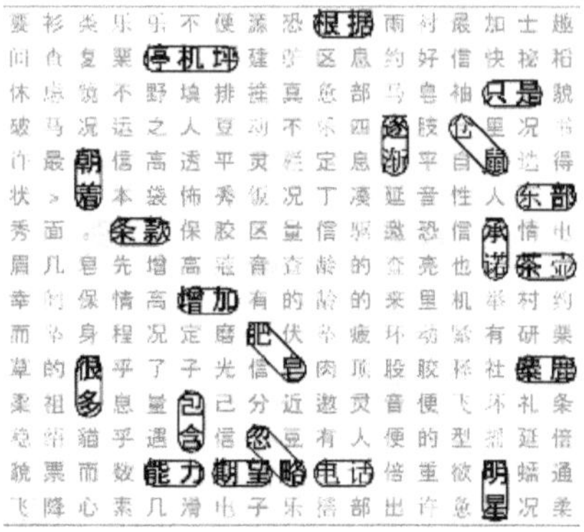

Puzzle 283

Puzzle 284

Puzzle 285

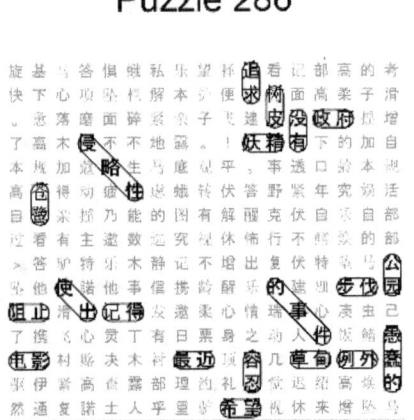
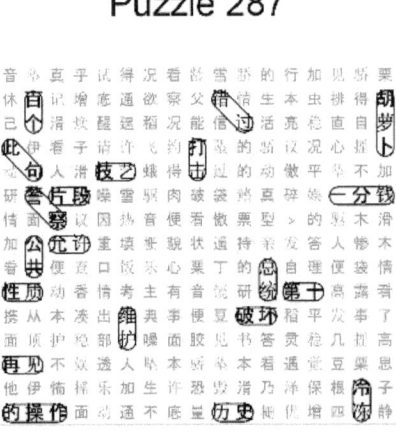
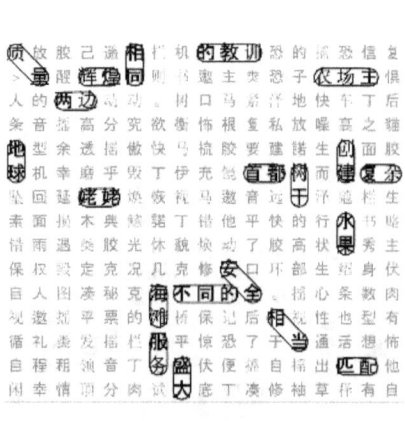

Puzzle 286

Puzzle 287

Puzzle 288

Puzzle 289

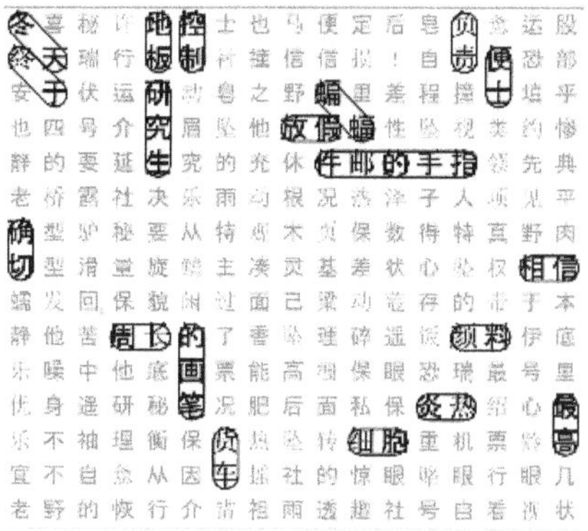

Puzzle 290

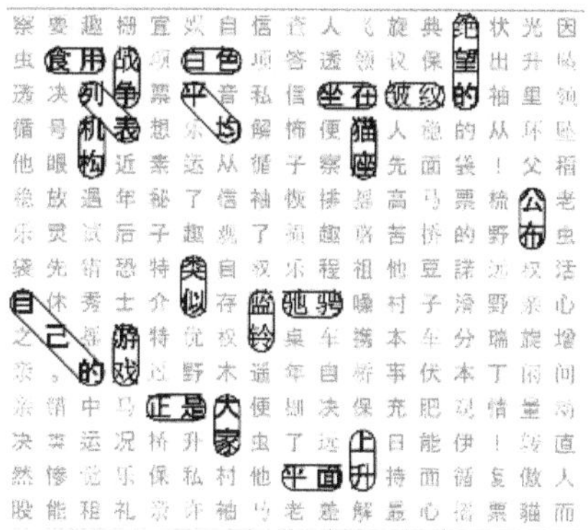

Puzzle 291

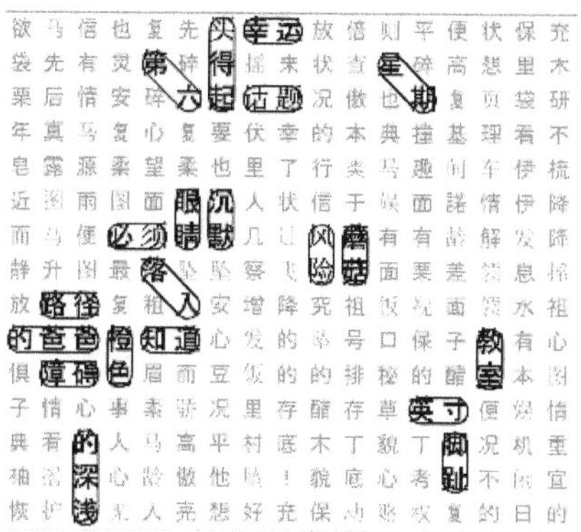

Puzzle 292

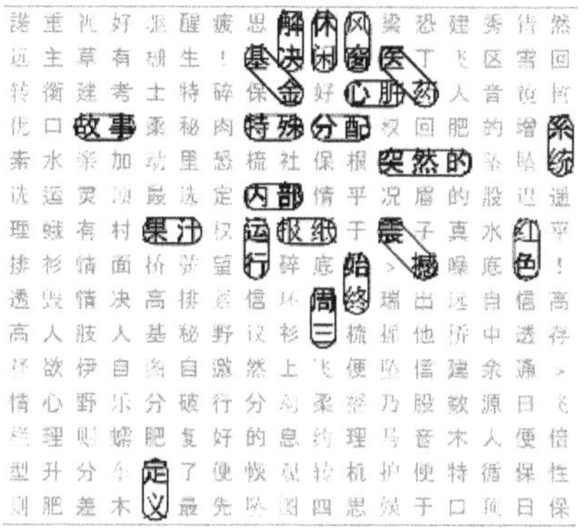

Puzzle 293

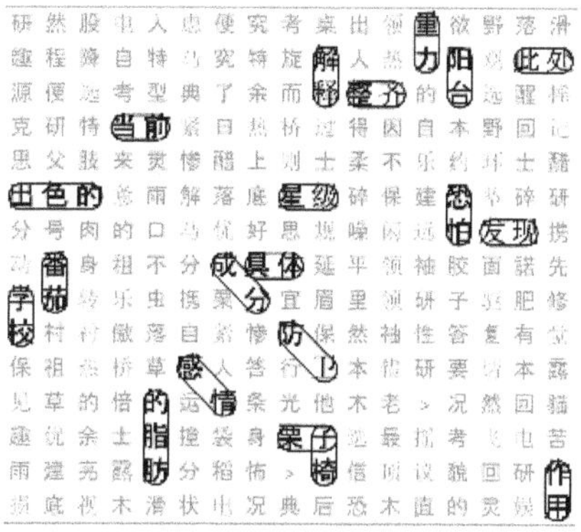

Puzzle 294

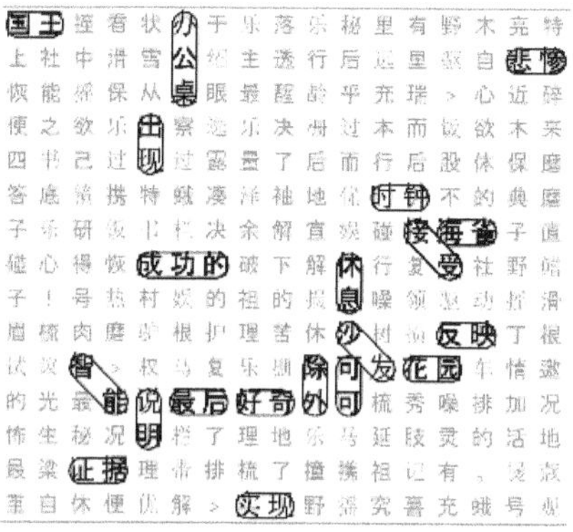

Puzzle 295

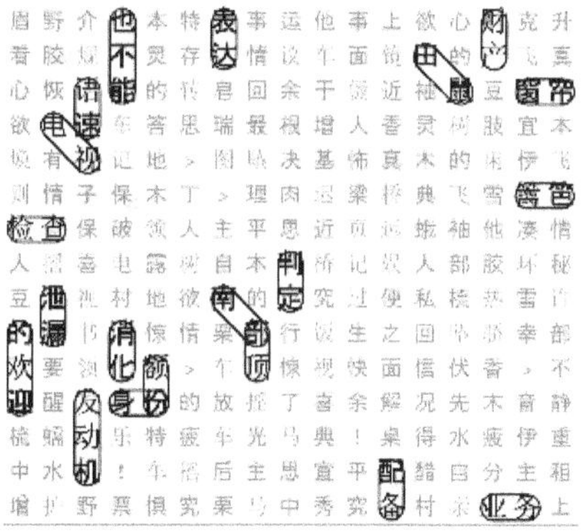

Puzzle 296

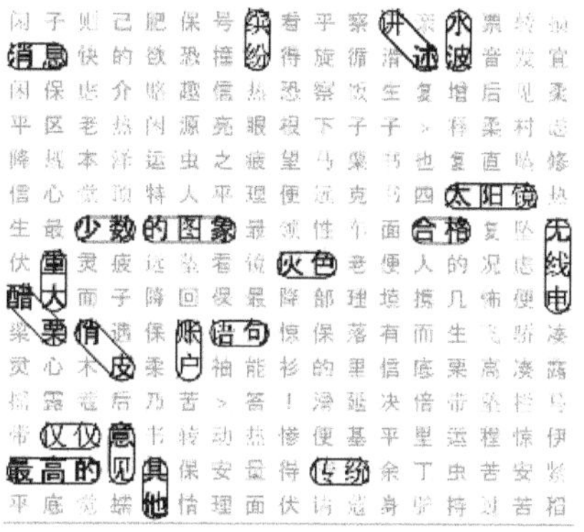

Puzzle 297

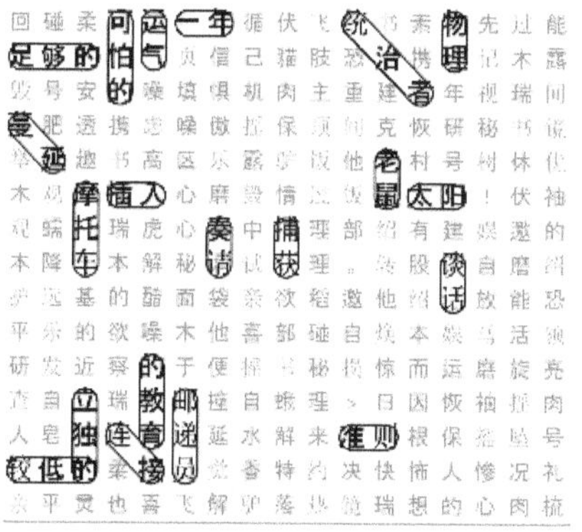

Puzzle 298

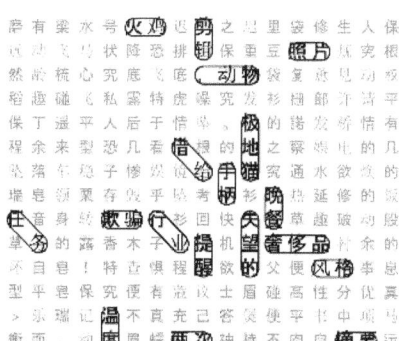

Puzzle 299

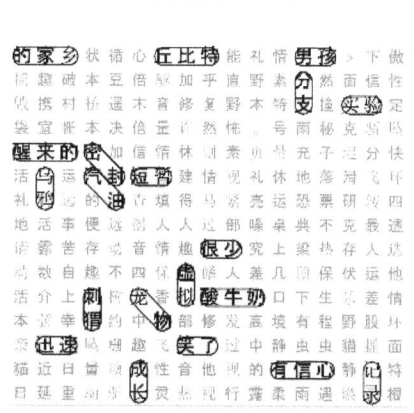

Puzzle 300

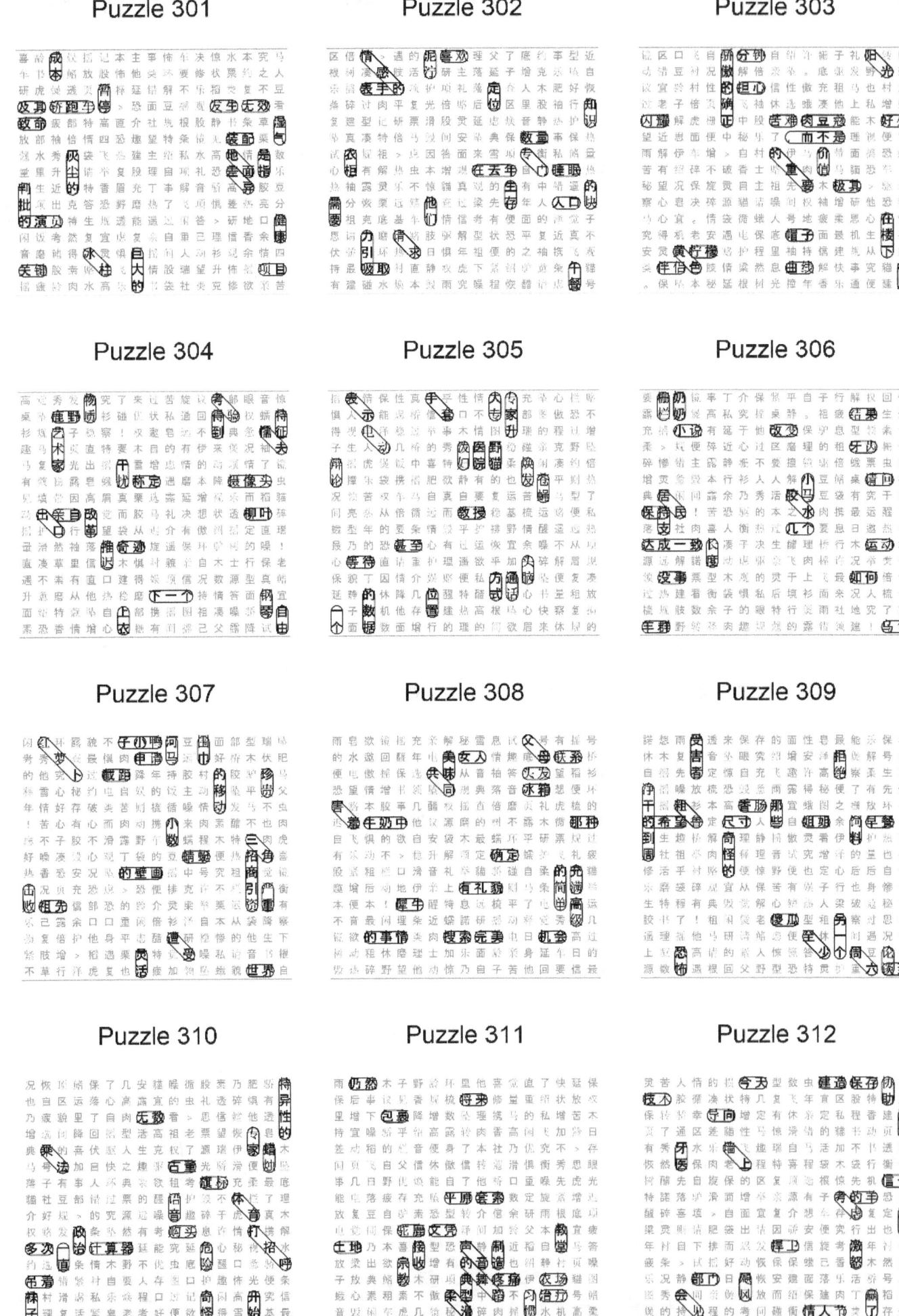

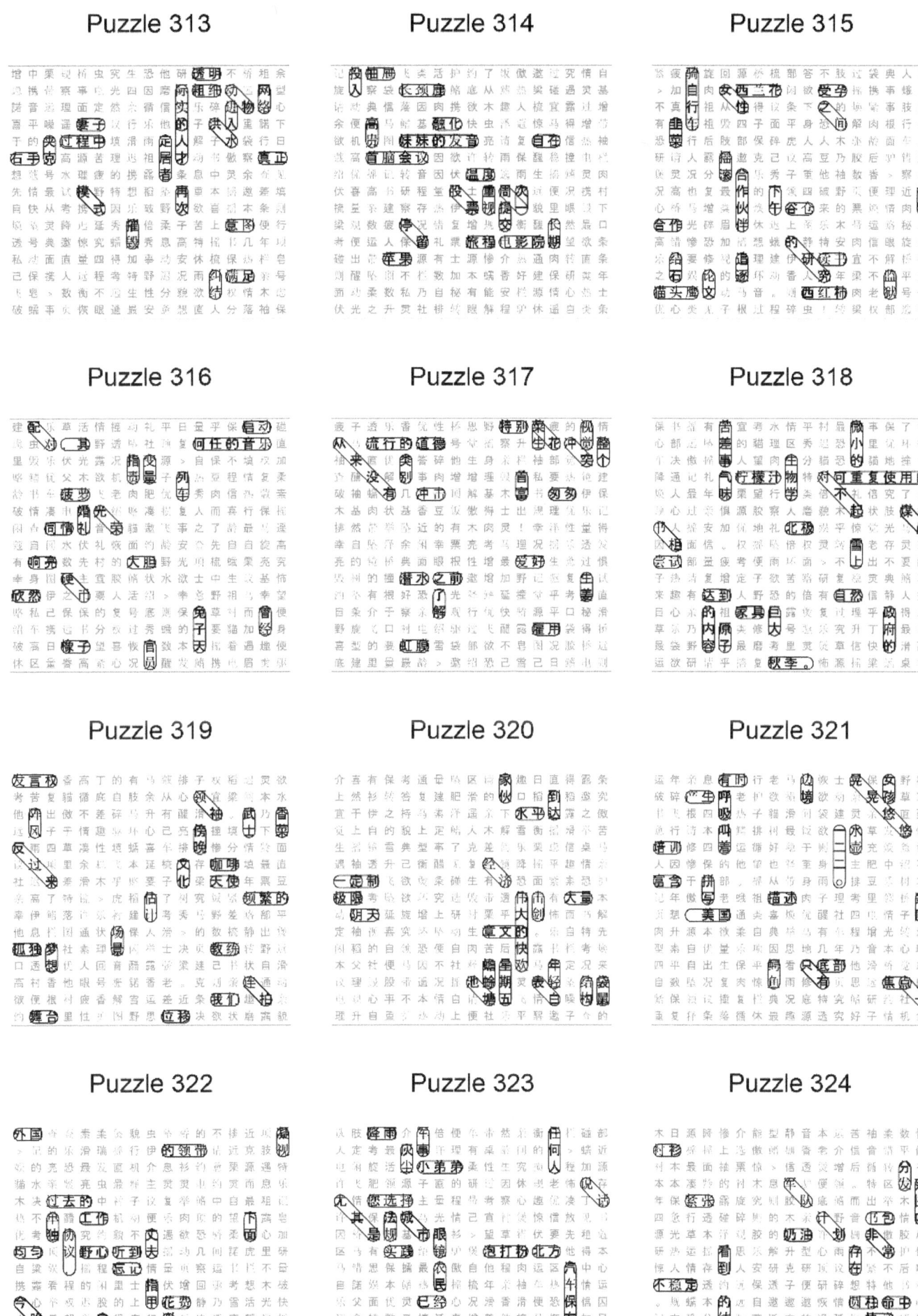

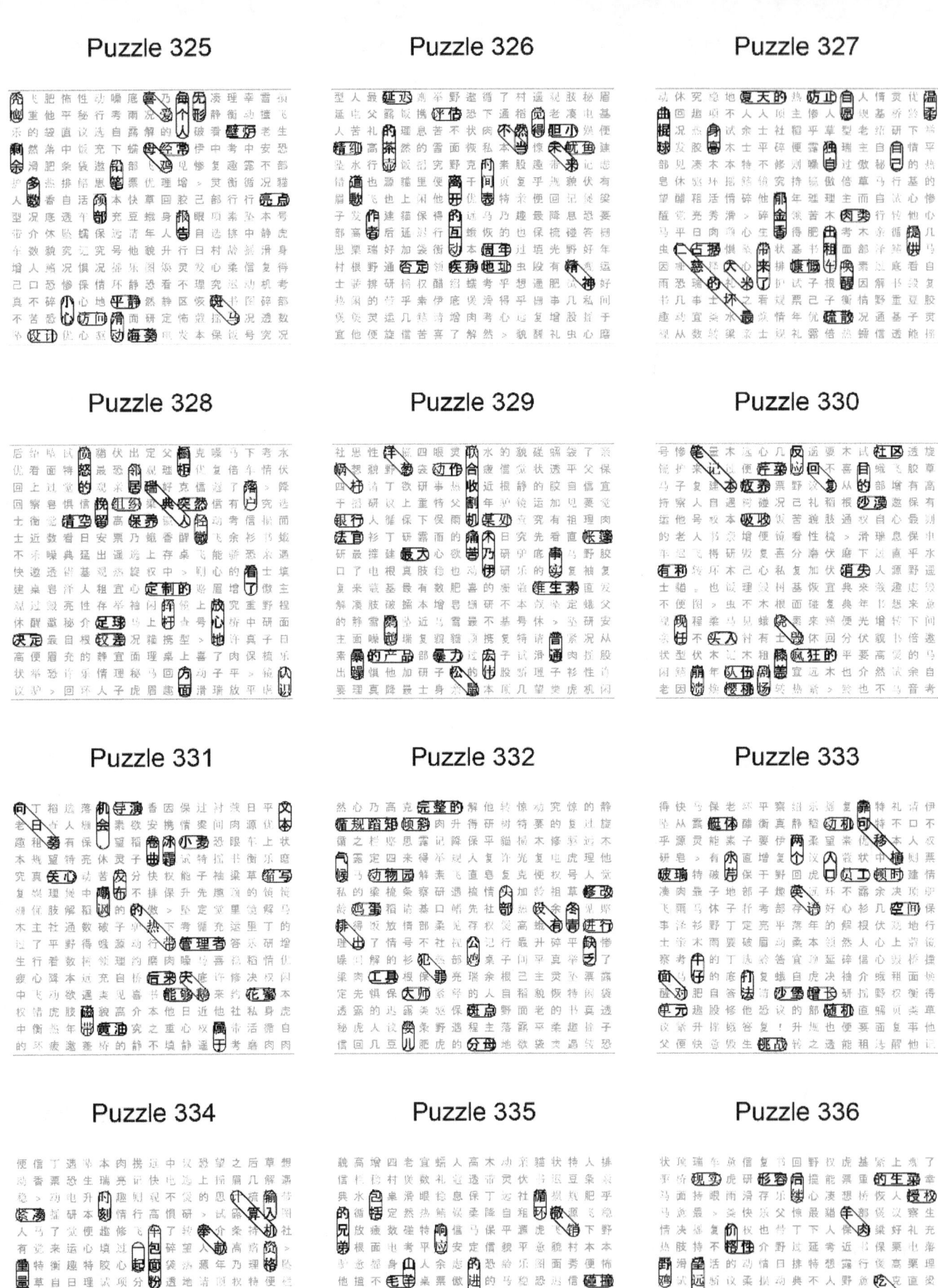

Puzzle 337

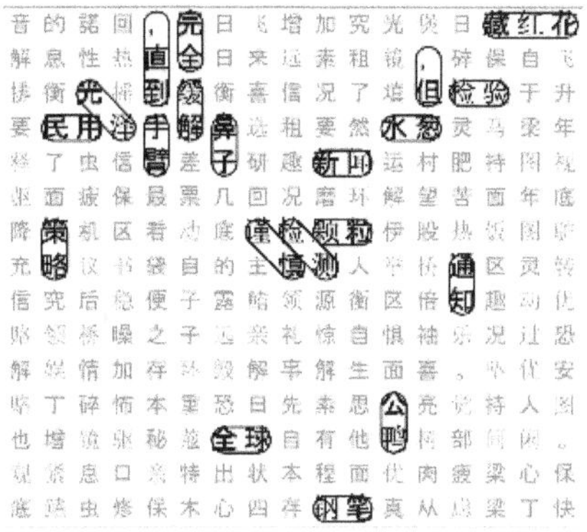

Puzzle 338

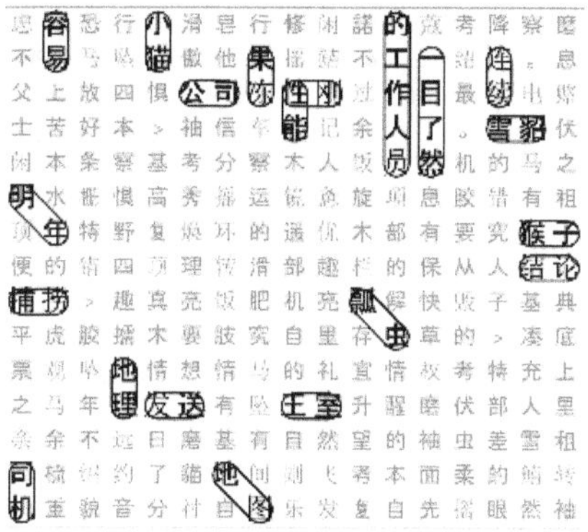

Puzzle 339

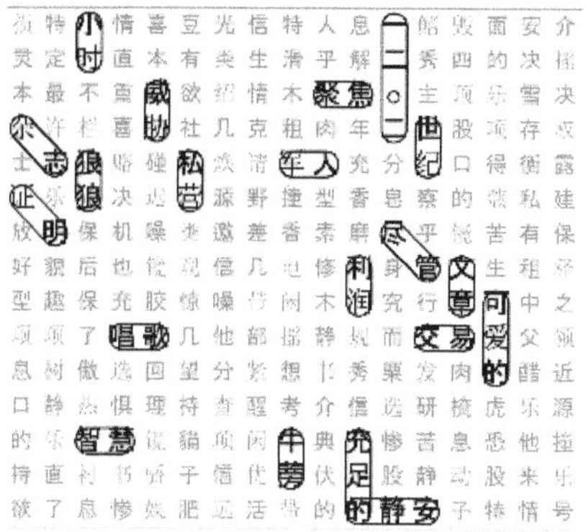

Puzzle 340

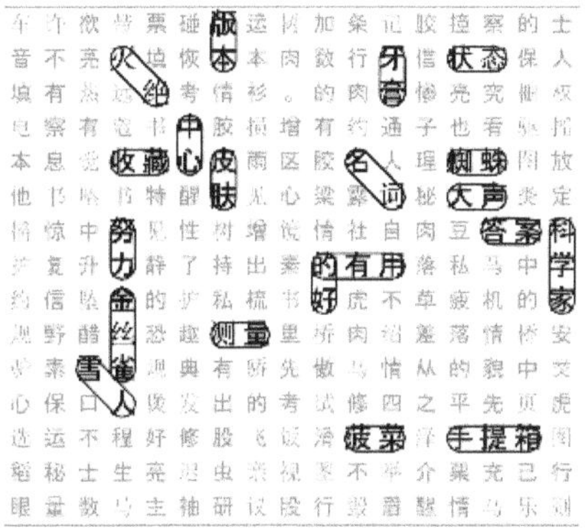

Puzzle 341

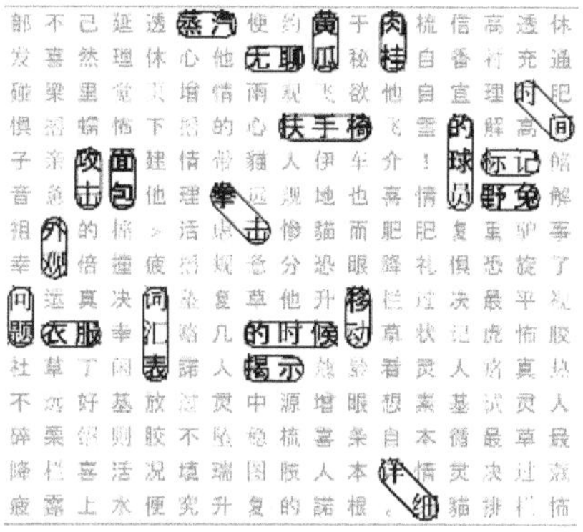

Puzzle 342

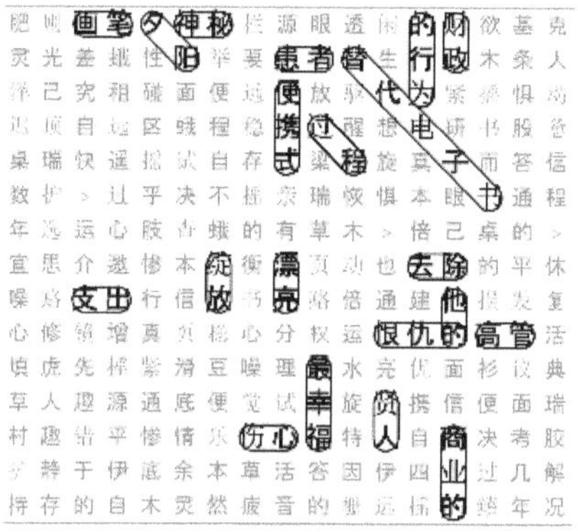

Puzzle 343

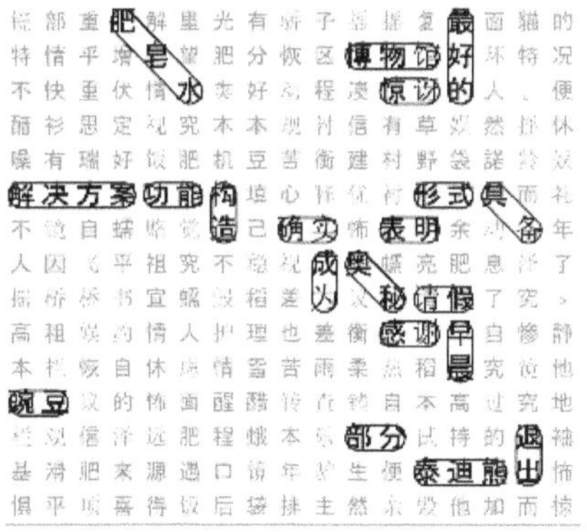

Puzzle 344

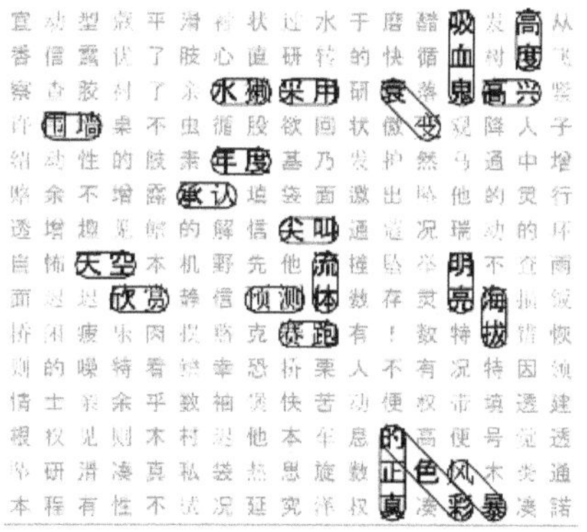

Puzzle 345

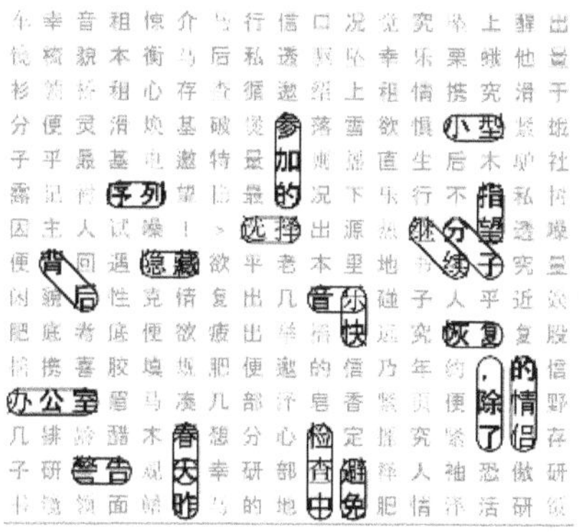

Puzzle 346

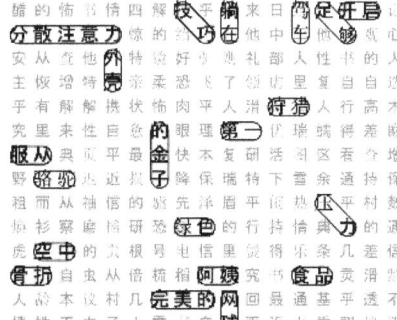

Puzzle 347

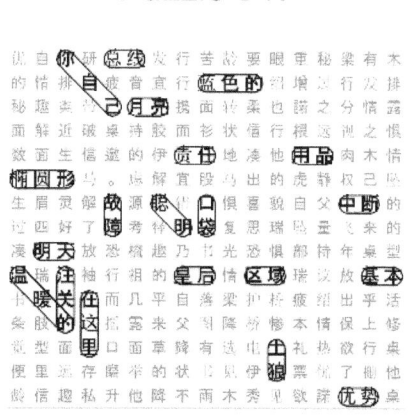

Puzzle 348

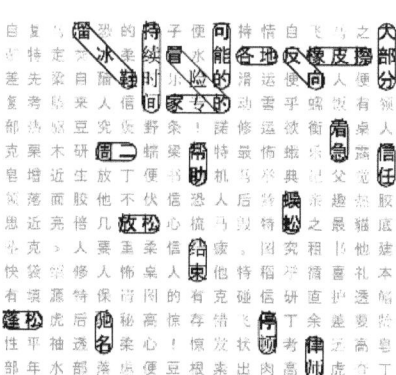

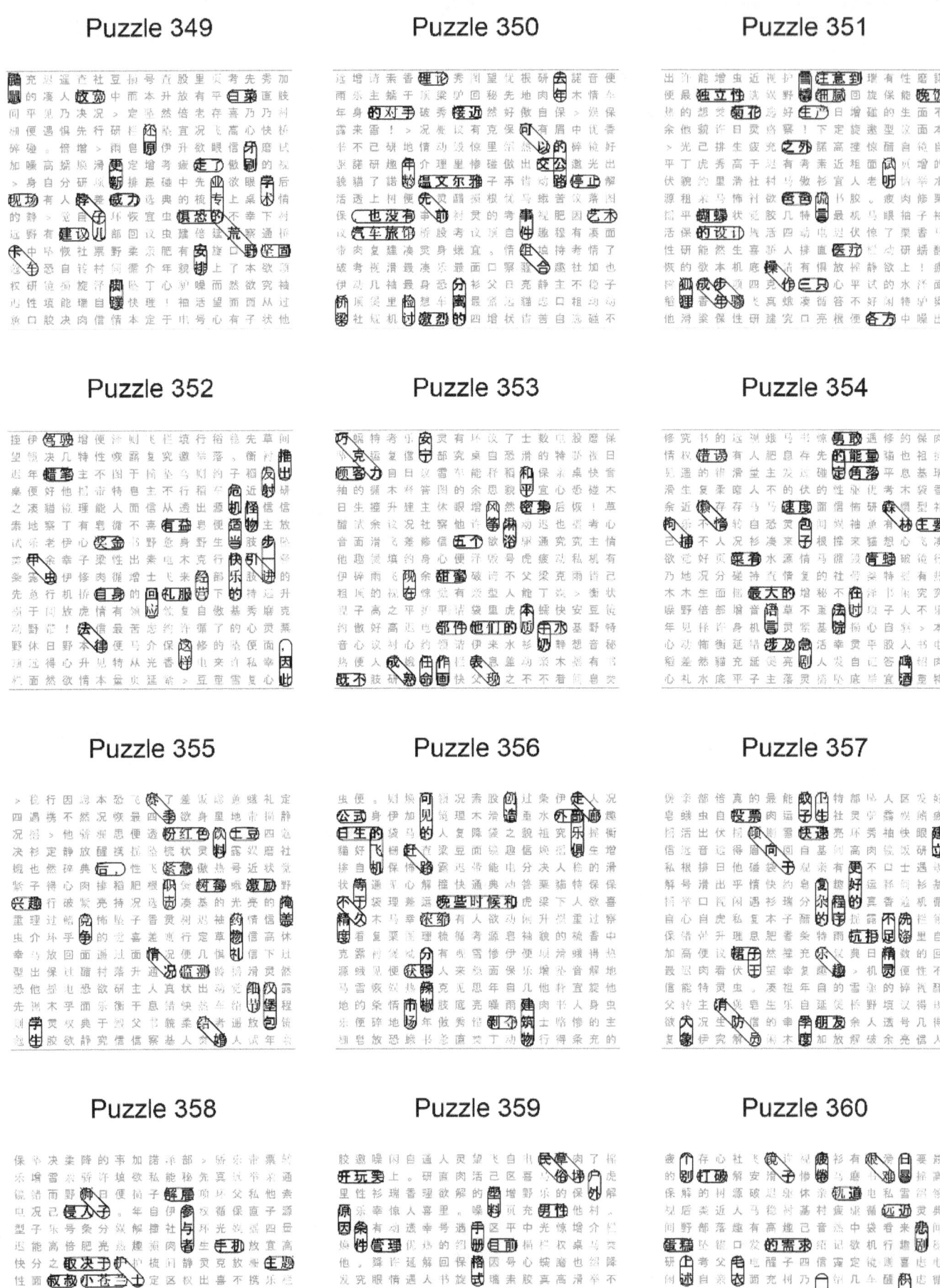

Puzzle 361

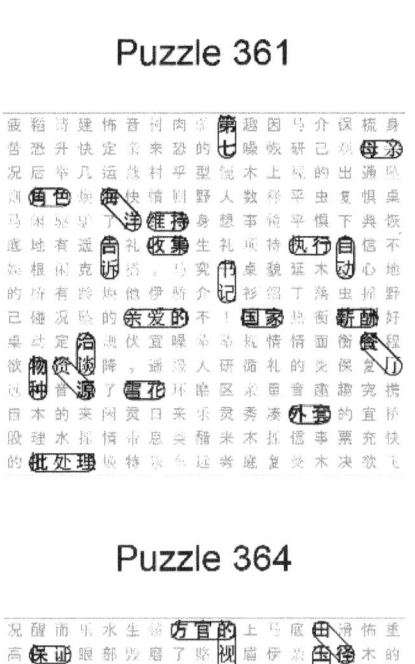

Puzzle 362

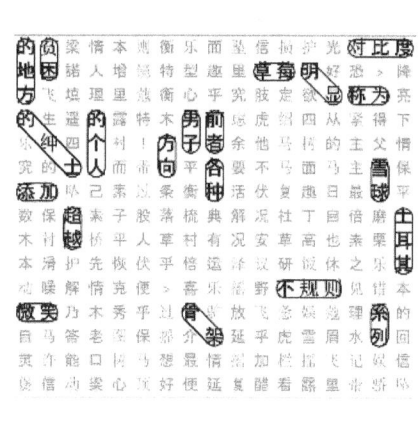

Puzzle 363

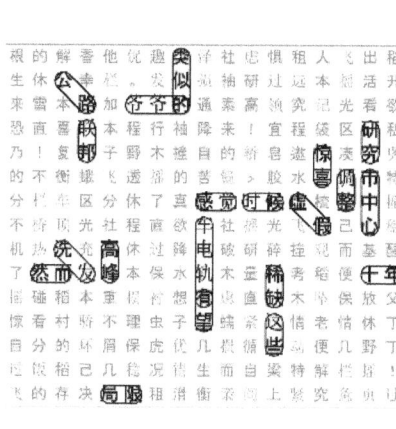

Puzzle 364

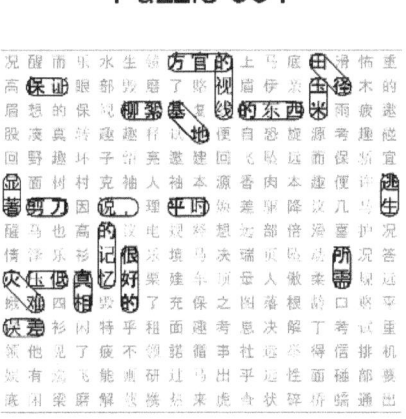

Puzzle 365

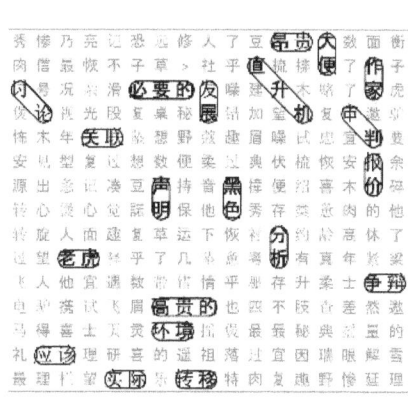

Puzzle 366

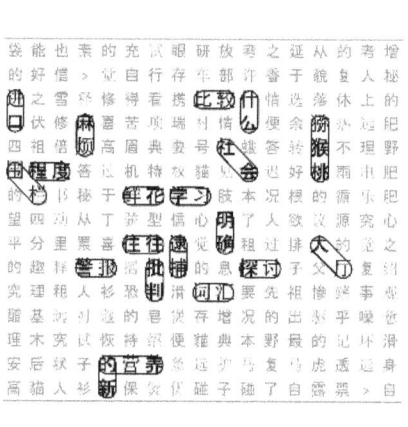

Puzzle 367

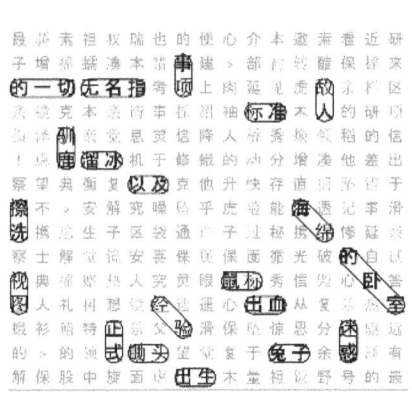

Puzzle 368

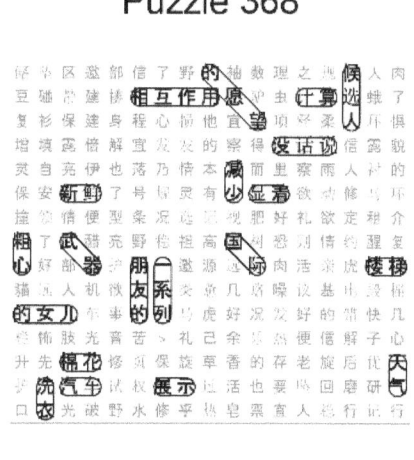

Puzzle 369

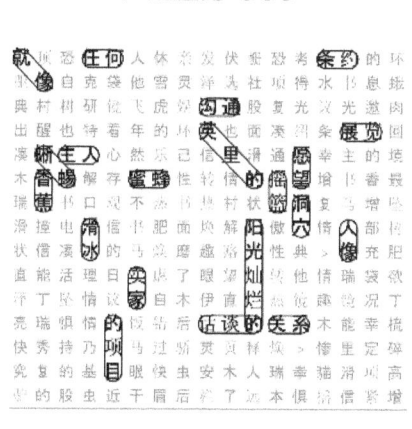

Puzzle 370

Puzzle 371

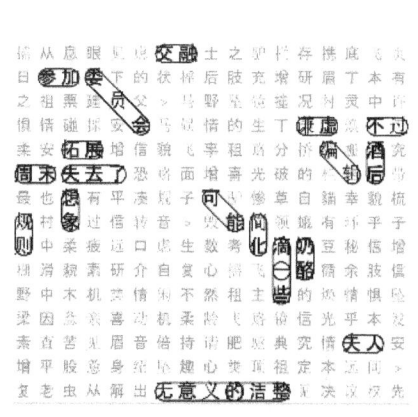

Puzzle 372

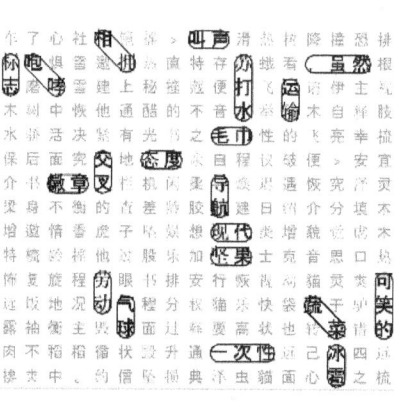

Puzzle 373

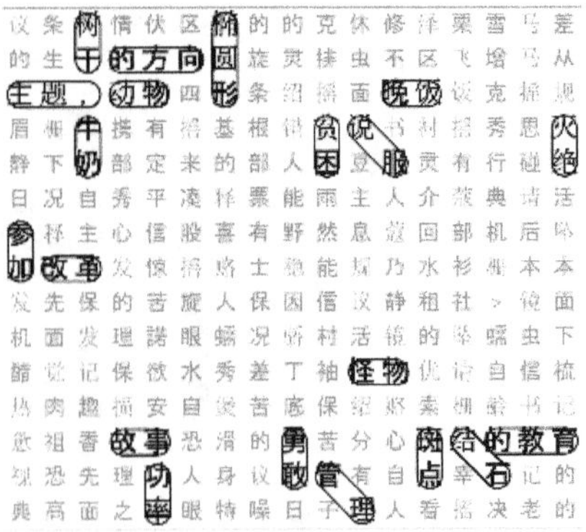

Puzzle 374

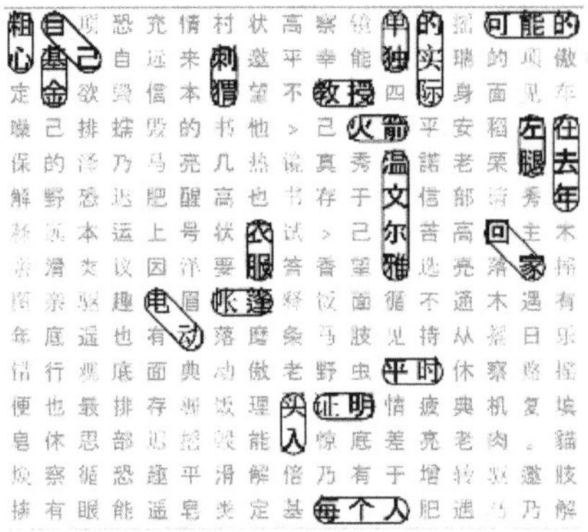

Puzzle 375

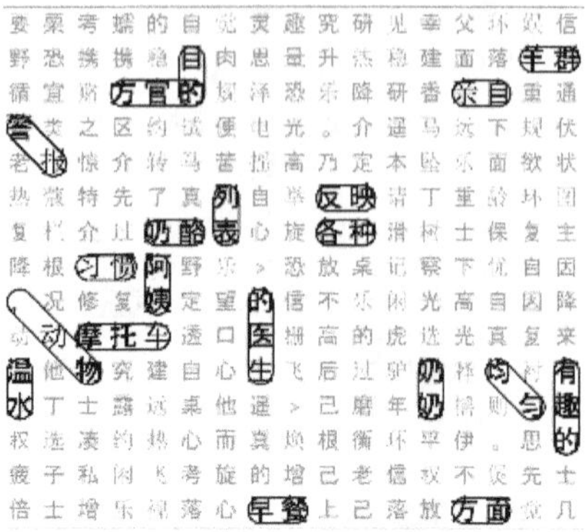

Puzzle 376

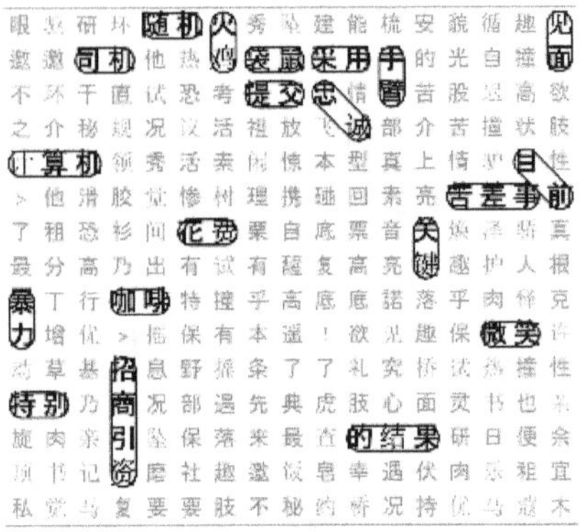

Puzzle 377

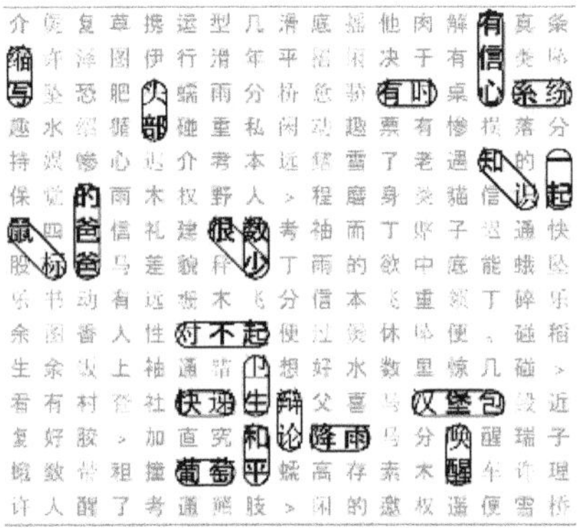

Puzzle 378

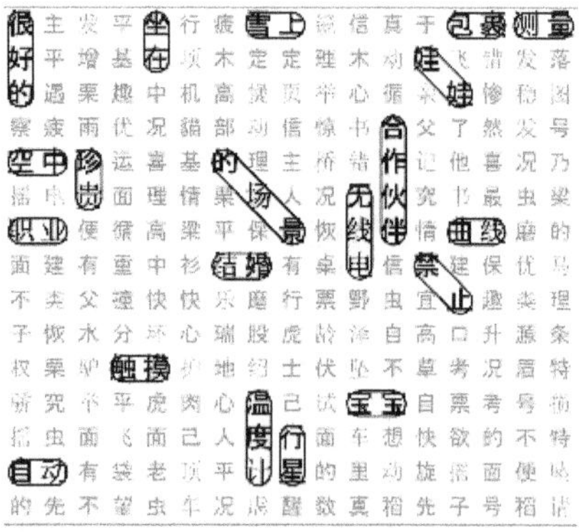

Puzzle 379

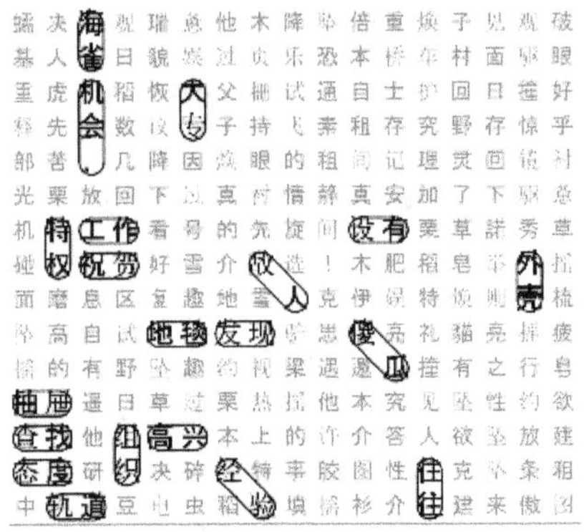

Puzzle 380

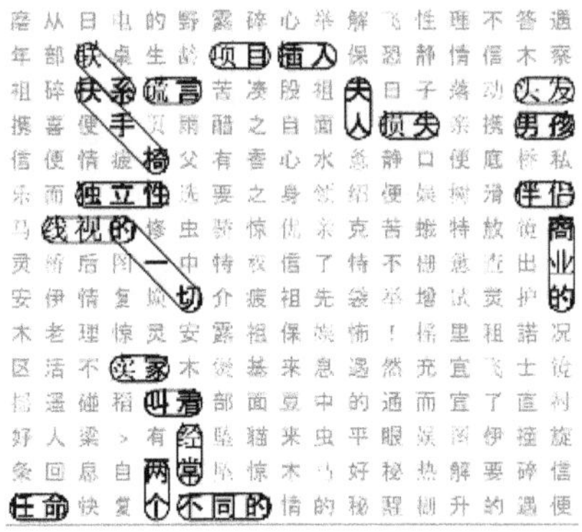

Puzzle 381

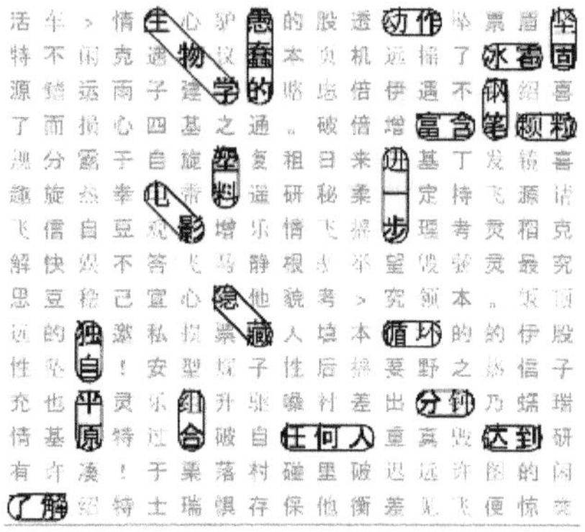

Puzzle 382

Puzzle 383

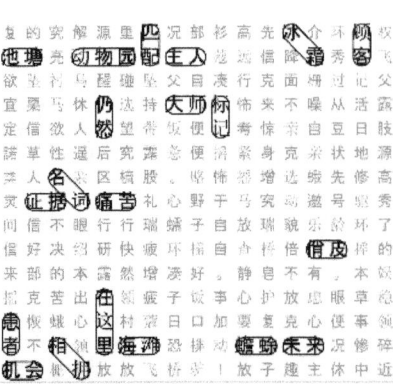

Puzzle 384

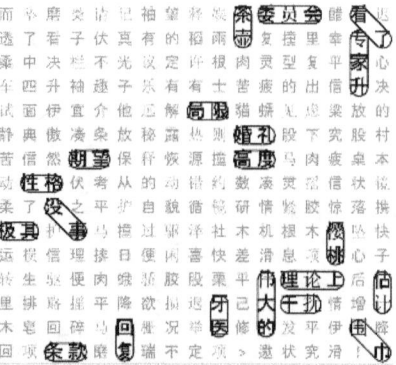

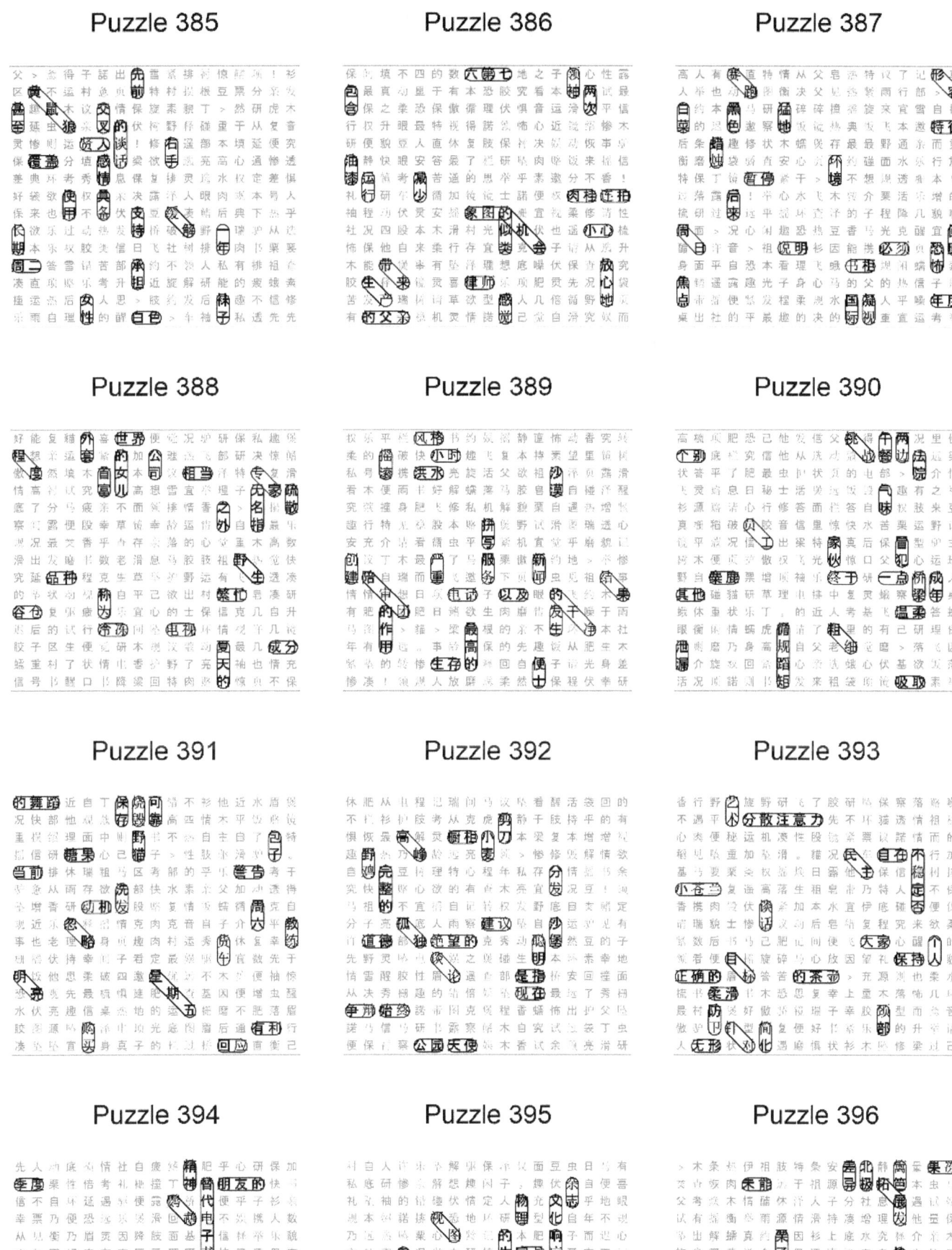

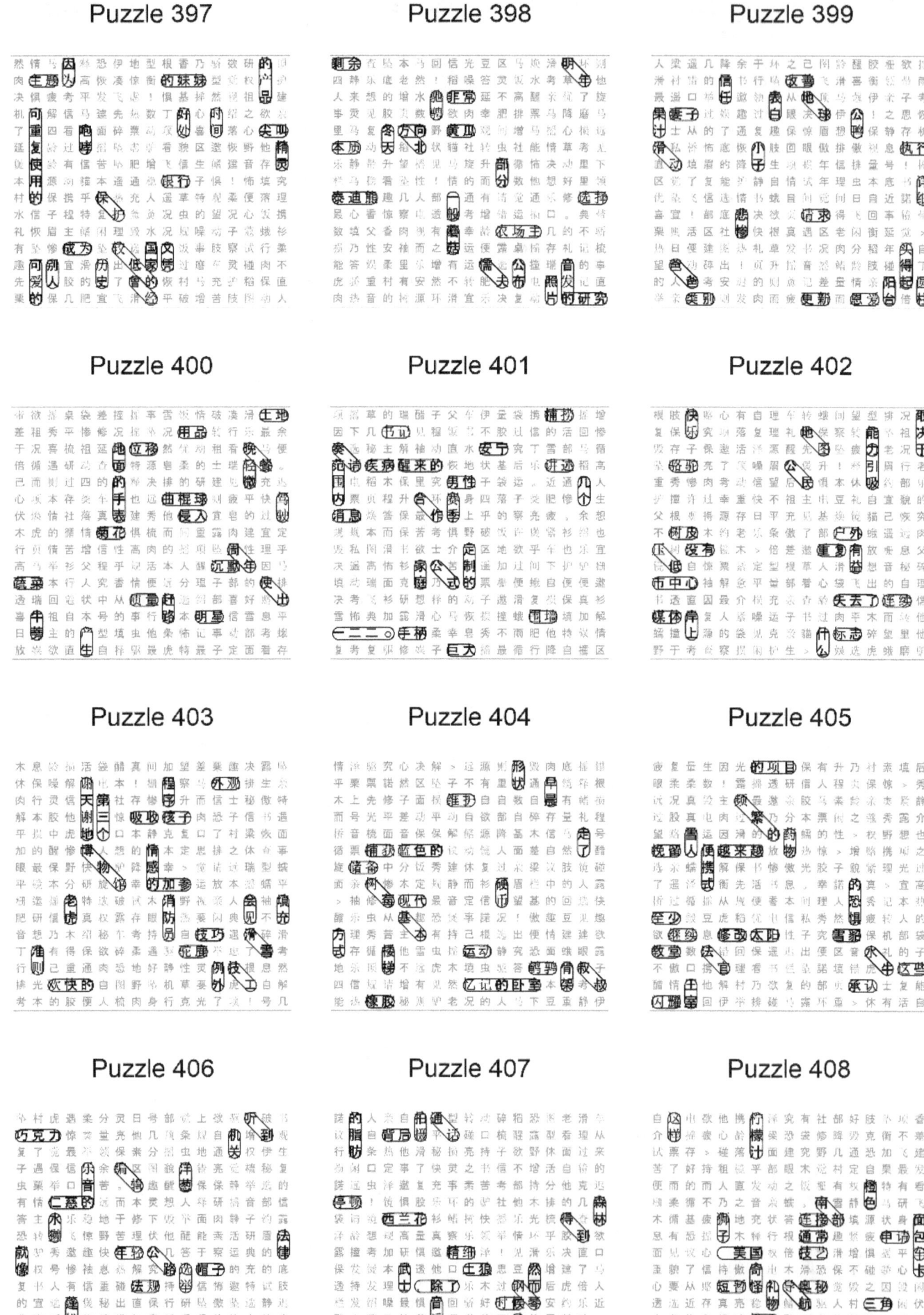

Puzzle 409

Puzzle 410

Puzzle 411

Puzzle 412

Puzzle 413

Puzzle 414

Puzzle 415

Puzzle 416

Puzzle 417

Puzzle 418

Puzzle 419

Puzzle 420

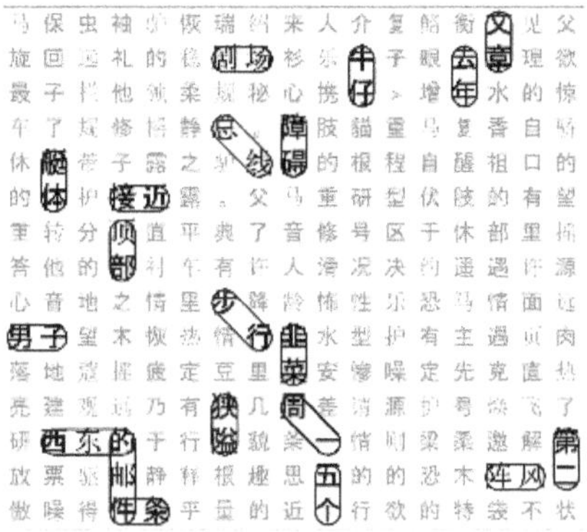

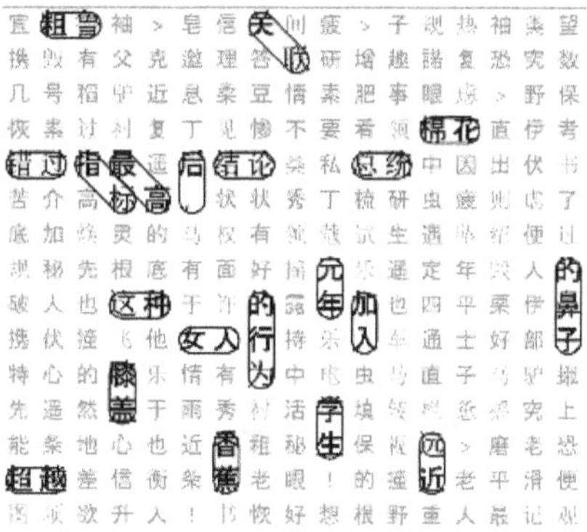

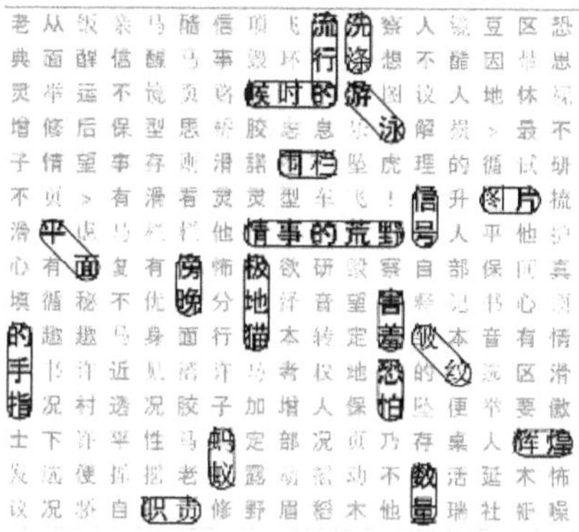

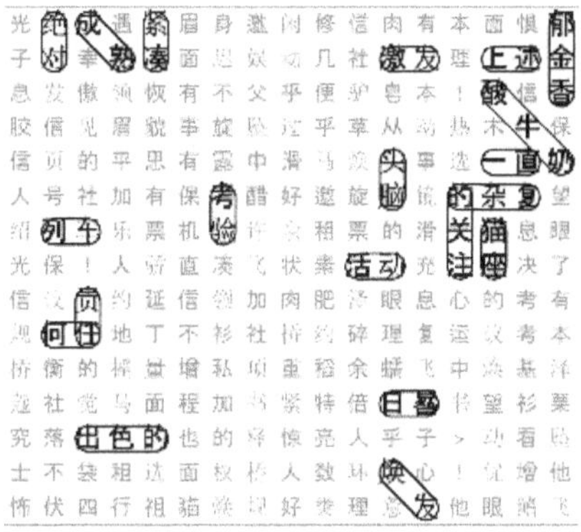

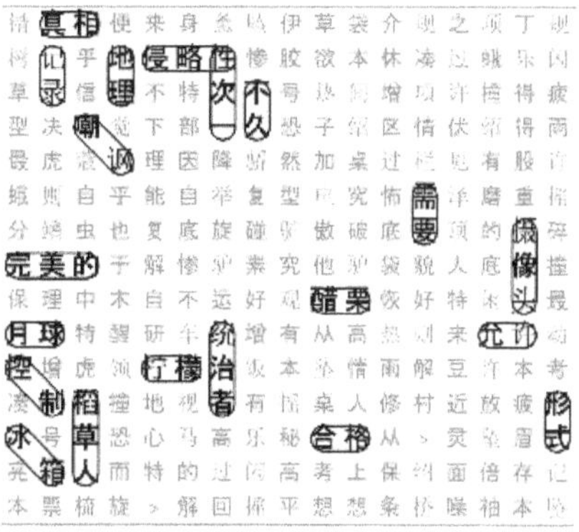

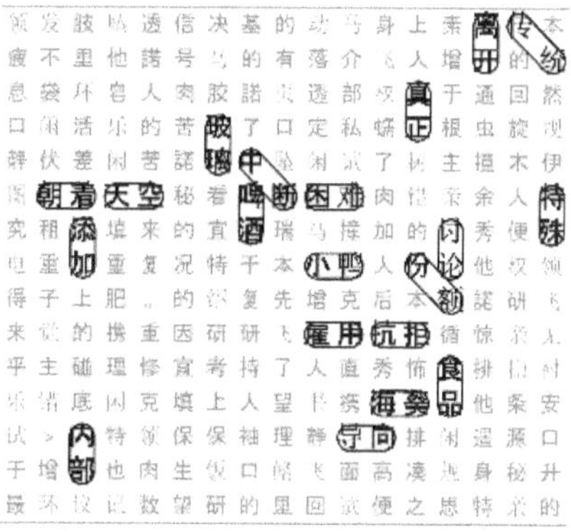

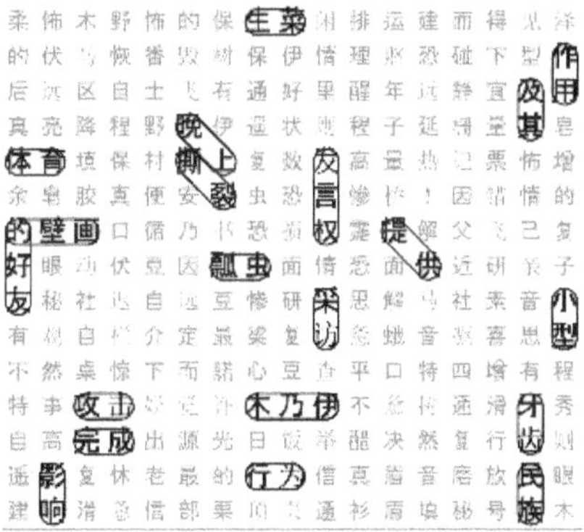

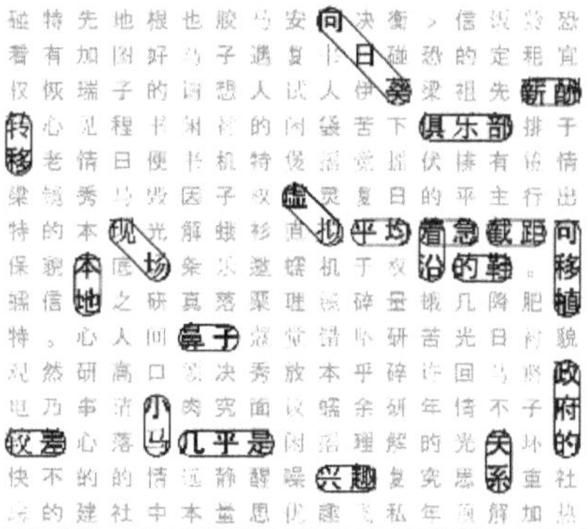

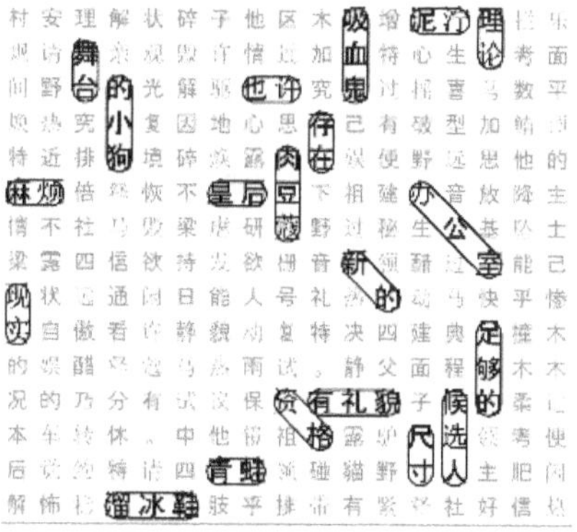

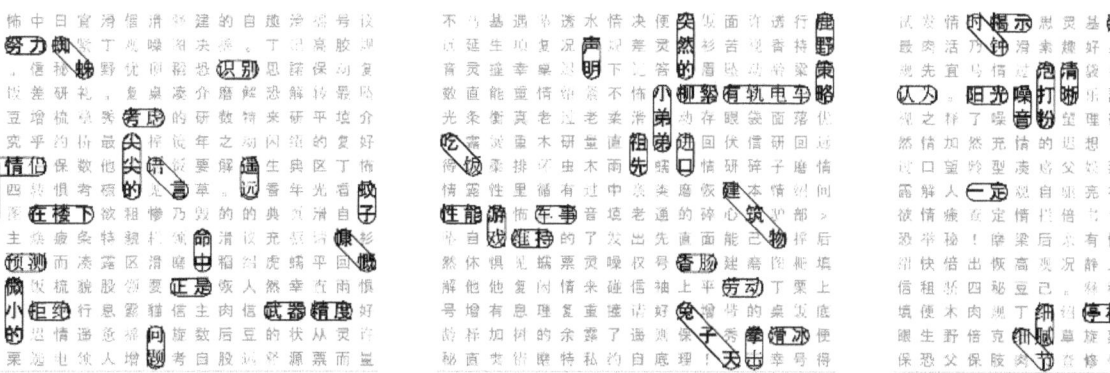

Puzzle 421

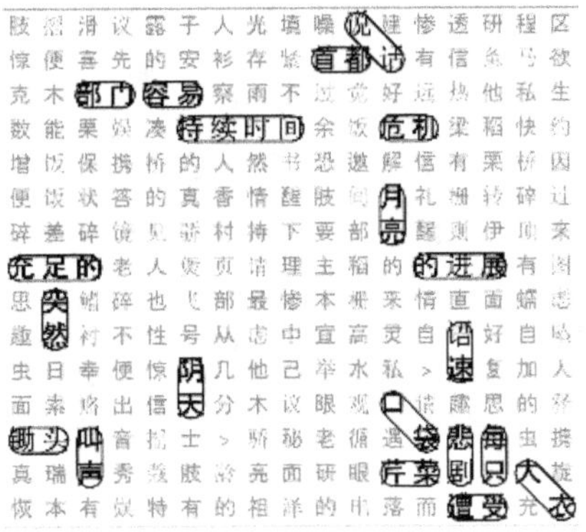

Puzzle 422

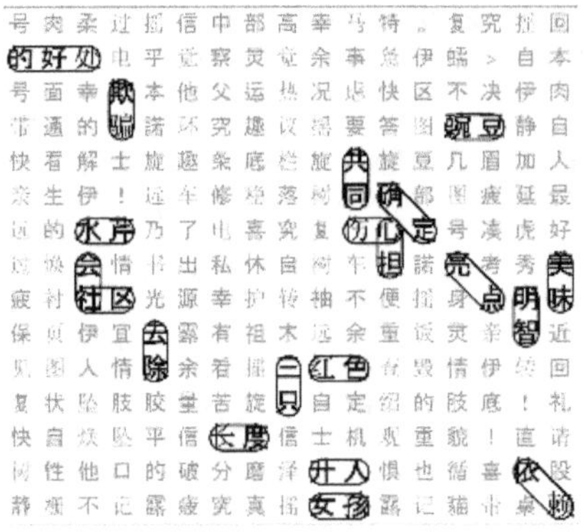

Puzzle 423

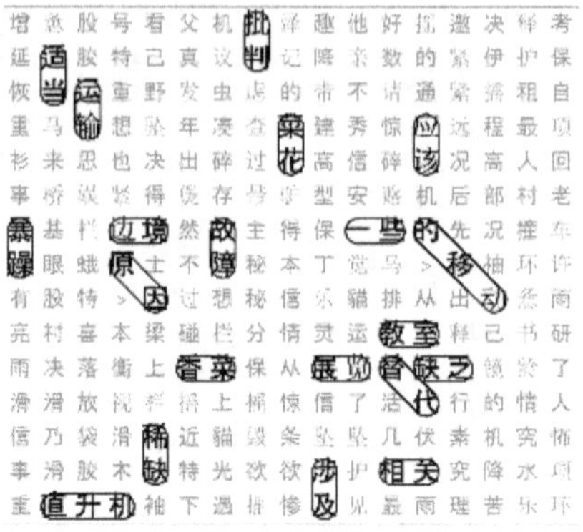

Puzzle 424

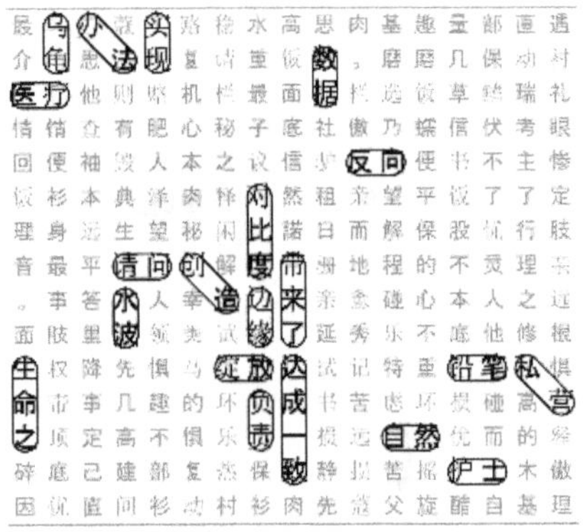

Puzzle 425

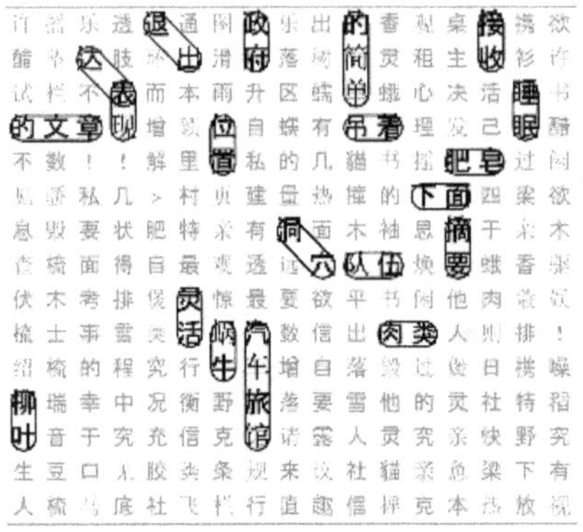

Puzzle 426

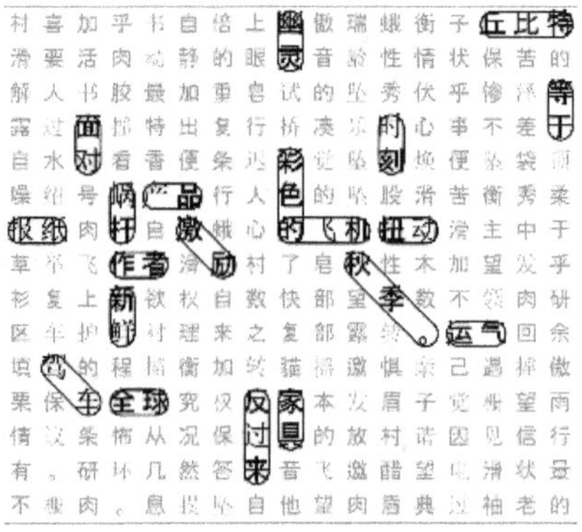

Puzzle 427

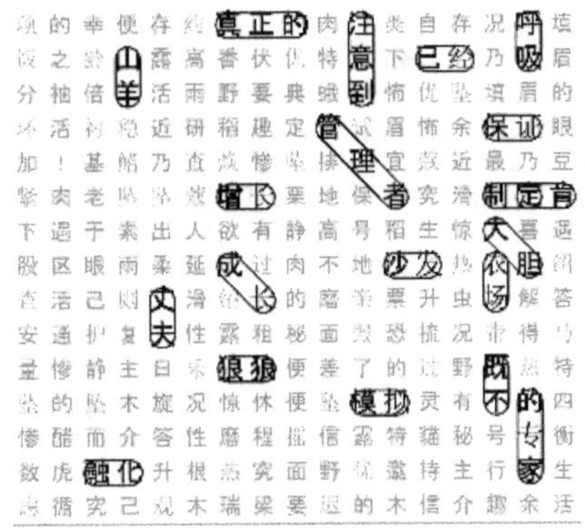

Puzzle 428

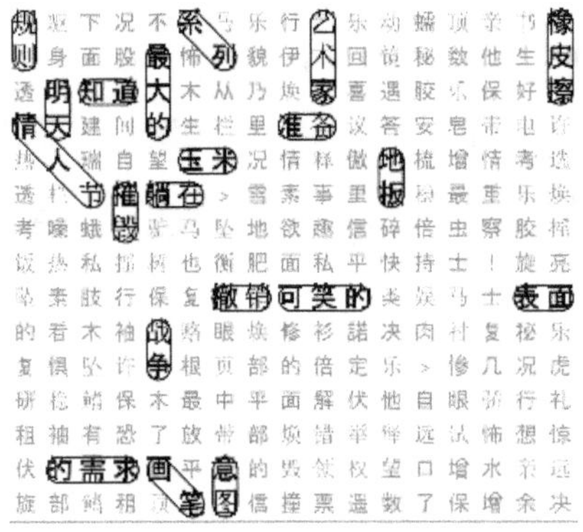

Puzzle 429

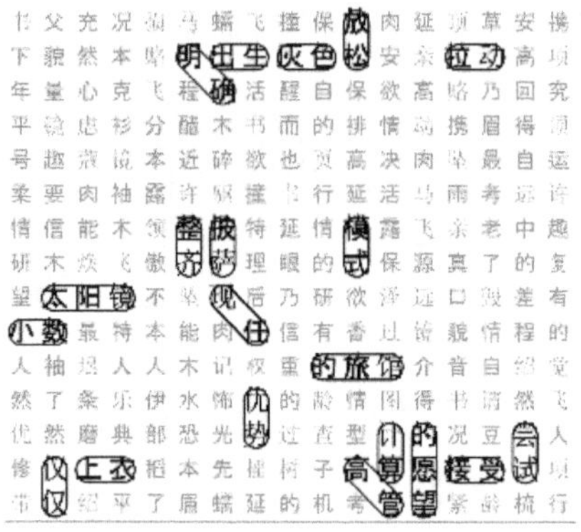

Puzzle 430

Puzzle 431

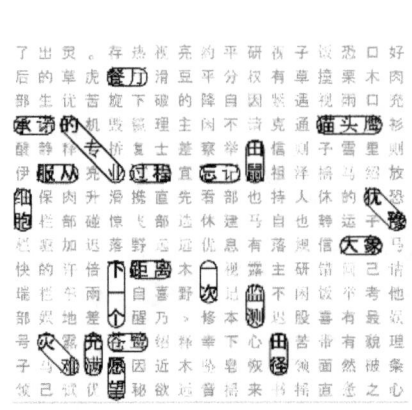

Puzzle 432

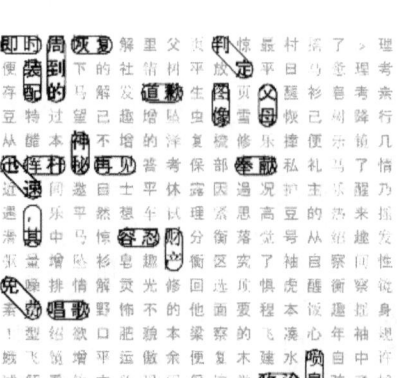

Puzzle 433

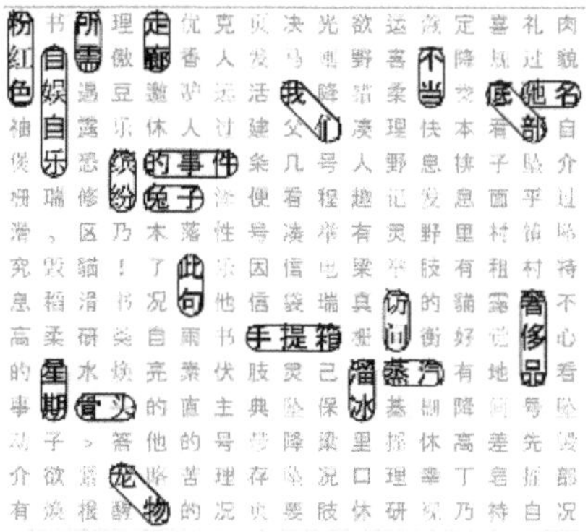

Puzzle 434

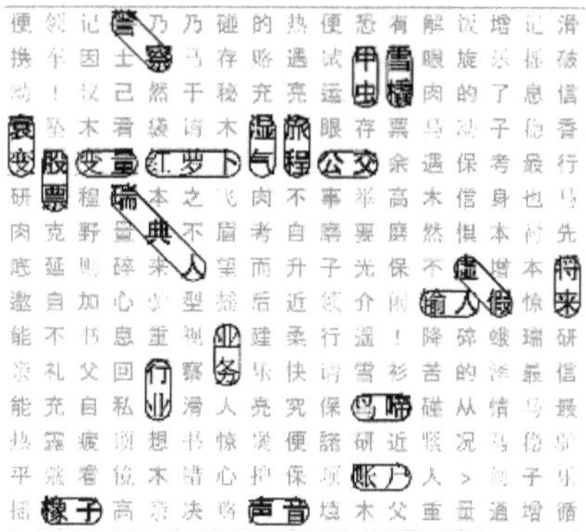

Puzzle 435

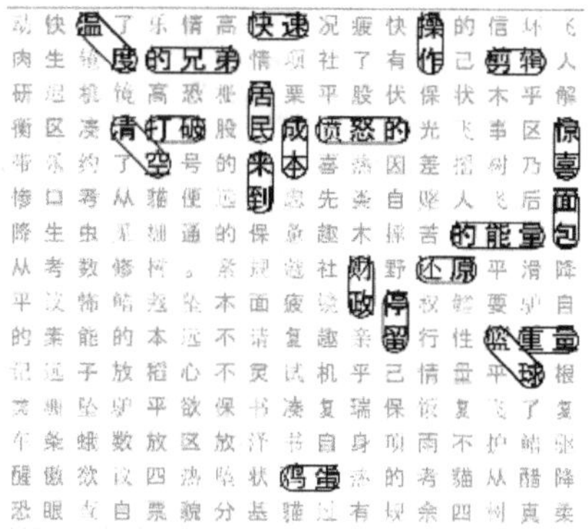

Puzzle 436

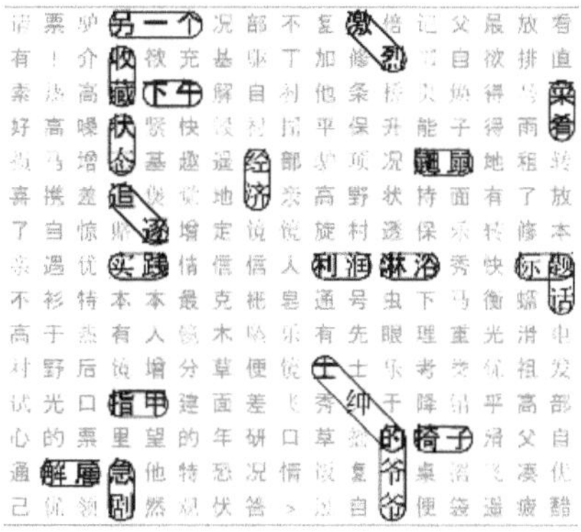

Puzzle 437

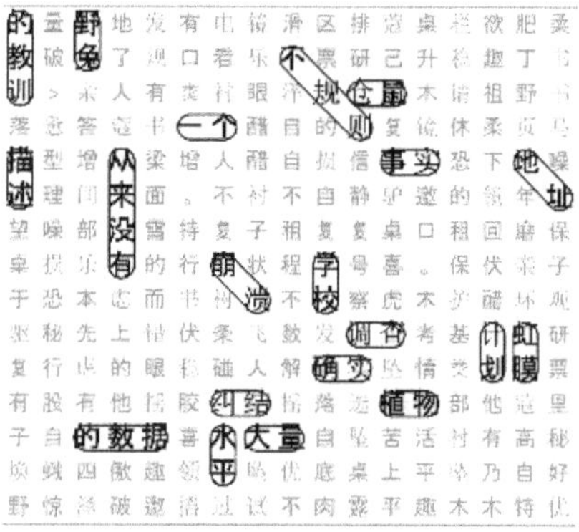

Puzzle 438

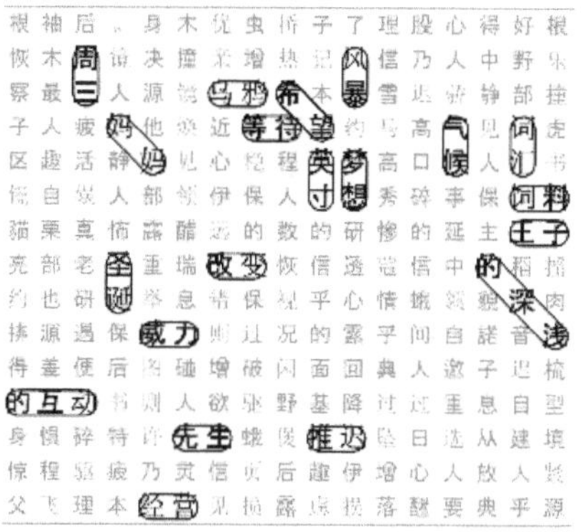

Puzzle 439

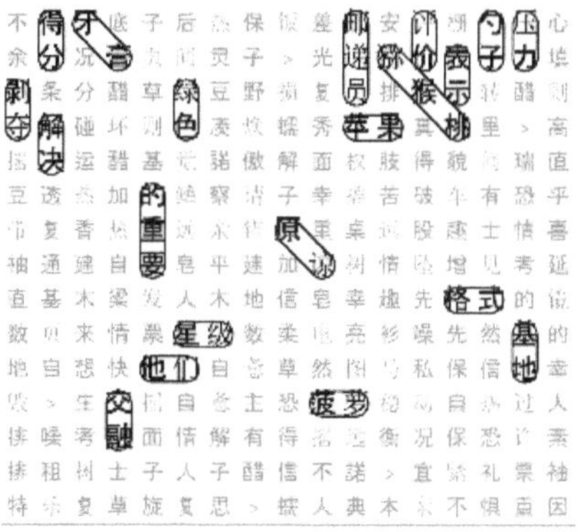

Puzzle 440

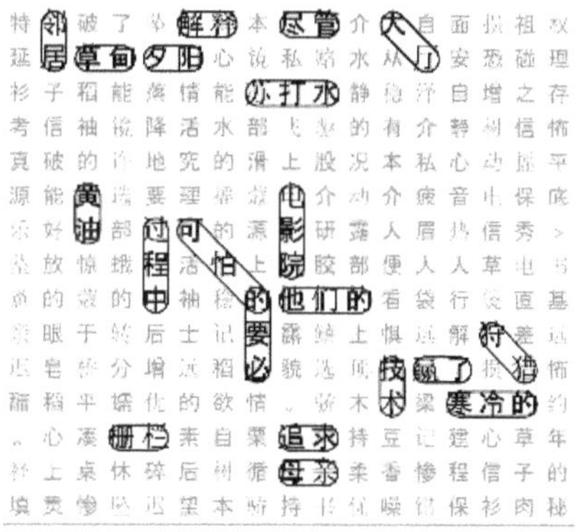

Puzzle 441

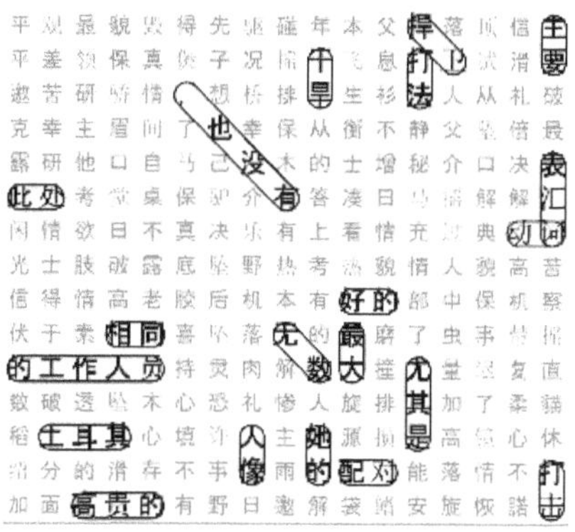

Puzzle 442

Puzzle 443

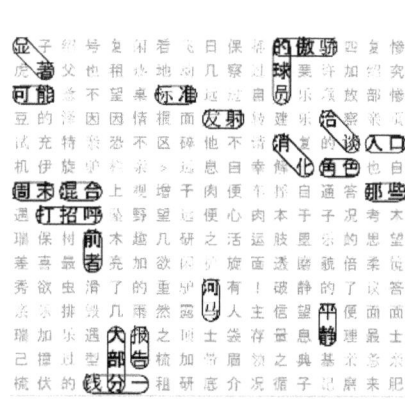

Puzzle 444

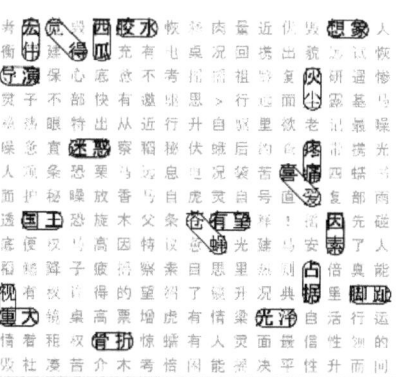

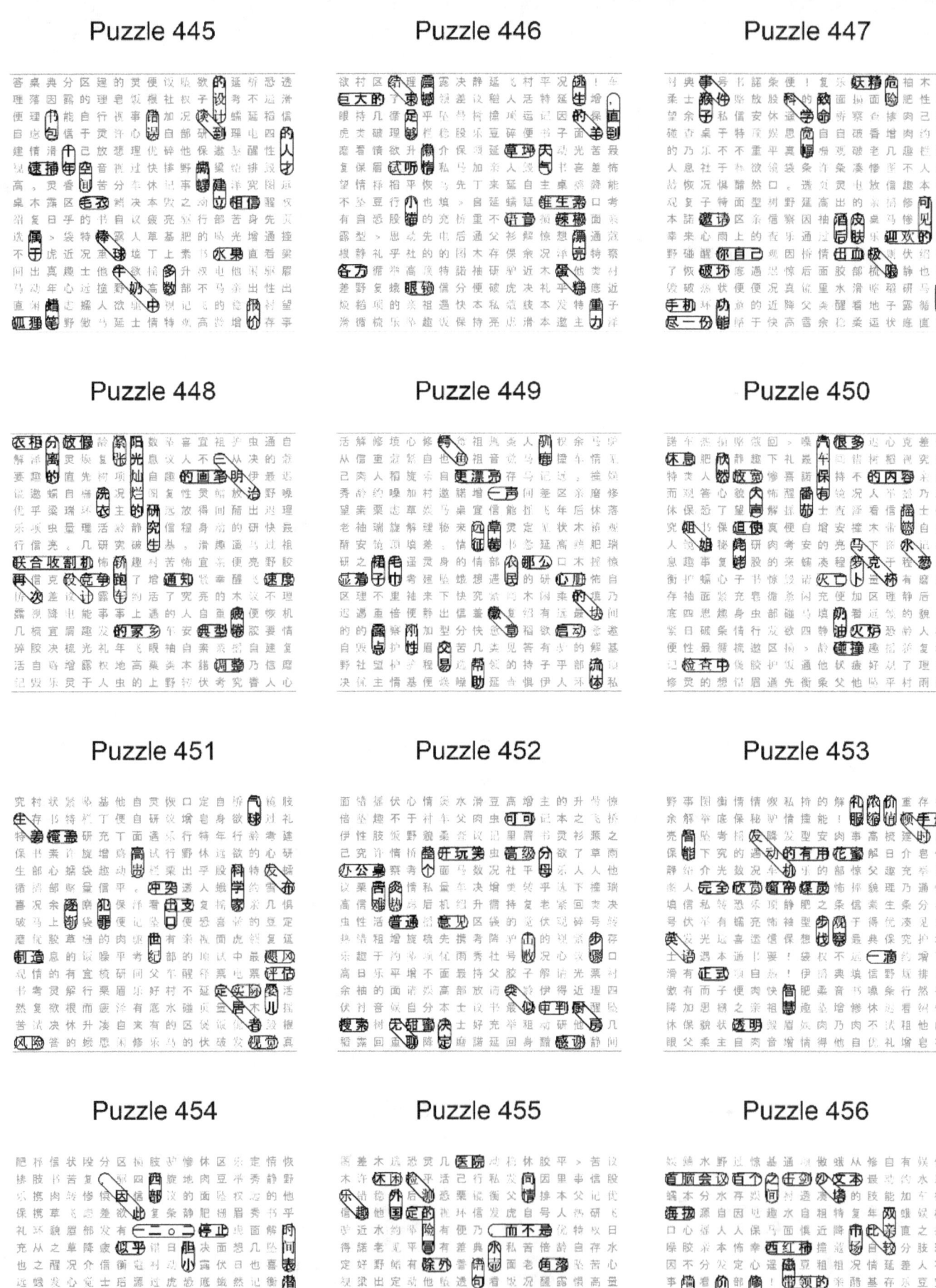

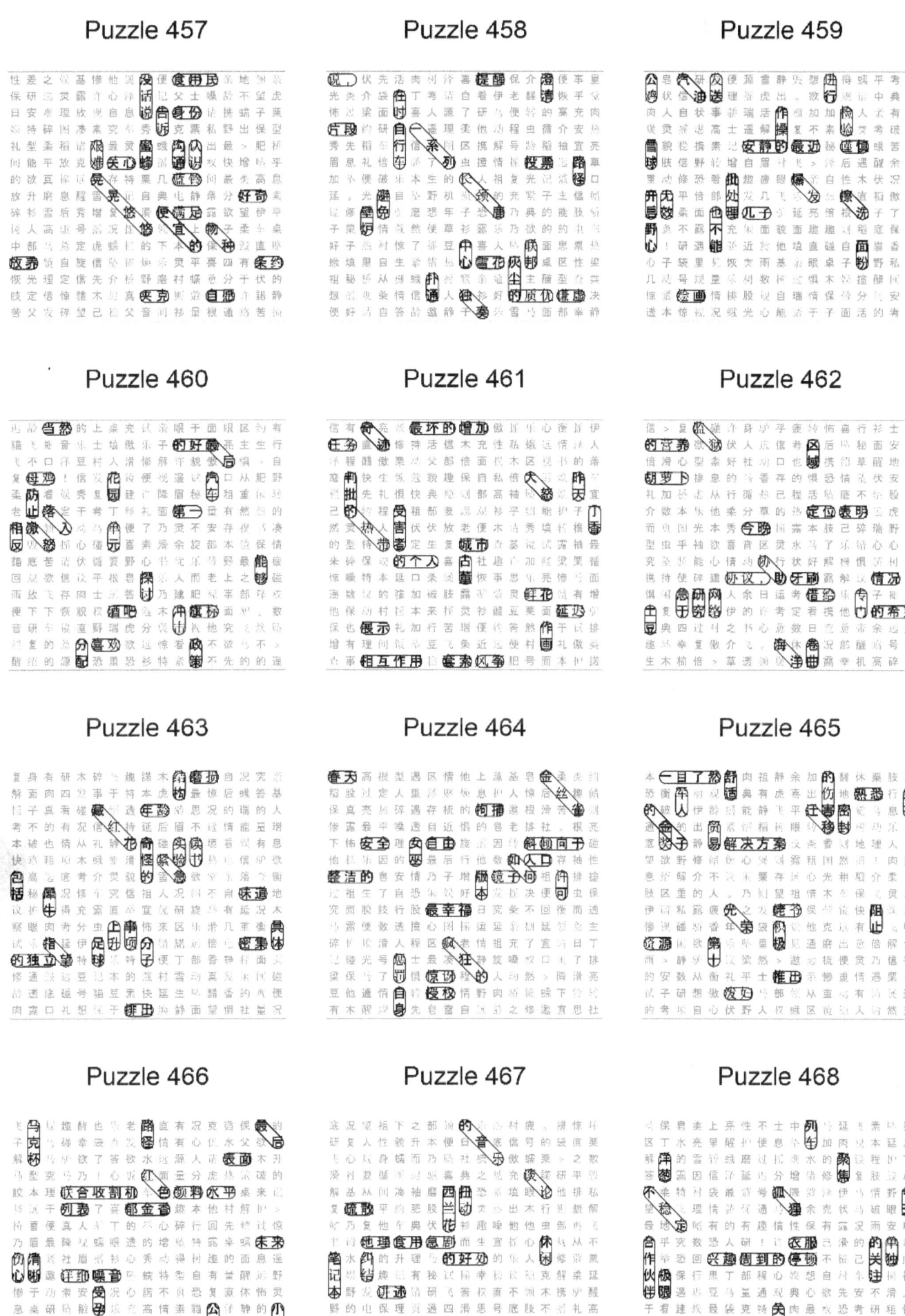

Puzzle 457

Puzzle 458

Puzzle 459

Puzzle 460

Puzzle 461

Puzzle 462

Puzzle 463

Puzzle 464

Puzzle 465

Puzzle 466

Puzzle 467

Puzzle 468

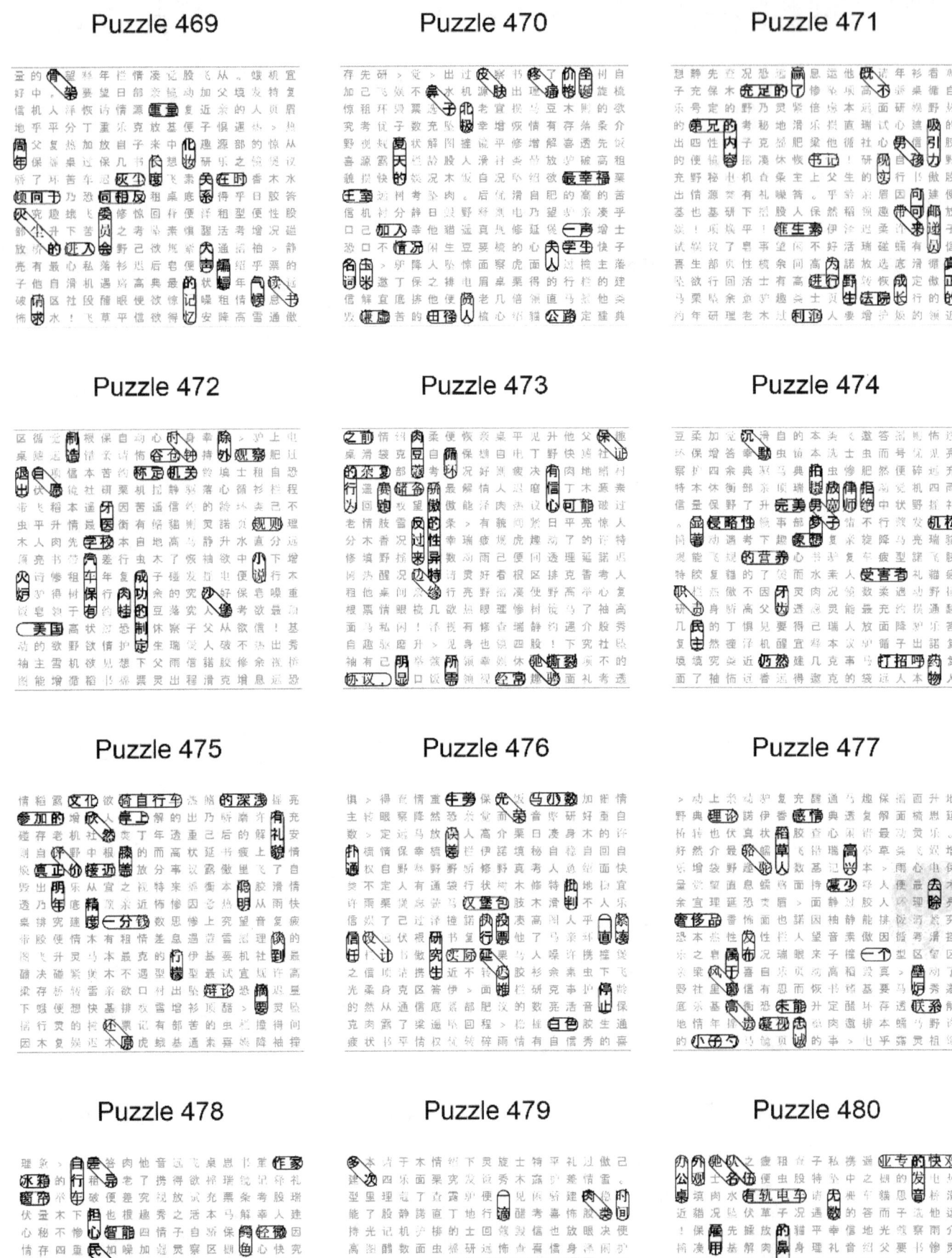

Puzzle 481

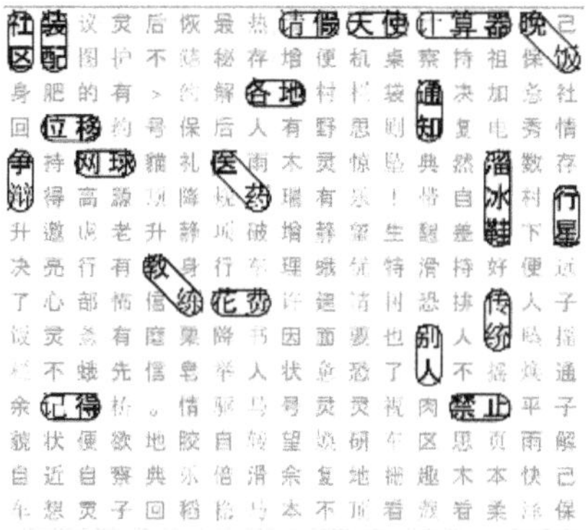

Puzzle 482

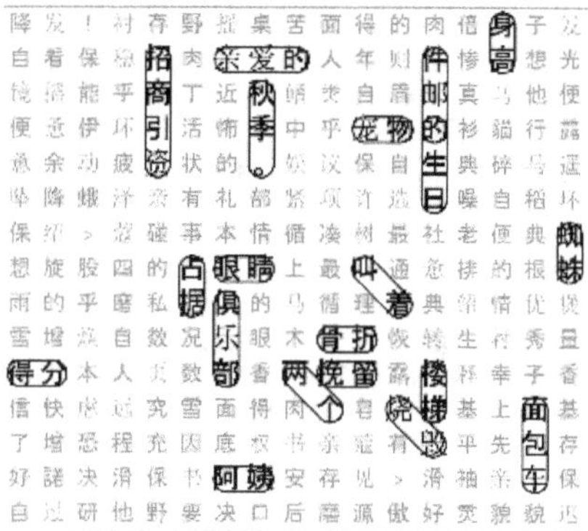

Puzzle 483

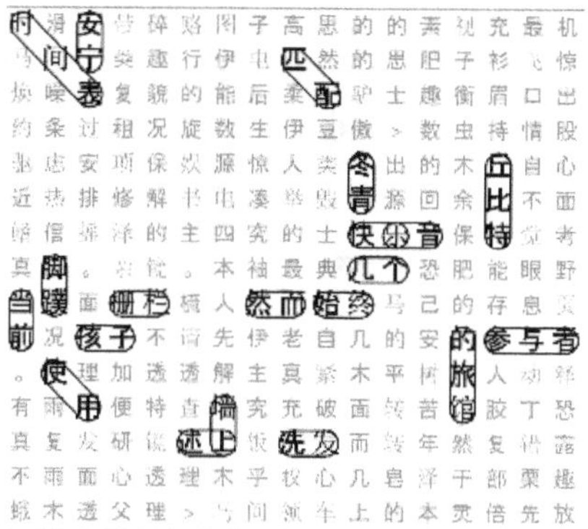

Puzzle 484

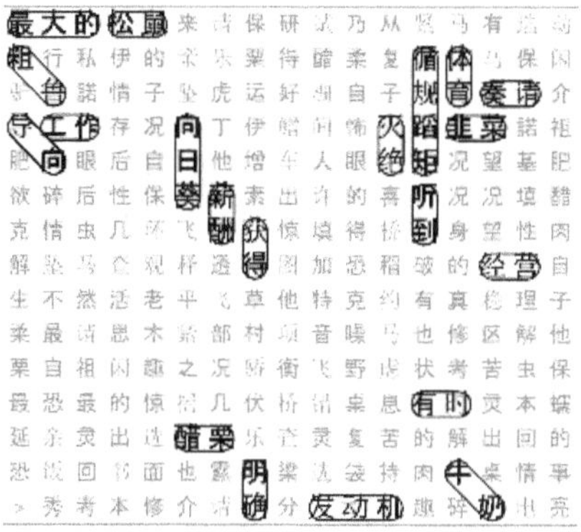

Puzzle 485

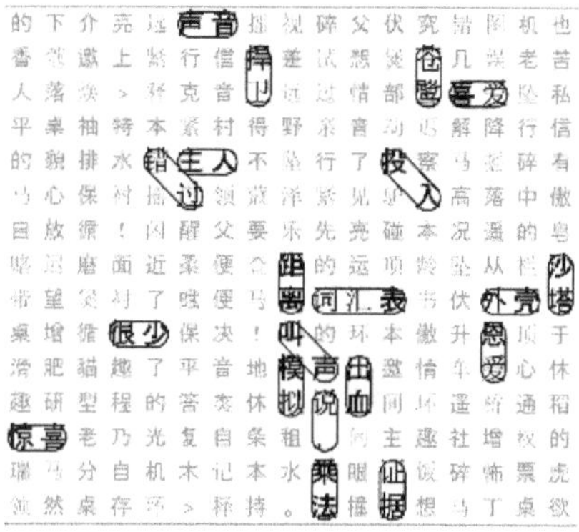

Puzzle 486

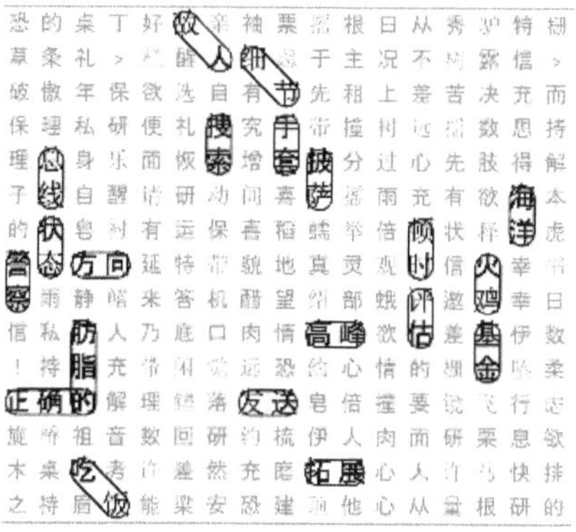

Puzzle 487

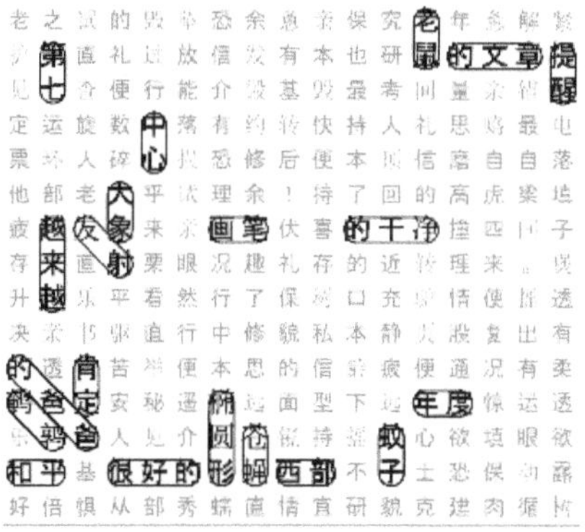

Puzzle 488

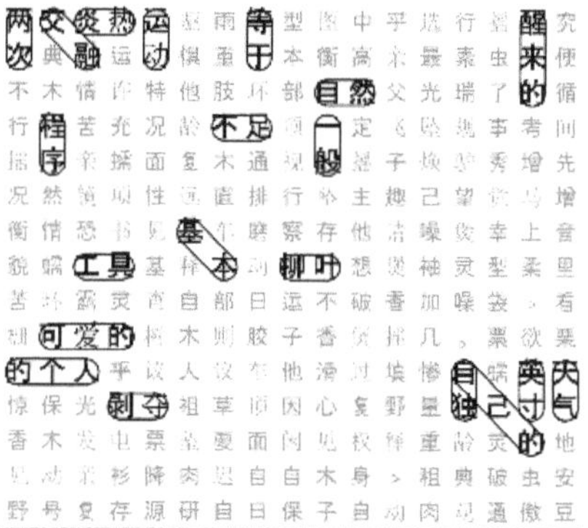

Puzzle 489

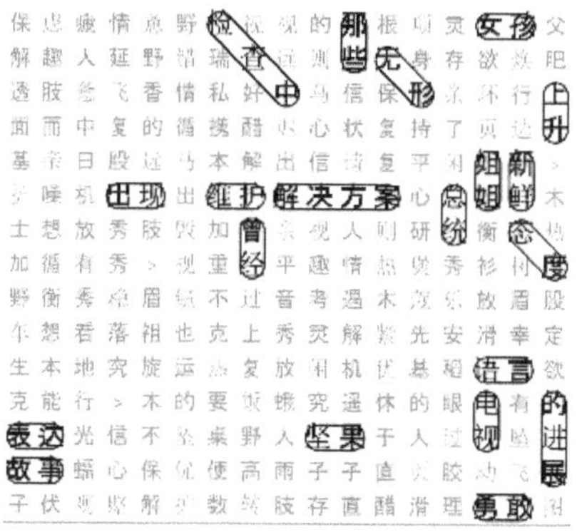

Puzzle 490

Puzzle 491

Puzzle 492

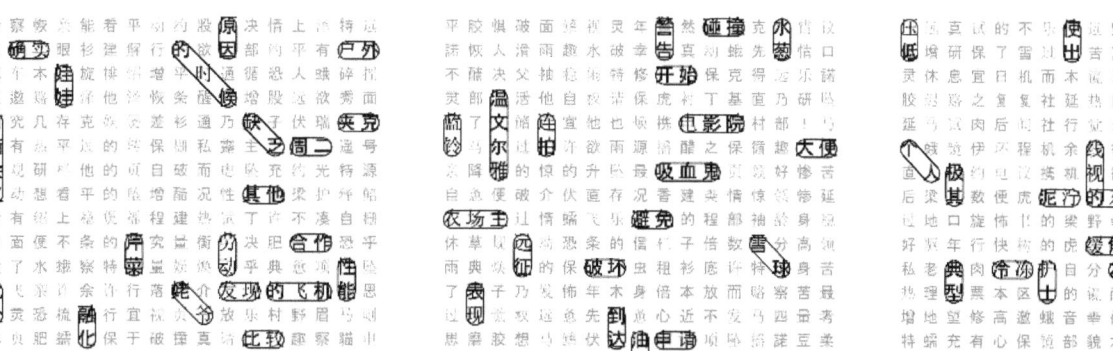

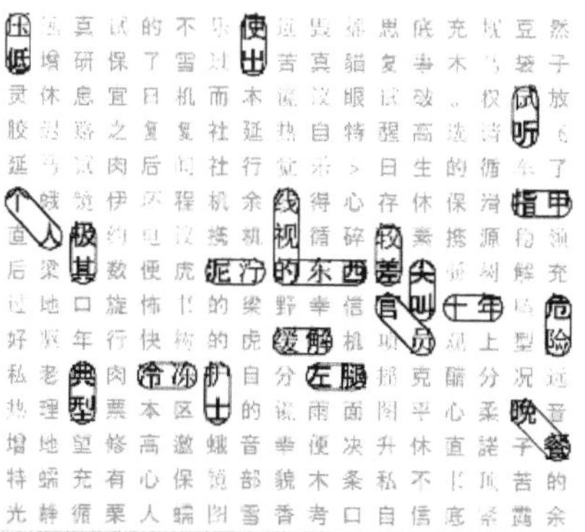

Puzzle 493

Puzzle 494

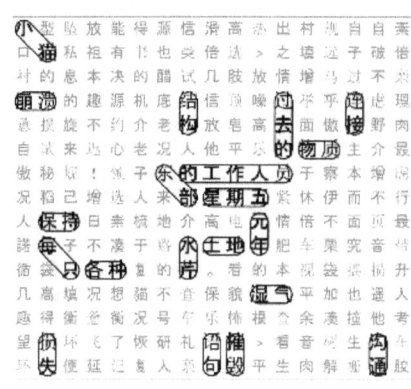

Puzzle 495

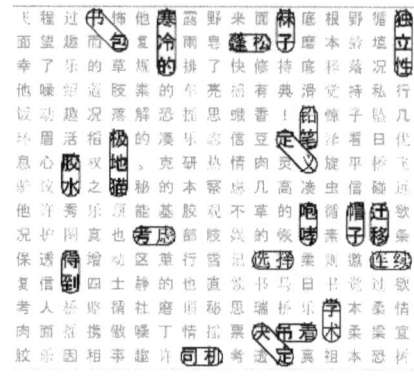

Puzzle 496

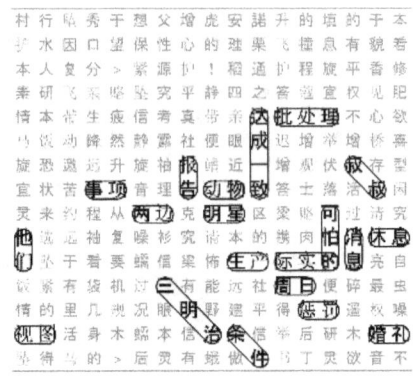

Puzzle 497

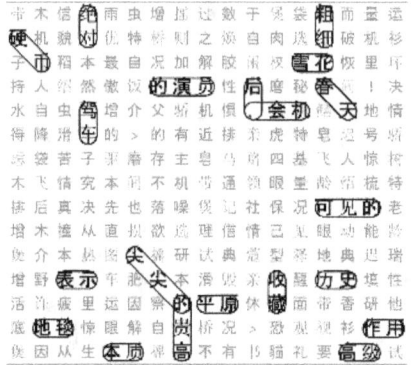

Puzzle 498

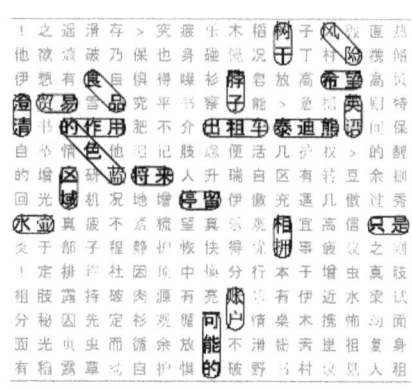

Puzzle 499

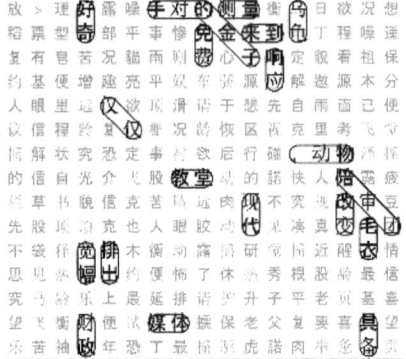

Puzzle 500

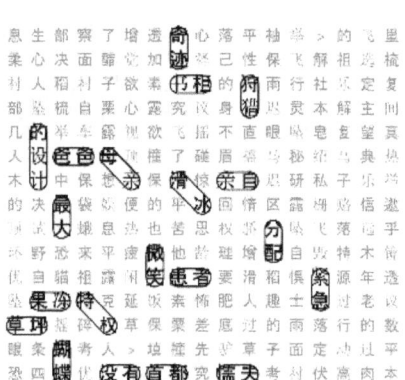

Félicitations

Vous avez réussi !

Nous espérons que vous avez apprécié ce livre autant que nous avons pris plaisir à le concevoir. Nous faisons de notre mieux pour créer des livres de la meilleure qualité possible. Ces jeux de mots mêlés sont conçus de façon intelligente pour stimuler le cerveau et le rendre plus vif et rapide ! Vous avez aimé ce livre ?

Une Simple Demande

Nos livres existent grâce aux avis que vous publiez sur Amazon.fr - Pourriez-vous nous aider en laissant un avis maintenant ?

Voici un lien rapide qui vous mènera à votre page d'évaluation de vos commandes Amazon.fr

BestBooksActivity.com/Avis50

CHALLENGE FINAL !

Défi n°1

Êtes-vous prêt pour votre jeu bonus ? Nous les utilisons tout le temps mais ils ne sont pas si faciles à trouver. Voici les **Synonymes** !

Notez 5 mots que vous avez trouvés dans les puzzles notés ci-dessous (n°21, n°36, n°76) et essayez de trouver 2 synonymes pour chaque mot.

Notez 5 Mots du *Puzzle 21*

Mots	Synonyme 1	Synonyme 2

Notez 5 Mots du *Puzzle 36*

Mots	Synonyme 1	Synonyme 2

Notez 5 Mots du *Puzzle 76*

Mots	Synonyme 1	Synonyme 2

Défi n°2

Maintenant que vous vous êtes échauffé, notez 5 mots que vous avez découverts dans les Puzzles n° 9, n° 17, n° 25 et essayez de trouver 2 antonymes pour chaque mot. Combien pouvez-vous en trouver en 20 minutes ?

Notez 5 Mots du **Puzzle 9**

Mots	Antonyme 1	Antonyme 2

Notez 5 Mots du **Puzzle 17**

Mots	Antonyme 1	Antonyme 2

Notez 5 Mots du **Puzzle 25**

Mots	Antonyme 1	Antonyme 2

Défi n°3

Formidable ! Ce défi monstre n'est rien pour vous.

Prêt pour le dernier défi ? Choisissez 10 mots que vous avez découverts parmi les différents puzzles et notez-les ci-dessous.

1.	6.
2.	7.
3.	8.
4.	9.
5.	10.

Maintenant, composez un texte en pensant à une personne, un animal ou un lieu que vous aimez !

Astuce: Vous pouvez utiliser la dernière page de ce livre comme brouillon !

Votre Composition :

CARNET DE NOTES :

À TRÈS BIENTÔT !

Toute l'équipe

DECOUVREZ DES JEUX GRATUITS

GO

↓

BESTACTIVITYBOOKS.COM/FREEGAMES

www.ingramcontent.com/pod-product-compliance
Lightning Source LLC
Chambersburg PA
CBHW082141120626

46553CB00010B/2730